信息技术概论

杜根远　张火林　编著

WUHAN UNIVERSITY PRESS
武汉大学出版社

图书在版编目(CIP)数据

信息技术概论/杜根远,张火林编著. —武汉:武汉大学出版社,2015.9
(2017.9 重印)
ISBN 978-7-307-16710-0

Ⅰ.信… Ⅱ.①杜… ②张… Ⅲ.信息技术—高等学校—教材
Ⅳ.G202

中国版本图书馆 CIP 数据核字(2015)第 204750 号

责任编辑:谢文涛　　责任校对:李孟潇　　整体设计:马　佳

出版发行:**武汉大学出版社**　(430072　武昌　珞珈山)
(电子邮件:cbs22@whu.edu.cn 网址:www.wdp.com.cn)
印刷:湖北金海印务有限公司
开本:787×1092　1/16　印张:18　字数:424 千字　插页:1
版次:2015 年 9 月第 1 版　　2017 年 9 月第 2 次印刷
ISBN 978-7-307-16710-0　　定价:45.00 元

前　言

以计算机技术、网络与通信技术、控制技术为核心的信息技术发展迅速，各种新产品、新技术层出不穷，对人们的生产、生活、工作和学习带来深刻且长远的影响。以信息处理技术及应用为基础的“信息技术概论”课程是当前高等院校普遍开设的一门公共基础课。

本教材是编者所提出“三维目标导向”教学模式改革的研究和应用成果，也是编者多年教学实践经验的总结升华。该教材适用于应用型普通高等本科院校及高职高专相关专业的“信息技术导论”、“计算机导论”、“大学计算机基础”和“信息技术基础”等课程的教学，也可作为广大工程技术人员和信息技术爱好者自学参考书。

该教材具有以下特点：

- 强调公共基础知识、注重实践应用能力、鼓励学生进行专题知识的自学和讨论。
- 突出培养学生应用能力，根据学生的专业和兴趣爱好以及个人职业生涯规划设定学生学习目标，满足不同基础、不同特长的学生学习需求。
- 增加学生练习题目和实践操作题目，提高学生实践动手能力，专门设置实验指导章节，方便学生自学和上机操作。
- 每个章节前后增加课前思考和课后讨论题目，便于教师灵活组织课堂教学。
- 引入信息技术最新研究成果，采用全新 Windows 8、Android 以及 Office 2010 及相关应用软件为实例背景，更贴近现实生活实际。
- 增加信息技术发展未来趋势相关内容，对物联网、云计算、大数据、互联网+、工业 4.0、电子商务、3S 技术等信息技术领域热点问题进行介绍，启发学生对信息技术的学习和研究兴趣。

本教材以信息技术应用为主线，着重介绍信息社会中应掌握的核心技术，突出信息分析、信息处理和信息应用技能，为适应信息社会工作、学习和生活需求服务。教程共包括 12 个章节。

- 第 1 章信息与信息技术，阐述信息技术和信息科学的基本概念以及新兴信息技术在生活中的实际应用。
- 第 2 章信息表示与运算基础，主要介绍进制及进制转换、二进制运算、字符编码、汉字编码等相关知识。
- 第 3 章计算机组成技术，主要介绍计算机发展历史、分类方法、软硬件构成，计算机性能指标以及操作系统等相关知识。
- 第 4 章计算机软件开发技术，主要介绍程序设计语言、结构化编程、面向对象编程，并结合具体实例分析算法概念和设计思路。

- 第 5 章网络与通信技术，介绍网络发展历程、分类方法、网络体系结构等基础知识，结合具体应用实例分析小型局域网组建方法、Internet 的相关应用。
- 第 6 章办公自动化技术，以 Office 2010 为基础，介绍 Word、Excel 和 PowerPoint 的基本功能、常用编辑技术，扩展了相关高级应用功能。
- 第 7 章多媒体技术，介绍多媒体技术基础知识、图形图像处理方法、音频视频处理方法及常用的文件格式和编辑软件，并结合虚拟现实、人机交互等最新技术探讨多媒体技术的应用领域。
- 第 8 章信息资源检索技术，介绍信息检索基本概念，如何使用中国知网、万方、维普等系统进行文献检索，了解科技文献写作方法和要点。
- 第 9 章信息安全，介绍信息安全基本概念、常见的网络安全技术、计算机病毒等相关知识，结合当前国内外重大网络安全事件和典型病毒案例探讨了网络安全防范措施和计算机病毒预防、清除策略。
- 第 10 章信息技术发展趋势，介绍信息技术的发展现状及其对社会带来的重大变革，指出信息技术发展的未来趋势，探讨了物联网、云计算、大数据、互联网+、工业 4.0 等热点问题。
- 第 11 章相关社会问题及道德规范，介绍信息时代日渐凸显的网络成瘾、网络诈骗等社会问题，结合知识产权、信息产业政策法规等探讨了信息时代人们应具备的信息素养和道德规范。
- 第 12 章实验指导，结合上述章节内容分别安排上机实践项目，包含火车订票系统应用、计算机性能测试、网络项目组建、Office 操作、图像视频制作、文献检索、NetXRay 软件应用、宏病毒分析等 16 个实验操作项目。

本教材由杜根远和熊德兰统筹规划，由杜根远、熊德兰、张火林、张江维、史进玲等撰写和校阅。其中第 1 章、第 2 章由张江维撰写；第 3 章由史进玲、熊德兰共同撰写；第 4 章、第 6 章由张火林撰写；第 5 章由史进玲撰写；第 7 章、第 8 章由熊德兰撰写；第 9 章~第 11 章由杜根远撰写；第 12 章由以上作者共同撰写。

本教材的编写得到了河南省高等教育改革研究项目(2012SJGLX249)和许昌学院自编教材出版基金的资助，谨在此表示诚挚的感谢！

信息技术是一个快速变化发展的新学科，各种新技术层出不穷。由于作者学识水平的限制，书中必有许多不足和疏漏之处，敬请同行专家和读者指正。

作　者

2015 年 7 月于许昌

目　录

第1章　信息与信息技术

☞本章要点

➢ **关键词**：数据；信息；信息技术；信息技术应用。

➢ **学习目标**：了解并掌握信息的概念和特征；了解相关信息技术；了解信息技术的应用。

➢ **学习重点**：信息的基本概念，常用的信息技术。

1.1　信息

【课前思考】

(1)祖国的万里长城每隔几百米就会有一个烽火台，为什么要设置烽火台？

(2)进入21世纪，人类社会已经步入了信息时代。我们常说信息化、信息战、信息爆炸等有关信息的非常流行的词汇，那么，什么是信息呢？

(3)信息具有哪些基本特征？

(4)在日常生活中，信息是如何分类的？

(5)信息与信号、数据、情报等的区别是什么？

1.1.1　信息的概念与特征

“信息”一词我国古代用的是“消息”。《易经》云：“日中则昃，月盈则食，天地盈虚，与时消息。”意思是说，太阳到了中午就要逐渐西斜，月亮圆了就要逐渐亏缺，天地间的事物，或丰盈或虚弱，都随着时间的推移而变化，有时消减、有时滋长。由此可见，我国古代就把客观世界的变化，把它们的发生、发展和结局，把它们的枯荣、聚散、沉浮、升降、兴衰、动静、得失等变化中的事实称之为“消息”。“信息”一词在英文、法文、德文、西班牙文中均是“information”，日文中为“情报”，我国台湾称之为“资讯”。

信息作为科学术语最早出现在哈特莱(R. V. Hartley)于1928年撰写的《信息传输》一文中。20世纪40年代，信息论的奠基人香农(C. E. Shannon)给出了信息的明确定义。他认为“信息是用来消除不确定性的东西”。此后许多学者从各自的研究领域出发，给出了不同的定义。美国控制论创始人维纳(Norbert Wiener)认为“信息是人们在适应外部世界，并使这种适应反作用于外部世界的过程中，同外部世界进行互相交换的内容和名称”，他指出信息既不是物质，也不是能量，而是有着广泛应用价值的第三类资源。我国著名的信息学专家钟义信教授认为“信息是事物存在方式或运动状态，以这种方式或状态直接或间接的表述”。美国信息管理专家霍顿(F. W. Horton)给信息下的定义是：“信息是为了满足用户决策的需要而经过加工处理的数据。”简单地说，信息是经过加工的数据，或者说，信息是数据处理的结果，即有用的数据。

根据近年来人们对信息的研究成果，科学的信息概念可以概括为：信息是对客观世界中各种事物的运动状态和变化的反映，是客观事物之间相互联系和相互作用的表征，表现的是客观事物运动状态和变化的实质内容。这里的“事物”泛指存在于人类社会、思维活动和自然界中一切可能的对象。“存在方式”指事物的内部结构和外部联系。“运动状态”则是指事物在时间和空间上变化所展示的特征、态势和规律。

不论从什么角度、什么层次去看待信息的本质，信息都具有以下基本特征。

1)可度量

和物质、能量一样，信息也具有可度量性。我们常说“获取了大量的信息”、“没有得到什么有价值的信息”等。一般来说，任何信息可采用基本的二进制度量单位(比特)进行度量，并以此进行信息编码。

2)可识别

信息还具有可识别性。对自然信息，可采取直观识别、比较识别和间接识别等多种方式来把握。对于社会信息，由于其信息量大，形式多样，一般采用综合的识别方法进行处理。

3)可转换和可加工

信息可以从一种形态转换为另一种形态，如自然信息可转换为语言、文字、图表和图像等社会信息形态。同样，社会信息和自然信息都可转换为由电磁波为载体的电报、电话、电视信息或计算机代码。另外信息可以被加工处理，以便更好地利用。

4)可存储

信息可以通过系统的物质或能量状态的某种变化来进行存储，如人类的大脑能储存大量的信息。我们还可以用文字、图表、图像、录音、录像、缩微以及计算机存储等多种方式来记录保存信息。

5)可传递

自然界系统之间的相互作用有三种基本方式，即物质、能量和信息。一般我们称之为物质的传递、能量的传递和信息的传递。信息的传递是与物质和能量的传递同时进行的，离开了物质和能量作载体，信息的传递就不可能实现。语言文字、表情、动作、图形、图像(静态和动态)等是人类常用的信息传递方式。

6)可再生

信息经过处理后，可以以其他形式再生。例如，自然信息经过人工处理后，可用语言或图形等方式再生成信息；输入计算机的各种数据文字等信息，可用显示、打印、绘图等方式再生成信息。

7)可压缩

信息可按照一定规则或方法进行压缩，以用最少的信息量来描述某一事物，压缩的信息再经过某些处理后可以还原。

8)可利用

任何信息都具有一定的实效性，一方面它可消除人们对某一事物的不确定度，另一方面可对人们的行为产生影响。一般来说，信息的实效性或可利用性只对特定的接收者才能显示出来，如有关农作物生长的信息，对农民来说可利用性可能很高，但对工人来说可利用性可能不高。而且，对于不同的接收者，信息的可利用程度也可能会存在差异。

9)可共享

与物质和能量不同，信息具有不守恒性，即它具有扩散性。在信息传递过程中，信息的持有者并不会因把信息传递给了他人而使得自己拥有的信息量减少，因而信息可以被广泛地共享。

10)客观性

信息客观普遍存在，不以被主观客体是否感知为转移。

11)时效性

信息具有时效性，是说明信息价值具有时间性，过了某个时间就失去其原有价值。

12)真伪性

信息存在真假，“烽火戏诸侯”就是周幽王向诸侯传递了一个假信息。

1.1.2 信息的分类

按照性质，信息可分为语法信息、语义信息和语用信息；按照地位，信息可分为客观信息和主观信息。研究信息的目的，就是要准确把握信息的本质和特点，以便更好地利用信息。最重要的就是按照信息性质的分类，其中最基本和最抽象的是语法信息，考虑的是事物的运动状态和变化方式的外在形式。进一步可分为有限状态和无限状态；其次，可分为状态明晰的语法信息和状态模糊的语法信息。按作用，信息可分为有用信息、无用信息和干扰信息。

按应用部门，信息可分为工业信息、农业信息、军事信息、政治信息、科技信息、文化信息、经济信息、市场信息和管理信息等。

另外，按携带信息的信号的性质，信息还可以分为连续信息、离散信息和半连续信息等。按事物的运动方式，还可以把信息分为概率信息、偶发信息、确定信息和模糊信息。按内容可以分为三类：消息、资料和知识。按社会性，分为社会信息和自然信息。按空间状态，分为宏观信息、中观信息和微观信息。按信源类型，分为内源性信息和外源性信息。按价值，分为有用信息、无害信息和有害信息。按时间性，分为历史信息、现时信息和预测信息。按载体，分为文字信息、声像信息和实物信息。按信息的性质，分为语法信息、语义信息和语用信息。

1.1.3 信息与其他几种概念的区别与联系

1)数据

数据是信息的具体表示，是信息的载体，是信息存在的一种形态或一种记录形式。数据的目的是表达和交流信息，数据的形式表现为语言、文字、图形、图像、声音等。“数据”和“数”是两个不同的概念。“数”用来表示值的大小，如 237，12.56。“数据”则是信息处理的对象，包括数值数据，如整数、实数等和非数值数据，如文字、图片、声音等。

2）消息

指报道事情的概貌而不讲述详细的经过和细节，以简要的语言文字迅速传播新近事实的新闻体裁，也是最广泛、最经常采用的新闻基本体裁。信息与消息比较，消息是信息的外壳，信息是消息的内核。

3）信号

信号是运载信息的工具，是信息的载体。从广义上讲，它包含光信号、声信号和电信号等。

4）情报

情报是指被传递的知识或事实，是知识的激活，是运用一定的媒体（载体），越过空间和时间传递给特定用户，解决科研、生产中的具体问题所需要的特定知识和信息。信息与情报相比，情报是指某类对观察者有特殊效用的事物的运动状态和方式。

5）知识

知识是经验的固化，是用来识别与区分万物实体与性质的判别标准。与信息相比，知识是事物运动状态和方式在人们头脑中一种有序的、规律性的表达，是信息加工的产物。

【课后讨论】

（1）举例说明什么是信息？我们日常生活中对信息有哪些应用？

（2）举例说明信息与数据、消息、信号、情报和知识的联系与区别。

（3）举例说明信息是人赖以生存和发展的基本资源。

（4）为什么说信息是战争胜败的主导因素？

1.2　信息技术与信息科学

【课前思考】

（1）信息无处不在，人类生活充斥着各种各样的信息，那么人类是如何利用、传播、加工和管理信息的呢？

（2）什么是信息技术？信息技术是如何分类的？

（3）信息技术具有哪些基本特征？

1.2.1　信息技术概念

信息技术的定义，从不同的层面有不同的描述。从信息技术与人的本质关系看，信息技术是指能充分利用与扩展人类信息器官功能的各种方法、工具与技能的总和。从人类对信息技术功能与过程的一般理解看，信息技术是指对信息进行采集、传输、存储、加工、表达的各种技术之总称。从信息技术的现代化与高科技含量看，信息技术是指利用计算机、网络、广播电视等各种硬件设备及软件工具与科学方法，对文图声像各种信息进行获取、加工、存储、传输与使用的技术的总和。总之，信息技术（Information Technology，IT），是主要用于管理和处理信息所采用的各种技术的总称。主要包括传感技术、计算机技术、微电子技术和通信技术。其中计算机技术包括计算机硬件技术、软件技术、信息编码和有关信息存储的数据库技术等。

1.2.2 信息技术分类

按表现形态的不同，信息技术可分为硬技术(物化技术)与软技术(非物化技术)。前者指各种信息设备及其功能，如显微镜、电话机、通信卫星、多媒体电脑；后者指有关信息获取与处理的各种知识、方法与技能，如语言文字技术、数据统计分析技术、规划决策技术、计算机软件技术等。

按工作流程中基本环节的不同，信息技术可分为信息获取技术、信息传递技术、信息存储技术、信息加工技术及信息标准化技术。信息获取技术包括信息的搜索、感知、接收、过滤等，如显微镜、望远镜、气象卫星、温度计、钟表、Internet 搜索器中的技术等。信息传递技术指跨越空间共享信息的技术，又可分为不同类型，如单向传递与双向传递技术，单通道传递、多通道传递与广播传递技术。信息存储技术指跨越时间保存信息的技术，如印刷术、照相术、录音术、录像术、缩微术、磁盘术、光盘术等。信息加工技术是对信息进行描述、分类、排序、转换、浓缩、扩充、创新等的技术。信息加工技术的发展已有两次突破：从人脑信息加工到使用机械设备(如算盘、标尺等)进行信息加工，再发展为使用电子计算机与网络进行信息加工。信息标准化技术是指使信息的获取、传递、存储、加工各环节有机衔接，提高信息交换共享能力的技术，如信息管理标准、字符编码标准、语言文字的规范化等。

按使用的信息设备不同，把信息技术分为电话技术、电报技术、广播技术、电视技术、复印技术、缩微技术、卫星技术、计算机技术、网络技术等。

按信息的传播模式分，将信息技术分为传者信息处理技术、信息通道技术、受者信息处理技术、信息抗干扰技术等。

按技术的功能层次不同，可将信息技术体系分为基础层次的信息技术(如新材料技术、新能源技术)，支撑层次的信息技术(如机械技术、电子技术、激光技术、生物技术、空间技术等)，主体层次的信息技术(如感测技术、通信技术、计算机技术、控制技术)，应用层次的信息技术(如文化教育、商业贸易、工农业生产、社会管理中用以提高效率和效益的各种自动化、智能化、信息化应用软件与设备)。

1.2.3 信息技术特征

信息技术具有技术的一般特征——技术性。具体表现为：方法的科学性，工具设备的先进性，技能的熟练性，经验的丰富性，作用过程的快捷性，功能的高效性等。

信息技术具有区别于其他技术的特征——信息性。具体表现为：信息技术的服务主体是信息，核心功能是提高信息处理与利用的效率、效益。由信息的秉性决定信息技术还具有普遍性、客观性、相对性、动态性、共享性、可变换性等特性。

1.2.4 信息科学

信息科学是指以信息为主要研究对象，以信息的运动规律和应用方法为主要研究内容，以计算机等技术为主要研究工具，以扩展人类的信息功能为主要目标，由信息论、控制论、计算机理论、人工智能理论和系统论相互渗透、相互结合而成的一门新兴综合性学科。其支柱为信息论、系统论和控制论。

1. 信息论

信息论是信息科学的前导，是一门用数理统计方法研究信息的度量、传递和交换规律的科学，主要研究通信和控制系统中普遍存在的信息传递的共同规律，以及建立最佳地解决信息的获取、度量、变换、存储、传递等问题的基础理论。

2. 控制论

控制论的创立者是美国科学家维纳，1948 年他发表《控制论》一书，明确提出控制论的两个基本概念——信息和反馈，揭示了信息与控制规律。控制论是关于动物和机器中的控制和通信的科学，它研究各种系统共同控制规律。在控制论中广泛采用功能模拟和黑箱方法。控制系统实质上是反馈控制系统，负反馈是实现控制和使系统稳定工作的重要手段。控制论中，对系统控制调节通过信息的反馈来实现。在制定方针政策过程中，哈佛经理的决策可看做是信息变换、信息加工处理的反馈控制过程。

3. 系统论

系统论的基本思想是把系统内各要素综合起来进行全面考察统筹，以求整体最优化。整体性原则是其出发点，层次结构和动态原则是其研究核心；综合化、有序化是其精髓。系统论是国民经济中广泛运用的一大组织管理技术。

【课后讨论】

(1)举例说明信息技术在日常生活应用情况？

(2)举例说明有哪些不同信息技术装备？

(3)举例说明信息技术在战争中的应用？

1.3　信息技术应用

【课前思考】

(1)进入信息化社会，信息技术与我们的生活和生产息息相关，其中有哪些具体的应用呢？

(2)什么是互联网？什么是移动互联网？什么是物联网？

(3)什么是大数据？什么是云计算？

(4)什么是空间信息技术？

1.3.1　信息技术与生活

信息技术在日常生活中有哪些应用呢？我们先看看大学生小文一天的生活，从中发掘与我们生活有关的信息技术。

早上 6：30，一阵悦耳的手机闹铃声打破了宿舍的宁静，大学生小文从床上一跃而起，开始了新的一天的学习生活，课前他用手机浏览并预习了今天上课课件的内容，课堂上他在记录重点和难点的同时，用手机录像了难点部分。下课后到图书馆借阅了参考书，在电子阅览室上网查阅了相关资料，完成了指导教师布置的调查报告，并通过 E-mail 交给了老师。这个周末就是五一长假，他打算去外地旅游，需要上网查询天气、预定门票、车票和宾馆等方面的信息，同时了解当地的风土人情、著名景点简介和旅游攻略等信息。中午 13:00，他用手机查看了股市行情和基金交易情况，为未来选择了金融理财产品，虽然投入很少，但他相信越早规划自己的未来，就越早受益。此时，小文收到一条远方朋友的微信，询问近期情况，他用微信进行了留言回复。下午下课后回到宿舍，打开电脑查询了自己的邮件，上网查看了市场情况，好为明年毕业做准备，之后在网上为母亲订购了一件电子产品，并打电话告诉母亲以及假期安排。最后，为了第二天的讨论课准备资料，直到深夜才关灯睡觉。这就是大学生小文一天的生活。

在网络化的信息时代，信息技术已经和我们的生活息息相关，无论是购物、旅行、上学、求职，还是娱乐和休闲，几乎所有的人类行为都需要信息技术的支持以获取和查询信息，以此为基础作出自己的决策。

1.3.2 互联网和移动互联网

互联网(Internet)，又称网际网路，音译为因特网或英特网，是网络与网络之间所串连成的庞大网络，这些网络以一组通用的协议相连，形成逻辑上的单一巨大国际网络。这种将计算机网络互相连接在一起的方法可称作“网络互联”，在这基础上发展出覆盖全世界的全球性互联网络称互联网，即是互相连接一起的网络结构。互联网并不等同万维网，万维网只是基于超文本相互链接而成的全球性系统，且是互联网所能提供的服务之一。

移动互联网，就是将移动通信和互联网二者结合起来，成为一体，通过智能移动终端，采用移动无线通信方式获取业务和服务的新兴业务，包括终端、软件和应用三个层面。终端层包括智能手机、平板电脑、电子书、MID 等；软件包括操作系统、中间件、数据库和安全软件等；应用层包括休闲娱乐类、工具媒体类、商务财经类等不同应用与服务。4G 时代的开启以及移动终端设备的凸显必将为移动互联网的发展注入巨大的能量，未来移动互联网产业必将迎来前所未有的飞跃。

当前，互联网和移动互联网已经不是什么新鲜事物，几乎伴随着人类生产和生活的各个方面，请大家举例说明互联网和移动互联网在我们生活中的应用。

1.3.3 大数据和云计算

马云说：互联网还没搞清楚的时候，移动互联就来了，移动互联还没搞清楚的时候，大数据就来了。近年来“大数据”和“云计算”等新概念充斥着我们的生活，那么什么是大数据？什么是云计算？在现实生活中有哪些应用？二者有何联系？

研究机构 Gartner 给出了这样的定义：“大数据”是需要新处理模式才能具有更强的决策力、洞察发现力和流程优化能力的海量、高增长率和多样化的信息资产，即是指无法在可承受的时间范围内用常规软件工具进行捕捉、管理和处理的数据集合。大数据具有大量、高速、多样和价值等 4 个特点。由于大数据的特点，常规方法已经不能满足其处理需要，云计算应运而生。

什么是云？云是网络、互联网的一种比喻说法，表示对互联网和底层基础设施的抽象。云计算(Cloud Computing)是基于互联网的相关服务的增加、使用和交付模式，通常互联网来提供动态易扩展且经常是虚拟化的资源。云计算是分布式计算(Distributed Computing)、并行计算(Parallel Computing)、效用计算(Utility Computing)、网络存储(Network Storage Technologies)、虚拟化(Virtualization)、负载均衡(Load Balance)等传统计算机和网络技术发展融合的产物。其主要特征是以网络为中心的资源配置动态化、透明化和需求服务自助化以及服务的可计量。也就是客户可借助不同的终端设备，通过标准的应用实现对网络的访问来获得云计算的服务，并且能够根据消费者的需求动态划分或释放不同的物理和虚拟资源，实现资源的快速弹性提供和自动回收，实现 IT 资源利用的可扩展性。同时为客户提供自助化的资源服务，用户无需同提供商交互就可自动得到自助的计算资源能力。客户根据云系统提供的应用服务目录，采用自助方式选择满足自身需求的服务项目和内容。在云服务过程中，针对客户不同的服务类型，通过计量的方法来自动控制和优化资源配置，对用户而言，这些资源是透明的、无限大的，用户无需了解内部结构，只关心自己的需求是否得到满足即可。

云计算分为狭义云计算和广义云计算。狭义云计算指 IT 基础设施的交付和使用模式，指通过网络以按需、易扩展的方式获得所需资源；广义云计算指服务的交付和使用模式，通过网络以按需、易扩展的方式获得所需服务。这种服务可以是 IT 和软件、互联网相关，也可是其他服务。它意味着计算能力也可作为一种商品通过互联网进行流通。继个人计算机变革、互联网变革之后，云计算被看做第三次 IT 浪潮，是中国战略性新兴产业的重要组成部分。它将带来生活、生产方式和商业模式的根本性改变，云计算将成为当前全社会关注的热点。

下面介绍大数据和云计算应用的经典案例。

1. 啤酒与尿布

全球零售业巨头沃尔玛在对消费者购物行为分析时发现，男性顾客在购买婴儿尿片时，常常会顺便搭配几瓶啤酒来犒劳自己，于是尝试推出了将啤酒和尿布摆在一起的促销手段，如图 1-1 所示。没想到这个举措居然使尿布和啤酒的销量都大幅增加了。如今，“啤酒+尿布”的数据分析成果早已成了大数据技术应用的经典案例，被人们津津乐道。

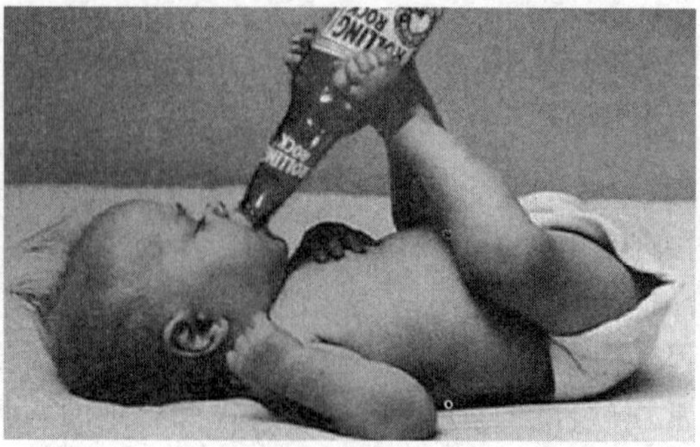

图 1-1　啤酒与尿布

2. 数据新闻让英国撤军

2010 年 10 月 23 日《卫报》利用维基解密的数据做了一篇“数据新闻”。将伊拉克战争中所有的人员伤亡情况均标注于地图之上，地图上一个红点便代表一次死伤事件，鼠标点击红点后弹出的窗口则有详细的说明：伤亡人数、时间，造成伤亡的具体原因。密布的红点多达 39 万个，显得格外触目惊心。一经刊出立即引起朝野震动，推动英国最终作出撤出驻伊拉克军队的决定。

3. QQ 圈子把前女友推荐给未婚妻

2012 年 3 月腾讯推出 QQ 圈子，按共同好友的连锁反应摊开用户的人际关系网，把用户的前女友推荐给未婚妻，把同学同事朋友圈子分门别类，利用大数据处理能力给人带来“震撼”。

4.“魔镜”预知石油市场走向

当前的“魔镜”已经不是停留在“魔镜魔镜，告诉我谁是世界上最美的女人”那个时代了。“魔镜”不仅仅是童话中王后的宝贝，而且是真实世界中的一款神器。其实，“魔镜”是苏州国云数据科技公司的大数据可视化产品，而且是国内首款。现在，“魔镜”通过数据的整合分析可视化，不仅可以得出谁是世界上最美的女人，还能通过价量关系得出市场的走向。在不久前，“魔镜”帮助中石油等企业分析数据，将数据可视化，使企业科学的判断、决策，节约成本，合理配置资源，提高了收益。

5. 大数据与乔布斯癌症治疗

乔布斯是世界上第一个对自身所有 DNA 和肿瘤 DNA 进行排序的人。为此，他支付了高达几十万美元的费用。他得到的不是样本，而是包括整个基因的数据文档。医生按照所有基因按需下药，最终这种方式帮助乔布斯延长了好几年的生命。

6. 奥巴马大选连任成功

2012 年 11 月奥巴马大选连任成功的胜利果实也被归功于大数据，因为他的竞选团队进行了大规模与深入的数据挖掘。时代杂志更是断言，依靠直觉与经验进行决策的优势急剧下降。在政治领域，大数据的时代已经到来，各色媒体、论坛、专家铺天盖地的宣传让人们对大数据时代的来临兴奋不已，无数公司和创业者都纷纷跳进了这个狂欢队伍。

7. 超市预知高中生顾客怀孕

明尼苏达州一家塔吉特门店被客户投诉，一位中年男子指控塔吉特将婴儿产品优惠券寄给他的女儿——一个高中生。但没多久他却来电道歉，因为女儿经他逼问后坦承自己真的怀孕了。塔吉特百货就是靠着分析用户所有的购物数据，然后通过相关关系分析得出事情的真实状况。

总之，以计算为基础的信息存储、共享和挖掘手段，可以廉价、有效地将这些大量、高速、多变化的终端数据存储下来，并随时进行分析与计算。大数据与云计算是一个问题的两面：一个是问题，一个是解决问题的方法。通过云计算对大数据进行分析、预测，会使得决策更为精准，释放出更多数据的隐藏价值。数据，这个 21 世纪人类探索的新边疆，正在被云计算发现、征服。

1.3.4 智慧城市

智慧城市就是运用信息和通信技术手段感测、分析、整合城市运行核心系统的各项关键信息，从而对包括民生、环保、公共安全、城市服务、工商业活动在内的各种需求做出智能响应。其实质是利用先进的信息技术，实现城市智慧式管理和运行，进而为城市中的人创造更美好的生活，促进城市的和谐、可持续成长。两种驱动力推动智慧城市的逐步形成，一是以物联网、云计算、移动互联网为代表的新一代信息技术，二是知识社会环境下逐步孕育的开放的城市创新生态。前者是技术创新层面的技术因素，后者是社会创新层面的社会经济因素。智慧城市不仅仅是物联网、云计算等新一代信息技术的应用，更重要的是面向知识社会创新方法论的应用。

智慧城市通过物联网基础设施、云计算基础设施、地理空间基础设施、空间信息技术等新一代信息技术以及维基、社交网络、Fab Lab、Living Lab、综合集成法等工具和方法的应用，实现全面透彻的感知、宽带泛在的互联、智能融合的应用，以及以用户创新、开放创新、大众创新、协同创新为特征的可持续创新。伴随网络帝国的崛起、移动技术的融合发展及创新的民主化进程，知识社会环境下的智慧城市是继数字城市之后信息化城市发展的高级形态。

智慧城市主要包括智慧交通、智慧医疗。当前，全球最具智慧城市头衔的7个城市分别是美国俄亥俄州的哥伦布市、芬兰的奥卢、加拿大的斯特拉特福、中国台湾地区的台中市及桃园县、爱沙尼亚的塔林、加拿大的多伦多。

根据《中国智慧城市发展水平评估报告》，我国智慧城市发展水平处于全国领先的城市主要有北京、上海、广州、深圳、天津、武汉、宁波、南京、佛山、扬州等，处于追赶的城市有重庆、无锡、大连、福州、杭州、青岛、昆明、成都、嘉定、莆田、江门、东莞、东营等。

1. 物联网

物联网是新一代信息技术的重要组成部分。其英文名称是“The Internet of things”。顾名思义，“物联网就是物物相连的互联网”。其有两层意思：第一，物联网的核心和基础仍然是互联网，是在互联网基础上的延伸和扩展的网络；第二，其用户端延伸和扩展到了任何物品与物品之间，进行信息交换和通信。物联网就是通过射频识别(Radio Frequency Identification，RFID)、红外感应器、全球定位系统、激光扫描器等信息传感设备，按约定的协议，把任何物体与互联网相连接，进行信息交换和通信，以实现对物体的智能化识别、定位、跟踪、监控和管理的一种网络。物联网的本质概括起来主要体现在三个方面：一是互联网特征，即对需要联网的物一定要能够实现互联互通的互联网络；二是识别与通信特征，即纳入物联网的“物”一定要具备自动识别与物物通信的功能；三是智能化特征，即网络系统应具有自动化、自我反馈与智能控制的特点。物联网在实际应用上的开展需要各行各业的参与，具有规模性、广泛参与性、管理性、技术性、物的属性等特征。物联网大量的应用是在行业中，包括智能电网、智能交通、智能物流、智能医疗、智能家居等。

2. 空间信息技术

空间信息技术(Spatial Information Technology)是20世纪60年代兴起的一门新兴技术，70年代中期以后得到迅速发展。主要包括卫星定位系统、地理信息系统和遥感等的理论与技术，同时结合计算机技术和通信技术，进行空间数据的采集、量测、分析、存储、管理、显示、传播和应用等。其中，地理信息系统(Geographic Information System 或 Geo-

Information System，GIS)有时又称为“地学信息系统”或“资源与环境信息系统”。它是一种特定的十分重要的空间信息系统。它是在计算机硬、软件系统支持下，对整个或部分地球表层(包括大气层)空间中的有关地理分布数据进行采集、储存、管理、运算、分析、显示和描述的技术系统。卫星定位系统即全球定位系统(Global Positioning System，GPS)。简单地说，这是一个由覆盖全球的24颗卫星组成的卫星系统。这个系统可以保证在任意时刻，地球上任意一点都可以同时观测到4颗卫星，以保证卫星可以采集到该观测点的经纬度和高度，以便实现导航、定位、授时等功能。这项技术可以用来引导飞机、船舶、车辆以及个人，安全、准确地沿着选定的路线，准时到达目的地。

【课后讨论】

(1)举例说明信息技术在日常生活中的应用，对自身生活有哪些影响?

(2)举例说明物联网在现实生活中的应用。

(3)查找资料说明大数据和云计算在我国的应用现状。

(4)查找资料简要说明我国智慧城市发展现状和水平。

本章小结

本章主要介绍了信息和信息技术的基本概念，以及信息技术在社会生产生活中的应用。信息社会，信息已经成为一种重要生产力的要素，信息和物质、能量一起构成社会赖以生存的三大资源；以信息技术为核心的信息产业成为社会最重要的产业，在社会生产实践中的应用将会越来越广泛。

基础练习

一、填空题

1. 信息是为了满足用户决策的需要而经过加工处理的__________。

2. 数据是__________的具体表示，是信息的__________，是信息存在的一种形态或一种记录形式。

3. 按表现形态的不同，信息技术可分为__________与__________。

4. 按工作流程中基本环节的不同，信息技术可分为__________、__________、信息存储技术、信息加工技术及信息标准化技术。

5. 信息技术具有的基本特征是__________和__________。

6. 信息科学的三大支柱__________、__________和__________。

二、简答题

1. 什么是物联网?简要说明物联网的应用前景。

2. 什么是云计算?简要说明云计算在我国的应用情况。

3. 什么是空间信息技术?简要说明我国的空间信息技术所取得的成就。

第 2 章　信息表示与运算基础

☞本章要点

➤ **关键词**：进位计数制；数制转换；信息编码；逻辑代数；计算机运算基础。
➤ **学习目标**：掌握并理解进位计数制；掌握信息编码；掌握计算机运算基础。
➤ **学习重点**：进位计数制、掌握信息编码技术和计算机运算基础。

2.1　信息表示

【课前思考】

(1) 计算机可以用来处理各种信息，包括数字、字符、图形、图像以及声音和视频等。那么这些信息是如何在计算机中存储的？

(2) 计算机是如何区分不同信息的？

2.1.1　进位计数制

在说明进位计数制之前先分析一个猜数游戏。

如图 2-1 所示，把 1 到 63 共计 63 个数写在有编码的 6 张卡片上，请默选中一个数，然后指出哪些卡片上有这个数，就能很快猜出选的是什么数？请问是如何做到的呢？

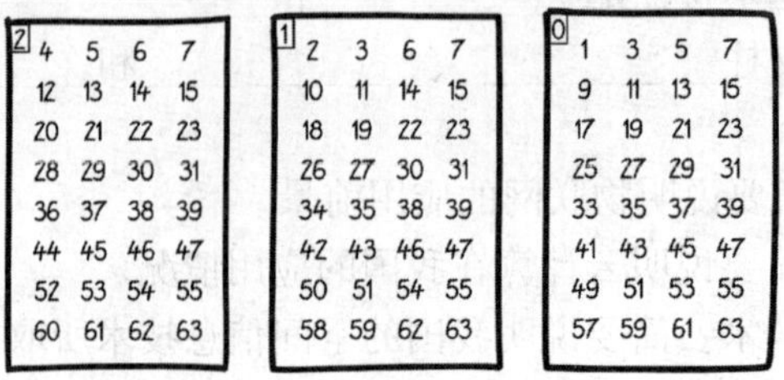

图 2-1　数字图表

细心的同学可能已经发现不同的数字在6张卡片上出现的频次和位置不同。也就是对数字1~63进行重新编码，这里采用二进制编码，做法如下。

将1~63共计63个数字用6个二进制位来表示，6个二进制位从右到左分别与6张卡片(编号0到5)相对应，当该位为1时，就把该数字写到对应的卡片上。例如，数字1用6位二进制表示为000001，也就是只有最右边一位为1，那么就只把1写在第0张卡片上；数字2用二进制表示为000010，故把2写在第1张卡片上；数字37二进制表示为100101，共有3个位置为1，故把37写在第0、2和5张卡片上；数字63二进制表示为111111，6位全部为1，故把63写在全部卡片上。另外，为什么卡片要从0开始编码呢？为了计算的快捷。例如，如果说在第5，4，3，2张卡片上出现，则该数为：$2^5+2^4+2^3+2^2=32+16+8+4=60$。为什么要这么计算呢？

1. 进位计数制概念

进位计数制简称数制，就是把一组人为规定的有先后顺序(或者大小)的符号，按位置从右到左的顺序排列起来，并且规定从低到高进位以表示不同数字(状态)的方法。其中，每个位置上所能使用的符号的个数即人为规定的符号的个数，称为基数；数码所表示的数值等于该数码本身乘以一个与它所在数位有关的常数，这个常数称为“位权”，简称“权”。例如，对于十进制数，每个数位上可用的数字(符号)共有10个(0~9)，故其基数为10，采用“逢十进一”。例如数字168，共有3个数位，1在百位(第2位)代表数值$1\times10^2=100$，6在十位(第1位)代表数值$6\times10^1=60$，那么，10^2表示百位的位权，10^1代表十位的位权，8在个位(第0位)，其位权为$10^0=1$，代表数值为$8\times1=8$。

目前，日常生活中常用的进位计数制包括：十进制、二进制、七进制，六十进制，十二进制等。

我们最熟悉的是十进制，用0，1，2，…，9这10个不同的数码按照一定的规律排列起来表示数值的大小，其计数规律是“逢十进一”。十进制数是以10为基数的计数制。当数码处于不同的位置时，它所表示的数值也不相同。例如，十进制数685.37可表示为

$$(685.37)_{10}=6\times10^2+8\times10^1+5\times10^0+3\times10^{-1}+7\times10^{-2}$$

括号加下标“10”表示十进制数。等式右边中的10^2，10^1，10^0，…标明数码在该位的“权”。不难看出各数位表示的数值就是该位数码(系数)乘以相应的权。按此规律，任意一个R进制数$(N)R$都可以写成用数字和位权乘积之和的形式展开，如下式所示。

$$\begin{aligned}(K_{n-1}K_{n-2}\cdots K_0\cdot K_{-1}\cdots K_{-m})_R &= K_{n-1}\times R^{n-1}+K_{n-2}\times R^{n-2}+\cdots+K_0\times R^0+K_{-1}\times R^{-1}+\cdots+K_{-m}\times R^{-m}\\ &= \sum_{-m}^{n-1} K_i\times R^i\end{aligned}$$

式中，R表示基数，即R进制；K_i表示第i位上的数字；i为负数表示小数点之右的数位上的数字。

2. 二进制

在计算机中所有信息都以二进制形式存储和处理。二进制只用0和1两个数字符号，具有两种不同的稳定物理状态的元件很容易实现。例如，电容的充电和放电，电位的高和低，指示灯的开和关，晶体管的截止和导通，脉冲电位的低和高等，都是两种状态，很容易实现二进制中的0和1。采用二进制计数法，每一位只用两种状态，不是0就是1，是

“逢二进一”。同理，二进制数中位数的“权”是以 2 为基数，也就是任意一个二进制数 N 可以按位权展开表示为：

$$(N)_2 = K_{n-1}\times2^{n-1}+K_{n-2}\times2^{n-2}+\cdots+K_1\times2^1+K_0\times2^0+K_{-1}\times2^{-1}+\cdots+K_{-m}\times2^{-m}$$

例如：$(1011.11)=1\times2^3+0\times2^2+1\times2^1+1\times2^0+1\times2^{-1}+1\times2^{-2}$

其中，二进制整数部分的位权从小数点左边起依次为 2^0、2^1、2^2、2^3……小数部分的位权从小数点右边起依次为 2^{-1}、2^{-2}、2^{-3}……其位权与十进制数值的对应关系如表 2-1 所示。

表 2-1　**二进制位权与十进制数对应关系表**

…	2^4	2^3	2^2	2^1	2^0	2^{-1}	2^{-2}	2^{-3}	…
…	16	8	4	2	1	1/2	1/4	1/8	…

3. 八进制和十六进制

计算机本身适合采用二进制，但是由于二进制数的位数比较长，书写和阅读都不方便，而且容易出错，因此，常采用八进制和十六进制作为二进制的缩写，用于书写和显示。

八进制数是以 8 为基数的计数体制，它用 0，1，2，…7 这 8 个数码表示，采用“逢八进一”的计数规律。任意一个八进制数 $(N)_8$ 可写成按权展开表示为：

$$(N)_8 = K_{n-1}\times8^{n-1}+K_{n-2}\times8^{n-2}+\cdots+K_1\times8^1+K_0\times8^0+K_{-1}\times8^{-1}+\cdots+K_{-m}\times8^{-m}$$

例如，一个 3 位八进制数 725，可以表示成 $(725)_8=7\times8^2+2\times8^1+5\times8^0$

十六进制数是以 16 为基数的计数体制，它用 0，1，2，…9，A，B，C，D，E，F 这 16 个数码表示，采用“逢十六进一”的计数规律。4 位二进制码可用 1 位十六进制码表示。任意一个十六进制数 $(N)_{16}$ 可以写成按权展开表示为：

$$(N)_{16} = K_{n-1}\times16^{n-1}+K_{n-2}\times16^{n-2}+\cdots+K_1\times16^1+K_0\times16^0+K_{-1}\times16^{-1}+\cdots+K_{-m}\times16^{-m}$$

例如，一个多位十六进制数 6B8C，可以按位权展开表示为：

$$(6B8C)_{16}=6\times16^3+11\times16^2+8\times16^1+12\times16^0$$

2.1.2　不同进位制之间的转换

由于采用不同计数制，同一数据表示形式不同，人们习惯使用十进制，而计算机使用二进制。为了保证计算结果的正确，数据使用前必须进行正确的转换。结果的显示，应满足人类的习惯，即采用十进制显示。

1. *R* 进制数转换为十进制

要把一个 *R* 进制数转换为十进制数，只需按位权展开法展开后进行计算即可。

【例 2-1】　分别将二进制数 $(11011.1)_2$、八进制数 $(156.5)_8$ 和十六进制数 $(5D4.8A)_{16}$ 转换成十进制数。

解：$(11011.1)_2=1\times2^4+1\times2^3+0\times2^2+1\times2^1+1\times2^0+1\times2^{-1}+=(27.5)_{10}$

$(156.5)_8=1\times8^2+5\times8^1+6\times8^0+5\times8^{-1}=(110.625)_{10}$

$$(5D4.8A)_{16}=5\times16^2+13\times16^1+4\times16^0+8\times16^{-1}+10\times16^{-2}=(1492.539)_{10}$$

2. 十进制数转换为 R 进制数

将一个十进制数转换为 R 进制数，需要分两步进行，首先对整数部分，按“除基取余法，逆序排列”，再对小数部分，按“乘基取整法，顺序排列”即可完成转换。这里的基数即就是要转换的进制数。例如要转换为二进制，则基数为 2。

【例 2-2】 将十进制数 29.625 转换为二进制数。

解：先用“除 2 取余”法计算整数部分 29 对应的二进制整数部分，采用倒除法表示如下：

将先得到的余数排在最低位，后得到的余数排在最高位，即得到 29 转换成的二进制整数为 $(11101)_2$。

用“乘 2 取整”法，计算小数部分 0.625 对应的二进制小数部分。

将得到的整数排在高位，后得到的整数排在低位，即得到 0.625 转换成的二进制小数 $(0.101)_2$。

		余数		整数
2	29			
2	14	$K_0=1$	$0.625\times2=1.25$	$K_{-1}=1$
2	7	$K_1=0$	$0.25\times2=0.5$	$K_{-2}=0$
2	3	$K_2=1$	$0.5\times2=1$	$K_{-3}=1$
2	1	$K_3=1$		
	0	$K_4=1$		

故 $$(29.625)_{10}=(11101.101)_2$$

注意：将十进制数转换为 R 进制时，小数部分有可能永远不会得 0，此时计算只要达到要求的精度即可。

【例 2-3】 将十进制数 1299.625 转换为十六进制数。

解：先用“除 16 取余”法计算整数部分 1299 对应的二进制整数部分，采用倒除法表示如下：

将先得到的余数排在最低位，后得到的余数排在最高位，即得到 29 转换成的十六进制整数为 $(513)_{16}$。

用“乘 16 取整”法，计算小数部分 0.625 对应的二进制小数部分。

		余数		整数
16	1299			
16	81	$K_0=3$	$0.625\times16=10$	$K_{-1}=A$
16	5	$K_1=1$		
	0	$K_2=5$		

将得到的整数排在高位，后得到的整数排在低位，即得到 0.625 转换成的十六进制小数 $(0.A)_{16}$。

故　　　　　　　　$(1299.625)_{10}=(513.A)_{16}$

3. 十六进制(八进制)与二进制之间的互相转换

为了书写和阅读的方便，在计算机中经常需要用到十六进制(八进制)进行信息的显示。这就涉及二者之间的转换。

这里采用“分组转换法”，由于 $2^4=16(2^3=8)$，即 1 为十六进制位(八进制位)相当于 4 位(3 位)二进制数，如表 2-2 所示。

表 2-2　　　　　　　　**四种常用进制之间的关系**

十进制	二进制	十六进制	八进制	十进制	二进制	十六进制	八进制
0	000	0	0	8	1000	8	10
1	001	1	1	9	1001	9	11
2	010	2	2	10	1010	A	12
3	011	3	3	11	1011	B	13
4	100	4	4	12	1100	C	14
5	101	5	5	13	1101	D	15
6	110	6	6	14	1110	E	16
7	111	7	7	15	1111	F	17

将二进制数转换为十六进制(八进制数)的规则是，对于整数部分，从右到左，每 4 位(3 位)一组，小数部分从左到右，每 4 位(3 位)一组，不足 4 位要用“0”补足，就得到一个十六进制数(八进制数)。

【例 2-4】　二进制数 $(1101011011.1011101)_2$ 转换为十六进制。

$$(0011\ 0101\ 1011.1011\ 1010)_2=(35B.BA)_{16}$$

【例 2-5】　二进制数 $(1101011011.1011101)_2$ 转换为八进制。

$$(001\ 101\ 011\ 011.101\ 110\ 100)_2=(1533.564)_8$$

4. 不同进制之间的转换

如果遇到其他进制互转换问题，可以十进制为中间进制，即先转换为十进制，再将这个十进制转换为其他进制。

【例 2-6】　将五进制数 44 转换为三进制数是多少?

解：$(44)_5=4\times5^1+4\times5^0=(24)_{10}$

再采用“除 3 取余”法，容易得到对应的三进制数。

$(24)_{10}=(220)_3$

【例 2-7】　某进制的运算规则 $3\times3=10$，则 $3\times5=$?

解：首先分析：$3\times3=10$，而不是 9，即符合逢九进一的规则，说明是九进制。接着，很容易计算出十进制 $3\times5=15$，再采用“除九取余”法得出 15 在九进制的表示为 16，得出在该进制下 $3\times5=16$。

2.1.3 数值型数据在计算机中的表示及编码

由于计算机采用二进制，所以任何类型的数据都必须转换为二进制。数值型数据指数学中的代数值，具有量的含义，同时有正负、整数和小数之分。要在计算机中表示一个数值型，除了必须先将它转换为二进制数外，还要考虑数据的存储长度，符号以及小数点问题。

理论上讲，一个数不论有多少有效位数，计算机都能表示，由于计算机资源有限，考虑到制造成本和实现的可能性，一般用于存放一个数的电子器件位数总是有限的和固定的，其二进制位数称为字长，即指 CPU 一次所能处理的二进制数据的位数。可同时处理的位数越多，CPU 的档次就越高，从而它的功能就越强，速度也越快。在计算机表示一个数时，不但要考虑其大小，还要考虑用多少个字长来存放。

数有正、负之分。在计算机中，只有数码 1 和 0 两种不同的状态，为了统一起见，通常在计算机中，用 0 表示正数，用 1 表示负数。且用最高位作为数值的符号位，也就是，符号占用一个二进制位。例如，如果采用 8 位字长，来表示二进制数。则最高位为符号位，其余 7 位表示数据大小。这种连同数字与符号组合在一起的二进制数称为机器数，由机器数所表示的实际值称为真值。如：

$$+(89)_{10} \rightarrow \underset{\text{真值}}{+1101001} \rightarrow \underset{\text{机器数}}{01101001}$$

在计算机中，机器数的表示有两种：一是定点表示法，即小数点的位置是固定不变的；二是浮点表示法，即小数点的位置是可浮动的。

实数包括整数和小数，整数一般采用定点表示法，即规定数的最后一位为小数点所在位置。纯小数也可以采用定点法，即人为规定小数点在符号位之后，但为了计算方便和统一起见，带有小数的实数，包括纯小数，一般都采用浮点表示法。

1. 整数定点表示法

在计算机中，整数定点表示的机器码通常有原码、反码和补码三种表示方式。对于有符号的整数，用“0”表示正数，用“1”表示负数，符号位设置在机器码的最高位。任何正数的原码、反码和补码的形式完全相同，负数则各有不同的表示形式。

1）原码表示方法

用 8 位二进制数表示数的原码时，最高位为数的符号位，其余 7 位为数值位。

例如，真值为+120 和-120 的原码形式：

$$[+123]原=01111011$$

$$[-120]原=11111011$$

对于零，可以认为它是正零，也可以认为它是负零，所以零的原码有两种表示形式：

$$[+0]原=00000000$$

$$[-0]原=10000000$$

8 位二进制数原码表示范围为：11111111～01111111，即-127～+127，共可以表示 255 个数，其中 0 有两种表示方法，分别是 00000000 和 10000000。

如果是 n 位二进制原码，则其表示范围为$-(2^{n-1}-1)\sim+(2^{n-1}-1)$，共可以表示 2^n-1

个数。

2)反码表示方法

在反码表示方法中，正数的反码与原码相同，负数的反码由它对应原码除符号位之外，其余各位按位取反得到。例如：

[+123]反=[+123]原=01111011

[-123]反=10000100

零的反码有两种表示方式，即：

[+0]反=00000000

[-0]反=11111111

8 位二进制数反码表示范围为：11111111~01111111，即-127~+127，共可以表示 255 个数，其中 0 有两种表示方法，分别是 00000000 和 11111111。

如果是 n 位二进制反码，则其表示范围为 $-(2^{n-1}-1)\sim+(2^{n-1}-1)$，共可以表示 2^n-1 个数。

3)补码表示方法

补码的概念：先以钟表对时为例，假设现在的标准时间为 5 点整，而有一只表却已是 7 点，为了校准时间，可以采用两种方法：一是将时针退 2 格，即 7-2=5；一是将时针向前拨 10 格，即 7+10=12(自动丢失)+5，都能对准到 5 点。可见，减 2 和加 10 是等价的，我们把(+10)称为(-2)对 12 的补码，12 为模，当数值大于模 12 时可以丢弃 12。也就是说，在表盘中是以 12 为模的，任何一个时刻加上一个 12 的整数倍，时针位置不变。

在字长为 8 位的二进制数字系统中，模为 $2^8=256$，先看看下例：

01000000	64	01000000	64
+11110110	+246	-00001010	-10
1 00110110	54	00110110	54

由此可见，在字长为 8 位情况下(64-10)与(64+246)的结果是相同的，所以(-10)和 246 互为补数。-10 的补码，就是-10+256=246 所对应的二进制数 11110110，但该机器码在这里表示负数。在补码表示方法中，正数的补码与原码相同，负数的补码采用求补运算得到，即对负数所对应的原码除符号位之外，其余各位按位取反且末位加一得到，或者用模加上该数而得的二进制数码。例如：

[+123]补=[+123]原=01111011

[-123]原=11111011，[-123]反=10000100

[-123]补=[-123]反+1=10000101

零的补码只有一种表示方式，即

[+0]补=00000000

[-0]补=[-0]反+1=11111111+1=00000000(向前有个进位)

[-127]补=10000001

[-128]补=[-127]补-1=10000001-1=10000000

8 位二进制数补码表示范围为：10000000~01111111，即-128~+127，共可以表示 256 个数，其中 0 只有一种表示方法，另外表示-128 的机器数 10000000 是一个特殊情况，即符号位和数值位重合，不能采用减去 1，再取反的方式转换为原码，因为-128 已经超出了 8 位原码的表示范围，如果要转换为原码必须进行符号位扩展，具体见下一节内容。

如果是 n 位二进制原码表示范围为 $-2^{n-1} \sim +(2^{n-1}-1)$，共可以表示 2^n 个数。

2. 实数浮点表示法

实数既有整数部分，也有小数部分，整数和纯小数是实数的特例，168.9、-1.689、0.01689、1689 都是实数。基本数字相同，所不同的是小数点位置不同而已。如果实数都表示成一个纯小数和一个幂之积，则上述实数可以表示为，0.1689×10^3、-0.1689×10^1、0.1689×10^{-1} 和 0.1689×10^4。在这种表示方法下，我们只关心数字和指数即可。可见任何一个实数，在计算机中表示时，都可以用一个纯小数的“尾数”来表示有效数字，而用整数的阶码表示“指数”，尾数和阶码都为有符号数，通过阶码的大小确定小数点的位置，这种用尾数和指数来表示实数的方法叫做“浮点表示法”，计算机中的实数也叫做“浮点数”。

尾数的位数决定数的精度，指数的位数决定数的范围，根据占用字节数的多少不同还可以分为单精度浮点数和双精度浮点数。浮点数的长度越长，可表示的数的范围越大，精度也越高。

2.1.4 非数值数据在计算机中的表示及编码

计算机信息处理中，除了数值型数据以外，还包括字符、数字、符号、图形、图像等非数值型数据。所有这些数据都要采用二进制表示，必须进行二进制编码。

1. ASCII 码

ASCII 码是“美国信息交换标准代码”(American Standard Code for Information Interchange)的简称，是国际上广泛采用的一种编码字符集。ASCII 码使用指定的 7 位或 8 位二进制数组合来表示 128 或 256 种可能的字符。标准 ASCII 码也叫基础 ASCII 码，使用 7 位二进制数来表示所有的大写和小写字母，数字 0 到 9、标点符号，以及在美式英语中使用的特殊控制字符。其中：0~31 及 127(共 33 个)是控制字符或通信专用字符(其余为可显示字符)，如控制符：LF(换行)、CR(回车)、FF(换页)、DEL(删除)、BS(退格)、BEL(响铃)等；通信专用字符：SOH(文头)、EOT(文尾)、ACK(确认)等；ASCII 值为 8、9、10 和 13 分别转换为退格、制表、换行和回车字符。它们并没有特定的图形显示，但会依不同的应用程序，而对文本显示有不同的影响。32~126(共 95 个)是字符(32 是空格)，其中 48~57 为 0 到 9 十个阿拉伯数字，65~90 为 26 个大写英文字母，97~122 号为 26 个小写英文字母，其余为一些标点符号、运算符号等。

在标准 ASCII 中，其最高位(b7)用作奇偶校验位。所谓奇偶校验，是指在代码传送过程中用来检验是否出现错误的一种方法，一般分奇校验和偶校验两种。奇校验规定：正确的代码一个字节中 1 的个数必须是奇数，若非奇数，则在最高位 b7 添 1；偶校验规定：正确的代码一个字节中 1 的个数必须是偶数，若非偶数，则在最高位 b7 添 1。

后 128 个称为扩展 ASCII 码，目前许多基于 x86 的系统都支持使用扩展 ASCII。扩展 ASCII 码允许将每个字符的第 8 位用于确定附加的 128 个特殊符号字符、外来语字母和图形符号。表 2-3 显示了常用字符与 ASCII 码对照表。

表 2-3　　　　　　　　　　　**常用字符与 ASCII 码对照表**

ASCII 值	控制字符	ASCII 值	控制字符	ASCII 值	控制字符	ASCII 值	控制字符	ASCII 值	控制字符	ASCII 值	控制字符
0	NUL	22	SYN	44	，	66	B	88	X	110	n
1	SOH	23	TB	45	—	67	C	89	Y	111	o
2	STX	24	CAN	46	.	68	D	90	Z	112	p
3	ETX	25	EM	47	/	69	E	91	[	113	q
4	EOT	26	SUB	48	0	70	F	92	/	114	r
5	ENQ	27	ESC	49	1	71	G	93	]	115	s
6	ACK	28	FS	50	2	72	H	94	^	116	t
7	BEL	29	GS	51	3	73	I	95	—	117	u
8	BS	30	RS	52	4	74	J	96	、	118	v
9	HT	31	US	53	5	75	K	97	a	119	w
10	LF	32	(sp)	54	6	76	L	98	b	120	x
11	VT	33	!	55	7	77	M	99	c	121	y
12	FF	34	”	56	8	78	N	100	d	122	z
13	CR	35	#	57	9	79	O	101	e	123	{
14	SO	36	$	58	：	80	P	102	f	124	|
15	SI	37	%	59	；	81	Q	103	g	125	}
16	DLE	38	&	60	<	82	R	104	h	126	~
17	DCI	39	，	61	=	83	X	105	i	127	DEL
18	DC2	40	(	62	>	84	T	106	j		
19	DC3	41	)	63	？	85	U	107	k		
20	DC4	42	*	64	@	86	V	108	l		
21	NAK	43	+	65	A	87	W	109	m		

2. 汉字编码

汉字是中华民族悠久文化的象征，为了能在计算机中进行处理，必须转换为二进制编码形式。由于汉字字符不仅数量多，而且字形复杂，一个字节只能表示 256 种符号，肯定不够用，必须使用多个字节表示一个字符。汉字处理技术的关键是汉字编码问题，其困难是选字和排序。根据不同的应用目的，汉字编码分为外码、交换码、机内码和字形码。

1) 外码

外码又叫输入码，是用来将汉字输入到计算机中的一组键盘符号。常用的输入码有拼音码、五笔字型码、自然码、表形码、认知码、区位码和电报码等，一种好的编码应有编码规则简单、易学好记、操作方便、重码率低、输入速度快等优点。

2) 交换码

用二进制代码表示汉字使用起来不方便，于是需要采用信息交换码。中国标准总局 1981 年制定了中华人民共和国国家标准 GB 2312—80《信息交换用汉字编码字符集—基本集》，即国标码。

区位码是国标码的另一种表现形式，把国标 GB 2312—80 中的汉字、图形符号组成一个 94×94 的方阵，分 94 行、94 列，行号称为区号，列号称为位号，都用一个字节表示。01 到 09 区为图形符号区，包括拉丁字母、俄文、日文平假名与片假名、希腊字母、汉语拼音等共 682 个图形符号；16 到 87 区为汉字区，其中 16 到 55 区为汉语拼音排列的 3755 个一级汉字。56 到 87 区为按偏旁部首排列的 3008 个二级汉字。10 到 15 区、88 到 94 区是有待进一步标准化的空白区。

字库中的每个字符都有唯一的区位码与其对应，如“啊”的区位码是 1601，表示它在 16 区的第 01 位上。为了避免汉字位码与通信控制码的冲突，ISO2022 规定，每个汉字的区号和位号必须分别加上 32(十六进制 20H) 变成国际交换码。例如，“德”字的区位码为 2134(1522H)，高低字节都加上 20H 后得到国际交换码为 3542。

3) 机内码

国标码为了与西文字符的 ASCII 码相区分，把汉字的两个字节的最高位都设置为“1”，即把一个汉字看做两个扩展的 ASCII 码。这种高位为 1 的双字节汉字编码就称为 GB 2312汉字的机内码，简称内码。汉字的机内码可以通过汉字的国标交换码分别加上 128(即一个字节的最高位为 1 时的数值，即 1000000B 或 80H) 而得到。例如，“德”字的区位码为 3542，高低字节都加上 80H 后得到国际交换码为 B5C2。

GB 2312 规定“对任意一个图形字符都采用两个字节表示，每个字节均采用八位编码表示”，习惯上称第一个字节为“高字节”，第二个字节为“低字节”，这种编码同时可以处理西文字符，即一个字节的二进制编码高位为 0，则按 ASCII 码处理，如果高位为 1，则后面一个字节高位也要为 1，即成双出现，而且必须构成对应于 GB 2312 中的机内码。例如，有一串机内码 32 30 31 33 C4 EA 34 D4 C2 32 38 C8 D5，其中包含 7 个西文字符，3 个汉字，表示“2013 年 4 月 28 日”。

4) 字形码

字形码是汉字的输出码，输出汉字时都采用图形方式，无论汉字的笔画多少，每个汉字都可以写在同样大小的方块中。通常用 16×16 点阵来显示汉字。

例如，采用 8×8 点阵表示文字“何”字的字形码及编码(偶校验码)表示如图 2-2 字形与编码，其中最右边一列为行奇校验码，最下边一行为列奇校验码。通过上述编码可以发现并改正一位错误。

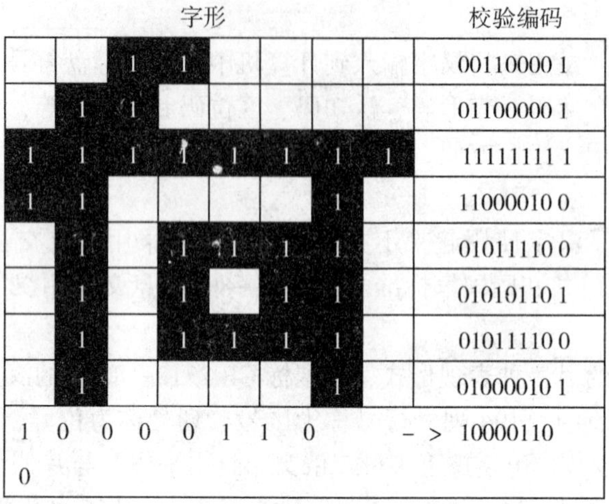

图 2-2　字形与编码

2.1.5　BCD 编码

在计算机中，数据除了采用二进制编码外还可以采用 BCD 编码方式，BCD 编码即二—十进制编码，就是用四位二进制代码来表示一位十进制数码，简称 BCD 码。由于四位二进制码有 0000，0001，…，1111 等 16 种不同的组合状态，故可以选择其中任意 10 个状态以代表十进制中 0~9 的 10 个数码，其余 6 种组合是无效的，如表 2-4 所示。因此，按选取方式的不同，可以得到不同的二-十进制编码。最常用的是 8421 码。

表 2-4　**BCD 码与十进制数对应关系**

十进制数	BCD 码	十进制数	BCD 码
0	0000	5	0101
1	0001	6	0110
2	0010	7	0111
3	0011	8	1000
4	0100	9	1001

这种编码是选用四位二进制码的前 10 个代码 0000~1001 来表示十进制的这 10 个数码。表 2-4 编码的特点如下：

（1）这种编码实际上就是四位二进制数前 10 个代码按其自然顺序所对应的十进制数，十进制数每一位的表示和通常的二进制相同。

例如，十进制数 845 的 8421 码形式为：(845) D = (100001000101) BCD。

（2）它是一种有权码。四位二进制编码中由高位到低位的权依次是 2^3，2^2，2^1，2^0

(即 8，4，2，1)，故称为 8421 码。在 8421 码这类有权码中，如果将其二进制码乘以其对应的权后求和，就是该编码所表示的十进制数。

例如：$(1001)BCD=1\times2^3+0\times2^2+0\times2^1+1\times2^0=(9)D$

(3) 在这种编码中，1010~1111 这 6 种组合状态是不允许出现的，称禁止码。

8421 码是最基本的和最常用的，因此必须熟记。其他编码还有 2421 码、5421 码等。

2.1.6 信息在计算机中的存储

1)位

位是计算机中最小的信息单位，符号 b(bit)，只有两种状态，不是"0"，就是"1"。

2)字节

一个字节由 8 位二进制位组成，符号 B(Byte)，即 1B=8bit。字节是信息存储的基本单位。

3)字

计算机一次存取、处理和传输的数据长度称为字，符号 W(Word)，一般由若干个字节组成，具体取决于机器的类型。

4)信息存储容量

存储容量一般指某个计算机设备所能容纳的二进制信息量的总和称为存储设备的存储容量，一般用字节数来表示，如 16 兆(16M)，4 吉(4G)等其关系为：

1KB=1024Byte，　　1MB=1024KB，　　1GB=1024MB

1TB=1024GB，　　1PB=1024TB，　　1EB=1024PB

1ZB =1024EB，　　1YB =1024ZB，　　1BB =1024YB

采用 2^{10} 数量级往上增加，即千字节(KB)，兆字节(MB)、吉字节(GB)、太字节(TB)、拍字节(PB)、艾字节(EB)、泽字节(ZB)和尧字节(YB)等等。随着大数据时代的到来，每天产生的数据量都在数个拍字节以上。

【课后讨论】

(1)对于浮点数表示法，如果采用 4 个字节(32 位)来表示，其中尾数由 3 个字节构成，并采用规格化，即小数点后的第一位数字不能为 0，阶码由 1 个字节组成，请分析这种表示法能够表示数的范围。

(2)是否可以构造一个同时猜姓和属相的游戏？

(3)思考一下身边有哪些与编码有关的实例(如汽车牌照)，你能分析出它的编码总量是多少吗？

2.2 运算基础

【课前思考】

(1)前面学习了信息在计算机中的表示，那么这些信息之间是如何运算的？

(2)在计算机中为什么要采用补码进行运算？1+1 在什么情况下不等于 2？

(3)假如没有其他通信手段，如果有一个包裹要邮寄给一个朋友，里面有隐私文件，不可以让外人看，怎么做？如果是发送电子邮件，邮寄内容要保密怎么办？

2.2.1　二进制算术运算

计算机中采用二进制进行编码，只有 0 和 1 两个数码，并且算术运算也很简单，所以二进制数在数字电路中获得广泛应用。

1. 二进制数的算术运算规则

(1)加运算。

0+0=0，　1+0=1，　0+1=1，　1+1=0(向高位进位)

(2)减运算。

0-0=0，　1-0=1，　1-1=0，　0-1=1(向高位借位)

(3)乘运算。

0×0=0，　1×0=0，　0×1=0，　1×1=1

(4)除运算。

0÷1=0，　1÷1=1

2. 二进制补码加法运算

对于多位二进制数的运算和十进制数类似也采用按位运算，所不同的是在加法运算中"逢二进一"，在减法运算中向上一位借位是，"借一当二"。另外，在计算机中，凡是带符号的数，通常用补码表示，补码在运算中符号和数据一样参与运算，而且，运算结果也是补码。下面举例说明补码的运算规则。说明：以下举例都采用 8 位二进制位来表示数据和结果。

【例 2-8】　已知 X=+1000001，Y=+0001001，求这两个数的补码之和。

解：[X]补=0 1000001，[Y]补=0 0001001

```
        [X]补=0 1000001              +65
  +)    [Y]补=0 0001001            +) +9
----------------------------      ------
  [X]补 + [Y]补=0 1001010            +74
```

故，[$X+Y$]补=0 1001010

此和数为正，其真值为+74；又因+65+(+9)=+74，故结果是正确的。

故对于 2 个正数，有：[X]补 + [Y]补=[$X+Y$]补。

【例 2-9】　已知 X=+1000001，Y=-1111111，求这两个数的补码之和。

解：[X]补=0 1000001，[Y]补=1 0000001

```
        [X]补=0 1000001             + 65
  +)    [Y]补=1 0000001            +)-127
----------------------------      ------
  [X]补 + [Y]补=1 1000010            -62
```

故，[$X+Y$]补= 1 1000010

此和数为负，将负数的补码还原为原码，即：

[$X+Y$]原=[[$X+Y$]补]补=1 0111110，其真值为-62，故结果正确。

故对于一个正数和一个负数之和，有[X]补 + [Y]补=[X+Y]补。

【例 2-10】 已知 $X=-1000001$，$Y=-0000111$，求这两个数的补码之和。

解：[X]补=1 0111111，[Y]补=1 1111001

```
        [X]补 =  1 0111111              -65
+)      [Y]补 =  1 1111001            +)-7
--------------------------------      -------
[X]补 + [Y]补 =1 1 0111000              -72
```

故，[X+Y]补= 1 0111000

第一个 1(带下画线)自然丢失，此和数为负数，将负数的补码还原为原码，即：

[X+Y]原=[[X+Y]补]补=1 1001000，其真值为-72，故结果也正确。

【例 2-11】 已知 $X=-1000001$，$Y=-1111111$，求这两个数的补码之和。

解：[X]补=1 0111111，[Y]补=1 0000001

```
        [X]补 =  1 0111111              -65
+)      [Y]补 =  1 0000001            +)-127
--------------------------------      -------
[X]补 + [Y]补 =1 0 1000000              -192
```

故，[X+Y]补= 0 1000000

同样，第一个 1(带下画线)自然丢失，此和数为正数，这显然是错误的。这是因为计算结果应该是-192，它超过了 8 位二进制补码(负数)的表示范围，当结果小于-128 就产生溢出，致使符号位出错，而得到错误的结果。如果要得到正确的结果，需要进行符号位扩展。即采用更多的二进制位来表示，这里一个字节扩展，即由 16 个二进制位来表示，其数据表示范围为-32768~+32767。对于补码来说，符号位扩展非常容易，只需将所有扩展位用该数符号替换即可。本例所示数据扩展后表示如下：

[X]补= 11111111 10111111，[Y]补=11111111 10000001

```
        [X]补 =  11111111 10111111              -65
+)      [Y]补 =  11111111 10000001            +)-127
----------------------------------------      -------
[X]补 + [Y]补 =1 11111111 01000000              -192
```

第一个 1(带下画线)自然丢失，此和数为负数，将负数的补码还原为原码，即：

[X+Y]原=[[X+Y]补]补=10000000 11000000，其真值为-192，故结果也正确。

故对于 2 个负数之和，有[X]补 + [Y]补=[X+Y]补

3. 二进制补码减法运算

补码在进行减法时，按补码的差等于差的补码进行，举例如下。

【例 2-12】 证明 [X]补-[Y]补=[X-Y]补

证明：

[X]补-[Y]补=[X]补+[-Y]补

$=2^n+X+2^n+(-Y)$

$=2^n+(X-Y)$

=[X-Y]补

【例 2-13】 已知 $X=-1000001$，$Y=-1111111$，求这两个数的补码之差。

解：[X]补=1 0111111，[Y]补=1 0000001，[-Y]补=01111111

	[X]补 =	1 0111111	-65
-)	[Y]补 =	1 0000001	-)-127
	[X]补 -[Y]补 =	0 0111110	62

另外

	[X]补 =	1 0111111	-65
+)	[-Y]补 =	0 1111111	+) 127
	[X]补 + [-Y]补 =	1 0 0111110	62

同样，第一个 1(带下画线)自然丢失，此和数为正数，恰好是 62 的补码。

故，[X]补 -[Y]补=[X]补 + [-Y]补=[X-Y]补= 0 0111110

由于采用补码表示法，在计算机中只需要设计出一个无符号数的加法电路和一个求负补数电路(该电路的设计要比减法电路简单得多)，就可以实现无符号数和有符号数加减法运算，大大地简化了 CPU 的电路结构，这也是计算机中采用补码表示有符号数的目的所在。

2.2.2　二进制逻辑运算

在计算机中除了算术运算外，还有逻辑运算，所有的逻辑运算都是按位进行操作的，不存在算术运算中的进位或借位。在计算机中，把命题逻辑的“T”作为逻辑代数中的“1”，“F”作为“0”，逻辑变量的取值只能是“0”或“1”，代表的是事物矛盾着的双方；判断事件的“真伪”和“是非”，无大小和正负之分。在数字系统中，代表开关的接通与断开，晶体管的导通与截止，电压的高(5V)低(0V)，信号的有无等。这样就可以用代数方法表示逻辑命题的对应，这就是逻辑代数。逻辑运算中，有三种基本的逻辑运算分别是“逻辑与”、“ 逻辑或”和“逻辑非”，其他运算都可以由这三种运算组合而得到。另外常用的逻辑运算还有“异或”和“同或”运算。

1. 逻辑与

所有决定“结果”的条件全部满足是，结果才成立，这种因果关系叫做逻辑与(AND)，逻辑与运算符号为“ ∧ ”。就像串联电路里的开关，只有所有开关都闭合时，灯才能亮，逻辑运算规则如下。

0∧0=0，0∧1=0，1∧0=0，1∧1=1

例如，数 A=10011010，B=11001110，则 A∧B=10001010。

2. 逻辑或

决定“结果”的条件只要有一个满足，结果就成立，这种因果关系叫做逻辑或(OR)，逻辑或运算符号为“ ∨ ”。就像并联电路里的开关，只要有一个开关闭合时，灯就能亮。逻辑运算规则如下。

0∨0=0，0∨1=1，1∨0=1，1∨1=1

例如，数 A=10011010，B=11001110，则 $A∨B$=11011110。

3. 逻辑非

逻辑非是对条件的否定的结果，逻辑非运算符号为“¯”。逻辑运算规则如下。

$\overline{0}=1$，$\overline{1}=0$

4. 逻辑异或

“异或”是一种复合逻辑关系，因为具有特殊的表现，在信息安全领域有一定用途，很多时候也把“异或”关系当做基本逻辑关系处理。其描述为“二者不可兼得”，即两个相同为假，相异为真。运算符号为“⊕”，逻辑运算规则如下。

$0\oplus0=0$，　　$0\oplus1=1$，　　$1\oplus0=1$，　　$1\oplus1=0$

5. 逻辑同或

“同或”也是一种复合逻辑关系，是异或的非，其描述为两个相同为真，相异为假。运算符号表示为“⊙”，逻辑运算规则如下。

$0\odot0=1$，　　$0\odot1=0$，　　$1\odot0=0$，　　$1\odot1=1$

【例 2-14】　已知 X=00FFH，Y=55AAH，若 $Z1=X\wedge Y$，$Z2=X\vee Y$，$Z3=X$，$Z4=X\odot Y$，求 $Z1$，$Z2$，$Z3$，$Z4$ 的值。

解：X=0000 0000 1111 1111

Y=0101 0101 1010 1010

$Z1$=0000 0000 1010 1010=00AAH

$Z2$=0101 0101 1111 1111=55FFH

$Z3$=1111 1111 0000 0000=0FF00H

$Z4$=1010 1010 1010 1010=0AAAAH

【例 2-15】　已知 X=1234H，Xm=55AAH，Ym=5151H，若 $Z1=X\oplus Xm$，$Z2=Z1\oplus Ym$，$Z3=Z2\oplus Xm$，$Y=Z3\oplus Ym$，求 $Z1$，$Z2$，$Z3$，Y 的值，从这道题目我们得到了什么启发？

解：X= 0001 0010 0011 0100=1234H（要发送的内容）

Xm=0101 0101 1010 1010=55AAH（发送人秘钥）

$Z1$=0100 0111 1001 1110=479EH（第一次发送出去的加密数据）

Ym=0101 0001 0101 0001=5151H（接收人秘钥）

$Z2$=0001 0110 1100 1111=16CFH（接收人再次加密并发回的数据）

$Z3$=0100 0011 0110 0101=4365H（发送人解密后再发送的数据）

Y=0001 0010 0011 0100=1234H（接收人最终解密后的数据）

说明：X 的内容就是要传递给 Y 的，Xm 为发送人的秘钥，Ym 为接收人的秘钥，$Z1$ 为发送人经过自己秘钥加密后的数据(加一把锁)，$Z2$ 为接收人收到加密信息并用自己秘钥再次加密后的数据(再加一把锁)，并再发回给发送人；$Z3$ 为发送人收到接收人发送回的双重加密数据(两把锁)并用自己秘钥解密后的数据(去掉发送人加密锁，只剩下接收人加密锁)，再发送给接收人；Y 为接收人收到发送人解密后的数据，并用自己秘钥再次解密后得到最终的信息。显然 X 和 Y 的内容相同。对于其他信息，可以采用更复杂的秘密进行处理。

【课后讨论】

(1)举例说明计算机采用二进制进行运算的特点？

(2)如果采用 BCD 码进行运算，要注意哪些问题？

(3)举例说明逻辑运算在日常生活中的应用。

(4)有 1000 个苹果，放进 10 个篮子，要求能用这 10 个篮子，组成 1 到 1000 的任何一个数，请问如何放？每个篮子放置多少个？

本章小结

本章主要讲解了信息在计算机中的表示方法、编码方式和运算基础。通过本章的学习，要充分理解进位计数制，掌握计算机各种信息在计算机中的表示方法，掌握计算机运算基础，掌握并理解各种编码技术在日常生活中的应用。

基础练习

一、选择题

1. 在下面关于字符之间大小关系的说法中，正确的是(　　)。

A. 空格符>b>B　　B. 空格符>B>b　　C. b>B>空格符　　D. B>b>空格符

2. 汉字系统中的汉字字库里存放的是汉字的(　　)。

A. 机内码　　B. 输入码　　C. 字形码　　D. 国标码

3. 在汉字库中查找汉字时，输入的是汉字的机内码，输出的是汉字的(　　)。

A. 交换码　　B. 信息码　　C. 外码　　D. 字形码

4. 对补码的叙述，不正确的是(　　)。

A. 负数的补码是该数的反码最右加 1　　B. 负数的补码是该数的原码最右加 1

C. 正数的补码就是该数的原码　　D. 正数的补码就是该数的反码

5. 十进制数 92 转换为二进制数和十六进制数分别是(　　)。

A. 01011100 和 5C　　B. 01101100 和 61

C. 10101011 和 5D　　D. 01011000 和 4F

6. 人们通常用十六进制而不用二进制书写计算机中的数，是因为(　　)。

A. 十六进制的书写比二进制方便　　B. 十六进制的运算规则比二进制简单

C. 十六进制数表达的范围比二进制大　　D. 计算机内部采用的是十六进制

7. 二进制数 10011010 转换为十进制数是(　　)。

A. 153　　B. 156　　C. 155　　D. 154

8. 在科学计算时，经常会遇到“溢出”，这是指(　　)。

A. 数值超出了内存容量　　B. 数值超出了机器的位所表示的范围

C. 数值超出了变量的表示范围　　D. 计算机出故障了

9. 有关二进制的论述，错误的是(　　)。

A. 二进制数只有 0 和 1 两个数码

B. 二进制数只有两位数组成

C. 二进制数各位上的权分别为 2^i（i 为整数）

D. 二进制运算逢二进一

10. 在计算机内，多媒体数据最终是以(　　)形式存在的。

A. 二进制代码　　B. 特殊的压缩码　　C. 模拟数据　　D. 图形

二、填空题

1. 十进制数 57.2 D 分别转换成二进制数__________B、八进制数__________O、十六进制数__________H。

2. 二进制数 110110010.100101B 分别转换成十六进制数是__________H、八进制数__________O 和十进制数__________D。

3. 假定一个数在机器中占用 8 位，则−23 的补码、反码、原码依次为__________、__________、__________。

4. GB 2312—80 国标码最高位为__________，为防止与 ASCII 码混淆，因此在机内处理时采用__________码。

5. 40×40 点阵的一个汉字，其字形码占__________字节，若为 24×24 点阵的汉字，其字形码占__________字节。

6. 用 1 个字节表示的非负整数，最小值为__________，最大值为__________。

7. 字符“B”的 ASCII 码值为 42H，则可推出字符“K”的 ASCII 码值为________。

8. 以国标码为基础的汉字机内码是两个字节的编码，每个字节的最高位恒定为__________。

9. 若某汉字的国标码是 5031H(H 表示十六进制)，则该汉字的机内码是________。

10. 若某汉字的机内码是 B0A1H（H 表示十六进制），则该汉字的国标码是__________。

三、计算题

1. 已知下列补码，求真值 X。

(1) $[X]$补= 1000 0000　　(2) $[X]$补= 1001 1101　　(3) $[X]$补= 1011 0011

2. 已知 $X1=+0010111$，$Y1=+0100011$，$X2=-0110100$，$Y2=-01000111$，求下列各式的值，并用其对应的真值进行验证。

(1) $[X1+Y1]$补　(2) $[X2-Y2]$补　(3) $[X1-Y1]$补　(4) $[X2+Y2]$补

第3章 计算机组成技术

☞本章要点

➢ **关键词**：计算机；硬件；软件；性能指标；操作系统。

➢ **学习目标**：了解计算机的发展历程、分类方法、组成结构；掌握计算机的逻辑组成和系统组成；熟悉计算机主要技术指标和测评标准；了解操作系统的功能及类别。

➢ **学习重点**：计算机组成及工作原理，操作系统主要功能。

3.1 计算机概述

【课前思考】

(1)计算机已经成为我们生活、工作、学习等不可缺少的部分，那么计算机是何时出现的？

(2)计算机的发展经历了哪些历程？

(3)未来的计算机会怎样？

(4)计算机有哪些类别？

(5)计算机主要应用于哪些领域？

3.1.1 计算机发展概况

计算机(Computer)是一种能接收和存储信息，并按照存储在其内部的程序对输入的信息进行加工、处理，然后把处理结果输出的高度自动化的电子设备。世界上第一台数字电子计算机是由美国宾夕法尼亚大学的物理学家John Mauchly和工程师J-Presper Eckert领导的科研小组于1943年开始研制，1946年完成，取名为ENIAC(Electronic Numerical Integrator And Calculator)，如图3-1所示。它使用了18 000多只电子管、占地160平方米、重30余吨、耗电150kW、运算速度为5000次/秒，是一个名副其实的“庞然大物”。

ENIAC奠定了现代计算机的发展基础，开辟了一个计算机科学技术的新纪元。在此后的60多年里，计算机技术迅速发展，直至成为现在无所不在、无所不能的电脑。计算机的发展历程通常按照其所用的逻辑元器件(见图3-2)来划分，主要包括以下几个阶段：

第一代：电子管计算机(1946—1958年)。第一代计算机的主要特点是：逻辑元件采用电子管，主存储器采用磁鼓、磁芯，辅助存储器采用磁带、纸带、卡片等。其软件主要使用机器语言和汇编语言，主要应用于科学计算。第一代计算机运算速度很慢，每秒钟只有几千次到几万次，其体积大、耗电多、价格昂贵且可靠性低。

图 3-1　第一台计算机 ENIAC

(a) 电子管　　(b) 晶体管　　(c) 集成电路

图 3-2　计算机逻辑元件

第二代：晶体管计算机(1958—1964 年)。第二代计算机的主要特点是：逻辑元件采用晶体管，主存储器采用磁芯，辅助存储器已开始使用磁盘；软件开始使用操作系统及高级程序设计语言；其用途除科学计算外，已用于数据处理及工业生产的自动控制方面。第二代计算机的运算速度达到 100 万次/秒，内存容量扩大到几十万字节。

第三代：集成电路计算机(1964—1970 年)。第三代计算机的特点是：逻辑元件采用中、小规模集成电路，主存储器开始逐渐采用半导体元件；软件逐渐完善，操作系统、多种高级程序设计语言都有新的发展；其应用领域日益扩大。第三代计算机的运算速度已达到 1 000 万次/秒，它的体积小，功能增加，可靠性进一步提高。

第四代：大规模集成电路计算机(1971 年至今)。第四代计算机的主要特点是：逻辑元件和主存储器都采用大规模或超大规模集成电路；微型计算机蓬勃发展，体积更小、耗电量少、可靠性更高、价格也大幅度下降；其应用范围已扩大到国民经济各个部门和社会生活等领域，并进入以计算机网络为特征的时代。

计算机在我国的发展迅速。1958 年 8 月，我国第一台通用数字电子计算机 103 机试制成功，开辟了中国计算机事业的新纪元。2010 年 11 月，我国自主研发的"天河一号"超级计算机凭着每秒钟 4700 万亿次的运算峰值速度脱颖而出，成为世界运算速度最快的超级计算机之一(见图 3-3)。

图 3-3　天河一号超级计算机

计算机技术是世界上发展最快的科学技术之一，产品不断升级换代。当前计算机正朝着巨型化、微型化、智能化、网络化等方向发展，计算机本身的性能越来越优越，应用范围也越来越广泛。未来一段时间，计算机技术的发展主要有以下特点：

- 多极化：巨型、大型、小型、微型机各有自己的应用领域，形成了一种多极化的形势；
- 智能化：计算机具有模拟人的感觉和思维过程，能实现自动定理证明、自动程序设计、机器博弈等智能行为；
- 网络化：利用网络实现各种资源共享，让用户享受灵活的、智能的、协作式的信息服务，并获得前所未有的使用方便性和超强能力；
- 多媒体化：多媒体技术能够真正改善人机界面，使计算机朝着人类接收和处理信息的最自然的方式发展。

未来的计算机研究主要包括以下几种：

- 量子计算机：量子计算机是一类遵循量子力学规律进行高速数学和逻辑运算、存储及处理的量子物理设备；
- 神经网络计算机：构造人工神经元模拟人脑工作模型，将信息存储在神经元之间的联络中，采用大量并行分布式网络，构成神经网络计算机；
- 生物计算机：生物计算机具有自调节能力、自修复能力和自再生能力，更易于模拟人类大脑的功能；
- 光子计算机：用光子代替半导体芯片中的电子，以光互连来代替导线制成的数字计算机。

3.1.2 计算机分类

计算机按照其用途可以分为通用计算机和专用计算机；按照所处理的数据类型可分为模拟计算机、数字计算机和混合型计算机等；按照计算机的运算速度、字长、存储容量、软件配置等多方面的综合性能指标可将计算机分为巨型机、大型机、小型机、工作站、微型机等。

- 巨型机：巨型机也称为超级计算机，是目前运算速度最快、功能最强的一类计算机，主要应用于航空航天、天气预报、石油勘探等领域。
- 大型机：这类计算机具有极强的综合处理能力和极大的性能覆盖面，主要应用在政府部门、银行、大公司、大企业等。
- 小型机：小型机规模小、结构简单、软件开发成本低、易于操作维护，广泛应用于工业自动控制、大型分析仪器、测量设备、企业管理、大学和科研机构等，也可以作为大型与巨型计算机系统的辅助计算机。
- 工作站：工作站是一种介于微型机与小型机之间的高档微机系统，可连接多种输入输出设备，具有很强的图形交互处理能力，在工程、商业、金融、办公及计算机辅助设计领域得到广泛的应用，如图 3-4 所示。

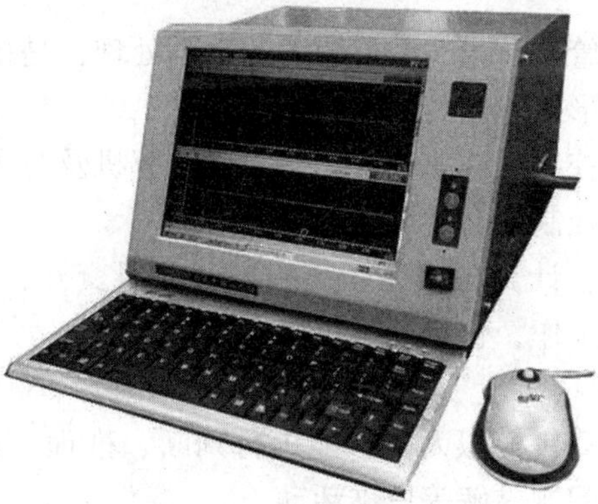

图 3-4 计算机图形工作站

- 微型机：微机也称个人计算机(Personal Computer，PC)，具有小巧灵活、通用性强、价格低廉等优点。微型机广泛应用于办公自动化、数据库管理、图像识别、多媒体技术等领域。
- 嵌入式计算机：指嵌入于各种设备及应用产品内部的计算机系统，体积小，结构紧凑，可作为一个部件安装于所控制的装置中。它广泛用于家电产品、工业智能测量仪表、办公设备及医用电子设备等机电一体化产品中。

微型计算机的核心是以超大规模集成电路为基础的微处理器。按照微处理器的字长和功能，微型计算机发展先后经历了 4 位、8 位、16 位、32 位和 64 位等发展阶段。

- 第一代 4~8 位微机(1971—1977 年)：Intel 公司于 1971 年推出了第一个微处理

器芯片 Intel 4004，1974 年生产了 8 位微处理器芯片 Intel 8080。

- 第二代 16 位微机（1978—1984 年）：1978 年和 1989 年，Intel 公司先后生产出了 16 位 8086 和 8088，其后又推出 80286 微处理器。另外还有 Zilog 公司的 Z8000 和 Motorola 公司的 MC68000。
- 第三代 32 位微机（1985—1992 年）：主要产品有 Intel 公司的 80386 和 80486 微处理器。
- 第四代 64 位微机（1993 年至今）：Intel 公司于 1993 年 3 月生产出了 64 位微处理器，其正式名称为 Pentium（奔腾），其后 Intel 公司又相继研制出了 Pentium Ⅱ、Pentium Ⅲ 和 Pentium 4。2005 年，Intel 相继推出双核处理器 Pentium 至尊版、Pentium EE 双核处理器。2006 年，Intel 发布了 Intel Core 2（酷睿）全新双核处理器。

3.1.3　计算机应用

计算机在快速发展的过程中，极大地增强了人类认识世界、改造世界的能力，深入并影响到社会和生活的各个领域。计算机的应用非常广泛，并且在不断地向各行各业渗透扩展。概括起来，计算机的应用主要有以下几个方面。

- 科学计算：科学计算是计算机应用的一个重要领域，由于计算机具有很高的运算速度和精度以及逻辑判断能力，因此出现了计算力学、计算物理、计算化学、生物控制论等新的学科。
- 信息管理：信息管理是指非数值形式的数据处理，是指以计算机技术为基础，对大量数据进行加工处理，形成有用的信息。
- 过程控制：过程控制又称实时控制，指用计算机及时采集检测数据，按最佳值迅速地对控制对象进行自动控制或自动调节。
- 计算机辅助系统：计算机辅助系统指通过人机交互，使计算机辅助人们进行设计、加工、计划和学习等工作，包括计算机辅助设计 CAD、计算机辅助制造 CAM、计算机辅助教学 CAI。
- 人工智能：让计算机模拟人类智能进行判断、推理、证明、识别、感知、理解、设计思考、规划、学习和问题求解等思维活动。

【课后讨论】

(1) 第五代计算机指的是什么？有哪些主要特征？

(2) 查询我国所研制的银河、天河系列超级计算机情况。

(3) 举例说明计算机给人们的生活带来的积极（或消极）的影响。

3.2　计算机系统组成

【课前思考】

我们常将计算机称为电脑，现代的计算机功能越来越强大，几乎可以实现我们想做的所有工作。那么，计算机由哪些部分组成？如何实现各项预定任务呢？我们应该如何评价一台计算机系统的性能优劣呢?

3.2.1 计算机逻辑组成

1945年，冯·诺依曼提出了"程序内存式"计算机的设计思想，奠定了现代计算机设计的基础。冯·诺伊曼的设计思想如下。

(1) 计算机硬件由运算器、控制器、存储器、输入设备和输出设备五个基本部分组成;

(2) 计算机内部采用二进制，所有信息仅由0、1来表示;

(3) 把程序存储在计算机内，无需人工干预，计算机能自动且连续地读取、执行指令，并得到预期的结果。

现代的计算仍然按照冯·诺依曼的设计理论，计算机各组成部件协同工作、共同完成指定的任务，如图3-5所示。

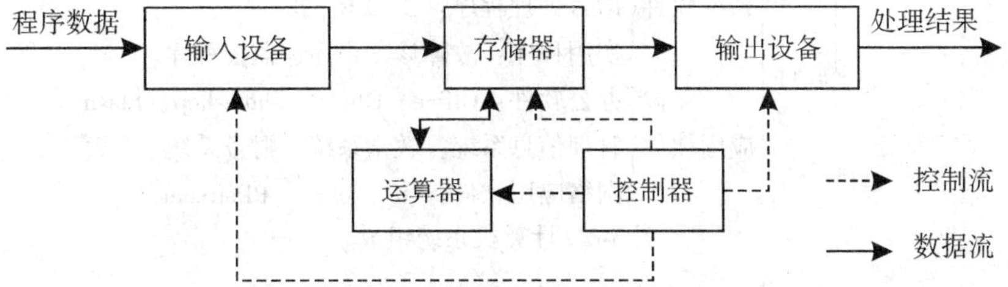

图3-5 计算机硬件系统组成

- 运算器：负责对信息进行加工和运算，包括算术运算和逻辑运算。它决定了计算机实际运算速度。
- 控制器：从内存中读取指令并执行指令，协调并控制计算机各个部件按指令序列执行操作。
- 存储器：用于存放程序、数据及运算结果。
- 输入设备：向计算机输入程序、数据等信息。
- 输出设备：输出计算机内部数据，将计算机的处理结果显示或打印出来。

3.2.2 计算机系统组成

一个完整的计算机系统由硬件系统和软件系统两大部分组成，如图3-6所示。硬件是指客观存在的物理实体，即由电子元件和机械元件构成的各个部件；软件是指运行在硬件上的程序、运行程序所需的数据和相关的文档的总称。我们将没有安装任何软件的计算机称为"裸机"。

1. 计算机硬件

1) 中央处理器

中央处理器(Central Processing Unit，CPU)包括运算器和控制器两大部件，是计算机的核心部件。运算器由算术逻辑部件(Arithmetical and Logical Unit，ALU)、寄存器组及一些控制数据传送的电路组成。ALU 是其核心部分，可以进行加、减、乘、除等算术运算以及比较、判断、查找等逻辑运算。为提高运算速度，运算器一般有若干个 ALU。

- 计算机
  - 硬件
    - 主机
      - CPU
        - 运算器
        - 控制器
        - 寄存器
      - 内存
        - 随机存储器
        - 只读存储器
        - 高速缓冲器
    - 外设
      - 输入设备：键盘、鼠标、扫描仪
      - 输出设备：显示器、打印机
      - 外存：硬盘、光盘、U 盘
      - 网络设备：网卡、调制解调器
  - 软件
    - 系统软件
      - 操作系统：Windows、Unix、Linux
      - 语言处理程序：C、VB、Java
      - 实用程序：故障诊断程序、监控程序
    - 应用软件
      - 办公软件：Office、Office、Photoshop、Flash
      - 管理信息系统：教学系统、财务系统
      - 网络应用软件：QQ、迅雷、PPstream

图 3-6　计算机系统组成

控制器由程序计数器、指令寄存器、指令译码器、时序产生器和操作控制器组成，负责决定执行程序的顺序，给出执行指令时机器各部件需要的操作控制命令，是计算机的指挥中心。其主要工作包括：

- 取指令：从内存中取出一条指令，并指出下一条指令的位置；
- 分析指令：对指令进行译码或测试，并产生相应的操作控制信号；
- 执行指令：指挥并控制 CPU、内存及外设，协同完成指令功能；
- 控制程序和数据的输入与结果的输出：适时地向输入输出设备发出命令完成指定功能。

2）存储器

存储器将输入设备接收到的信息以二进制的数据形式存到指定位置。存储器分为两大类：内存储器(简称内存)主要用于临时存放当前运行的程序和程序所用的数据；外存储器(简称外存)主要用于永久存放暂时不使用的程序和数据。

内存由半导体器件构成，从使用功能上分为随机存储器(Random Access Memory，RAM)和只读存储器(Read Only Memory，ROM)。

RAM 可以读出、可以写入，断电后存储内容立即消失，即具有易失性。RAM 可分为动态(Dynamic RAM)和静态(Static RAM)两大类。DRAM 的特点是集成度高，主要用于大容量内存储器；SRAM 的特点是存取速度快，主要用于高速缓冲存储器。

ROM 只能读出、不能写入、断电后信息不会丢失。其存储内容是采用掩膜技术由厂家一次性写入、并永久保存下来，它一般用来存放专用的固定的程序和数据。

外存种类很多，通常是磁性介质或光盘，如硬盘、软盘、磁带、光盘等，如图 3-7 所示。其特点是容量大、价格低、信息永久存储，但速度相对内存慢。

图 3-7 外存设备

硬盘是计算机系统中最主要的外存设备，它由一组涂有磁性材料的盘片组成，通常被密封固定在硬盘驱动器中。硬盘内部由盘片、读写磁头、转动轴、驱动装置、控制电路板等构成。磁头是硬盘中最昂贵的部件，也是硬盘技术中最重要和最关键的一环。常用的磁阻磁头采用分离式磁头结构，对信号变化相当敏感，读取数据的准确性也相应提高。在磁盘表面划出一个圆形轨迹称为磁道，每个磁道又被等分为若干个弧段的扇区，具有相同编号的磁道形成柱面。每个盘面都有相应的读写磁头，磁盘驱动器在向磁盘读取和写入数据是以扇区为单位。通过磁盘的柱面数、磁道数和扇区数，可以确定硬盘的容量。

各级存储器的容量和存取速度如图 3-8 所示。内存存取时间一般在 10ns 左右，但这远远低于 CPU 的速度。为了解决 CPU 和内存之间速度不匹配问题，通常采用高速缓冲存储器(Cache)。Cache 是介于 CPU 和内存之间的小容量存储器，也有部分 Cache 集成到 CPU 内部。CPU 读取数据时先在 Cache 中查找，如果找到立即读取并送 CPU 处理；如果没有找到则从内存中读取，同时调入 Cache 中。

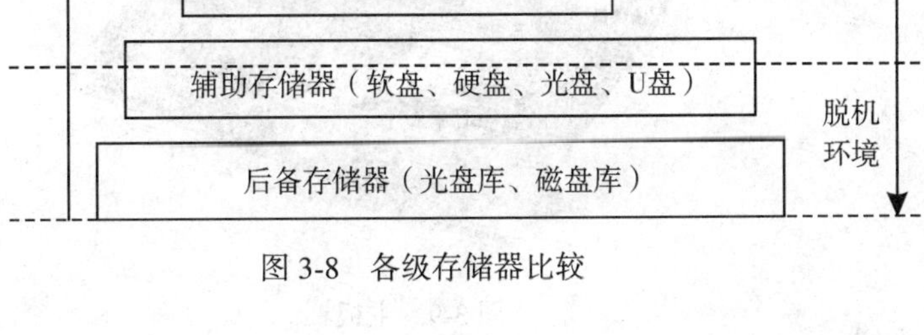

图 3-8 各级存储器比较

3）输入设备

输入设备是人机对话的重要工具，它将信息转换为计算机可以识别的二进制代码，并输入到计算机中。常用的输入设备有：鼠标、键盘、扫描仪、数字化仪、数码摄像机、条形码阅读器、数码相机、手写板、IC 卡等。

键盘是最常用的输入设备，用来输入字符和数据，常用的 104 键盘包括主键盘区、功能键区、光标控制区和数字键区。键盘分为有触点式和无触点式两种：有触点式键盘结构简单、成本低、开关特性好，但存在电信号干扰和机械磨损；无触点式键盘无机械磨损、可靠性高、寿命长、手感好。

4）输出设备

输出设备把主机内的信息转换成数字、文字、符号、图形、图像或者声音进行输出。最常用的输出设备是显示器、打印机和音箱，还有绘图仪、各种数模转换器(D/A)等。

显示器由监视器和显示控制适配器两部分组成。常见的显示器有阴极射线管(CRT)、等离子显示板(PDP)、发光二极管(LED)、液晶显示器(LCD)等。CRT 显示图像清晰、动态性强，但体积大、耗电多、对人体有辐射危害；LCD 显示器体积小、耗电少、没有辐射危害，成为目前主流的显示设备。

打印机可以按照用预定格式将文件以特定的字符、数字、图形或符号等形式打印出来。按照打印原理，可以将打印机分为点阵式、喷墨式、激光式、针式、字模式等多种类型。激光打印机具有打印质量高、速度快、噪声低、处理能力强等特点，是目前办公场所常用的设备之一。喷墨打印机体积小、操作方便、可以打印出与照片类似的精美图片。针式打印机结构简单、使用方便、打印速度较低，在大幅工程图样打印、条形码打印、票据打印等方面具有显著的优点。

5)主板

主板是长方形印刷电路板，集成了 CPU 插座、BIOS、内存插槽、芯片组、各种外设控制芯片、键盘与鼠标插座、机箱面板的控制开关及指示灯连线插座等相关器件，如图 3-9 所示。现在的主板集成度越来越高，声卡、网卡等一般也都集成到主板上了。

图 3-9　主板

BIOS(Basic Input/Output System)是一组被固化的程序，为计算机提供最低级最直接的硬件控制。BIOS芯片中存放的有系统自检程序、CMOS设置程序、系统自举装载程序以及主要I/O设备的驱动程序和中断服务。计算机每次启动时首先要读取BIOS中的内容，检测硬件设备是否正常，确定如何装载系统软件。

6) 总线

总线是连接计算机各功能部件的逻辑电路和连线。总线按照传递的信息可以分为地址总线、控制总线和数据总线。其中地址总线(Address Bus，AB)用于传递地址信息；控制总线(Control Bus，CB)用于传递各种控制信号；数据总线(Data Bus，DB)用于传递数据信息。

7) I/O接口

I/O接口是指CPU与外部设备(简称外设)之间通过总线进行连接的物理逻辑部件，主要用于解决主机与外设在电压等级、信号形式和速度上的匹配问题。计算机系统中有多种接口类型，从传输方式上看有串行口和并行口，从传输速度上看有高速口和低速口，从连接方式上看有总线式和独占式接口。USB接口是目前个人计算机上的必备接口，适用于数码相机、MP3播放器等多种设备。

2. 计算机软件

计算机的运算和控制都是通过执行指令来实现的。针对某一问题而编写的特殊指令序列即为程序，计算机软件则是在计算机上运行的各种程序、数据及其文档资料的集合。计算机软件总体分为系统软件和应用软件两大类。

系统软件是负责管理计算机系统中硬件资源，或为其他应用软件提供支持。系统软件包括操作系统(如Windows 7、Linux)、数据库管理系统(如Oracle、SQL Server)、高级语言处理程序(如C语言及其编译器)以及常用的工具软件(如磁盘扫描、格式化、文件系统管理、设备驱动程序、网络连接工具)等。系统软件通用性强，便于对共享资源进行统一的调度管理。

应用软件是在计算机硬件和系统软件的支持下，解决具体问题而设计开发的软件，范围广、品种多，能满足不同领域、不同用户的应用需求。应用软件主要包括专用应用软件和通用应用软件。前者是专门针对特殊领域问题而编制的，如某仓库管理系统、某小区物业管理系统；后者是在生活中普通使用的，包括日常办公软件(如Office，WPS，Adobe)、多媒体处理软件(如Photoshop，Flash，RealPlayer)、网络通信软件(如IIS，Outlook Express，FTP)、网络应用软件(如Internet Explorer，QQ，迅雷)等。另外还有专门的演示软件、游戏软件、教育教学软件、实时控制软件、计算机辅助设计软件等。

3.2.3 主要技术指标和评测标准

评价计算机的性能指标是一个复杂的问题，通常包括以下几种。

1. 机器字长

机器字长是指CPU一次能处理数据的位数，它是由加法器、寄存器的位数决定的，所以机器字长一般等于内部寄存器的位数。字长标志着精度，字长越长，计算的精度越高，指令的直接寻址能力也越强。假如字长较短的机器要计算位数较多的数据，那么需要经过两次或多次的运算才能完成，这会影响整机的运行速度。

为了更灵活地表达和处理信息，计算机通常以字节(byte)为基本单位，用大写字母 B 表示，一个字节等于 8 个二进制位(bit)。一般机器的字长都是字节的 1、2、4、8 倍，目前微型计算机的机器字长有 8 位、16 位、32 位等几种档次，最新推出的高档微处理器的字长已达 64 位。

2. 主频

主频即时钟频率，是指计算机的 CPU 在单位时间内发出的脉冲数目。它在很大程度上决定了计算机的运行速度。主频的单位是兆赫兹(MHz)，如 PⅢ的主频有 450 MHz、500 MHz、733 MHz 等，P4 的主频在 1GHz 以上。

3. 主存容量

主存容量是指一个主存储器所能存储的全部信息量。通常，我们以字节数来表示存储容量的计算机称为字节编址的计算机。也有一些计算机是以字为单位编址的，它们用字数乘以字长来表示容量。主存容量的基本单位是字节，还可用 KB、MB(兆字节)、GB(吉字节)、TB(太字节)和 PB(皮字节)来衡量。

4. 运算速度

运算速度是一项综合性指标，它与许多因素有关，如机器的主频、执行何种操作及主存本身的速度等。对运算速度的衡量有不同的方法，常用的方法有以下几种。

(1) 根据不同类型指令在计算过程中出现的频繁程度，乘上不同的系数，求出统计平均值，这时所指的运算速度是平均运算速度。

(2) 以每条指令执行所需的时钟周期数(Cycles per Instruction，CPI)来衡量。

(3) 以 MIPS 和 MFLOPS 作为计量单位来衡量运算速度。

MIPS(Million Instruction per Second)表示每秒执行多少百万条指令。对一个给定的程序，MIPS 定义为:

$$\text{MIPS}=\frac{\text{指令条数}}{\text{执行时间}\times 10^{-6}}$$

这里所说的指令一般是指加、减运算这类短指令。

MFLOPS(Million Floating-point Operations per Second)表示每秒执行多少百万次浮点运算。对于一个给定的程序，MFLOPS 定义为:

$$\text{MFLOPS}=\frac{\text{浮点操作次数}}{\text{执行时间}\times 10^{-6}}$$

MFLOPS 适用于衡量向量机的性能。

5. 兼容性

所谓兼容性(compatibility)是指一台设备、一个程序或一个适配器在功能上能容纳或替代以前版本或型号的能力，它也意味着两个计算机系统之间存在着一定程度的通用性，这个性能指标往往是与系列机联系在一起的。

系列机的软件兼容分为向上兼容、向下兼容、向前兼容和向后兼容。向上(下)兼容是指按某档次机器编制的程序，不加修改地就能运行在比它更高(低)档的机器上，系列机内的软件兼容一般是可以做到向上兼容，但向下兼容则要看到什么样的程度，不是都能做到的；向前(后)兼容是按某个时期投入市场的某种型号机器编制的程序，不加修改地就能运行在它之前(后)投放市场的机器上。对系列机的软件向下和向前兼容可不作要求，但必须保证向后兼容。向后兼容是软件兼容的根本保证，也是系列机的根本特征。

除了以上 5 个性能指标外，还有 RASIS 特性，即可靠性(reliability)、可用性(availability)、可维护性(serviceability)、完整性(integrality)和安全性(security)等。

为了评估计算机性能的不同方面，计算机专家们从设计的应用中归纳出一系列测试程序，用来测试机器的软件和硬件的综合性能，这些测试程序被称为基准程序。一般情况下，同一个厂家的机器，采用相同的体系结构，用相同的基准程序测试，得到的 MIPS 值越大，一般说明机器速度越快。常有的基准程序有以下几种。

- Dhrystone 基准程序常用于处理器的整形运算性能的测量。程序是用 C 语言编写的，共有 100 条语句，包括各种赋值语句、各种数据类型的数据区、各种控制语句、过程调用和参数传送、整数运算和逻辑操作。该程序能够测试编译器和 CPU 处理整数指令和控制功能的有效性。
- Linpack 基准程序是一个用 FORTRN 语言写成的子程序软件包，称为基本线性代数子程序包，此程序完成的主要操作是浮点加法和浮点乘法操作。测量计算机系统的 Linpack 性能时，让机器运行 Linpack 程序，测量运行时间，将结果用 MFLOPS 表示。
- SPEC 基准程序(System Performance Evaluation Cooperative)是一个全球性的、权威的第三方应用性能基准测试组织，它旨在确立、修改以及认定一系列服务器应用性能评估的标准。它体现了软、硬件平台的性能和成本指标，通常被金融、电信、证券等关键行业用户作为选择 IT 系统一项权威的选型基准测试指标。

【课后讨论】

(1)选购计算机时通常关注计算机系统的哪些性能指标？

(2)查询主要硬件设备的生产厂商，比较其价格、性能参数等信息。

(3)列举计算机中所安装的系统软件和应用软件，说明其功能。

3.3 操作系统

【课前思考】

新购置的计算机首先要安装操作系统，然后才能正常使用。那么，为什么要安装操作系统呢？操作系统具有哪些特殊的功能？常用的操作系统有哪些？它们有何差异呢？

3.3.1 操作系统概述

操作系统(Operating System，OS)是管理和控制计算机硬件与软件资源的计算机程序，是直接运行在裸机上的最基本的系统软件，任何其他软件都必须在操作系统的支持下才能运行。

1. 基本功能

操作系统是管理和控制计算机硬件和软件资源，合理地组织计算机的工作流程，以及方便用户使用计算机、提高各类资源利用的一组系统程序的集合。从不同的角色看操作系统有不同的解释。从操作系统设计者的观点看，操作系统是基于计算机硬件系统开发的管理计算机资源、控制程序运行的第一层软件，它为操作系统用户提供使用计算机的接口。从程序员观点看，操作系统是为程序提供系统调用以及相关的库函数和类，以方便程序员使用。从用户观点看，操作系统为用户提供使用计算机的界面和入口，对用户是透明的。

操作系统为用户提供了不同方式的接口来使用计算机功能。

- 命令：命令简洁、灵活，便于记忆和执行，是最早的计算机操作方式。
- 图形界面：使用简单、形象的图形或菜单文字实现特定功能，是目前最常用的计算机及各级各类软件的操作方式。
- 作业控制语言：按照处理步骤书写的多个命令，如 DOS 的批处理命令、UNIX 的 Shell 语言、Windows 命令解释器。
- 系统调用和库函数：程序员可以使用操作系统提供的功能调用接口和库函数完成与系统内核、硬件设备的交互操作，实现特定操作系统功能。

2. 操作系统的分类

操作系统有很多，其分类方法也有很多。按照硬件规模，可以分为大型机操作系统、小型机操作系统、微型机操作系统；按照用户数目，可以分为单用户和多用户操作系统；按照运行环境，可以分为批处理操作系统、分时操作系统、实时操作系统；按照计算机体系结构，可以分为网络操作系统、分布式操作系统；按照应用领域，可以分为桌面操作系统、服务器操作系统和嵌入式操作系统。

1)批处理操作系统

批处理操作系统(Batch Processing Operating System)的工作方式是：用户将作业交给系统操作员，系统操作员将许多用户的作业组成一批作业，之后输入到计算机中，在系统中形成一个自动转接的连续的作业流，然后启动操作系统，系统自动、依次执行每个作业。最后由操作员将作业结果交给用户。批处理操作系统的特点是：多道和成批处理。

2)分时操作系统

分时操作系统(Time Sharing Operating System)将 CPU 的时间划分成若干个片段，称为时间片。操作系统以时间片为单位，轮流为每个终端用户服务。每个用户轮流使用一个时间片而使每个用户并不感到有别的用户存在。分时系统具有多路性、交互性、独占性和及时性的特征。

常见的通用操作系统是分时系统与批处理系统的结合，其原则是：分时优先，批处理在后。前台响应需频繁交互的作业，如终端的要求；后台处理时间性要求不强的作业。

3)实时操作系统

实时操作系统(Real Time Operating System)是指使计算机能及时响应外部事件的请求在规定的严格时间内完成对该事件的处理，并控制所有实时设备和实时任务协调一致地工作的操作系统。实时操作系统有高可靠性和完整性，有较强的容错能力。

4)网络操作系统

网络操作系统(Network Operating System)是通常运行在服务器上的操作系统，提供网络管理、通信、安全、资源共享和各种网络应用。流行的网络操作系统有 Linux、UNIX、

Windows Server、Mac OS X Server、Novell NetWare 等。

5)分布式操作系统

分布式操作系统(Distributed Software Systems)是为分布计算系统配置的操作系统，具有极高的运算能力及广泛的数据共享能力。分布式操作系统的通信功能类似于网络操作系统，但强调并行处理和协同处理，通信速度要求高，具有透明性、可靠性和高性能等。

3. 操作系统的特性

操作系统具有以下典型特性。

1)并发性

并发(concurrency)是指多个事件在同一时间段内发生。操作系统是一个并发系统，各进程间可以并发执行。操作系统要完成这些并发过程的管理。并行(parallel)是指多个事件在同一时刻发生，在多处理器环境下才能真正实现并行。

2)共享性

共享(sharing)指多个进程共享有限的计算机系统资源，从而提高各类系统设备和软件的使用效率。操作系统要对系统资源进行合理分配和使用，使资源分配难以达到最优化。

3)虚拟性

虚拟(virtual)是指一个物理实体映射为若干个对应的逻辑实体。虚拟是操作系统管理系统资源的重要手段，可提高资源利用率，如虚拟内存、虚拟设备等。

4)异步性

异步性(asynchronism)也称不确定性，是指内存中的多个进程均按照各自独立的、不可预知的速度向前推进。在操作系统中，多个进程并发执行，“时走时停”，每个进程的执行顺序和执行时间是不可预知的。

另外，操作系统还具有可靠性、可维护性、可移植性、友好性等特性。

4. 操作系统的功能

现代操作系统的主要功能是管理计算机系统资源、扩展机器功能，提供人机交互窗口等，具体涉及进程管理、存储管理、外设管理、文件管理、作业管理、网络管理等功能。

1)进程管理

进程管理也称为 CPU 管理、处理机管理。CPU 的性能和使用情况对整个计算机系统的性能有关键的影响。因此，有效地管理 CPU，充分利用 CPU 资源也是操作系统最重要的管理任务。操作系统有关进程管理的任务很多，包括有进程调度、进程控制、进程同步与互斥、进程通信、死锁的检测与处理等。

2)存储管理

存储管理主要是对内存空间的管理。内存管理是为系统进程及各个用户进程提供其运行所需要的内存空间，同时保证各用户进程之间互不影响，提供内存保护。内存管理任务主要包括内存的分配与回收、地址映射、内存保护、内存扩充等。

3)设备管理

计算机系统的外围设备种类繁多、控制复杂、价格昂贵，但运转速度相对较慢。设备管理的目的是提高 CPU 和设备的并行性，充分利用各种设备资源。设备管理的主要任务是设备的分配、回收、调度和控制，以及虚拟设备管理和缓冲管理等。

4）文件管理

文件是计算机中信息的主要存放形式，也是用户存放在计算机中最重要的资源或财富。文件管理的主要功能有文件存储空间的分配和回收、目录管理、文件的存取操作与控制、文件的安全与维护、文件逻辑地址与物理地址的映像、文件系统的安装、拆除和检查等。

3.3.2　常用操作系统

操作系统出现于 20 世纪 60 年代，从最早的单用户单任务的 DOS 系统到现在功能齐全、操作方便的各种新系统，操作系统发展迅速，产品类型也越来越丰富。目前，主流的操作系统有以下几种。

1. Windows 操作系统

Windows 系列操作系统由微软公司开发，提供多任务处理和图形用户界面，是目前个人计算机上广泛使用的操作系统。Windows 操作系统先后出现过 Windows 3. x，9x，2000，2003，NT，ME，XP，Vista 等多种系列，每个系列又有多个不同的版本。例如，Windows XP 有家庭版、专业版、媒体中心版、平板 PC 版和 64 位版等多种版本，具有丰富的音频、视频和网络通信功能，最大可以支持 4 GB 内存和两个 CPU，同时增加了系统安全措施（如 Internet 防火墙、文件加密等）。

2009 年 10 月，微软公司推出了 Windows 7，核心版本号为 Windows NT 6. 1。Windows 7 可供家庭及商业工作环境、笔记本电脑、平板电脑、多媒体中心等使用。Windows 7 先后推出了简易版、家庭普通版、家庭高级版、专业版、企业版等多个版本。Windows 7 的启动时间大幅缩减，增加了简洁的搜索和信息使用方式，改进了安全和功能合法性，使用 Aero 效果更显华丽和美观。

2012 年 10 月 26 日，微软正式推出 Windows 8（见图 3-10）。Windows 8 是由微软公司开发的具有革命性变化的操作系统。该系统旨在让人们的日常电脑操作更加简单和快捷，为人们提供高效易行的工作环境。Windows 8 支持个人电脑（X86 构架）及平板电脑（X86 构架 或 ARM 构架）。Windows 8 大幅改变以往的操作逻辑，提供更佳的屏幕触控支持。新系统画面与操作方式变化极大，采用全新的 Metro 风格用户界面，各种应用程序、快捷方式等能以动态方块的样式呈现在屏幕上，用户可自行将常用的浏览器、社交网络、游戏、操作界面融入。

图 3-10　Windows 8 操作系统

2. Linux 操作系统

Linux 是一套免费使用和自由传播的类 UNIX 操作系统，是一个基于 POSIX 和 UNIX 的多用户、多任务、支持多线程和多 CPU 的操作系统。它支持 32 位和 64 位硬件。Linux 继承了 UNIX 以网络为核心的设计思想，是一个性能稳定的多用户网络操作系统。Linux 以它的高效性和灵活性著称，Linux 模块化的设计结构，使得它既能在价格昂贵的工作站上运行，也能够在廉价的 PC 机上实现全部的 UNIX 特性，具有多任务、多用户的能力。

Linux 操作系统软件包不仅包括完整的 Linux 操作系统，而且还包括了文本编辑器、高级语言编译器等应用软件。Linux 使用带有多个窗口管理器的 X-Windows 图形用户界面，允许使用窗口、图标和菜单对系统进行操作，如图 3-11 所示。

Linux 存在许多不同的版本，常见的有 Ubuntu，Debian，Fedora，openSUSE，Red Hat 等，中国大陆发行的有中标麒麟 Linux、红旗 Linux(Red-flag Linux)、共创 Linux、中软 Linux 等。Linux 可安装在各种计算机硬件设备中，如手机、平板电脑、路由器、视频游戏控制台、台式计算机、大型机和超级计算机。

3. Android 操作系统

Android 一词的本义指“机器人”，是 Google 于 2007 年 11 月 5 日宣布的基于 Linux 平台的开源手机操作系统的名称。该平台由操作系统、中间件、用户界面和应用软件组成，主要使用于移动设备，如智能手机和平板电脑。

Android 操作系统最初由 Andy Rubin 开发，主要支持手机(见图 3-12)。2007 年，Google 与 84 家硬件制造商、软件开发商及电信营运商组建开放手机联盟共同研发改良 Android 系统。随后 Google 以 Apache 开源许可证的授权方式，发布了 Android 的源代码。第一部 Android 智能手机发布于 2008 年 10 月。目前，采用 Android 操作系统的手机厂商包括宏达电子、三星、摩托罗拉、LG、Sony Ericsson 等。Android 已经占据全球智能手机操作系统市场 76%的份额，成为全球最受欢迎的智能手机平台。Android 也逐渐扩展到平板电脑及其他领域上，如电视、数码相机、游戏机等。

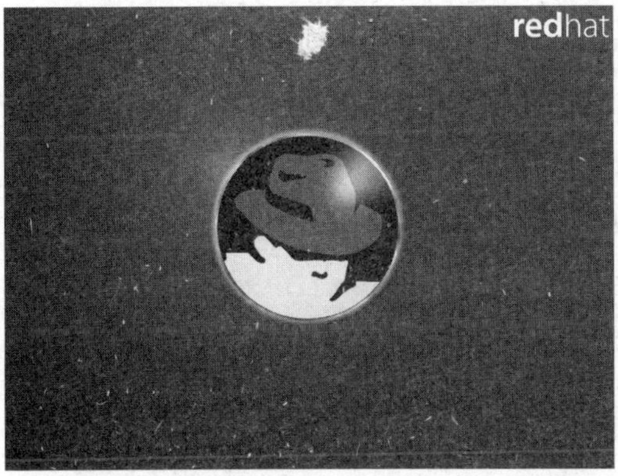

图 3-11　Red Hat Linux

图 3-12　Android 系统

【课后讨论】

(1)举例说明操作系统具有哪些功能。

(2)查询 Windows 8 不同版本的价格。

(3)结合个人手机谈谈手机品牌、型号与所用系统的版本、功能上的差异。

本章小结

本章介绍了计算机的发展历史，从不同角度对计算机进行的分类以及计算机主要的应用领域，在硬件系统和软件系统两个方面介绍了计算机结构的组成和运行特点，并给出了计算机性能评价的常用技术参数和评估标准。从宏观上阐述了操作系统的主要功能和类别，列举了目前常用的几种操作系统及其特征。

基础练习

一、选择题

1. 第二代计算机所采用的逻辑元件是(　　)。

A. 电子管　　B. 晶体管　　C. 集成电路　　D. 超大规模集成电路

2. 计算机之所以能按人们的意图自动进行工作，最直接的原因是采用了(　　)。

A. 二进制　　B. 程序设计语言　　C. 高速电子元件　　D. 存储程序控制

3. 计算机软件系统包括(　　)。

A. 程序、数据和相应的文档　　B. 系统软件和应用软件

C. 数据库管理系统和数据库　　D. 编译系统和办公软件

4. 显示器的(　　)越高，显示的图像越清晰。

A. 对比度　　B. 亮度　　C. 对比度和亮度　　D. 分辨率

5. 运算器的主要功能是进行(　　)。

A. 算术运算　　B. 逻辑运算　　C. 加法运算　　D. 算术和逻辑运算

6. 下列各存储器中，存取速度最快的是(　　)。

A. CD-ROM　　B. 内存储器　　C. 软盘　　D. 硬盘

7. 下列设备组中，完全属于输入设备的一组是(　　)。

A. CD-ROM 驱动器、键盘、显示器　　B. 绘图仪、键盘、鼠标器

C. 键盘、鼠标器、扫描仪　　D. 打印机、硬盘、条码阅读器

8. 下列各组软件中，全部属于系统软件的一组是(　　)。

A. 文字处理程序、编辑程序、操作系统

B. 程序语言处理程序、操作系统、数据库管理系统

C. 财务处理软件、金融软件、网络系统

D. WPS Office 2003，Excel 2000，Windows 98

二、判断题

1. ROM 中的信息只能被 CPU 读取，ROM 一旦断电信息就会丢失。(　　)

2. 按操作系统的分类，UNIX 操作系统是分时操作系统。(　　)

3. 计算机的硬件主要包括中央处理器(CPU)、存储器、输入设备和显示器。 (　　)

4. 操作系统的主要功能是对计算机的所有资源进行统一控制和管理，为用户使用计算机提供方便。 (　　)

5. 计算机按性能可分为超级计算机、大型机、小型机、微型机和笔记本。 (　　)

6. 计算机的体积越大，其功能越强。 (　　)

7. 一张存储内容的软磁盘，在强磁场附近，其数据可能丢失。 (　　)

8. 内存中存放的是当前正在执行的应用程序和所需的数据。 (　　)

三、简述题

1. 简述计算机在中国的发展历程。

2. 计算机核心硬件的性能指标有哪些？

3. 简述操作系统的功能。

4. 常用的操作系统有哪些，各有什么特点？

5. 列出一份为特定客户需要编写的电脑配置清单。

6. 列举机器上所安装的几种主要软件及其版本、用途。

第 4 章　计算机软件开发技术

☞本章要点

➢ **关键词**：机器语言；汇编语言；高级语言；结构化程序设计；面向对象程序设计；算法。

➢ **学习目标**：掌握计算机程序设计语言的发展历史；了解结构化程序设计方法及面向对象程序设计方法的主要特点；掌握算法的基本概念及算法的评价方法；掌握算法的几种描述方法。

➢ **学习重点**：程序的三种基本控制结构；算法及算法的评价方法。

4.1　程序设计语言概述

【课前思考】

在信息化日益发展的今天，社交网络、电子购物等新技术早就深入人们的日常生活，计算机及智能手机、平板电脑也成为我们工作生活中不可或缺的东西，那么，运行在这些设备上的程序是怎么来的？有哪些计算机程序设计语言？

4.1.1　程序设计语言概述

1. 程序设计语言发展历程

自从世界上第一台电子计算机 ENIAC 于 1946 年问世以来，伴随着计算机硬件的不断更新换代，计算机程序设计语言也有了很大的发展，至今已有多代语言问世。计算机语言的发展是一个不断进化的过程，其根本的推动力就是信息技术的不断普及化，也就是把机器能够理解的语言进化为人类也能够理解并掌握的语言的过程。

1) 机器语言

电子计算机所使用的是由“0”和“1”组成的二进制数，二进制是计算机的语言的基础。在计算机发明之初，程序员只能用计算机的语言编制程序，就是写出一串串由“0”和“1”组成的指令序列交由计算机执行，这种语言，就是机器语言。机器语言的缺点十分明显，特别是在程序有错需要修改时，维护困难，可移植性差。因为每台计算机的指令系统往往各不相同，在一台计算机上执行的程序，要想在另一台计算机上执行，必须另编程序。但正是由于使用的是针对特定型号计算机的语言，故而运算效率是所有语言中最高的。

2) 汇编语言

为了增强机器语言的可读性，人们进行了一种有益的改进，用一些简洁的英文字母、符号串来替代一个特定的指令的二进制串，如用“ADD”代表加法，“MOV”代表数据传递等，采用具有明确意义的指令，人们很容易读懂并理解程序，纠错及维护更为方便，这种程序设计语言就称为汇编语言，即第二代计算机语言。汇编语言有专门的翻译程序，负责将这些符号翻译成二进制数的机器语言，这种翻译程序被称为汇编程序。汇编语言同样十分依赖于机器硬件，移植性不好，但效率仍十分高，针对计算机特定硬件而编制的汇编语言程序，能准确发挥计算机硬件的功能和特长，程序精炼而质量高，所以至今仍是一种常用而强有力的软件开发工具。

3）高级程序设计语言

20 世纪 50 年代中期开始逐步发展出面向问题的程序设计语言，称为高级语言。第一个高级语言是 FORTRAN，之后又出现了许多高级语言，如 BASIC，PASCAL，COBOL，C 等。上世纪 40 年代末期出现了第一个面向对象语言 Simula64，它对后来出现的面向对象语言，如 C++、Java、C#产生了深远的影响。高级语言中使用的表达式更接近数学表达式，使用的语句更接近自然语言。高级语言编写的程序（源程序）必须经过翻译器将其翻译成机器语言，才能被计算机执行。高级语言由于抽象度高，源代码与硬件无关，独立于具体的计算机硬件，通用性和可移植性好。

编程语言进化史如图 4-1 所示。

图 4-1　编程语言进化史

2. 程序设计语言的编译过程

程序设计语言的编译可以分为编辑→编译→链接→运行等四个阶段。

（1）编辑阶段：用程序设计语言编写源代码。

（2）编译阶段：编译器把程序设计语言转换成目标代码。如果有语法错误，编译器报错，终止编译源代码。

（3）链接阶段：链接器把用户程序和支持它运行的必需的其他程序合在一起，形成最后的可执行文件。

(4)运行阶段：可执行文件中都是执行代码。执行经过链接后的可执行文件，在不出现运行错误时可以得到程序的正确运行结果。

下面以 C 语言为例具体说明 C 语言的编译过程。

源程序编辑阶段。通过各种文本编辑工具，按照 C 语言的语法规则，编写程序源代码。通常是以 . c 结尾的，当然也可以包含 . h 结尾的头文件。

预处理阶段。通过各种编译器的预处理器，根据已放置在文件中的预处理指令来修改源文件的内容，如对源程序中的宏替换、条件编译指令、头文件包含、特殊符号等进行相应的处理。

编译阶段。就是将预处理阶段的 . c 文件生成汇编语言，通常是以 . s 或 . asm 的文件，用于下一阶段的汇编工作。

汇编阶段。汇编器将 . asm 文件生成中间代码 . o 文件。然后通过链接器，即可得到中间代码，当然往往还需要代码优化，以便提高执行的效率和空间的节省。最后生成可执行. exe 文件。

执行阶段。运行上步得到的可执行文件，得到用户所需的结果。

【课后讨论】

(1)请上网查询最新的编程语言有哪些？各有何特点？

(2)什么是解释型语言？什么是编译型语言？试比较两者优缺点。

4. 1. 2　C 语言介绍

1. C 语言的历史

C 语言是在 20 世纪 70 年代初问世的。1978 年由美国电话电报公司(AT&T)贝尔实验室正式发表了 C 语言。同时由 B. W. Kernighan 和 D. M. Ritchit 合著了著名的“*THE C PROGRAMMING LANGUAGE*”一书。通常简称为《K&R》，也有人称之为《K&R》标准。但是，在《K&R》中并没有定义一个完整的标准 C 语言，1983 年由美国国家标准学会在此基础上制定了一个 C 语言标准，通常称之为 ANSI C。

早期的 C 语言主要是用于 Unix 系统。由于 C 语言的强大功能和各方面的优点逐渐为人们认识，到了 20 世纪 80 年代，C 开始进入其他操作系统，并很快在各类大、中、小和微型计算机上得到了广泛的使用，成为当代最优秀的程序设计语言之一。

2. C 语言的特点

C 语言是一种结构化语言。它层次清晰，便于按模块化方式组织程序，易于调试和维护。C 语言的表现能力和处理能力很强，不仅具有丰富的运算符和数据类型，便于实现各类复杂的数据结构，还可以直接访问内存的物理地址，进行位(bit)一级的操作。由于 C 语言实现了对硬件的编程操作，因此 C 语言集高级语言和低级语言的功能于一体，既可用于系统软件的开发，也适合于应用软件的开发。此外，C 语言还具有效率高、可移植性强等特点，因此广泛地移植到了各类各型计算机上，从而形成了多种版本的 C 语言。

3. C 语言的基本结构

C 程序主要由函数构成，C 程序中有三种类型的函数。

main( )主函数，开发系统提供的特殊函数，每一个C程序必须且只有一个main( )函数。它代表程序开始执行的起始位置。

编译系统提供的函数，如printf( )，scanf( )等。Turbo C开发系统提供300多个函数。

用户自定义函数，是C程序的主要构成部分，如【例4-2】中的sum( )。

C语言函数的说明部分，包括：函数名、函数类型(返回值类型)、形式参数名、形式参数类型。函数体，大括号{ }中的部分。函数体中包含变量定义部分和执行部分。

4. 简单C程序及分析

下面通过两个简单的例子说明C程序的一般特点。

【例4-1】 编程实现输出问候语。

```
#include <stdio.h>    //包含头文件，printf( )函数定义在stdio.h文件中
int main( )
{
  printf("*******************************************\n");
        printf(" *欢迎来到C语言编程世界！ *\n");
  printf("*******************************************\n");
  return 0;
}
```

【例4-2】 编程实现整数1~100的和，要求用函数实现求和操作。

```
int  sum(int n )   //函数定义，包括函数返回值类型、函数名、形参列表
{

      int i, m =0 ; //定义函数内的局部变量
      for(i=1 ; i <=n ; i++){
          m=m+i ;
      }
      return m ;    //返回求和后的结果值
}
//主函数main，程序入口
int  main()
{
      int  m  ;
      m=sum(100) ;    //函数调用，返回值为整数1~100的和
      printf("1+2+3+…+100=%d\n", m);    //按照规定格式输出求和结果
}
```

【课后讨论】

(1)C语言与C++语言有什么关系？

(2)当前C语言主要用于哪些软件开发领域？

4.2　程序开发基础

【课前思考】

结构化编程与面向对象编程是当前程序设计语言的主流，上网查询这两种编程思想的主要代表各有哪些？各有哪些擅长领域？

4.2.1　程序设计的风格

程序设计风格是指编写程序时所表现出的特点、习惯和逻辑思路。程序设计的风格总体而言应该强调简单和清晰，强调程序的可读性。

良好的程序设计风格包括如下几方面。

1. 源程序文档化

1)变量名的命名

- 符合程序语言语法规定；
- 见名知义，名字不宜太长，不要使用相似的名字；
- 同一个名字不要有多种含义。

2)程序注释

程序的注释包括序言性注释和功能性注释。

序言性注释：通常位于每个程序的开头部分，它给出程序的整体说明。

功能性注释：一般嵌在源程序体中，主要对程序进行说明。

3)视觉组织

在程序中利用空格、空行、缩进等技巧使程序层次清晰。

2. 数据说明的方法

- 数据说明的次序规范化；
- 数据说明次序固定，便于对程序的理解、阅读和维护；
- 当一个说明语句说明多个变量时，变量最好按照字母顺序排序；
- 复杂数据的结构最好注释。

3. 语句的结构

- 在一行内只写一条语句
- 程序编写应优先考虑清晰性，除非有特殊要求，即清晰第一，效率第二；
- 避免采用复杂的条件语句和不必要的转移，优先使用库函数；
- 数据结构要有利于程序的简化，程序要模块化，且尽量使模块功能单一，利用信息隐蔽，确保每一个模块的独立性。

4. 输入和输出

- 对所有的输入数据都要检验数据的合法性以及检查输入项的各种重要组合的合理性；
- 输入格式要简单，使输入的步骤和操作尽可能简单；
- 输入数据时，应允许使用自由格式和缺省值；
- 输入一批数据时，最好使用输入结束标志；

- 以交互式方式输入输出数据时，要在屏幕上有明确的提示信息；
- 对输入格式有严格要求时，应保持输入格式与输入语句的一致性；
- 给所有的输出加注释，并设计良好的输出报表。

【课后讨论】

(1)什么是匈牙利命名法？什么是 Camel 命名法？什么是 Pascale 命名法？

(2)良好的编程风格对程序开发有何重要意义？

4.2.2 结构化程序设计

20 世纪 60 年代中后期“软件危机”的爆发，使人们认识到大型程序的编制不同于小程序。“软件危机”的解决一方面需要对程序设计方法、程序的正确性和软件的可靠性等问题进行深入研究，另一方面需要对软件的编制、测试、维护和管理方法进行深入研究。结构化程序设计是一种程序设计的原则和方法。它讨论了如何避免使用 GOTO 语句；如何将大规模、复杂的流程图转换成一种标准的形式，使得它们能够用几种标准的控制结构——顺序、分支和循环，通过重复和嵌套来表示。C 语言就是一种结构化语言。

1. 结构化程序设计的原则

自顶向下：先总体，后细节；先全局目标，后局部目标。自顶向下是将较为复杂、大的问题划分为小问题，找出问题的关键、重点所在，然后用精确的思维定性、定量地去描述问题。

逐步求精：设计一些子目标作为过渡，逐步细化。逐步求精是人类解决复杂问题采用的基本思维方法。可以把逐步求精定义为：“为了能集中精力解决主要问题而尽量退出对问题细节的考虑。”

模块化：把程序要解决的总目标分解为分目标，再进一步分解为具体的小目标，把每个小目标称为一个模块。在进行模块化设计时，应把握一个原则：并不是模块越多越好，模块过多、模块间的接口成本增加导致程序成本上升。一般而言，每个程序都有一个最适当的模块数目。

2. 结构化程序的基本结构与特点

结构化程序的基本结构只有三种：顺序结构、选择结构和循环结构。

1)顺序结构

如图 4-2 所示，顺序结构是顺序执行结构。所谓顺序执行，就是按照程序语句行的自然顺序，一条语句一条语句(A→B→C)地执行程序。

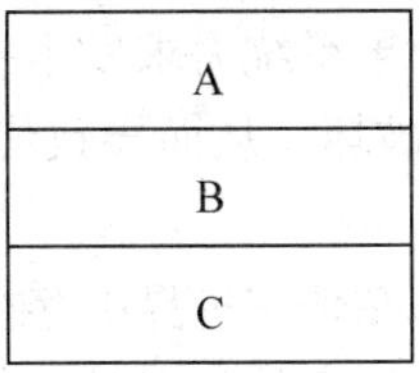

图 4-2 顺序结构

2) 选择结构

选择结构又称为分支结构，它包括简单选择和多分支选择结构，这种结构可以根据设定的条件，判断应该选择哪一条分支来执行相应的语句序列。图 4-3 列出了包含 2 个分支的简单选择结构。

3) 循环结构

循环结构又称为重复结构，它根据给定的条件，判断是否需要重复执行某一相同的或类似的程序段。循环结构分为两类：

当型循环结构：先判断后执行循环体，见图 4-4。

直到型循环结构：先执行循环体后判断，见图 4-5。

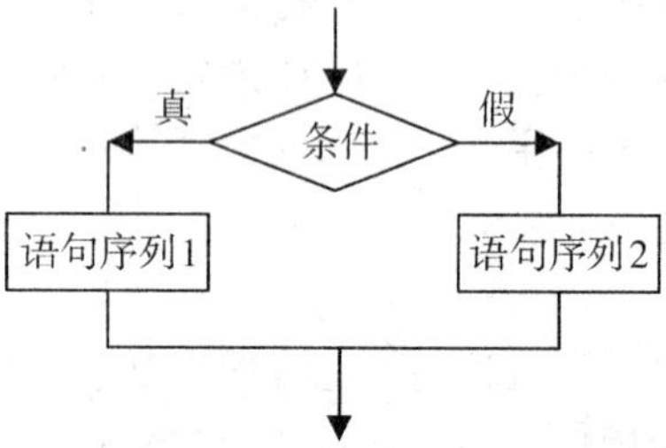

图 4-3　选择结构

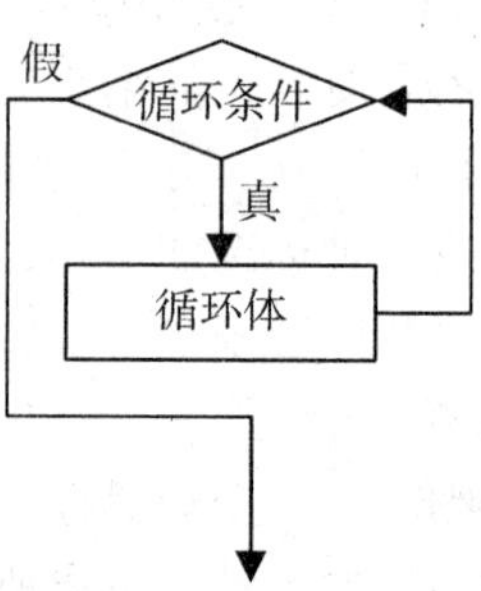

图 4-4　当型循环

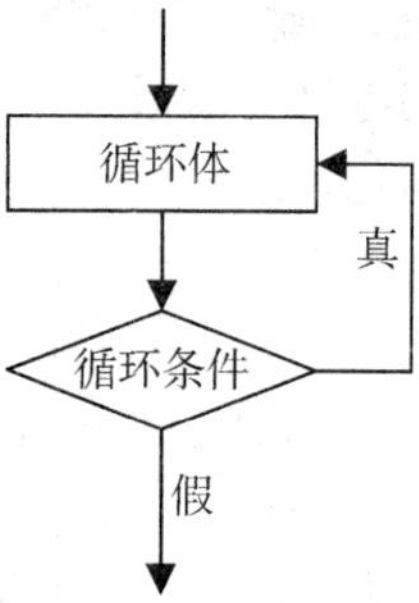

图 4-5　直到型循环

已经证明，任何复杂的问题，都可以由顺序结构、选择结构和循环结构这三种基本结构组成的程序完成，三种基本结构之间可以并列，可以相互包含，但不允许交叉，不允许从一个结构直接转到另一个结构的内部。

【课后讨论】

(1)“软件危机”主要体现在什么方面？业界有何应对方法？

(2)结构化程序设计中三种基本结构能描述所有编程问题吗？

4.2.3　面向对象程序设计

1. 面向对象程序设计方法的产生

传统的结构化程序设计方法主要是面向过程的，也就是在分析设计时更多地从过程处理的角度进行，系统框架结构，系统模块的划分、设计都是基于系统所实现的功能。而功能是系统中最易变的部分，这样，如果系统需求发生一些变化(如系统某些功能的改进或扩充新功能)，系统的结构就会受到破坏。从而导致代码的可重用性差，系统可维护性及稳定性差，系统实现困难。

在实际系统开发中，人们发现，在现实世界中存在的各种对象是问题域中的主角，这些对象具有属性和行为，对象一般是稳定的，同时对象之间具有各种联系。因而，在面向对象开发模式中，把标识和模型化问题域中的主要实体作为系统开发的起点，在面对频繁的需求更改时，对象一般不需要改变，只需要改变行为即可。与面向过程编程相比，面向对象编程系统会更稳定，扩展性与可维护性更强。

2. 面向对象进行程序开发的优点

1)易维护

采用面向对象思想设计的结构可读性高，由于继承的存在，即使改变需求，维护也只是在局部模块，所以维护成本较低。

2)可重用性强

继承是面向对象方法的一个重要机制，用面向对象方法设计的系统的基本对象类可以被其他新系统重用，通常这是通过一个包含类和子类层次结构的类库来实现的，面向对象方法通过从一个项目向另一个项目提供一些重用类而能显著提高生产率。

3)效率高

在软件开发时根据设计的需要对现实世界的事物进行抽象，产生类。使用这样的方法解决问题，接近于日常生活和自然的思考方式，从而提高软件开发的效率和质量。

4)易扩展

由于继承、封装、多态的特性，自然设计出高内聚、低耦合的系统结构，使得系统更灵活、更容易扩展而且成本较低。

3. 面向对象程序设计的基本概念

1)对象

在现实世界中，对象指的是任何一个实体。它可能是一个人、一部车。

对象由对象名、属性、方法构成。其中，对象名用来标识对象，对象的属性是实体所具有的性质(外形与状态)，对象的方法是实体所拥有的行为。

若要设计一个教务系统，则该系统的主要对象包括：教师、学生、课程等对象。教师对象的主要属性有教工号、姓名、性别、职称、专业、年龄等，主要行为有讲授课程、学生作业评价、课程成绩评定等。

2)消息

对象之间进行通信的一种构成叫做消息。

消息传递：当一个消息发送给某个对象时，包含要求接收对象去执行某些活动的信息。接收到信息的对象经过解释，然后予以响应。这种通信机制叫做消息传递。发送消息的对象不需要知道接收消息的对象如何响应该请求。

例如，point1 是一个坐标位于(0，0)位置的点，是 Point 类的一个实例(对象)。当要求该点移动到(10，20)位置时，可以向它发送如下消息：

```
point1.move(10, 20);
```

其中，point1 为对象的接收者，move 是消息名，圆括号里面的 10、20 为消息的参数。当 point1 接收到该消息时，可实现点的移动(消息的响应)。

3)类

类是对一系列具有相同性质的对象的抽象，是对对象共同特征的描述，是创建对象的模板。

分类是人类认识世界的基本方法之一。现实世界中存在的客观事物有些是彼此相似的，如狗这一物种，既有体形很小的吉娃娃、博美犬，也有大型的秋田犬、藏獒等，虽然它们的体型、性情、饮食习惯各异，但是，它们的基本特征是一样的，于是人们把它们归为“犬”类。

4）继承

继承是父类和子类之间共享数据和方法的机制。可以在一个已经存在的类的基础上来进行，把这个已经存在的类(父类)所定义的内容作为自己的内容，并加入若干新的内容，形成子类。

继承是软件重用的重要手段，值得一提的是，在面向对象概念中，子类并不能继承父类的所有特性，如父类的私有属性、方法，子类不能继承，就好像现实生活中子女可以继承父辈公有的金钱、房产等有形资产，但无法继承与个体特性相关的知识、技能、经验等私有资产。

继承的分类分为单重继承和多重继承。单重继承，子类只从一个父类得到继承；多重继承，子类从多个父类得到继承。例如，C++支持多种继承，Java 支持单重继承。

5）多态性

同样的方法被不同的对象调用时可导致完全不同的行为，该现象称为多态性。多态性机制不仅增加了面向对象软件系统的灵活性，进一步减少了信息冗余，而且显著地提高了软件的可重用性和可扩充性。

比如，汽车、火车、飞机都有行驶这一方法，但是不同的交通工具行驶行为是完全不同的：汽车在路面奔驰，火车在铁轨上高速行驶，飞机在空中飞翔。

【课后讨论】

(1)请用自己的话解释封装、继承、多态。

(2)试比较面向对象与面向过程的优缺点。

4.3　算法基础

【课前思考】

算法作为一个名词，在中学教科书中并没有出现过，但是我们却从小学就开始接触算法，熟悉许多问题的算法。例如，四则运算要先乘除后加减，从里往外脱括弧，竖式笔算等都是算法。在中学数学里，我们知道解一元二次方程的算法，解线性方程组的算法，求两个数的最大公因数的欧几里得算法等。这些基础数学的经典算法一般有什么特点？与计算机科学的算法概念有何异同？

4.3.1　算法的基本概念

1. 算法的基本概念

计算机系统中的操作系统、语言编译系统、数据库管理系统以及各种各样的计算机应用软件，都是用一个一个具体算法来实现的。算法的好坏直接决定了所设计计算机软件性能的优劣。用什么方法设计算法，所设计的算法需要什么样的系统资源，需要运行多长时间，占用多少存储空间。

虽然人们对算法(algorithm)一词非常熟悉，可到目前为止，对于算法尚没有统一而精确的定义。一般认为，算法是一系列解决问题的清晰指令，也就是说，能够对一定规范的输入，在有限时间内获得所要求的输出。如果一个算法有缺陷，或不适合于某个问题，执行这个算法将不会解决这个问题。不同的算法可能用不同的时间、空间或效率来完成同样的任务。

简言之，算法可以理解为解决特定问题求解步骤的描述，在计算机中表现为指令的有序序列，并且每条指令表示一个或多个操作。一个算法应该具有以下五个重要的特征。

确定性：算法的每一种运算(包括判断)必须要有确切的定义，即每一种运算应该执行何种动作必须是相当清楚的、无二义性的。

可实现性：此性质是指算法中有待实现的运算都是相当基本的，每种运算至少在原理上能由人用纸和笔在有限的时间内完成。

输入：一个算法有零个或多个数据输入，它们是在算法开始之前对算法最初赋予的量，这些输入取自特定的对象集合。

输出：一个算法产生一个或多个输出。

有穷性：一个算法总是在执行了有穷步之后终止。

程序是算法的计算机高级语言描述，算法更可看成是程序的灵魂。一般来说，拟定一个算法要经过设计、确认、分析、编码、检查、调试、计时等阶段。据此，算法的学习大致可以分为如何设计算法、如何表示算法、如何确认算法、如何分析算法、如何测试算法等五个方面。

2. 算法的描述方法

要设计一个算法，除了要学习算法的常用设计方法外，还要学习采用适当的方法正确清晰地表达算法。算法的表示方式有如下几种。

1) 自然语言描述

“自然语言”指的是日常生活中使用的语言，如汉语、英语或数学语言。

例如，计算 1 到 N 的累加和算法，设 N 的值不大于 100。

该算法可以使用自然语言描述如下：

Step1：输入不大于 100 的正整数 n；

Step2：累加和 sum 置初值为 0；

Step3：整数 i 置初值 1；

Step4：若 i<=n，转 S5：否则转 Step6；

Step5：sum=sum+i，i=i+1；转 Step4；

Step6：输出 sum，结束。

自然语言描述的算法通俗易懂，初学者易于掌握，但算法的表达与计算机的具体高级语言形式差距较大，通常是用于介绍求解问题的一般算法。

2) 伪代码描述

伪代码是一种介于自然语言与计算机语言之间的算法描述方法。伪代码没有统一的标准，可以自己定义，也可以采用语法与某种高级程序设计语言的类语言形式描述。

上述累加和算法可以用伪代码描述如下：

```
procedure ADD( )              //求 1 至 n 的正整数之和
integer sum, n
sum=0
input(n)                      //键盘输入正整数 n
while i<=n do
      sum=sum+i
      i=i+1
repeat
print(sum)                    //输出求和结果
end  ADD
```

它结构性较强，易于书写、理解，修改起来也相对方便，而且很容易用自己熟悉的程序语言实现。

3)计算机语言描述

用计算机语言表示算法必须严格遵循所用语言的语法规则。不同的计算机程序设计语言有不同的特点，根据实际情况与需要选用某种具体的高级程序设计语言来描述算法。

上述累加和算法可以用 C 语言描述如下：

```
void add( )                   //求 1 至 n 的正整数之和
int sum, n;
sum=0;
scanf("%d", &n);              //键盘输入正整数 n
while(i<=n){
      sum=sum+i;
      i=i+1;
}
printf("%d", sum)             //输出求和结果
```

可见用程序设计语言描述算法基本类似于伪代码描述。

4)专门的图形描述工具

在结构化程序设计中，使用一种"结构化流程图"。所谓流程图是用图形来表示算法，采用一些几何图形来代表各种性质的操作，是算法设计中广泛使用的一种辅助设计手段。最常用表示算法的图形描述工具有程序流程图及 N-S 结构流程图。

传统的程序流程图也叫框图，它是用各种几何图形、流程线及文字说明来描述计算过程的框图。用流程图描述算法的优点是：直观，设计者的思路表达得清楚易懂，便于检查修改，如图 4-6 所示。

结构化流程图是美国 I. Nassi 和 B. Schneiderman 两人在 1943 年提出的方法的基础上形成的，因此也称为 N-S 结构化流程图。

N-S 流程图由一个个结构顺序组成的，它不需要像传统的流程图那样的指向线，结构流程图画起来紧凑，逻辑清楚，容易理解，因而在程序或算法设计中得到广泛应用。上述累加和算法可以用程序流程图 4-6 描述。

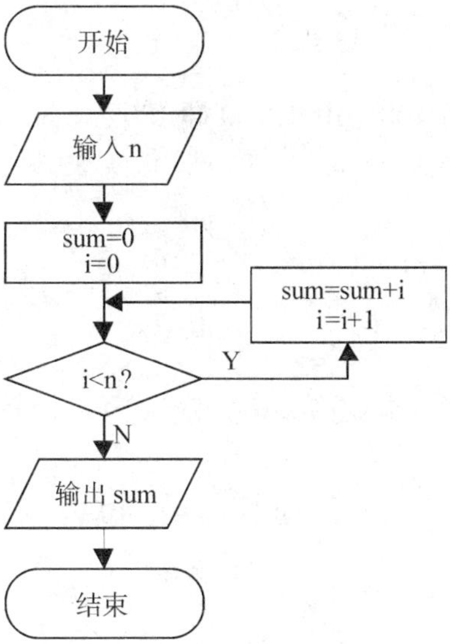

图 4-6 程序流程图

【课后讨论】

(1)算法与程序之间有什么关系?

(2)你认为算法是否应该允许申请专利?

4.3.2 算法的时间复杂度与空间复杂度

1. 引言

百鸡问题。我国的数学经典《算经》中记载过这样一个问题:“今有鸡翁一,值钱伍;鸡母一,值钱三;鸡雏三,值钱一。凡百钱买鸡百只,问鸡翁、母、雏各几何?”意思是公鸡每只值 5 文钱,母鸡每只值 3 文钱,而 3 只小鸡值 1 文钱。用 100 文钱买 100 只鸡,问:这 100 只鸡中,公鸡、母鸡和小鸡各有多少只?

令 x、y、z 分别为所求的公鸡、母鸡、小鸡只数,则有下列约束方程:

$$x + y + z = 100$$

$$5x + 3b + c/3 = 100$$

$$c\%3 = 0$$

这类问题直接求解比较困难。我们可以用穷举法求解,即将 100 以内的 x、y、z 一一代入方程,看是否符合条件。则有下面的算法(关键代码):

```
for(int x=0; x <100; ++x)
  for(int y=0; <100; ++y)
    for(int z=0; z<100; ++z)
      {
            if(x+y+z= =100 && 5 * x+3 * a+z/3= =100 && z%3= =0)
            {
```

```
            printf("公鸡:%d, 母鸡:%d, 小鸡:%d", x, y, z);
        }
    }
```

该算法内层的循环体执行 100 * 100 * 100 即 100 万次。算法有没有改进的空间呢？考虑到 100 文钱，公鸡至多只能买 20 只，母鸡至多能买 33 只，那么算法可以改进为：

```
for(int x=0; x<21; ++x)
  for(int y=0; y<34; ++y)
    {
        z=100-x-y;
        if(5 * x + 3 * a + z/3==100 && z%3==0)
        {
            printf("公鸡:%d, 母鸡:%d, 小鸡:%d", x, y, z);
        }
    }
```

改进后的算法只有 2 重循环，最内层循环体执行 21 * 34 = 714 次。与前一算法相比，算法的运行效率得到了很大的提高。

由此可知，解决一个具体问题时通常有多种算法供选用，因此有必要知道哪一种算法是最好的，这就需要对算法执行效率进行分析。算法的复杂性是算法效率的度量，是评价算法优劣的重要依据。一个算法的复杂性的高低体现在运行该算法所需要的计算机资源的多少上面，所需的资源越多，我们就说该算法的复杂性越高；反之，所需的资源越低，则该算法的复杂性越低。因此算法的复杂性包括时间效率和空间效率两个方面，分别称为时间复杂性(time complexity)和空间复杂性(space complexity)。

2. 算法的时间复杂度

时间复杂性描述了算法在计算机上执行时占用计算机时间资源的情况，是一种抽象的描述方式，不是指与算法实现效率有关的算法执行时间，而是指理论上与问题规模、算法输入及算法本身相关的某些操作次数的总和。

为了便于比较同一问题的不同算法，通常把算法中基本操作重复执行的次数(频度)作为算法的时间复杂度。算法中的基本操作一般是指算法中最深层循环内的语句。因此，算法中基本操作语句的频度是问题规模 n 的某个函数 $f(n)$，记作 $T(n)=O(f(n))$。其中“O”表示随问题规模 n 的增大，算法执行时间的增长率和 $f(n)$ 的增长率相同，或者说，用“O”符号表示数量级的概念。如果一个算法没有循环语句，则算法中基本操作的执行频度与问题规模 n 无关，记作 $O(1)$，也称为常数阶。如果算法只有一个一重循环，则算法的基本操作的执行频度与问题规模 n 呈线性增大关系，记作 $O(n)$，也叫线性阶。常用的还有平方阶 $O(n^2)$、立方阶 $O(n^3)$、对数阶 $O(\log_2 n)$ 等。

3. 算法的空间复杂度

空间复杂度是对一个算法在运行过程中临时占用存储空间大小的量度。一个算法在计算机存储器上所占用的存储空间，包括存储算法本身所占用的存储空间，算法的输入输出数据所占用的存储空间和算法在运行过程中临时占用的存储空间这三个方面。算法的输入输出数据所占用的存储空间是由要解决的问题决定的，是通过参数表由调用函数传递而来的，它不随本算法的不同而改变。存储算法本身所占用的存储空间与算法书写的长短成正比，要压缩这方面的存储空间，就必须编写出较短的算法。算法在运行过程中临时占用的存储空间随算法的不同而异，有的算法只需要占用少量的临时工作单元，而且不随问题规模的大小而改变；有的算法需要占用的临时工作单元数与解决问题的规模 n 有关，它随着 n 的增大而增大，当 n 较大时，将占用较多的存储单元。

算法空间复杂度的近似估计与时间复杂度类似，常用的有常数阶 $O(1)$、线性阶 $O(n)$、平方阶 $O(n^2)$、立方阶 $O(n^3)$、对数阶 $O(\log_2 n)$ 等。

不言而喻，对于任意给定的问题，设计出复杂性尽可能低的算法是我们在设计算法时追求的一个重要目标；另一方面，当给定的问题已有多种算法时，选择其中复杂性最低的算法，是我们在选用算法时应遵循的一个重要准则。因此，算法的复杂性分析对算法的设计或选用有着重要的指导意义和实用价值。

简言之，在算法学习过程中，我们必须首先学会对算法的分析，以确定或判断算法的优劣，通常以时间复杂性来衡量，时间复杂性越低，对应的算法就越优。

4. 算法的性能指标

评定一个算法的优劣，主要有以下几个指标。

正确性：一个算法必须正确才有存在的意义，这是最重要的指标，要求编程人员应用正确的计算机语言实现算法的功能。

友好性：算法实现的功能是给用户使用的，自然要具有良好的使用性，即用户友好性。

可读性：算法的实现可能需要多次的修改，也可能被移植到其他的功能中，因此算法应当是可读的、可以理解的，方便程序人员对其分析、修改移植到其他的程序中，实现某些功能。

健壮性：在一个算法中，经常会出现不合理的数据或非法的操作，所以一个算法必须具有健壮性，能够对这些问题进行检查、纠正。

效率：算法的效率主要是指执行算法时计算机资源的消耗，包括计算机内存的消耗和计算机运行时间的消耗。这两个消耗可以统称为时空效率。一个算法只有正确性而无效率是没有意义的。通常，效率也可以评定一个算法的优劣。如果一个算法需要执行几年甚至更长时间，无疑这个算法是没有多大实用性的。

【课后讨论】

(1)随着计算机运算能力的提高，有人认为算法的效率不再重要，你同意这种观点吗?

(2)什么是P与NP问题，查阅相关资料，试用自己的语言描述出来。

4.3.3 生活中常见的算法问题

算法的实际应用很广，人们也在自觉或不自觉地运用算法解决生活中的问题，现举例如下。

(1)找零问题。在超市购物时，收银员在零钱足够的情况下一般会选择纸币张数最少的找零方案，如找零 85，可以选择一张 50、一张 20、一张 10、一张 5 元，该方案为找出纸币最少的找零方案。其实，这就是常见的算法设计方法——贪心法在生活中最生动的应用。类似的还有教室的排课问题，要求在某一时间段内安排尽可能多的课程。

(2)旅行售货员问题。某售货员要到若干个城市推销商品，已知各城市之间的路程(旅费)。他要选定一条从驻地出发，经过每个城市一遍最后回到驻地的路线，使总的路线(旅费)最少。该问题是一个 NP 完全问题，假设城市数目为 n，则共有$(n-1)!$条可选路线，当 n 比较大，如果不采取一定的剪枝策略，很难得到问题的最优解。当 n 比较小时，算法设计方法中的回溯法、分支限界法可以有效地裁剪问题的解空间，提高该问题的求解效率。

(3)排序问题。所谓排序，就是使一串记录，按照其中的某个或某些关键字的大小，递增或递减的排列起来的操作。在生活中，这一类问题经常出现，最常见的如学生成绩的排序、职工生产情况排序。排序有许多非常好的算法，如插入排序、选择排序、希尔排序、冒泡排序、快速排序，如何针对问题的特点，选择最佳的排序算法，要考虑多方面的因素，包括待排序数据量的大小、数据的范围以及其分布情况等。

(4)资源分配问题。给定一定数量的某种资源，如人力、资金、设备、材料等，将其投入多种活动，就会产生如何分配资源给各项活动，使投放的资源取得最优效果，这就是资源分配问题。资源分配是相当广泛的经济问题。由于资源分配问题自身特点，可以用动态规划求解此类实际问题。

当然，上面仅仅是列举了生活中最常见的几个算法问题，这些生活中常见的问题也体现了研究算法的意义。好的算法可以大大提高生产效率，创造经济利益，例如快递公司利用最短路径算法设计货物的最佳运输方案，可以有效地节省人力物力的消耗；在互联网上，好的路由选择算法可以更快地路由消息，因而提高网络的传输能力与效率。

【课后讨论】

(1)有蓝、黑两个墨水瓶，但现在却错把蓝墨水装在了黑墨水瓶中，黑墨水错装在了蓝墨水瓶中，要求将其互换，请设计算法解决这一问题。

(2)使用算法描述超市收营员找零这一过程。

本章小结

计算机程序设计语言从最早的汇编语言，发展到现在的 Python，Object-C 等最新的程序设计语言，其发展是一个不断进化的过程。新的语言将会让开发人员更加方便地编写功能强大的代码，高度的自动化和智能化一直是编程语言的发展方向。

计算机程序开发是一项人类的智力活动，编写的程序是为人们阅读、理解、使用甚至修改的，良好的编程风格是产生高质量程序的前提。算法是程序的灵魂，好的算法可以使我们设计的软件以最有效的方法完成更为复杂的问题。算法的设计过程是一个思维的整理过程，是一个思维精确化、条理化的过程，因此算法的学习有助于培养学生的逻辑思维能力与解决现实生活中复杂问题的能力。

基础练习

一、填空题

1. 程序设计语言经历了__________、__________和__________三个主要发展阶段。

2. 结构化程序设计有三种基本结构，即__________、__________和__________。

3. C 语言程序文件的扩展名是__________。

4. 将依次逐条执行程序中的语句的程序结构称为__________。

5. 在分支结构中，if 和__________必须配对使用，else 子句必须和__________子句一起使用，不可单独使用。

6. 面向对象语言的三大特性是__________、__________和__________。

7. 衡量算法的两个主要指标是__________和__________。

二、选择题

1. 一个 C 程序的执行是从(　　)。
   A. 本程序的 main 函数开始，到 main 函数结束
   B. 本程序文件的第一个函数开始，到本程序文件的最后一个函数结束
   C. 本程序文件的第一个函数开始，到本程序 main 函数结束
   D. 本程序的 main 函数开始，到本程序文件的最后一个函数结束

2. 以下叙述不正确的是(　　)。
   A. 一个 C 源程序必须包含一个 main 函数
   B. 一个 C 源程序可由一个或多个函数组成
   C. C 程序的基本组成单位是函数
   D. 在 C 程序中，注释说明只能位于一条语句的后面

3. 以下叙述正确的是(　　)。
   A. 在对一个 C 程序进行编译的过程中，可发现注释中的拼写错误
   B. 在 C 程序中，main 函数必须位于程序的最前面
   C. C 语言本身没有输入输出语句
   D. C 程序的每行中只能写一条语句

4. 一个 C 语言程序是由(　　)。
   A. 一个主程序和若干个子程序组成　　B. 函数组成
   C. 若干过程组成　　D. 若干子程序组成

5. 面向对象程序的主要结构特点之一是(　　)。
   A. 程序中的一切操作都是通过调用函数来实现的
   B. 程序中的一切操作都是通过定义函数来实现的
   C. 程序中的一切操作都是通过向对象发送消息来实现的
   D. 程序中的一切操作都是通过定义类来实现的

6. 类和对象之间的关系是(　　)。

A. 定义和被定义的关系　　　　B. 调用和被调用的关系
C. 类即是对象数组　　　　D. 抽象和具体的关系

7. 下列是面向对象系统的特性的是(　　)。

A. 封装性　　B. 二义性　　C. 可重用性　　D. 完整性

三、算法设计

1. 在青年歌手大奖赛中，有 10 个评委为参赛选手打分，分数为 0~100 分。选手最后得分为：去掉一个最高分和一个最低分后其余 8 个分数的平均值。请设计一个算法为每个歌手评分。

2. 中国有句俗语叫“三天打鱼两天晒网”。某人从 2000 年 1 月 1 日起开始“三天打鱼两天晒网”，问这个人在以后的某一天中是“打鱼”还是“晒网”。请设计一个算法解决这个问题。

3. 取石头游戏：现有一堆石头，总数为 21。两人轮流取，每人每次可以取走石头最少 1 个最多 4 个，不可多取，也不能不取，谁取到最后一个石头则为输家。请设计一个保证后取的人必胜的取石头策略。

4. 有 12 个小球，其中 11 个是一模一样的，只有一个与众不同，或者轻一点，或者重一点；现在给一个天平，只允许称 3 次，把这个与众不同的小球找出来，并说出这个小球比正常的球轻还是重。请描述解决该问题的方法。

第5章　网络与通信技术

☞本章要点

➤ **关键词**：计算机网络；协议；体系结构；IP 地址；局域网；互联网。

➤ **学习目标**：了解计算机网络的发展过程与未来趋势；熟悉计算机网络的定义、功能、分类，理解计算机网络的系统组成；实现小型局域网的组建，学会使用 Office Visio 2010 绘制网络拓扑结构图和制作双绞线，熟练使用 Internet 进行综合应用。

➤ **学习重点**：掌握计算机网络的分类、工作原理、局域网的组建，提高计算机网络应用能力。

【课前思考】

21 世纪的一些重要特征就是数字化、网络化和信息化，它是一个以网络为核心的信息时代，目前网络已经成为信息社会的命脉和发展知识经济的重要基础，它对社会生活和经济发展产生了不可估量的影响。那么，计算机网络是如何发展起来的？如何组建自己的局域网并连接到 Internet？如何更好地利用计算机网络进行工作、学习和生活？

5.1　网络概述

目前，手机、便携式电话、有线电视、卫星电视、计算机网络为我们提供了丰富多样的服务，如对话、文档、图片、音乐、视频、数据库组织等，实现全球的信息交换与共享。

计算机网络系统是一个集合计算机硬件设备、软件设备、通信设备、网络信息为一体的，能够实现资源共享的现代化综合服务系统。计算机网络中互连的计算机是各自独立的，地位是平等的，它们通过有线或无线的传输介质连接起来，在计算机之间实现统一的通信协议。不同的计算机网络可以采用网络设备实现互联，构成更大范围的网络互联。

计算机网络的功能主要包括以下三个方面。

(1)数据通信是计算机网络最基本的功能。它用来快速传送计算机与终端、计算机与计算机之间的各种信息，包括电子邮件、新闻消息、咨询信息、图片资料、报纸版面等。利用这一特点，可实现将分散在各个地区的单位或部门用计算机网络联系起来，进行统一的调配、控制和管理。

(2)资源共享。“资源”指的是网络中所有的软件、硬件和数据资源。“共享”指的是网络中的用户都能够部分或全部地查看或使用这些资源。例如，某些学习资料或辅导、培训(如英语等级考试、考研、远程教学等)可供全网使用；某些单位设计的软件可供需要的地方有偿调用或办理一定手续后调用；一些外部设备如打印机，可面向用户，使不具有这些设备的计算机也能使用这些硬件设备。

(3)分布处理是指通过网络将一件较大的工作分配给网络上多台计算机共同完成。当某台计算机负担过重时，或该计算机正在处理某项工作时，网络可将新任务转交给空闲的计算机来完成，这样处理能均衡各计算机的负载，提高处理问题的实时性。对大型综合性问题，可将问题各部分交给不同的计算机共同处理，充分利用网络资源，扩大计算机的处理能力，增强实用性。

因此，计算机网络可定义为：利用通信设备和通信线路，将分布在不同地理位置、具有独立功能的多个计算机系统互连起来，通过功能完善的软件实现信息传递和资源共享。

但是，我们通常所说的网络是指“三网”，即电信网络、有线电视网络和计算机网络。这三种网络向用户提供的服务不同，它们各有自己的优点和不足。电信网络可支持高质量的话音业务，但带宽不够，所有的程控交换机均按传输话音的带宽设计(64kbit/s)，虽有部分智能网业务，但目前还达不到计算机网络的智能。有线电视网络的用户能够观看各种电视节目，网络实时性和宽带能力很好，但不支持双向通信，无数据交换和网络管理。计算机网络则可以使用户能够迅速传送数据文件，从网络上查找并获取各种有用资料，包括图像和视频文件，但是计算机网络的实时性服务质量(Quality of Service，QoS)差，不支持电话和实时图像业务，网络管理的安全性不高。为提高网络性能和质量，电信网通过采用光纤、数字用户线路(Digital Subscriber Line，DSL)、以太网和异步传输模式(Asynchronous Transfer Mode，ATM)，提供 Internet 的高速接入和交互多媒体业务；有线电视网络中铺设光缆，以更换同轴电缆，采用混合光纤同轴网(Hybrid Fiber Coaxial，HFC)进行双向化改造；网络公司围绕 Internet 技术建网，努力实现在同一个网络中支持全部业务。其中发展最快的并起到核心作用的是计算机网络，随着技术的发展，依靠单一网络的发展，难以实现通信网的发展要求，因此提出“三网融合”的概念。目前电信网络和有线电视网络都逐渐融入了现代计算网络的技术。

以太网是计算机网络中最常见的一种局域网，形成于 1980 年，通过有线通信介质(双绞线、光纤)实现组网，它的覆盖范围主要在企业、学校或家庭中。

Wi-Fi(Wireless Fidelity)是一种目前流行的无线局域网，它是由个人电脑、手持设备(如 pad、手机)等终端以无线方式互相连接的技术，在网络中采用无线传输介质(如无线电波、蓝牙等)。Wi-Fi 的热点是指能够访问 Wi-Fi 服务的地方，如超市、咖啡厅、酒店、机场等公众场所。在日常网络中，通常有 Wi-Fi 和以太网共存，即有些网络中既包含有线网络设备，又包含无线网络设备。

蓝牙(Bluetooth)是由东芝、爱立信、IBM、Intel、诺基亚和捷蓝于 1998 年 5 月共同提出的近距离无线数字通信的技术标准。它主要应用于移动电话之间、电脑与手机之间的信息传递。例如，可以通过手机蓝牙功能，实现电脑无线上网等。

5.1.1　计算机网络发展

计算机网络从 20 世纪 60 年代开始发展至今，经历了从简单到复杂、从单机到多机、由终端与计算机之间的通信演变到计算机与计算机之间的直接通信。

1. 第一代计算机网络——单机系统

第一代计算机网络的出现和发展是在20世纪50~60年代，人们用一台计算机与多台用户终端相连，用户通过终端命令以交互方式使用计算机，共享主机资源、信息采集和综合处理，并称之为以单个计算机为中心的远程联机系统，如图5-1所示。

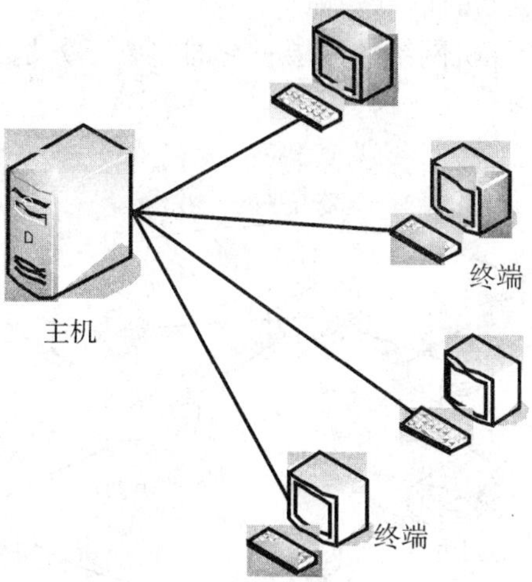

图5-1 远程联机系统

随着远程终端的增多，人们为提高中心主机的处理速度，在主机与终端之间增加前端处理机或通信控制处理机来专门负责的通信控制，使主机专注于数据处理。这样就形成了以单个主机为中心，面向终端的第一代计算机网络如图5-2所示。

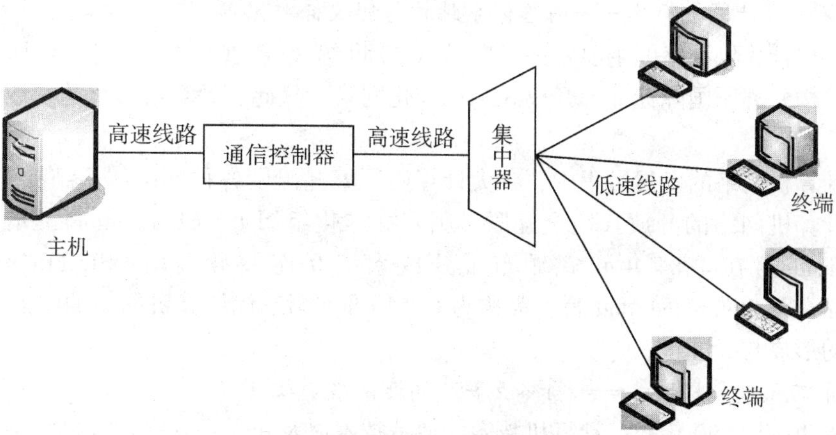

图5-2 第一代计算机网络

2. 第二代计算机网络——多机互联网络阶段

第二代计算机网络的发展时期主要是在20世纪60年代后期至80年代。该阶段以

Internet 的前身阿帕网(ARPANET)和适合计算机间通信的交换技术——分组交换技术为主要代表。这使计算机网络的概念发生根本性变化，主要表现在计算机网络要完成数据处理与数据通信两大基本功能，因此在逻辑结构上可以将其分成资源子网和通信子网两部分，如图 5-3 所示。

(1)资源子网：是计算机网络的外层，它由提供资源的主机和请求资源的终端组成。资源子网的任务是负责全网的信息处理。

(2)通信子网：是计算机网络的内层，它的主要任务是将各种计算机互连起来完成数据传输、交换和通信处理。

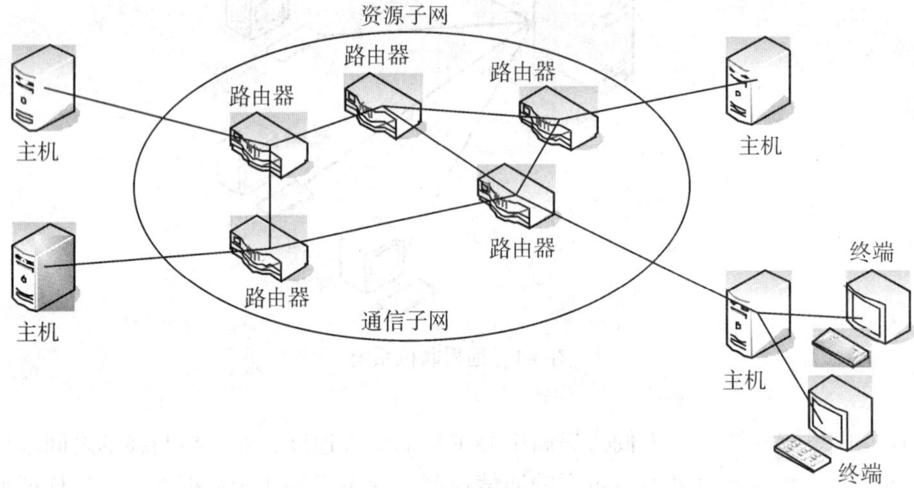

图 5-3　第二代计算机网络

3. 第三代计算机网络——网络体系结构与协议标准化

第三代计算机网络的主要发展时期是从 20 世纪 80 年代至 90 年代，是具有统一的网络体系结构并遵循国际标准的开放式和标准化网络。从此，计算机网络的发展步入标准化道路。

在计算机网络的发展过程中，各大计算机厂家提出了各种网络体系结构与网络协议。为实现计算机网络的开放式完全互联，国际标准化组织 ISO(International Organization for Standardization)在 1984 年正式颁布了开放系统互连参考模型 OSI/RM(Open System Interconnection Reference Model)，简称为 OSI 标准。第三代计算机网络的特点就是网络体系结构的形成与标准化。

4. 第四代计算机网络——网络互联与高速网络阶段

进入 20 世纪 90 年代，计算机技术、通信技术以及建立在互联计算机网络技术基础上的计算机网络技术得到了迅猛的发展。特别是 1993 年美国宣布建立国家信息基础设施(National Information Infrastructure，NII)后，全世界许多国家纷纷制订和建立本国的 NII，从而极大地推动了计算机网络技术的发展，使计算机网络进入一个崭新的阶段，这就是计算机网络互联与高速网络阶段，如图 5-4 所示。

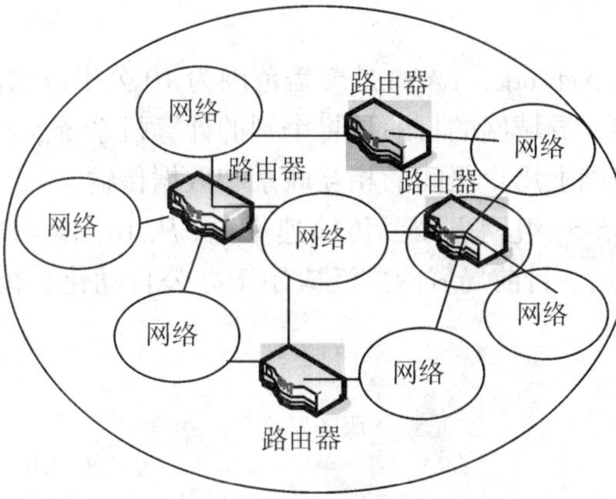

图 5-4 第三代计算机网络

目前，全球以 Internet 为核心的高速计算机互联网络已经形成，Internet 已经成为人类最重要的、最大的知识宝库。

5. 第五代计算机网络：下一代互联网

2003 年 8 月，国务院正式批复启动“中国下一代互联网示范工程”——CNGI(China Next Generation Internet)。CNGI 是实施我国下一代互联网发展战略的起步工程，由国家发展和改革委员会主持。2006 年 9 月 23 日，由中国教育和科研计算机网 CERNET 网络中心和清华大学等 25 所高校承担建设的“中国下一代互联网示范工程 CNGI 示范网络核心网 CNGI-CERNET2/6IX”项目正式通过国家验收。目前，下一代互联网呈现出网络融合、设备电信化和模块化、智能化等发展趋势。

随着物联网和云计算技术的快速发展，计算机网络将会从计算机、手机等电子设备的互联扩展到物品和物品相联，即物联网。在物联网中，物品(商品)能够彼此“交流”，无需人工干预，其实质是利用射频自动识别(RFID)技术，通过计算机互联网实现物品(商品)的自动识别和信息的互联与共享。

在未来的社会中，计算机网络将会由 IT(Information Technology)时代进入 ICT(Information Communication Technology)时代，物联网将会成为 ICT 时代互联网的神经末梢，而云计算将会成为互联网的神经中枢。因此，云计算是物联网发展的基石，使物联网和互联网进行智能融合，而物联网促进云计算的发展，从而构建智慧地球。在 ICT 时代中，世界将会变得越来越小，越来越数字化，智能化，通过智慧医疗、智能交通、智能物流等新应用来改变政府、公司和人们相互交流的方式，使我们的社会有更透彻的感知，更安全的互联互通，更深入的智能化。

5.1.2 计算机网络分类

由于计算机网络自身的特点，其分类方法有多种。最常见的分类方法是按照网络所覆盖的范围、网络传输介质、网络的拓扑结构和数据交换方式四种。

1. 按网络覆盖的地理范围划分

1)局域网

局域网(Local Area Network, LAN)是覆盖范围为 10 公里以内的高速低差错率数据网，是最常见的计算机网络。局域网的目的是将个别的计算机系统、外围设备连接成一个数据共享集体，软件控制着网上用户之间的相互联系和数据传输。

由于局域网(见图 5-5)组网方便、传输速率高(从 10Mb/s 到 1Gb/s，甚至可以达到 10Gb/s)、延迟小的特点。目前局域网广泛应用于办公自动化、校园网建设、企事业单位信息管理等领域。

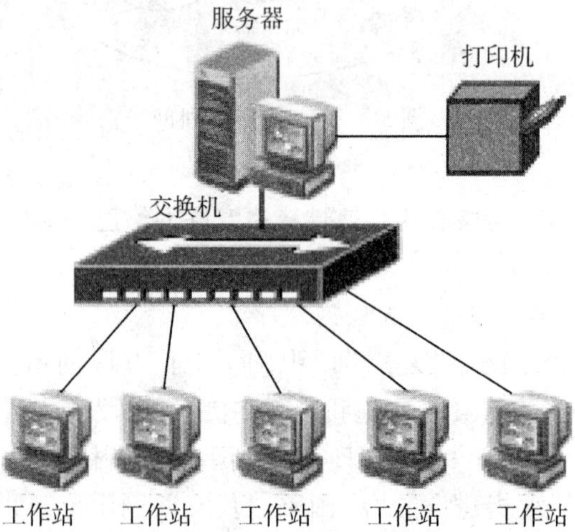

图 5-5　局域网

2)城域网

城域网(Wide Area Network, WAN)的作用范围介于局域网与广域网之间，通常是一个城市或地区，一般为几公里到几十公里。

城域网的设计目标是要满足城市范围内的机关、工厂、医院等企事业单位的计算机联网需求，形成大量用户和多种信息传输的综合信息网络。它可以利用已有的电话线、有线电视电缆(CATV)、光纤、无线电和微波等来组建，也可以铺设专门的线路。

3)广域网

广域网(Wide Area Network, WAN)又称远程网，是指在一个很大地理范围(从数百公里到数千公里，甚至上万公里)由许多局域网组成的网络。广域网是将远距离的网络和资源连接起来的任何系统，主要用在一个地区、行业甚至在全国范围内组网，达到资源共享的目的。

4)个人区域网

个人区域网(Personal Area Network, PAN)就是在本人工作的地方把属于个人使用的电子设备用无线技术连接起来的网络，因此也常称为无线个人区域网 WPAN(Wireless PAN)，其范围大约在 10m 左右，如图 5-6 所示。典型的应用如便携式计算机、掌上电脑以及蜂窝电话等。

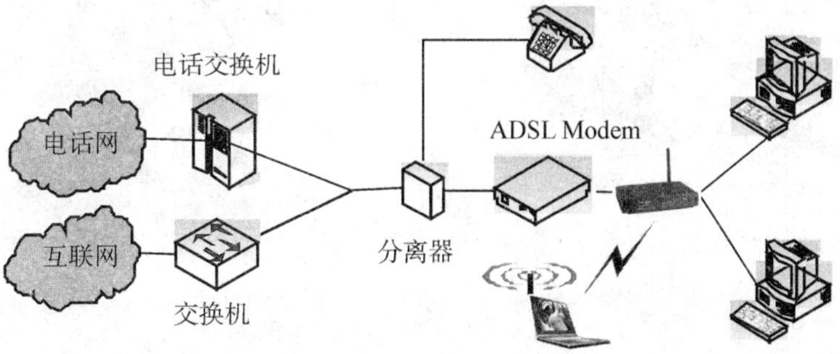

图 5-6 个人区域局域网

2. 按照网络传输介质划分

1)有线网(Wired Network)

双绞线由相互绝缘的一对铜导线绞扭在一起组成，如图 5-7 所示。双绞线的特点是比较经济、安装方便、传输率和抗干扰能力一般，广泛应用于局域网中。

同轴电缆以硬铜线为芯，外包一层绝缘材料，绝缘层外由细铜丝编织成的网状导体包裹，形成屏蔽层，屏蔽层外覆盖一层塑料保护膜，如图 5-8 所示。

图 5-7 双绞线

图 5-8 同轴电缆

光纤是一种能传输光信号的介质，使用光纤传输数据信号时，在发送端要先将电信号转换成光信号，在接收端再用光检测器将光信号还原成电信号。光纤通常由非常透明的石英玻璃构成，其结构由纤芯、包层、保护套组成，多根光纤加上保护外壳即可组成光缆，如图 5-9 所示。

光纤通信损耗低、频带宽、数据传输率高、抗电磁干扰强、安全性好，但是价格昂贵，主要用于高速、大容量的通信干线等。

光纤主要分为：

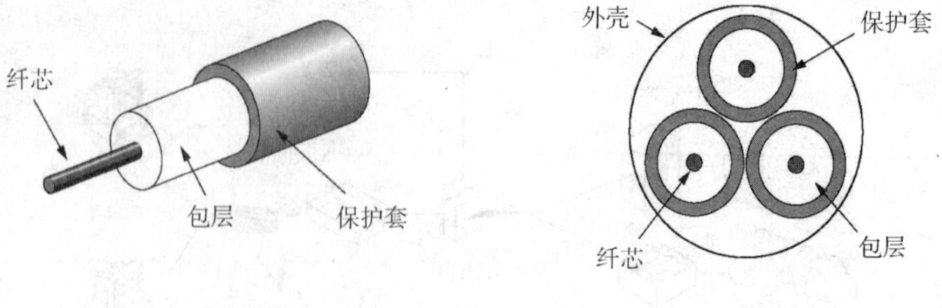

图5-9　光纤和光纤结构图

- 多模光缆：在光纤内部有多条光线以不同的角度发生全反射，而向前传播，传送距离为几公里。
- 单模光缆：光线在其中以直线传播而不发生反射，减小了损耗，因而可传播更长的距离，传送距离为几十公里。

2)无线网(Wireless Network)

无线接入是指从业务节点接口到用户终端部分或全部采用无线方式。在无线网络中，采用无线传输介质，不需要架设或铺埋缆线，因而在计算机网络中占据了重要地位。蜂窝移动通信和微波通信是两类常用的无线通信。无线通信的方法有无线电波、微波、蓝牙和红外线。

无线电波是指在自由空间(包括空气和真空)传播的射频频段的电磁波。无线电技术是通过无线电波传播声音或其他信号的技术。无线电技术的原理在于，导体中电流强弱的改变会产生无线电波。利用这一现象，通过调制可将信息加载于无线电波之上。当电波通过空间传播到达收信端，电波引起的电磁场变化又会在导体中产生电流。通过解调将信息从电流变化中提取出来，就达到了信息传递的目的。

微波是指频率为300MHz~300GHz的电磁波，是无线电波中一个有限频带的简称，即波长在1m(不含1m)到1mm之间的电磁波，是分米波、厘米波、毫米波的统称。微波频率比一般的无线电波频率高，通常也称为“超高频电磁波”。

红外线是太阳光线中众多不可见光线中的一种，由德国科学家霍胥尔于1800年发现，又称为红外热辐射。他将太阳光用三棱镜分解开，在各种不同颜色的色带位置上放置了温度计，试图测量各种颜色的光的加热效应。通过实验，发现位于红光外侧的那支温度计升温最快，因此，在太阳光谱中，红光的外侧必定存在看不见的光线，这就是红外线。太阳光谱上红外线的波长大于可见光线，波长为0.75~1000μm。红外线可分为三部分，即近红外线，波长为0.75~1.50μm之间；中红外线，波长为1.50~6.0μm之间；远红外线，波长为6.0~1000μm之间。

目前广泛使用的家电遥控器几乎都是使用红外线传输技术。红外线通信的优点是：作为一种无线局域网的传输方式，不受无线电波的影响，不易被人发现和截获，保密性强；红外线通信机体积小，重量轻，结构简单，价格低廉。它的缺点是：传输距离有限，一般只限于室内通信；它不能穿透坚实的物体(如砖墙等)，必须在直视距离内通信，而且信号传播受天气的影响。

目前无线接入网所能传送的业务主要是电话、传真和短消息，对数字视频和互联网浏览等数字业务的支持正处于积极研究阶段，并已有相关产品问世，如WAP手机、掌上电脑。

在未来的宽带网络中，有线网络和无线网络将共存，光纤成为有线网中主流的传输介质，无线网络因其组网方便、使用灵活和成本低等特点也将成为计算机网络中的重要组成部分之一。

3. 按照网络拓扑结构划分

在计算机网络中，抛开网络中的具体设备，把服务器、工作站等网络单元抽象为“点”，把网络中的电缆、双绞线等传输介质抽象为“线”。因此，计算机网络拓扑结构就是指计算机网络中的通信线路和节点相互连接的几何排列方法和模式。拓扑结构影响着整个网络的设计、功能、可靠性和通信费用等许多方面，是决定局域网性能优劣的重要因素。根据拓扑结构可将计算机网络分成总线型、星型、树型、环型、网状结构五种类型。

1)总线型拓扑结构

总线型结构是目前局域网中采用最多的一种拓扑结构，如图5-10所示。它采用一个信道作为传输媒体，所有站点通过相应的硬件接口连到这一公共传输媒体上，或称总线上。任一个节点发送的信号都沿着传输媒体传播，而且能被其他节点接收。因为所有站点共享一条公用的传输信道，所以一次只能由一个设备传输信号。

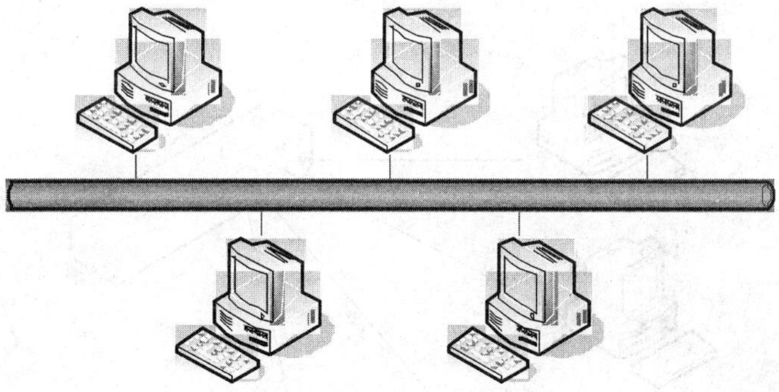

图5-10　总线型拓扑结构

总线结构的优点：

- 总线结构所需要的电缆数量少，因为节点都连接在一根总线上，共用一个数据通路。
- 总线结构简单，又是无源工作，有较高可靠性。易于扩充，增加或减少用户比较方便，不需停止网络的正常工作。

总线结构的缺点：

- 系统范围受到限制：同轴电缆的工作长度一般在2km以内，在总线的干线基础上扩展长度时，需使用中继器扩展一个附加段。

- 故障诊断和隔离较困难：因为总线拓扑网络不是集中控制，故障检测需在网络各个节点进行，故障检测不很容易。如果故障发生在某个节点，只需将该节点从总线上去掉。如果故障发生在总线，则故障对系统是毁灭性的，必须将整个总线切除。
- 总线结构中，网络上信息的延迟时间不确定，因此不适合于实时通信。

2) 星型拓扑结构

星型结构的网络是以中央节点为中心与各个节点连接组成的，如图 5-11 所示。如果一个工作站需要传输数据，它首先必须通过中央节点，中央节点接收各分散节点的信息再转发给相应节点，因此中央节点相当复杂，负担比其他节点重得多。中央节点目前多采用交换机。星型结构的优点：

- 控制简单：在星型结构中，任何一站点只和中央节点相连接，因而媒体访问控制的方法很简单，致使访问协议也十分简单。
- 容易做到故障诊断和隔离。在星型结构中，中央节点对连接线路可以逐条进行故障检测和定位。单个连接点的故障只影响一个设备，不会影响整个网络。
- 网络组建容易。星型网络的组建容易实现，中央节点可方便地对各个站点提供服务和网络的重新配置。

星型结构的缺点：

- 因为每个站点都要和中央节点直接连接，需要耗费大量的电缆。安装、维护的工作量较大。
- 中央节点为网络的控制中心，它一旦出现故障，则整个网络系统彻底崩溃，因而对中央节点可靠性和冗余度方面的要求很高，各站点的分布处理能力较少。

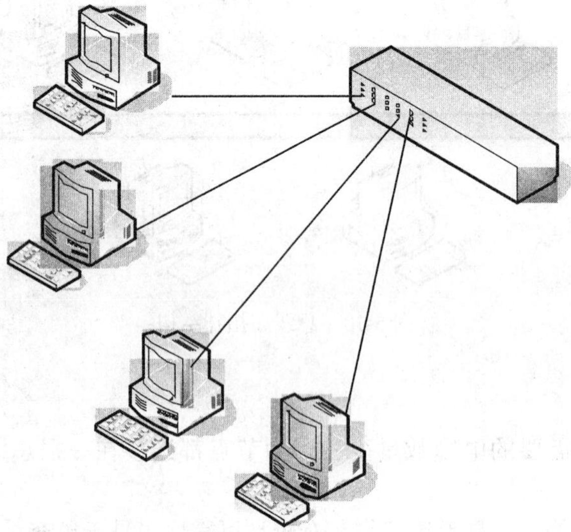

图 5-11　星型拓扑结构

3) 树型拓扑结构

树型结构是一种分级结构，和星型网络比较，其线路总长度较短，故成本较低，但结构较星型网络复杂。在树型网络结构中，任意两个节点之间不产生回路，每条通路都支持双向传输。两个节点之间的通路，有时需要经过中间主节点才能连通，如图 5-12 所示。

优点：结构比较简单，成本低。扩充节点方便灵活。缺点：对根的依赖性大。

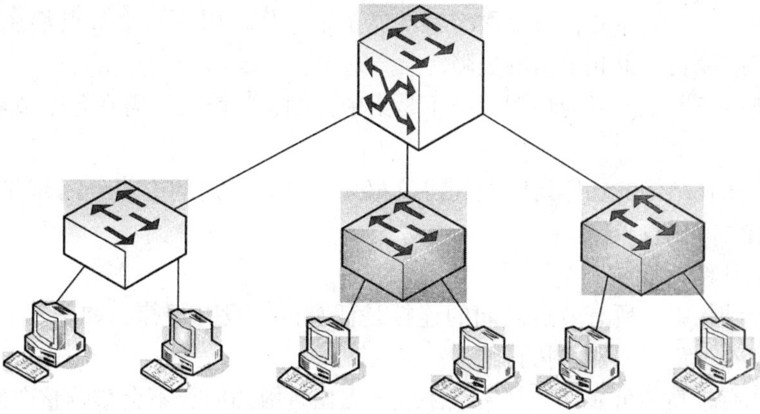

图 5-12　树型拓扑结构

4)环型拓扑结构

环型拓扑结构将所有网络节点通过点到点通信线路连接成闭合环路，数据将沿一个方向逐站传送，每个节点的地位和作用相同，且每个节点都能获得执行控制权，如图 5-13 所示。环型结构的显著特点是每个节点用户都与两个相邻节点用户相连。这种链路可以是单向的，也可以是双向的。

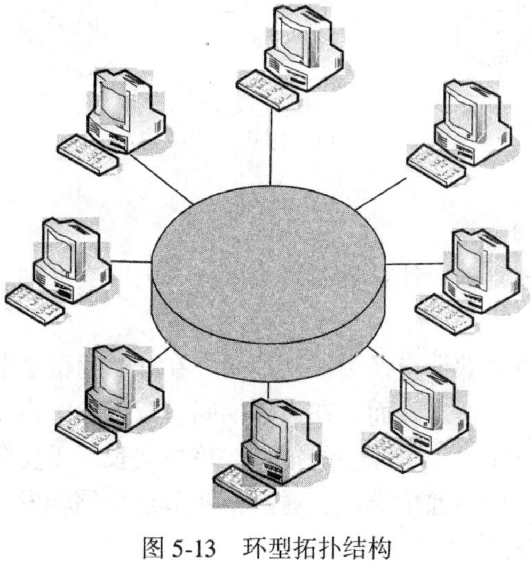

图 5-13　环型拓扑结构

环型结构的优点：

- 电缆长度短。环型拓扑网络所需的电缆长度和总线拓扑网络相似，但比星型拓扑结构要短得多。

- 在网络中增加或减少工作站时，仅需简单的连接。
- 传输信息的时间是固定的，从而便于实时控制。

环型网络的缺点：

- 当节点发生故障时，整个网络就不能正常工作。因为每个节点都在同一个环中，如果某个节点故障就会引起全网的故障。
- 检测故障困难。因为环型网络不是集中控制，故障检测需在各个节点进行，故障的检测困难。
- 环型拓扑结构的媒体访问控制协议都采用令牌传递的方式，因而在负载很轻时，其等待时间相对就比较长。

5）网状拓扑结构

网状拓扑结构中的所有节点之间的连接是任意的，没有规律，如图 5-14 所示。互联网与广域网基本上都采用网状拓扑结构。

优点：具有较高的可靠性。某一线路或节点出现故障时，不会影响整个网络的工作。

缺点：结构复杂，需要路由选择和流控制功能，网络控制软件复杂，硬件成本较高，不易管理和维护。

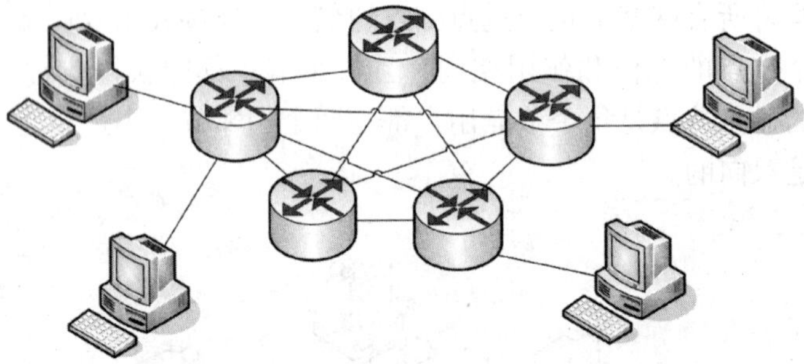

图 5-14　网状拓扑结构

4. 按照交换方式划分

按照交换数据的方式划分，计算机网络可以分为电路交换网、报文交换网和分组交换网三种。

电路交换与传统的电话数据交换类似，即用户在开始通信之前，通话双方必须申请一条从发送端到接收端的物理通道，而且在通信期间，双方始终占用该信道。

报文交换主要是通过发送一个完整的报文，该报文长度不受限制，每个报文中含有目的地址，报文传递过程与邮政通信类似，通过中转节点存储转发，并为报文选择适当的路径，使其最终达到目的端。

分组交换也称为包交换，即在发送端将待传送的数据划分为一些等长的单个分组，每个分组由中间节点存储转发。由于每个分组长度远远小于整个报文的长度，因此分组交换的转发速度可以大大提高，而且具有更好的灵活性。全球最大的互联网就采用分组交换方式。

5.1.3 网络工作机制

1. 网络通信要解决的主要问题

从计算机网络的分类可以看出，计算机网络是由多种计算机和各类终端经通信媒体连接起来的复杂系统。在这个系统中，由于计算机型号不一、终端类型各异、加之线路类型、连接方式、通信方式的不同，给网络中各节点间的通信带来许多不便。网络系统中为实现彼此间的通信，需要有支持计算机间或各节点间通信的硬件和软件，一般同种类型计算机间的通信实现起来较为容易，但不同类型的计算机之间通信就非常困难。

2. 网络体系结构的设计

网络中计算机间的通信类似于通话双方接通电话的过程，比如拨号方首先听到对方说"喂"或"你好"时，即确定有人接听电话才开始通话。

实现复杂的计算机网络通信，需要解决如何表示和发送信息、如何确定信息接收者、如何保证信息的正确传输和识别等诸多复杂的问题。为了便于理解，我们以邮政通信系统为例(见图 5-15)介绍通信的具体实现过程。

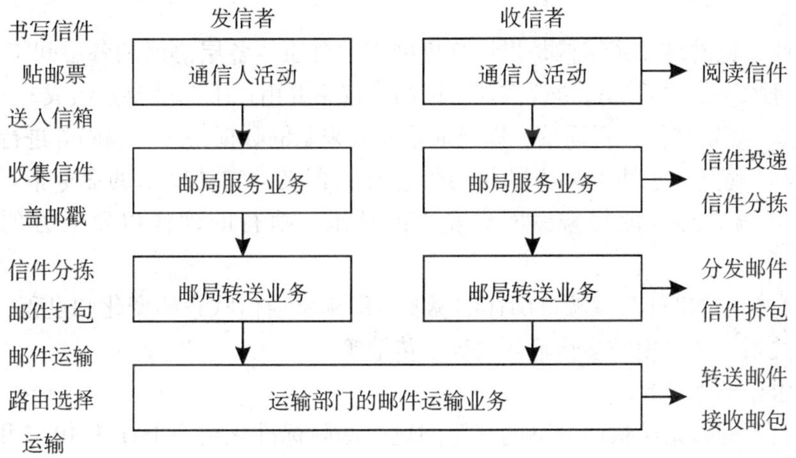

图 5-15 邮政通信系统

类似于邮政通信系统，对于复杂而庞大的计算机网络系统，采用分层结构，将系统进行功能的划分，每一层实现相对独立的功能是系统分解的最好方法之一，如图 5-16 所示。

层是指能提供某一种或某一类服务功能集合的逻辑构造。每一层都由一些实体组成。在一个计算机系统中，能完成某一特定功能的进程或程序都可成为一个逻辑实体。实体之间通信需要协议，协议是指为完成该层对等实体之间通信所必须遵循的规则或标准，每层对等实体之间的通信都是在该层协议控制下进行的。层间的通信通过接口实现。接口是指两个相邻协议层之间交换信息的连接点，包括上层对下层、下层对上层的调用以及其他所有层间的关系。层次的划分必须功能明确分明，各层独立稳定，接口清晰简洁，层次数量适中。

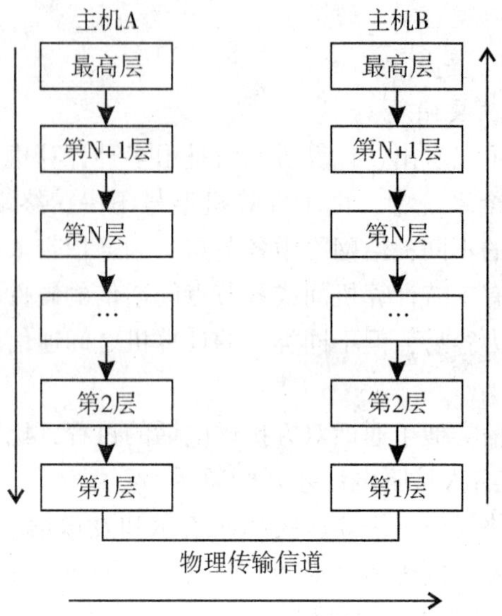

图 5-16　网络体系结构的层间关系

因此，计算机网络体系结构是指计算机网络的分层、各层协议和各层间接口的集合。网络中计算机的通信主要通过协议实现，网络协议主要由以下三个要素组成。

(1)语法。规定如何进行通信，即对通信双方采用的数据格式、编码等进行定义。

(2)语义。规定用于协调双方动作的信息及其含义，它是发出的命令请求、完成的动作和返回的响应组成的集合，即对发出的请求、执行的动作以及对方的应答做出解释。

(3)时序。规定事件实现顺序的详细说明，即确定通信状态的变化和过程，例如通信双方的应答关系，是采用同步传输还是异步传输等。

3. OSI/RM 参考模型

为了解决不同体系结构的网络的互联问题，国际标准化组织 ISO 于 1984 年制定了网络体系结构国际标准，即开放系统互联参考模型(Open System Interconnection/Reference Model，OSI/RM)。OSI/RM 标准为连接分布式应用处理的开放系统提供了基础，“开放”这个词表示能使任何两个遵守参考模型和有关标准的系统都具备互联的能力。

OSI/RM 整个网络按照功能划分成 7 个层次，如图所示 5-17 所示。

各层主要功能如下。

1)物理层

在物理层，主要定义了一些为建立、维护和拆除物理链路所需的机械、电气、功能和规程等特性，其作用是使原始的数据比特流能在物理媒体上传输。具体涉及接插件的规格，“0”、“1”信号的电平表示，收发双方的协调等内容。物理层考虑如何在连接各种计算机的传输媒体上传输二进制数据流，而不是指具体的传输媒体，因此物理层的作用是要尽可能地屏蔽掉传输媒体本身的差异。

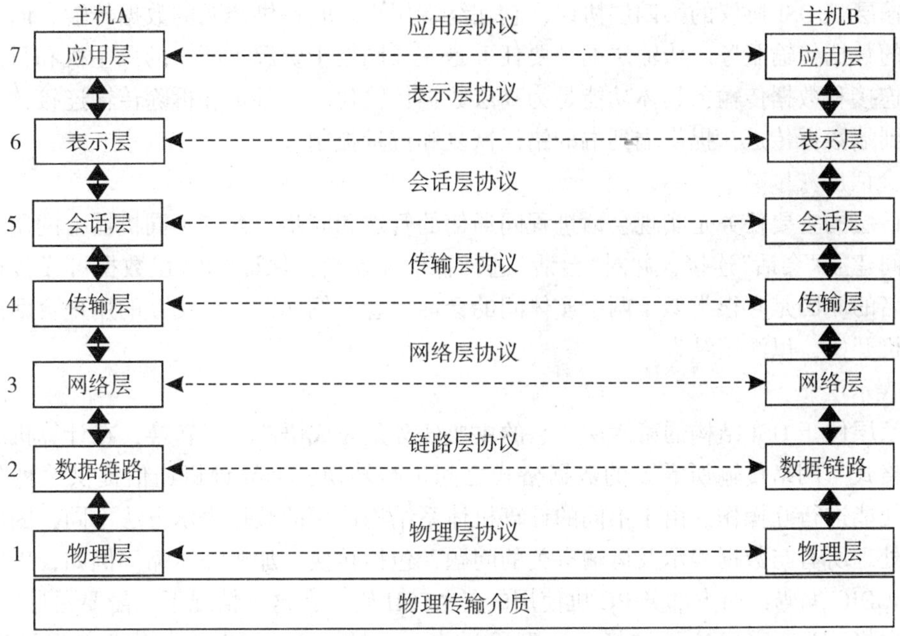

图 5-17 OSI 参考模型

2) 数据链路层

数据链路层是 OSI 参考模型中的第二层，在物理层和网络层之间。数据链路层在物理层提供服务的基础上向网络层提供服务，其最基本的服务是将源自网络层来的数据，即二进制数据流(比特流)被组织成数据链路协议数据单元(帧)进行传输，实现二进制正确的传输，将数据可靠地传输到相邻节点的目标机网络层。为达到这一目的，数据链路必须具备一系列相应的功能，主要有：如何将数据组合成数据块，在数据链路层中称这种数据块为帧；如何控制帧在物理信道上的传输，包括如何处理传输差错，如何调节发送速率以使与接收方相匹配；以及在两个网络实体之间提供数据链路通路的建立、维持和释放的管理。因此，数据链路层还要协调收发双方的数据传输速率，即进行流量控制，以防止接收方因来不及处理发送方来的高速数据而导致缓冲器溢出或线路阻塞，影响正常的网络通信。

3) 网络层

网络层是 OSI 参考模型中的第三层，介于传输层和数据链路层之间，它在数据链路层提供的两个相邻端点之间的数据帧的传送功能上，进一步管理网络中的数据通信，将数据从源端经过若干个中间节点传送到目的端，从而向传输层提供最基本的端到端的数据传送服务。在网络层数据以网络协议数据单元(分组)为单位进行传输，它主要解决如何使数据分组跨越各个子网、从源地址传送到目的地址的问题(路由选择)。另外，为避免通信子网中出现过多的分组而造成网络阻塞，需要对流入的分组数量进行控制。当分组要跨越多个通信子网才能到达目的地时，还要解决网际互联的问题。

4) 传输层

传输层是 OSI 协议的第四层协议，它在终端用户之间提供透明的数据传输，向上层提供可靠的数据传输服务。传输层的主要任务是完成同处于资源子网中的源主机和目的主机之间的连接和数据传输，具体功能是为高层数据传输建立、维护和拆除传输连接，实现透明的端到端数据传送，提供端到端的错误恢复和流量控制。

5) 会话层

会话层的主要任务是实现会话进程间通信的管理和同步，允许不同机器上的用户应用进程之间建立“会话”连接，并对“会话”进行管理和控制，保证“会话”数据可靠传输。会话层得名的原因是它很类似于两个实体间的会话概念。例如，一个交互的用户会话以登录到计算机开始，以注销结束。

6) 表示层

表示层位于 OSI 结构的第六层，它的主要任务是完成语法格式转换，在计算机所处理的数据格式与网络传输所需要的数据格式之间进行转换，为异种机通信提供一种公共语言，以便能进行互操作。由于不同的计算机体系结构使用的数据表示方法不同，因此，表示层是处理所有与数据表示及运输有关的问题，包括转换、加密和压缩。例如，IBM 主机使用 EBCDIC 编码，而大部分 PC 机使用的是 ASCII 码。在这种情况下，需要通过“一种通用的数据格式”来完成这种转换，从而通过表示层来保证不同的计算机之间可以彼此理解。

7) 应用层

应用层是 OSI 模型的最高层，规定应用进程通信时遵循的协议，是唯一为用户应用进程(如电子邮件、目录服务、文件传输等应用程序)访问 OSI 环境提供手段和服务的层。每个应用层协议都是为解决某一类应用问题，而问题的解决又往往是通过位于不同主机中的多个应用进程之间的通信和协同工作完成的。因此，应用层的作用是在实现多个系统应用进程相互通信的同时，完成一系列业务处理所需的服务。

4. TCP/IP 参考模型

TCP/IP 是 Internet 所采用的网络体系结构，包含以 TCP 和 IP 为主的 100 多个协议。它最早是在 APPERNET 中运行，然后扩展到整个互联网，由于 Internet 的广泛性，使之成为目前事实上使用的体系结构。TCP/IP 体系结构采用 4 层结构，将 OSI 的最上三层(会话层、表示层和应用层)合并成一层应用层，其他层次设置以及与 OSI 体系结构的比较如图 5-18 所示。

(1) 网络接口层。它面向具体的网络接口，根据采用的拓扑结构和传输介质不同，采用不同的网络接口标准，如局域网的 802 标准，广域网的 X. 25，帧中继等标准。

(2) 网络层。该层最重要的协议是 IP 协议，提供面向连接的、不可靠的、尽最大努力交付的服务，可以满足在多种不同的网络上，支持多种不同的应用协议。

(3) 传输层。它提供面向端到端的通信，该层有两个协议，分别是传输控制协议 TCP 和用户数据包协议 UDP。TCP 提供面向连接的可靠的数据传输服务，具有流量控制、差错控制、拥塞控制等；而 UDP 正好相反，提供面向无连接的、不可靠的数据传输服务。互联网中 90%以上的数据在传输层使用的是 TCP，而 UDP 数据使用小于 10%。

<table>
<tr><th>OSI参考模型</th><th>TCP/IP参考模型</th></tr>
<tr><td>应用层</td><td rowspan="3">应用层</td></tr>
<tr><td>表示层</td></tr>
<tr><td>会话层</td></tr>
<tr><td>传输层</td><td>传输层</td></tr>
<tr><td>网络层</td><td>网络层</td></tr>
<tr><td>数据链路层</td><td rowspan="2">网络接口层</td></tr>
<tr><td>物理层</td></tr>
</table>

图 5-18 OSI 参考模型与 TCP/IP 参考模型的比较

(4) 应用层。它面向最终的用户，提供诸如超文本协议 HTTP，文件传输协议 FTP、远程登录协议 Telnet 等。

5. 对 OSI、TCP/IP 参考模型的评价

OSI 参考模型是先提出体系结构模型，然后再实现。其模型层次结构清晰，概念明确，所提出的层次结构、服务、接口和协议等概念清楚，具有重要的理论价值，被广泛应用到网络研究和开发中。但是，OSI 参考模型作为一个国际标准出台，却没有在实际中成为国际标准，其主要有以下两方面原因。

(1)历史原因：由于在计算机网络快速发展的阶段，迟迟没有成熟的体系结构产生，在 TCP/IP 模型没有被确立前，事实上一些大的计算机厂商都在推广使用 TCP/IP 协议的框架，基于 TCP/IP 协议的 Internet 从 20 世纪 80 年代开始发展迅速，它的成功发展又进一步扩大了 TCP/IP 协议的影响和推广。而且 OSI 模型产生较晚，影响了它的市场占有率和今后的发展。

(2) OSI 参考模型自身缺陷。OSI 模型的设计全面，但是层次划分过细，效率较低。例如，会话层和表示层的功能在实际中应用较少，数据链路层和网络层包含内容太多，嵌套了许多子层，不够精简，使 OSI 参考模型变得复杂，难以实现，它的复杂性也阻碍了 OSI 参考模型的推广应用。

与 OSI 参考模型不同，TCP/IP 体系结构的模型本身还没有确立，协议已被广泛应用。这些协议被提出后，其实现被自由发布，并被广泛应用，从而确立了这些协议牢固地位，尽管有些协议今天看来已经成为障碍，但难以再用其他协议取代。但因为没有预先进行完善的规划和设计，模型的系统性不够强，逐渐在应用中暴露出越来越多的问题。其表现如下。

- 服务、接口和协议的概念区分不清楚，层次、功能结构不清晰。
- TCP/IP 体系结构不通用，不能用来描述其他协议栈，如不能用来描述蓝牙

(Bluetooth)。

- 没有区分物理层和链路层，而这两层的功能是完全不同的。

TCP/IP 体系结构毕竟是一个实际应用的事实上的国际标准，它成为 Internet 的网络模型，具有重要的实际意义。

【课后讨论】

(1)计算机网络的每个发展阶段有哪些特点?

(2)结合邮局通信，谈谈对计算机网络通信、体系结构的理解。

(3)OSI 和 TCP/IP 的区别有哪些? 互联网主要使用什么体系结构，为什么?

5.1.4　网络系统组成

一个完整的计算机网络系统是由网络硬件和网络软件所组成的。网络硬件是计算机网络系统的物理实现，网络软件是网络系统中的技术支持。两者相互作用，共同完成计算机网络通信功能。

1. 计算机网络的硬件组成

计算机网络硬件系统是由服务器、终端、通信处理设备(调制解调器、集线器、路由器、网桥、交换机)和通信线路(同轴电缆、双绞线、光纤)等构成。

1)服务器

服务器(Server)是指一个管理资源并为用户提供服务的计算机软件，通常分为文件服务器、数据库服务器和应用程序服务器。运行以上软件的计算机或计算机系统也被称为服务器。文件服务器是专门为共享文件而提供的一台 PC 机；数据库服务器就是专门共享数据库而提供的；DNS(域名服务器)就是负责把互联网址翻译成 IP 地址；打印服务器就是专门为网络上共享打印机而提供的设备。

在一般的局域网中，主机通常被称为服务器，是为客户提供各种服务的计算机，因此对其有一定的技术指标要求，特别是主、辅存储容量及其处理速度要求较高。根据服务器在网络中所提供的服务不同，可将其划分为文件服务器、数据库服务器、打印服务器、通信服务器等。

2)工作站

工作站(Workstation)是一种以个人计算机和分布式网络计算为基础，主要面向专业应用领域，具备强大的数据运算与图形、图像处理能力，为满足工程设计、动画制作、科学研究、软件开发、金融管理、信息服务、模拟仿真等专业领域而设计开发的高性能计算机，是连接在局域网上供用户使用的微机。

3)通信处理设备

通信处理设备包括网络适配器、调制解调器、集线器、网桥、路由器、交换机等。

网络适配器(Network Interface Card)又称网卡或网络接口卡，网络适配器是使计算机连网的设备，平常所说的网卡就是将 PC 机和网络连接的网络适配器。网卡插在计算机主板插槽中，负责将用户要传递的数据转换为网络上其他设备能够识别的格式，通过网络介质传输。

调制解调器(Modem)是调制器(Modulation)和解调器(Demodulation)的全称，因其发音与“猫”相近，故被俗称为“猫”。所谓调制，就是把数字信号转换成电话线上传输的模拟信号。解调，即把模拟信号转换成数字信号，因此合称调制解调器。

集线器(Hub)实际上就是中继器的一种，中继器(RP repeater)的主要功能是通过对数据信号的重新发送或者转发，来扩大信号在网络中传输的距离。集线器与中继器的区别仅在于集线器能够提供更多的端口服务，所以集线器又称多端口中继器。

网桥(Bridge)像一个聪明的中继器，将两个相似的网络连接起来，并对网络数据的流通进行管理。它工作于数据链路层，不但能扩展网络的距离或范围，而且可提高网络的性能、可靠性和安全性。

路由器(Router)是互联网中各局域网、广域网的连接(或通信)设备，它会根据信道的情况自动选择和设定路由，以最佳路径，按前后顺序发送信号的设备。它不仅具有网桥的全部功能，还可以根据传输费用、网络拥塞情况以及信息源与目的地的距离等不同因素自动选择最佳路径来传送数据包。

交换机(Switch)是一种用于电信号转发的网络设备。它可以为接入交换机的任意两个网络节点提供独享的电信号通路，提高了网络的带宽。最常见的交换机是以太网交换机，其他常见的还有电话语音交换机、光纤交换机等。

4)通信线路

通信线路主要是指网络连接中常用的传输介质，分为有线传输介质和无线传输介质两大类，详见5.1.2节按传输介质分类。

2. 计算机网络软件系统组成

网络软件系统是指在计算机网络中，实现网络数据通信和各种网络活动的软件集合，它包括网络操作系统、网络协议软件、网络管理软件、通信软件等。

1)网络操作系统

网络操作系统(Network Operating System，NOS)是负责控制和管理整个网络资源、方便网络用户使用网络软件的集合。它除了拥有标准的计算机操作系统的功能外，还管理网络中的软、硬件资源(如网卡、网络打印机、大容量外存等)，为用户提供文件共享、打印共享等各种网络服务以及电子邮件、WWW等专项服务，实现网络用户之间的通信。它是网络用户和计算机网络的接口。

在网络环境中，操作系统服务主要采用客户/服务器(C/S)模式。服务器(Server)始终监视用户(Client)的请求，执行请求所需的操作，并把结果返回给用户(即服务器应答客户请求)。网络操作系统为用户提供的服务可以分为两大类：操作系统级服务和增值服务。

操作系统级服务主要包括用户注册与登录、文件服务、打印服务、目录服务、远程访问服务等。这类服务的特点是需要用户进行系统登录，登录后对共享资源的使用透明，访问共享资源就像访问本地资源一样。

文件服务是网络操作系统所提供的最基本的服务之一。文件服务器是一个提供文件存储和访问的计算机。文件服务的主要形式分为两类：文件共享和远程文件传输。其中，文件共享主要用于局域网环境，允许通过映射(如建立共享文件或映射网络驱动器)，使登录到文件服务器的用户可以像使用本地文件系统一样来使用文件服务器上的文件资源。Windows、Linux、UNIX 和 Netware 均提供这种形式的文件服务。文件传输协议(FTP)主要实现将网络资源放在安装 FTP 服务器的终端或服务器上，客户端的用户通过系统注册和登录，可以下载 FTP 服务器中的文件或将本地的文件资源上传到 FTP 服务器。

打印服务是指使局域网上的用户随时可以方便地使用打印机资源，通过打印服务器实现网上共享。建立打印服务器的方式有两种：软件形式和硬件形式。在软件形式中，打印服务软件安装在网络服务器上或网上的任一台计算机上。在硬件形式中，共享使用专用的打印服务器硬件。

目录服务可以将一个网络中的所有资源，包括邮件地址、计算机设备、外部设备(如打印机)等集合在一起，以统一的界面提供给用户进行访问，其基本形式如同电信部门所提供的“黄页”服务。在理想情况下，目录服务将物理网络的拓扑结构和网络协议等细节掩盖起来，这样用户不必了解网络资源的具体位置和连接方式就可以进行访问，而且目录中的资源可以动态、实时更新。常见的目录服务包括 Novell 的 Netware Directory Service (NDS)，Microsoft 的 Active Directory 和 RedHat 的 Enterprise Linux 的 LDAP。

通信服务提供工作站与工作站之间的对等通信、工作站与网络服务之间的通信服务等功能。

增值服务主要包括 Web 服务、电子邮件(E-mail)服务和远程登录(Telnet)等。这类服务的特点是开放给社会公众，即任何访问 Internet 的用户都可以使用。网络操作系统要满足大容量访问的需求，操作系统的效率对这类服务的响应时间影响极大。

网络操作系统是网络软件中最主要的软件，用于实现不同主机之间的用户通信，以及全网硬件和软件资源的共享，并向用户提供统一的、方便的网络接口，实现可靠的网络通信与多媒体网络通信。目前，局域网中可供选择的网络操作系统种类很多，常见的有 Windows，Linux，UNIX，NetWare 等。

网络操作系统分为：集中模式、客户机/服务器(Client/Server)模式和对等式网络(Peer-to-Peer)模式。集中模式网络操作系统通常运行在大型主机上，实现资源的一体化管理。在客户机/服务器模式中，有一台或几台计算机专门充当服务器，它把客户端(Client)与服务器(Server)区分开来。每一个客户端软件的实体都可以向一个服务器或应用程序服务器发出请求，服务器为整个网络提供共享资源和服务。对等式网络模式是指网络中的所有计算机都具有同等地位，没有主次之分。对等式网络采用分散管理的方式，网络中的每台计算机既作为客户机，又可作为服务器来工作，即网络中任何一个节点机所拥有的资源都作为网络资源，可被其他节点机上的用户共享。

网络操作系统的特点主要有：

- 复杂性。网络操作系统需要对全网资源进行管理，以实现整个系统的资源共享，实现计算机之间通信与同步。
- 并行性。网络中每个节点机上的程序都可以并行执行，一个作业可以分配到本地的节点机上，也可以分配到远程节点机上。
- 安全性。网络操作系统可对不同用户规定不同的权限，提供身份验证机制，保证数据传输的安全和保密。

2)网络协议软件

网络协议是网络通信的数据传输规范，网络协议软件是用于实现网络协议功能的软件。目前，典型的网络协议软件有 TCP/IP 协议，是一组工业标准协议。它具体包括了100 多个不同功能的协议，是互联网络上的“交通规则”，其中最主要的是 TCP 协议和 IP 协议。TCP/ IP 协议的主要特点是标准化和可路由性，几乎任何网络软件或设备都能在该协议下运行，这使得用户可以将多个局域网连成一个大型互联网络。其次是 IPX/SPX 协议、IEEE802 标准协议系列等。IPX(Internet Packet Exchange Protocol)是在网络层运行互联网包交换协议，它使应用程序能在互联网络上发送包和接收包。SPX(Sequenced Packet Protocol)为运行在传输层上的顺序包交换协议，在通信用户之间建立并使用应答进行差错检测。NetBEUI(NetBIOS Extend User Interface)是网络基本输入输出系统扩展用户接口，协议简单，效率高。

3)网络管理软件

网络管理软件是用来对网络资源进行管理以及对网络进行维护的软件，如性能管理、配置管理、故障管理、计费管理、安全管理、网络运行状态监视与统计等。

4)网络通信软件

网络通信软件的出现，使人们可以借助互联网，实现与对方面对面的交流，通过互联网即可传输文字、语音和视频。网络通信软件包括电子邮件、即时通信软件(如飞信、QQ等)、网络电话软件(如 TOM-Skype)、网络传真软件等。

5)网络应用软件

网络应用软件是为网络用户提供服务，最重要的特征是它研究的重点不是网络中各个独立的计算机本身的功能，而是如何实现网络特有的功能，如网络电视软件(如 PPStream，PPS)、网络下载工具迅雷、浏览器等。

5.1.5 网络通信原理

计算机网络是基于现代通信技术和计算机技术，实现计算机之间信息的传输。要传递信息当然会遇到信息怎样传输的问题，这个传输手段就是所谓的通信技术。我们可以通过任何手段传递信息，如古代时期的烽火台、驿站等，现代的电路交换、分组交换和信元交换等。每种传输手段都有各自的特点，分别应用于不同的领域和实际业务。为更好地利用这些通信技术传递信息，就必须有一个有效的组织结构，即通信网。通信网是利用各种通信技术而组建的网络。

建立通信网的目的是为了传递信息，什么是信息呢？信息是客观事物状态的反映，这种反映能通过一定的形式表现出来，如字词、声音、气味、光线等。例如水，我们可以从其物理外观确定其是固态、液态还是气态等信息；我们可以从声音判断出不同的交通工具；我们可以从太阳的位置判断一天中大概的时间等等。如何表示信息呢？要在通信网络中传递信息，必须要符合一定的格式，即对信息进行量化，进行量化以后的信息就是表示信息的数据，因此信息是由数据来表示的，而数据经过处理(可称为反量化)后就是我们需要的信息。

计算机产生和处理的数据是数字数据，计算机网络也主要采用数字数据传输。但是传输信息载体，即数据却有很多种类，如数字、文字、语音、图形和图像等。数据有模拟数据和数字数据两种形式。模拟数据是指在某个时间段产生的连续的值，如声音和视频、温度和压力等都是时间的连续函数；数字数据是指产生的离散的值，如文本、信息和整数。

如何传输数据呢？通信介质构成了网络中的物理通道，数据在通信介质上传输，必须把数据转换为信号(光信号或电信号)才能在网络中传输。

1. 模拟信号与数字信号

信号是数据的表示形式，或称数据的电磁或电子编码，它使数据能以适当的形式在介质上传输信号。根据信号在时间和幅值上的变化是否连续，可分为模拟信号、离散信号和数字信号三种。从时间域和幅值来看，模拟信号是一种连续变化信号，也称连续信号；离散信号在时间域上是离散的，幅值可以连续也可以是离散的，数字信号是离散信号的一种特殊形式。

数字信号是一系列的脉冲，而模拟信号是一个在时间上连续变化的量。用数字信号进行的传输称为数字传输，用模拟信号进行的传输称为模拟传输。例如，要传输声音信息，可以直接把声波变为电波在通信介质上传输，此时的电波是一个连续变化的电信号，这时就是模拟信号传输。另外，也可以把电波进行采样、量化，转变为离散的数字信号在物理网络上传输，这时传输的就是数字信号。到达接收端后再把数字信号还原成模拟信号。

2. 模拟通信系统和数字通信系统

模拟通信系统通常由信源、调制器、信道、解调器、信宿以及噪声源组成，如图 5-19 所示。信源所产生的原始模拟信号一般都要经过调制再通过信道传输。到达信宿后，通过解调器将信号解调出来。普通的电话、广播、电视等都属于模拟通信系统。

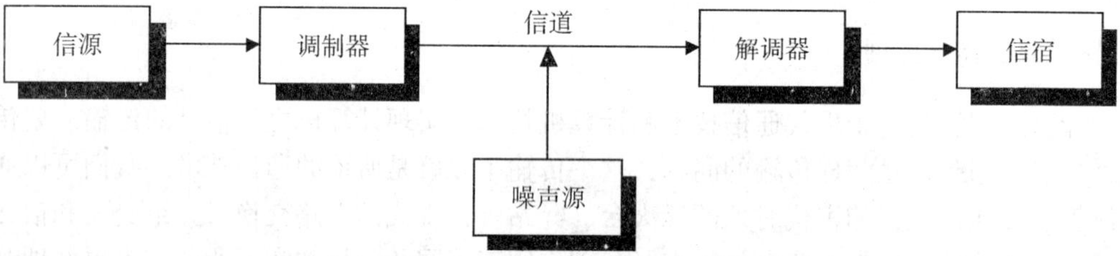

图 5-19　模拟通信系统

数字通信系统由信源、信源编码器、信道编码器、调制器、信道、解调器、信道译码器、信源译码器、信宿、噪声源以及发送端和接收端时钟同步组成，如图 5-20 所示。计算机通信、数字电话以及数字电视都属于数字通信系统。

3. 数据传输速率

比特(bit)是计算机中数据量的单位，也是信息论中使用的信息量的单位。bit 来源于 binary digit，意思是一个“二进制数字”，因此一个比特就是二进制数字中的一位，即 1 或 0。

数据传输速率，即数据率(data rate)或比特率(bit rate)是计算机网络中最重要的一个

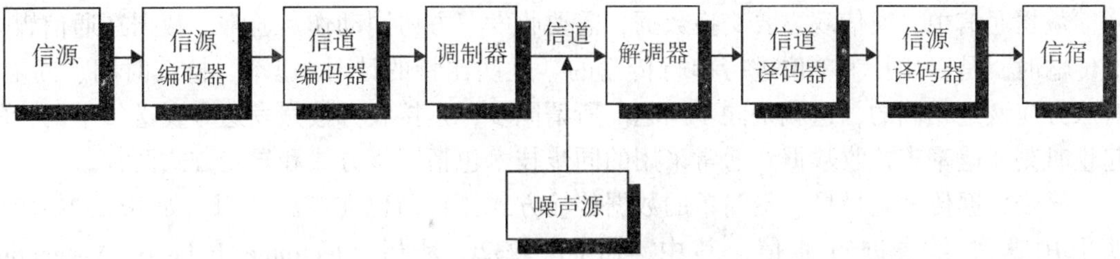

图 5-20 数字通信系统

性能指标。数据传输速率是指单位时间内信道中所传输的比特数或二进制位数。数据传输速率的单位是 b/s 或 Kb/s、Mb/s、Gb/s 等。常用的数据传输速率单位有 Kbps、Mbps、Gbps。其中：1Kbps = 10^3bps；1Mbps = 10^6bps ；1Gbps = 10^9bps。

4. 信道特性

信道特性是描述信道性能和质量的指标，包括信道误码率、信道时延和信道带宽等。

1) 信道误码率

在有噪声的信道中，数据速率的增加意味着传输中出现差错的概率增加。误码率是用来表示传输二进制位时出现差错的概率。误码率 *Re* 可用下式表示：

$Re = ne/n$。(其中 *n* 表示所传输的总位数，*ne* 表示出错的位数)

在实际的数据传输系统中，电话线路在 300 ~ 2400bps 传输速率时，平均误码率在 10^{-2} ~ 10^{-6}之间，在 4800 ~ 9600bps 传输速率时平均误码率在 10^{-2} ~ 10^{-4}之间。而计算机通信的平均误码率要求低于 10^{-9}。

2) 信道时延

信道时延：从发送端到接收端所需要的时延。信道时延分为：发送时延、传播时延、处理时延和排队时延。发送时延是指发送数据时，数据块从节点进入到传输媒体所需要的时间。也就是从发送数据帧的第一个比特算起，到该帧的最后一个比特发送完毕所需的时间。传播时延是指数据信号因在信道中传播需要一定的距离而花费的时间。信号传输速率(即发送速率)和信号在信道上的传播速率是完全不同的概念。处理时延是指交换节点为存储转发而进行一些必要的处理所花费的时间。排队时延是指节点缓存队列中分组排队所经历的时延。排队时延的长短往往取决于网络中当时的通信量。数据经历的总时延就是发送时延、传播时延、处理时延和排队时延之和。

3) 信道带宽

信道带宽分为模拟信道和数字信道。信道带宽是衡量其通信能力大小的指标。对模拟信道，使用信道的频带宽度来衡量。如果一个信道，其最低可传输频率为 f_1 信号，最高可传输频率为 f_2 的信号，则该模拟信道的带宽为：$f_2 - f_1$ (假设 $f_2 > f_1$)。带宽的单位是 Hz，其单位的关系如下：

1kHz = 1000Hz；1MHz = 1000kHz；1GHz = 1000MHz。

对于数字信道的通信能力，使用信道的最大传输速率来衡量。如果一个数字信道，其最大传输速率是 100Mbps，我们称其带宽为 100Mbps。

5. 同步传输和异步传输

数据通信中，通信双方要交换数据，需要收发双方协同动作。通常，数据在通信媒体上传输时，是以比特为单位进行串行传输的。这些比特的计时(速率、持续时间、间隔)对双方应该是相同的，这就是同步问题。所谓同步，是接收方按照发送方发送每个码元的起止时刻和速率来接收数据。通常采用的同步技术包括同步方式和异步方式两种。

异步数据传输是最早、最简单的数据传输方式，目前也在广泛使用，如 RS232C 接口就采用这种方法进行通信，其中，EIA-RS-232C 是指 Electronic Industry Association Recommended Standard，即美国电子工业协会推荐标准，232 是标识号，C 代表 RS232 的最新一次修改(1969 年)。这种方法以字符为单位进行发送，一次传输一个字符，每个字符用 5~8 比特来表示，在每个字符前面加一个起始码，以指明字符的开始，每个字符后面增加一个停止码，以指明字符的结束，每个字符的发送都是相互独立的；无字符发送时，发送方就一直发送停止码。接收方根据起始码和停止码判断字符的开始和结束，并以字符为单位接收数据，如图 5-21 所示：

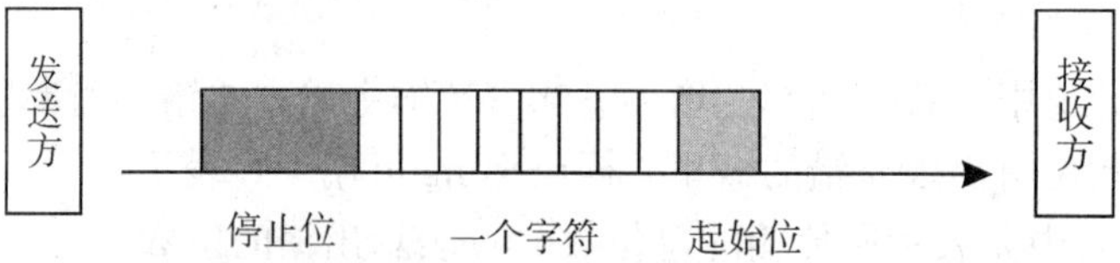

图 5-21　异步通信方式

异步数据传输以字符为单位进行发送和接收。如果有一组数据，它包含了很多字符，采用异步数据传输则传输效率就会降低，能否将数据以一批字符的方式发送呢？

同步数据传输以数据块为单位进行发送。每个数据块内包含有多个字符，每个字符可用 5~8 个比特表示；在每个数据块的前面加一个起始标志，以指明数据块的开始，在其后面增加一个结束标志，以指明数据块的结束。接收方根据起始标志和接收标志以数据块为单位进行接收。通常把起始标志、数据块、结束标志合在一起称为帧(Frame)，起始标志为帧头，数据块为正文，结束标志为帧尾。同步数据传输如图 5-22 所示：

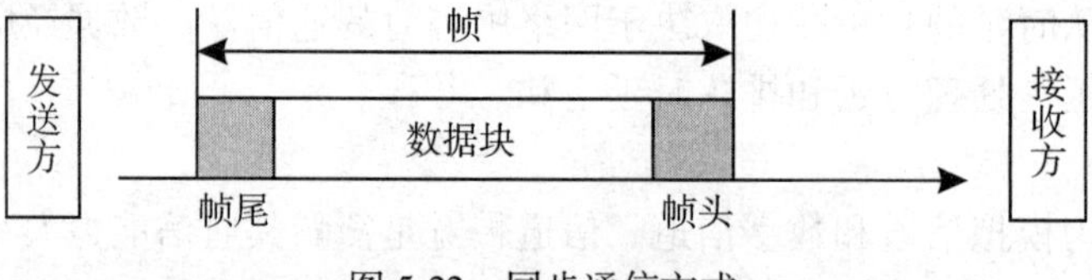

图 5-22　同步通信方式

同步数据传输包括面向字符和面向比特两种类型，面向字符是指以字符为单位组成数据块，其中最著名的是 IBM 公司提出的 BISYNC(BInary SYNchronous Communications protocol)；另一种是面向比特的方案，即以比特为单位组成帧，其中应用最普遍的是 IBM 公司提出的 SDLC(Synchronous Data Link Control)和 HDLC(High level Data Link Control)。

在数据传输过程中会产生误差，因此在传输中采用差错控制方法解决差错问题。常见的差错控制技术有：奇偶校验、循环冗余校验等。发送方选择一定的差错控制技术，形成含差错控制信息的数据，传送到接收方后，接收方进行差错检查，分析数据是否正确。接收方确认数据有误时，进行自动纠错，如不能自动纠错，可采用如自动重发请求的技术来完成。

【课后讨论】

(1)网络在我们生活中的具体应用主要包括哪些方面？

(2)什么是无线局域网？

(3)什么是带宽？通常说的宽带又有什么含义呢？

(4)计算机网络的通信超越了时空的限制，方便了我们的工作、生活和学习，那么你会组建计算机网络吗？

5.2 小型局域网的组建

5.2.1 用户需求与分析

随着信息技术的发展和广泛应用，计算机网络已成为信息社会中的重要组成部分之一，局域网是日常工作、学习或生活中最常用的网络之一。用户对局域网的应用需求主要包括以下几个方面。

1. 办公自动化

在办公室或写字楼中组建一个局域网，通过计算机、打印机或其他设备之间连接进行资源共享和信息传输，从而简化日常办公事务。通过网络主要实现信息录入、处理、存档、信息的综合处理与登记、报表传递、决策与判断、信息通信等。

2. 信息管理系统

在现代企事业单位，组建局域网为现代信息管理系统提供网络平台，实现自动化管理，节约管理成本，提供效率和经济效益。根据不同部门的需要，可分为不同的子系统，如财务管理、人事管理、生产管理等子系统。因此，基于不同的网络通信需要构建现代信息管理系统。

3. 校园网

校园网是在学校园区内实现网内资源共享，它是衡量学校学术水平与管理水平的重要标志。在校园网中实现图书管理、信息检索、教务管理等，学生或教师、科研人员、管理人员等通过网络更有效地共享各种软、硬件及信息资源。校园网通过与公用计算机网络连接，拓展网络信息空间。

4. POS 与 ATM 系统

POS(柜台销售信息网络系统)是现代大型或超市市场中常用的购物管理系统，它通过财务、计划、仓储等网络管理简化购物、结账、统计等环节。ATM(自动取款机)是一种高度精密的机电一体化装置，利用磁性代码卡或智能卡实现金融交易的自助服务，代替银行柜面人员的工作。通过它可提取现金、查询存款余额、进行账户之间资金划拨、余额查询等工作；还可以进行现金存款(实时入账)、支票存款(国内无)、存折补登、中间业务等工作。

5. 其他需求

远程教育、远程医疗、电子政务、电子商务、气象服务、交通服务等都需要高速、可靠的网络支撑。信息高速网络是一个国家经济信息化的重要标志，局域网的构建应用在人类生产、生活、学习和投资等方方面面，因此构建高速、高可靠性、易扩缩和易于管理及安全的局域网络成为现代网络建设的重点。

5.2.2 局域网概述

局域网属于计算机网络中的一种，具有计算机网络的性能，有自己的特点和类型。随着网络技术的不断发展，网络设备的价格不断降低，性能不断提高，为局域网的发展提供了良好的物质基础；同时现代社会对信息资源的需求，也促使局域网技术迅猛发展。

在计算机网络发展过程中，局域网技术占据非常重要的地位。1972年，Bell(贝尔)公司提出了两种环型局域网技术。1975年，美国Xerox公司推出了Ethernet(以太网)，它的问世是局域网发展历史上的里程碑。1980年，DEC、Inter和Xerox(DIX)共同制定了10Mb/s以太网的物理层和链路层标准规范，即Ethernet V1.0以太网规范。1983~1984年，IEEE 802委员会，正式制定并颁发了IEEE 802.3以太网标准，这个标准被称为标准以太网(10BASA-5)。1995年6月，通过了100Base-T快速以太网标准IEEE 802.3u，其带宽提高到标准以太网的10倍。

1. 局域网的特点

局域网是在小范围内将许多设备连接在一起，并进行数据通信的计算机通信网络。一般可以定义为在有限的距离内(在一幢建筑物或几幢建筑物中)将计算机、终端机和各种外设用传输线路连接起来进行高速数据传输的通信网。

一般来讲，局域网具有以下特点。

(1)有限的地理范围(一般在10m到10km之内)。典型的应用为连网的计算机分布在一幢或几幢大楼，如校园网、中小企业局域网等。

(2)通常多个工作站共享一个传输介质(同轴电缆、双绞线、光纤)。

(3)具有较高的数据传播速率，通常为10Mbps~100Mbps，高速局域网可达1000Mbps(千兆以太网)。

(4)协议比较简单，网络拓扑结构灵活多变，容易进行扩展和管理。

(5)具有较低的误码率。局域网误码率一般在10^{-8}~10^{-10}之间，这是因为传输距离短，传输介质质量较好，因而可靠性高。

(6)具有较低的时延。

2. 局域网种类

对局域网进行分类经常采用以下方法：按媒体访问控制方式、按网络工作方式、按拓扑结构、按传输介质、按局域网的工作模式分类等。

(1)按媒体访问控制方式分类：目前，在局域网中常用的媒体访问控制方式有：以太

(Ethernet)方法、令牌(Token Ring)、FDDI方法、异步传输模式(ATM)方法等，因此可以把局域网分为以太网(Ethernet)、令牌网(Token Ring)、FDDI网、ATM网等。

以太网采用了总线竞争法的基本原理，结构简单，是局域网中使用最多的一种网络。

令牌环网采用了令牌传递法的基本原理，它是由一段段的点到点链路连接起来的环型网。

光纤分布式数据接口(FDDI)是一种光纤高速的、双环结构的网络。

异步传输模式(ATM)是一种为了多种业务设计的通用的面向连接的传输模式。ATM局域网具有高速数据传输率，支持多种类型数据如声音、传真、实时视频、CD质量音频和图像的通信。

(2)按网络工作方式分类：局域网按网络工作方式可分为共享介质局域网和交换式局域网。

共享介质局域网是网络中的所有节点共享一条传输介质，每个节点都可以平均分配到相同的带宽。例如，以太网传输介质的带宽为10Mbps，如果网络中有n个节点，则每个节点可以平均分配到10Mbps/n的带宽。共享式以太网、令牌总线网、令牌环网等都属于共享介质局域网。

交换式局域网的核心是交换机。交换机有多个端口，数据可以在多个节点并发传输，每个站点独享网络传输介质带宽。如果网络中有n个节点，网络传输介质的带宽为10Mbps，整个局域网总的可用带宽是$n\times$10Mbps。交换式以太网属于交换式局域网。

(3)按拓扑结构分类：局域网经常采用总线型、环型、星型和混和型拓扑结构，因此可以把局域网分为总线型局域网、环型局域网、星型局域网和混和型局域网等类型。

(4)按传输介质分类：局域网上常用的传输介质有同轴电缆、双绞线、光缆等，因此可以将局域网分为同轴电缆局域网、双绞线局域网和光纤局域网。若采用无线电波、微波，则可以称为无线局域网。

(5)按局域网的工作模式分类：可分为对等式网络、客户机/服务器式网络和混合式网络等。

5.2.3 小型局域网组建

1. 校园网组建任务

某高校将要组建一个校园网络，计划把学校的教学楼、行政楼、图书馆、实验楼、科研区、宿舍楼、餐厅等连接起来组成一个相互连接可以资源共享的网络。并且每一个网络有各自的功能，实现自己的任务，互不影响。真正实现校园一体化、共享化、便捷化、资源化。但是网络的构建需要注意网络的安全性、可扩展性和成熟性，以利于实现功能扩充和技术升级。

2. 校园网的组建原则

(1)开放性。采用开放性的网络体系，以方便网络的升级、扩展和互联；同时在选择服务器、网络产品时，强调产品支持的网络协议的国际标准化。

(2)可靠性。网络要实现可靠通信，保证数据流能准确接收；注重系统的可维护性，使故障检测和隔离较为方便。

(3)可管理性。利用图形化的管理界面和简洁的操作方式，合理的网络规划策略，提供强大的网络管理功能，使日常的维护和操作变得直观、便捷和高效。

(4)安全性。内部网络之间、内部网络与外部公共网之间的互联，利用虚拟局域网、防火墙、入侵检测等对访问进行控制，确保网络的安全。

(5)易用性和可拓展性。应用软件系统必须强调易用性，用户界面友好，带有帮助和查询功能，用户可以通过 Web 查询。网络的规划要从主干网络设备的选型及其模块、插槽个数、管理软件、网络整体结构及相关协议等方面综合考虑，注重网络系统的可扩充性。

(6) 费用。组建网络需考虑适合特定应用的信道费用和安装费用，选用性能价格比高的网络设备和服务器；采用的网络架构和设备充分考虑到易升级换代，并且在升级时可以最大限度地保护原有的硬件设备和软件投资。

3. 校园网络规划

校园网络的结构选择星型拓扑结构，网络控制中心(网络管理中心)统一管理整个网络，网络主干中传输介质采用光纤，光纤布线采用星型结构，即由网络管理中心向每个建筑(部门)辐射。建筑内部布线采用 5 类双绞线进行垂直和水平布线，对于建筑物规模较大的，采用室内多模光纤。双绞线的接法采用 EIA/TIA568B 标准。设计时要依据 EIA/TIA568 工业标准及国际商务布线标准。具体的网络层次结构如下所示。

(1)主干网汇接各个子网，形成中心交换，各子网通过路由器连接到主干网。

(2)网络管理中心的网络构成一个单独的子网，汇接到主干网，在网络管理中心进行集中控制和管理。

(3)每个子网按部门划分成多个工作组网，每个工作网划分成多个基层网段。

(4)在关键子网与主干网之间设立防火墙，防止来自内部或外部的恶意攻击。网络管理中心通过主干网为子网提供 Internet 服务。

4. 校园网拓扑图

校园网拓扑结构如图 5-23 所示，其结构描述如下。

(1)校园网分为网络管理中心和校园网络终端两部分。网络管理中心内部组建一个子网，与主干网相连为整个局域网提供服务；校园网络终端是指教学楼、行政楼、图书馆、实验楼、科研区、宿舍楼、餐厅等访问网络服务。网络管理中心和校园网络终端各安装一台交换机，交换机之间由电信铺设的专用光缆连接。

(2)网络管理中心有服务器区与交换机连接，提供 WWW 服务、教学管理服务、邮件服务、VOD 服务等。

(3)校园网络有两个网络出口，分别是 100Mbps 路由器接口实现连接中国教育科研网、1000Mbps 路由器接口连接 Internet。校园网络管理中心主要用于办公、科研、教学、图书、一卡通等智能管理。

5. 网络组建所需硬件、软件

(1)硬件。选择性能安全、稳定、可靠的专用服务器，其容量、I/O 吞吐量根据网络需求确定。网络通信设备主要使用 10/100Mb/s 以太网和快速以太网自适应双速交换机、路由器、连网的每台计算机都需要安装网卡。

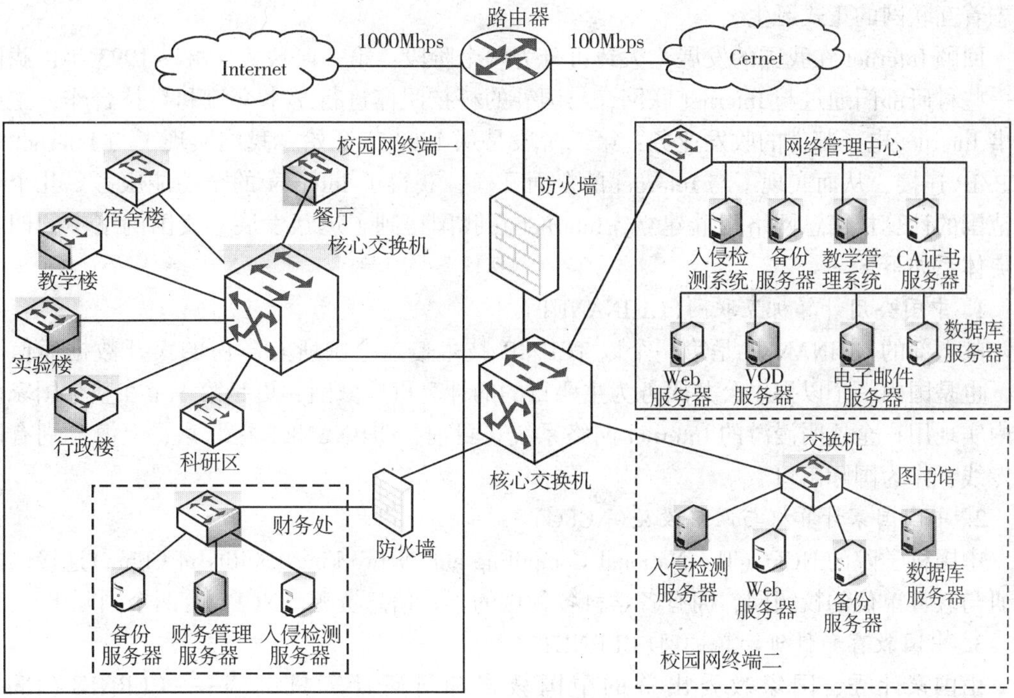

图 5-23　校园网络拓扑结构

(2)软件。选择 Windows 2003 Server，Windows 2008 Server，Linux，Unix 等网络操作系统。在网络通信中还需要安装局域数据库服务器、Web 服务器、VOD(Video on Demand，交互式电视点播系统)服务器、E-mail 服务器、网管服务器等功能的软件。

5.3 Internet 基础

【课前思考】

(1)什么是 Internet，它是如何实现通信的，我们经常用的网址和 IP 地址有什么关系？

(2)互联网主要为我们提供哪些服务？

5.3.1 Internet 概述

Internet(互联网)是指当前全球最大的、开放的、由众多网络相互连接而成的特定计算机网络，实现网络资源共享和信息交换，目前它已成为现代社会工作、学习、生活的重要组成部分。

Internet 的起源及发展可以追溯到美国国防部 1957 年成立的高级研究计划局 ARPA (Advanced Research Projects Agency)一个建立计算机网络的计划，后来于 1969 年 1 月开始研制的 ARPAnet。1977 年，ARPAnet 的节点数目已经由最初的 4 个发展到 57 个，在此期间，ARPA 开发了许多网络协议集，包括 TCP/IP 协议，使得不同的计算机网络之间能相互通信，ARPAnet 也不断地壮大。1983 年 TCP/IP 协议成为 ARPAnet 上的标准协议，这标志着互联网的正式诞生。

回顾 Internet 在我国的发展，大致可分为两个阶段：第一阶段为 1987～1993 年，我国的一些科研部门通过与 Internet 联网，与国外的科技团体进行学术交流和科技合作，主要从事 Internet 电子邮件的收发业务；第二阶段是从 1994 年开始，我国实现了与 Internet 的 TCP/IP 连接，从而实现了与 Internet 的全面开通，获得了 Internet 的全功能服务。几个全国范围的计算机信息网络相继建立，Internet 在我国得到了迅猛发展。我国网络中的四大主流体系如下。

1. 中国公用计算机互联网(CHINANET)

邮电部的 CHINANET 是第一个以 TCP/IP 技术覆盖全国所有省份的大开数据通信网络，也是国内一个以提供公共服务为主要目的的计算机广域网，更是第一个在整个国家范围内实现用户全透明漫游的 Internet 网络系统。目前，CHINANET 在北京、上海分别有两条专线，作为国际出口。

2. 中国国家计算机与网络设施(NCFC)

中国科学院的 NCFC(The National Computing and Networking Facility of China)连接国内科研与教育单位的校园网，拥有各学科各领域的丰富信息资源。NCFC 有两个国际出口。

3. 中国教育和科研计算机网(CERNET)

由国家计委、国家教委出资的中国教育和科研计算机网络——CERNET(China Education and Research Network)是一个全国性的教育科研基础设施，把全国大部分高校连接起来，实现资源共享。CERNET 有两个国际出口。

4. 中国国家公用经济信息通信网(CHINAGBNET)

国家公用经济信息通信网 CHINAGBNET(China Golden Bridge Net)已经将传统的数据网、语音网和图像网三网合一，它主要偏重于经济领域。

除了上述四大网络，还有很多民间公司从事 Internet 的入网服务业务，这些公司一般是自己建立一个网络服务中心，再通过一根网络专线租用上述国际出口之一。

目前互联网已经成为世界上规模最大和增长速率最快的计算机网络，没有人能够准确说出互联网究竟有多大。互联网的特点如下。

- 覆盖范围广。
- Internet 是由数以万计个子网络通过自愿的原则连起来的网络，因此称 Internet 为“网中网”。
- 每一个 Internet 成员都是自愿加入并承担相应的各种费用，与网上的其他成员和睦友好地进行数据传输，不受任何约束，共同遵守协议的全部规定。

5.3.2　Internet 的组成

互联网是全球最大的互联网络，它以 TCP/IP 网络协议将各种不同类型、不同规模、位于不同地理位置的物理网络(如以太网、令牌环网等)连接成一个整体，进行通信和信息交换，实现资源共享。

TCP/IP 协议所采用的通信方式是分组交换方式。所谓分组交换，简单地说就是数据在传输时分成若干段，每个数据段称为一个数据包，TCP/IP 协议的基本传输单位是数据包。在数据传输过程中，首先由 TCP 协议把数据分成一定大小的若干数据包，并给每个数据包标上序号及一些说明信息(类似装箱单)，使接收端接收到数据后，在还原数据时，按数据包序号把数据还原成原来的格式。然后 IP 协议给每个数据包写上发送主机和接收主机的地址(与信件装入信封类似)，一旦写上源地址和目的地址，数据包就可以在物理网上进行传送。

1. IP 地址

由于 Internet 是通过路由器将物理网络互联在一起的虚拟网络。在一个具体的物理网络中，每台计算机都有一个物理地址(Physical Address)，物理网络靠此地址来识别其中每一台计算机。在 Internet 中，为解决不同类型的物理地址的统一问题，在 IP 层采用了一种全网通用的地址格式，为网络中的每一台主机分配一个全球唯一的 Internet 地址，它是一个 32 位的二进制逻辑地址，为方便阅读和从键盘上输入，可把每 8 位二进制数字转换成一个十进制数字，并用小数点隔开，即用点分十进制表示为 X. X. X. X。每个字节的取值范围二进制为 00000000~11111111，十进制为 0~255。

例如某计算机的 IP 地址可表示为：11011101. 1001001. 00010110. 10010001，其对应的十进制为 221. 73. 22. 145。

IP 地址具有层次结构，由网络地址和主机地址两级组成。网络地址表示主机所处的物理网络或网段，主机地址表示主机在该网络或网段中的具体逻辑位置。按照网络规模的大小，IP 地址可以分为 A、B、C、D、E 五类，如图 5-24 所示。用第一字节的前五位标识 IP 地址类别，根据第一字节，就可判断出 IP 地址类别。

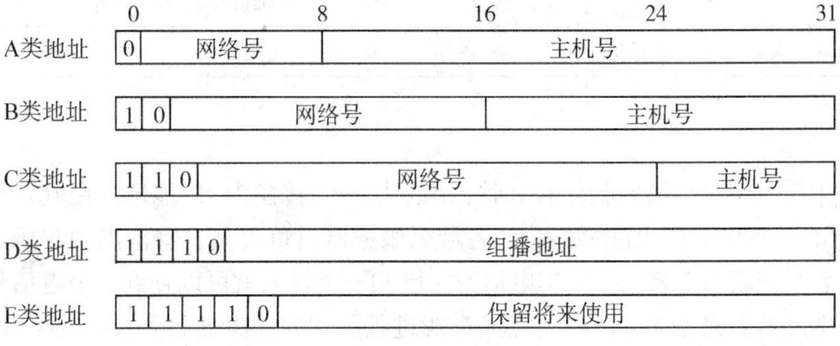

图 5-24 IP 地址分类

2. 域名系统

在 Internet 上，IP 地址是全球通用的地址，但对于一般用户来讲，数字表示的 IP 地址不容易记忆。因此，TCP/IP 为人们记忆方便而设计了一种字符型的计算机命名机制，便形成了网络域名系统(Domain Name System，DNS)。在网络域名系统中，Internet 上的每台主机不但具有自己的 IP 地址(数字表示)，而且还有自己的域名(字符表示)，如许昌学院主机的 IP 地址为 218. 28. 144. 37，其域名为 www. xcu. edu. cn。实际上，域名是 Internet 中主机地址的另外一种表示形式，是 IP 地址的别名。

域名系统采用分层结构。每个域名是由几个域组成的，域与域之间用小圆点“.”分开，最末的域称为顶级域，其他的域称为子域，每个域都有一个有明确意义的名字，分别叫做顶级域名和子域名。顶级域名一般分为地理类和机构类域名两类，如表 5-1 和表 5-2 所示。域名地址从右向左分别用以说明国家或地区的名称、组织类型、组织名称、单位名称和主机名等。其一般格式为：

主机名．商标名(企业名)．单位性质．国家代码或地区代码

其中，商标名或企业名是在域名注册时确定的。例如，对于域名 news. cernet. edu. cn，最左边的 news 表示主机名，cernet 表示中国教育科研网，edu 表示教育机构，cn 表示中国。

表 5-1　**机构类顶级域名**

代码	名称	代码	名称	代码	名称	代码	名称
. com	商业机构	. edu	教育机构	org	非营利机构	. arts	娱乐机构
. gov	政府机构	. int	国际机构	. firm	工业机构	. info	信息机构
. mil	军事机构	. net	网络机构	. nom	个人或团体	. rec	消遣机构

表 5-2　**地理类顶级域名**

代码	名称	代码	名称	代码	名称	代码	名称
. cn	中国	. au	澳大利亚	. mo	中国澳门	. my	马来西亚
. ca	加拿大	. hk	中国香港	. tw	中国台湾	. kp	韩国
. it	意大利	. jp	日本	. uk	英国	. us	美国

3. 域名解析

互联网中设有很多的域名服务器 DNS，用来把域名转换为 IP 地址。在域名服务器中存放了域名与 IP 地址的对照表(映射表)。各域名服务器只负责其主管范围的解析工作。从功能上说，域名系统基本上相当于一本电话簿，已知一个姓名就可以查到一个电话号码，它与电话簿的区别是域名服务器可以自动完成查找过程。例如，DNS 收到 www. cctv. com 后，经过查询过程，就把这个域名转换为 IP 地址：11001010011011001111100111001110。

4. IPv6

当前 Internet 上使用的 IP 协议是在 TCP 协议发展到第四版时才出现的 IP 协议，故称为 IPv4。尽管在理论上大约有 43 亿(2^{32})个 IP 地址，但由于历史的原因，美国的一些机构往往占用较丰富的 A 类地址，但他们并没有充分利用其中的资源，而其他国家的 Internet 系统则常被划分为 C 类地址而不够用。随着 Internet 技术的迅猛发展和规模的不断扩大，IPv4 已经暴露出了许多问题，其中最重要的一个问题就是 IP 地址资源的短缺。因此，Internet 工程部又提出了新的 IP 协议版本 IPv6。IPv6(Internet Protocol Version 6)地址共 128 位，地址数量是 IPv4 的 2^{96} 倍，可以彻底解决 IPv4 地址不足等问题。在我国 IPv6

已经正式开始使用。

5.3.3 Internet 的基本功能

1. WWW 服务

WWW(World Wide Web)即人们所熟知的万维网，也称为"环球网"或 Web。WWW 是一个基于超文本方式的信息检索工具，它将位于全世界互联网上不同地点的相关数据信息有机地组织在一起。用户通过"跳转"或"超级链接"从某一页跳到其他页，可以自由地浏览信息或在线查阅所需的资料。

2. 文件传输

FTP(File Transfer Protocol)是文件传输协议的简称，是计算机网络中最为普遍的应用之一。FTP 的主要作用，就是让用户连接上一个远程计算机(这些计算机上运行着 FTP 服务器程序)查看远程计算机有哪些文件(如软件、影音等)，然后把文件从远程计算机上拷到本地计算机，或把本地计算机的文件送到远程计算机去。

FTP 是一个客户机/服务器系统。用户通过一个支持 FTP 协议的客户机程序，连接到在远程主机上的 FTP 服务器程序。用户通过客户机程序向服务器程序发出命令，服务器程序执行用户所发出的命令，并将执行的结果返回到客户机。

3. 电子邮件

电子邮件简称 E-mail(Electronic mail)，标志为@，又称电子信箱，是在网络上以电子化的手段传递信息，从而达到传递邮件的功能，是互联网上应用最广的服务。

一个典型的 E-mail 地址格式如下：用户名@126.com，其中"@"是英文"at"的意思，表示"在"。在"@"的左边是用户名，代表着用户的账号信息。在"@"的右边，"126.com"是由主机名+域名构成，唯一地表示互联网上的一台主机(即邮件服务器)。

电子邮件的收发过程与通过邮局寄送实体邮件有类似的地方，发信者注明收件人的姓名与地址(即邮件地址)，发件方服务器把邮件传到收件方服务器，收件方服务器再把邮件发到收件人的邮箱中。具体过程描述为：首先，发送方通过邮件客户程序，将编辑好的电子邮件提交至发件服务器(也称发送方邮件服务器，如 www.126.com)发送，由发件服务器再将邮件转发给收件服务器(也称接收方邮件服务器，如 www.163.com)，这整个过程中邮件的传输均使用 SMTP(Simple Mail Transfer Protocol)协议实现。然后，收件服务器通过发件服务器识别接收者的地址，将收到的邮件存放在收件人的电子信箱内，并告知收件人有新邮件到来。收件人通过邮件客户程序连接到服务器后，就会看到服务器的通知，通过进入自己的电子信箱查收邮件，其中收件人接收与读取邮件主要通过 POP3(Post Office Protocol 3)协议实现。

4. Telnet

远程登录：互联网中的用户使用 Telnet 命令，使自己的计算机临时成为远程计算机的一个终端的过程。该功能使用率不高，主要原因如下。

(1)个人计算机的性能越来越强，致使在远程高性能计算机中运行程序的需求逐渐减弱。

(2)Telnet 不对传输的信息加密，隐密资料在传输过程中可能会遭其他人窃听，无法有效防止远程管理过程中的信息泄露问题。

5. 即时通信

即时通信(Instant Messaging，IM)，又名即时通信，是一种可以让使用者在互联网上建立虚拟私人聊天室的实时通信服务。ICQ 是世界上最早的即时通信软件。目前，在互联网上最受欢迎的即时通信软件包括 QQ，Windows Live Messenger，Yahoo Messenger，AIM，Jabber，ICQ 等

6. 博客

“博客”，从英文单词 Blog 翻译而来。Weblog 简称 Blog，是在网络上发布和阅读的流水记录，通常称为“网络日志”。中文“博客”既可以指网络日志(Blog)，也可以指撰写网络日志的人(Blogger)。

通常由简短且经常更新的帖子(即张贴的文章)构成，这些帖子一般是按照年份和日期倒序排列的。而作为 Blog 的内容，它可以是纯粹个人的想法和心得，包括对时事新闻、国家大事的个人看法，或者对一日三餐、服饰打扮的精心料理等，也可以是在基于某一主题的情况下或是在某一共同领域内由一群人集体创作的内容。

7. 搜索引擎

搜索引擎(Search Engine)是指根据一定的策略，运用特定的计算机程序搜集互联网上的信息，在对信息进行组织和处理后，为用户提供检索服务的系统。从使用者的角度看，搜索引擎提供一个包含搜索框的页面，在搜索框输入词语，通过浏览器提交给搜索引擎后，搜索引擎就会返回和用户输入的内容相关的信息列表。

8. P2P 技术

对等连接 P2P 是“Peer-to-Peer”的缩写。简单地说，以前人们下载文件是从服务器上，而 P2P 则是多个终端用户各下载一部分，然后互相下载，这样大量用户同时下载不但不会造成堵塞，反而速度加快，如下载工具 . eMule、迅雷等。

5.4　Internet 应用基础

5.4.1　Internet 接入方式

1. 拨号上网

拨号上网(Public Switch Telephone Network，PSTN)是指使用调制解调器(Modem)，通过电话线连接到 Internet 的方法。其优点是不需要对电话线路进行改造，上网费用根据用户实际使用时间计算或实行包月，但是通过这种方式上网浏览或上传、下载文件的速度慢，拨号上网上限速率仅为 56Kbps，现在已经很少使用这种上网方式。

2. 综合业务数字网

综合业务数字网(Integrated Services Digital Network，ISDN)是指集语音、数据业务于一身的电路交换网络，它是为了利用普通的电话线双向传送高速数字信号而提出的标准。ISDN 可以利用现有电话线路改装，也可以重新开户安装。ISDN 网是拨号上网向宽带接入的一种过渡方式。与原普通电话的模拟线路不同，ISDN 属于数字电路，需要用到 NT1(网

络终端)和 TA(客户终端)。ISDN 的最重要特征是能够支持端到端的数字连接，并且可实现传统话音业务和分组数据业务的综合，使数据和话音能够在同一网络中传递。

我国普遍使用的为 2B+D 方式，其中 2B 指代两个传输通道，D 指代一个数据通道(实现传输控制)。它有 2 条 64Kbit/s 基本数据话路通道，一条 16Kbit/s 的指令(信令)通道。使用一线通，用户可以利用其中一条 64Kbit/s 通道上网而利用另一条 64Kbit/s 通道打电话，或者直接使用两条 64Kbit/s 通道以 128Kbit/s 的速度上网或下载资料、收发邮件，提高了网络传输速度。

3. Cable Modem 方式

Cable Modem 方式是利用有线电视网络的 Cable(同轴电缆)或 HFC(光纤同轴混合)网络作为传输通道，通过专用的 Cable Modem 转换信号，其下行传输速率根据频宽和调制方式不同可以达到 27Mbps~56Mbps，上行传输速率可以达到 10Mbps。Cable Modem 共享用户会影响带宽以及回传噪声等问题，由于传统的有线电视网是单向传送的线路，为实现宽带服务必须将线路改建成具有双向传输功能。

4. 非对称数字用户环线

ADSL(Asymmetrical Digital Subscriber Line)是一种通过现有普通电话线路为家庭、办公室提供宽带数据传输服务的技术，也称为普通宽带网。这种上网方式利用电话线进行载波，在客户端通过专用设备将数据分离出来，可以单机直接接入，也可以通过路由方式组成一个小的局域网，网络最高速率可达 10M 左右。本地连接属性对话框如图 5-25 所示。上网登录方式分为静态 IP 接入和动态 IP 接入，静态 IP 接入方式如图 5-26 所示，动态 IP 接入方式如图 5-27 所示。

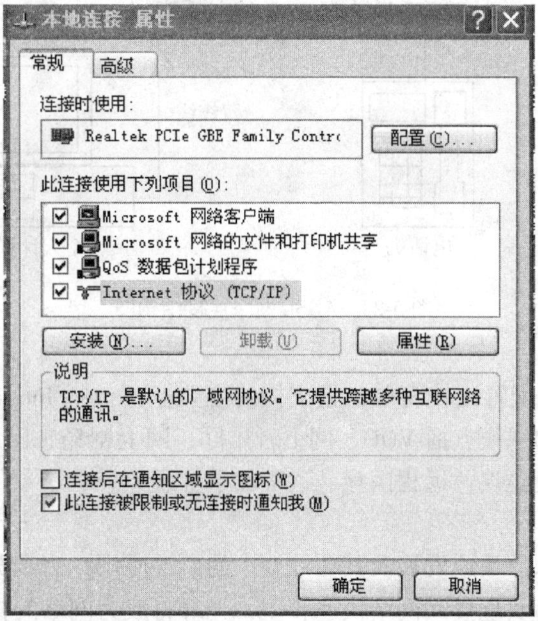

图 5-25　本地连接属性对话框(在 Internet 协议选项中配置 IP)

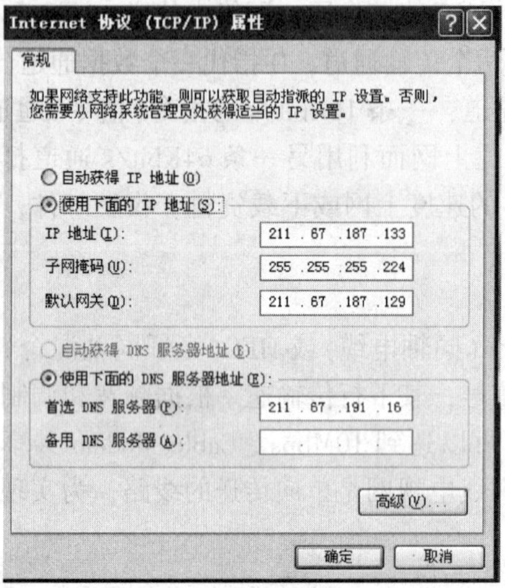

图 5-26　IP 地址的静态配置示例

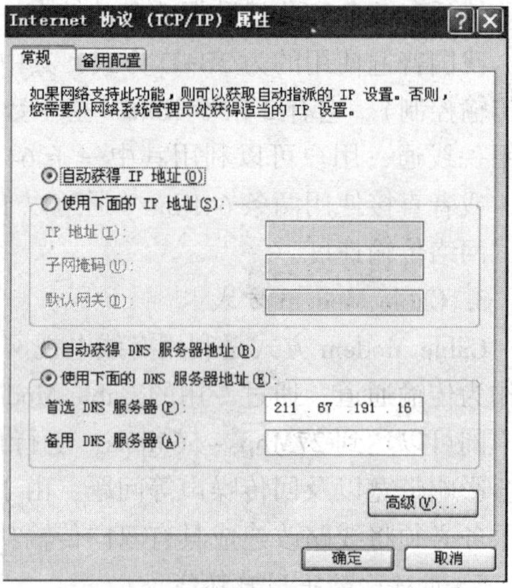

图 5-27　IP 地址的动态配置示例

ADSL 接入网的硬件包括：10M 或 10M/100M 自适应网卡、ADSL 调制解调器；信号分离器；两根电话线和一根双绞线。ADSL 连接结构图 5-28 所示。

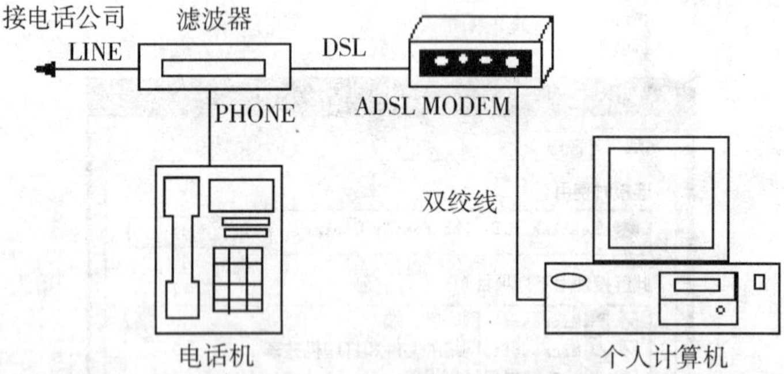

图 5-28　ADSL 网络连接结构图

目前 ADSL 的网络配置比较简单，它支持的主要业务包括 Internet 高速接入服务、多种宽带多媒体服务，如视频点播 VOD、网上音乐厅、网上剧场、网上游戏、网络电视等，提供点对点的远地可视会议、远程医疗、远程教学等服务。

5. 光纤宽带网

随着网络通信技术的快速发展及其在社会中的广泛应用，高带宽、高质量的网络已成为用户的迫切需求。为实现接入网络快速转型，光纤将成为网络的核心传输介质，目前城市地区的新建小区已将光纤连接到楼宇，每个楼宇设有若干交换机，这些交换机通过光纤连接，然后通过网络通信设备与网络接入服务提供商(如中国联通宽带)相连接。

使用宽带网络前，需到网络接入服务提供商办理宽带手续，申请账户接入服务。然后，在电脑中双击“网络连接”，在打开的网络连接对话框中双击宽带连接，打开“宽带连接”对话框(见图 5-29)，登录网络账户、密码即可访问宽带网络，如图 5-30 所示。在农村将实现光纤接入行政村，逐步推广光纤宽带网络。因此，光纤宽带网络已成为目前主要的网络接入模式。

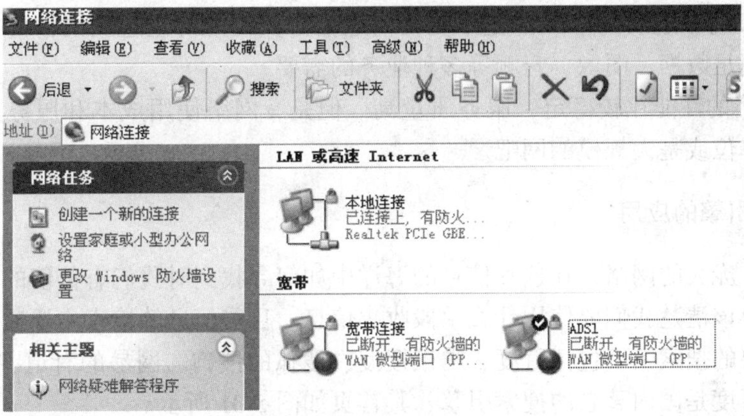

图 5-29　网上邻居—查看网络连接

图 5-30　网络连接—宽带连接

6. 数字数据网

DDN(Digital Data Network)是以数字交叉连接为核心技术，集数据通信技术、数字通信技术、光纤通信技术等为一体，利用数字信道传输数据的一种接入网络。DDN 的主要特点是向用户提供端到端的数字型数据传输信道，不仅在局间中继或长途干线上，而且在数据终端之间均采用数字传输技术。这与在模拟信道上通过采用 Modem 实现的数据传输存在重要区别，具体体现如下。

(1) DDN 传输质量好、速率高、网络时延小。

(2)传输距离远，因为 PCM(Pulse Code Modulation，脉冲编码调制)传输采用数字中继再生方式，传输距离可以跨地区，甚至跨国。

(3)传输安全可靠，DDN 通常采用多路由的网状网拓扑结构，因此中继传输段中若有任一个节点发生故障，只要不是最终一段用户线路，节点均会自动迂回改道，而不会中断用户端到端的数据通信。

(4) DDN 为全透明网，DDN 是不受任何通信协议约束的全透明网，可支持任何通信协议，从而满足数据、图像、音频等多种业务的需要。

DDN 网络的性能比较稳定，服务质量高。但是，网络使用成本和服务费用较高，一般只能用于单位或是大规模的网吧。

5.4.2　搜索引擎的应用

面对一个庞大的网络，在这片信息的海洋中如何寻找到对我们有价值的信息呢？在收集信息之前应该清楚我们要使用什么手段收集信息。目前信息的检索主要通过搜索引擎实现，国内主要的搜索引擎包括百度、腾讯搜搜、搜狐的搜狗、网易的有道、360 综合搜索等。其中，百度是国内著名的搜索引擎，其首页如图 5-31 所示。

图 5-31　百度网站(http：//www. baidu. com/)

下面以百度搜索引擎为例，列举常用的搜索方法。

新闻查询：点击百度网站导航条中的“新闻”，输入查询的关键字，如“大数据”，然后点击“百度一下”按钮，即可显示出相关的信息摘要，找到相应的条目，点击链接即可进入具体页面，如图 5-32 所示。

地图查询：点击百度网站导航条中的“地图”，输入查询的关键字，如“许昌学院”，

图 5-32　百度新闻：大数据

然后点击“百度一下”按钮，即可显示出相关的信息摘要，找到相应的条目，点击链接即可进入具体页面，如图 5-33 所示。

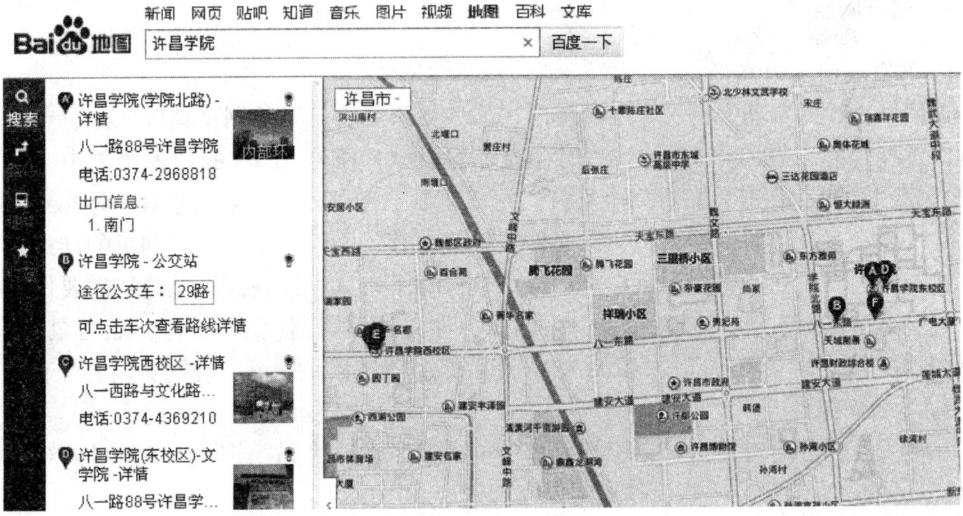

图 5-33　百度地图：许昌学院

图片查询：在百度网站首页搜索框中，输入关键字：图片，在打开的网页导航条中点击“图片”，然后在打开的百度图片网页中输入要查询的关键词，如“十大名花”点击“百度一下”按钮，即可显示出相关的信息摘要，找到相应的条目，点击链接即可进入具体页面，如图 5-34 所示。

图 5-34　百度图片：十大名花

在网络中还可以通过网站导航或直接打开一些知名网站，如新浪、搜狐、网易等，帮助搜索到相应的资源。另外，可以利用一些专用的搜索工具软件，如“飓风搜索通”等把多个搜索引擎组合到一起进行搜索，从而提高搜索效率。

5.4.3　保存网络资源

1. 网页或网页内容保存

下面以 360 浏览器为例，介绍具体的操作。如果要将打开的网页文件保存，点击鼠标右键，选择“网页另存为”选项，在“另存为”对话框中“保存类型”的列表菜单中，若选择“网页，仅 html”，保存后只有一个文件，便于复制或用邮件发送；若选择“网页，全部”，输入文件名和存放位置，网页将会以文件夹形式保存，文件夹中包含了网页的详细信息。

在查看网页时，希望把网页中全部或部分保存下来，可以在网页上选择需要保存的内容，然后点击鼠标右键，选择“复制”，打开一种文档编辑器(如 Word)，点击鼠标右键，选择“粘贴”或同时按下键盘中“Ctrl+V”，最后保存该文档，即可实现网页内容保存。

2. 源代码保存

在网页空白处右键单击，在快捷菜单中选择“查看源代码”选项，打开网页对应的源代码，如图 5-35 所示。将源代码复制保存到记事本中即可。

3. 图片保存、软件下载

如果想保存网页中的图片，只要在图片上右键单击，选择“图片另存为”选项，在打开的保存对话框中选择保存路径，就可以将其保存到指定路径中。下载软件可以通过在搜索引擎如百度搜索框中输入某个软件名称，例如 microsoft office visio 2010，在打开的网页中点击对应软件的网页，打开后找到下载链接(见图 5-36)，点击后使用电脑上安装的下

```
<!DOCTYPE html><html lang="zh-CN"><head>
<meta content="text/html; charset=gb2312" http-equiv="Content-Type">
<meta charset="gb2312">
<title>电子行业专题报告:物联网大势所趋,传感器水涨船高_财经_腾讯网</title>
<meta name="keywords" content="电子行业专题报告:物联网大势所趋,传感器水涨船高">
<meta name="Description" content="电子行业专题报告:物联网大势所趋,传感器水涨船高">
<link rel="alternate" type="application/vnd.wap.xhtml+xml" media="handheld" href="http://shipei.qq.com/c/finance/20150707022718">
<!--2014.3.20 byAustinjin-->
<!--20140225 menshen-->
<script type="text/javascript" src="http://js.aq.qq.com/js/aq_common.js"></script><!--[if !IE]>|xGv00|3d36f9f3e0f060add30b9b285e75c8be<
<script>
(function(){
        /*
         腾讯网适配跳转
        */
        var reWriteUrl = function(url){
                if(url){
                        if(url.indexOf("/a/")>0 ){
                                var Splits = url.split("/"),siteName=Splits[2].split("qq.com")[0].split(".").length==3?siteName
[0]+"_"+Splits[2].split("qq.com")[0].split(".")[1]:siteName=Splits[2].split("qq.com")[0].split(".")[0],aids=url.split("/a/")[1].split("
                                if(typeof siteName!=="undefined" && typeof aids!=="undefined"){
                                        if(siteName.split(".").length>2){
                                                var len = siteName.split(".").length;
                                                for(var i=0;i<len;i++){
                                                        site+=siteName.split(".")[i];
                                                        if(i<len-2){
                                                                site+="_";
                                                        }
```

图 5-35 网页的部分源代码：关于物联网的一个网页

载软件如迅雷等，即可实现快速下载。音乐、视频等文件也可使用类似方法实现下载保存。

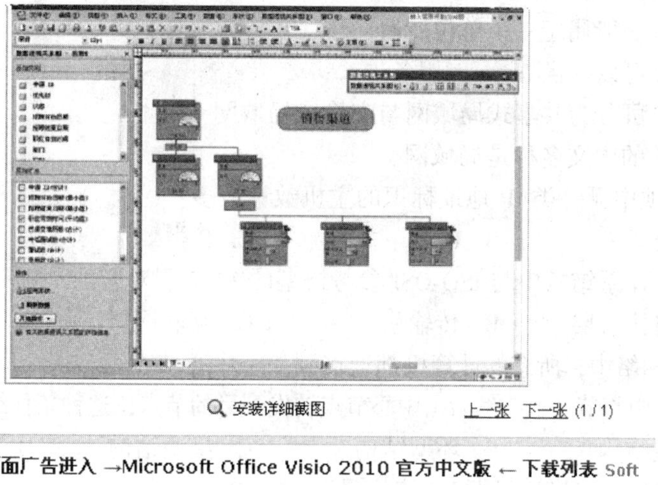

图 5-36 软件下载的部分页面：microsoft office visio 2010

【课后讨论】

(1) Internet 与计算机网络有什么区别？

(2) Internet 是如何组成的？你经常使用互联网的哪些服务？

(3) 什么是 IP 地址和域名，它们之间有什么关系？

(4) 如何通过文件传输(FTP)协议访问 FTP 服务器上的文件资源？

本章小结

本章主要介绍计算机网络的基本概念、分类与组成，重点对计算机网络的不同分类方法、结构，网络通信技术、软硬件系统与网络体系进行讨论；对互联网的定义、组成与互联网的基本服务进行了分析介绍；并进行双绞线制作的项目实训，最后，为了更好地熟悉和理解计算机网络，还安排参观认识机房的网络和校园网络，为今后的学习打下基础。

基础练习

一、选择题

1. 下列选项中，常用的有线传输介质为(　　)。

A. 双绞线、同轴电缆　　B. 双绞线、光纤

C. 同轴电缆、光纤　　D. 同轴电缆、光纤、双绞线

2. 星型网、总线型网、环型网和网状网是按照(　　)来进行分类的。

A. 网络功能　　B. 网络拓扑

C. 管理性质　　D. 网络跨度

3. 下列选项中关于 LAN 的叙述错误的是(　　)

A. LAN 一般属于一个单位所有

B. LAN 可以提供 Internet 服务

C. LAN 可分为共享式局域网与交换式局域网

D. LAN 的中文名称是局域网

4. 下列选项中哪一类 IP 地址标识的主机数量最多？(　　)

A. D 类　　B. C 类　　C. B 类　　D. A 类

5. TCP/IP 体系结构中与 ISO-OSI 参考模型的 1、2 层对应的是哪一层？(　　)

A. 网络接口层　　B. 传输层　　C. 互联网层　　D. 应用层

6. 计算机网络中，所有的计算机都连接到一个中心节点上，一个网络节点需要传输数据，首先传输到中心节点上，然后由中心节点转发到目的节点，这种拓扑结构被称为(　　)。

A. 总线结构　　B. 环型结构　　C. 星型结构　　D. 网状结构

7. 学校内的一个计算机网络系统，属于(　　)。

A. PAN　　B. LAN　　C. MAN　　D. WAN

8. 在 OSI/RM 参考模型中，(　　)处于模型的最底层。

A. 物理层　　B. 网络层　　C. 传输层　　D. 应用层

二、简答题

1. 什么是计算机网络？计算机网络由什么组成？

2. 计算机网络的发展分哪几个阶段？每个阶段有什么特点？

3. 简述计算机网络的分类。

4. 在计算机网络中什么叫协议？什么叫接口？

5. 什么是互联网，它有哪些基本服务？连接在互联网上的主机名必须是唯一的吗？

三、操作题

1. 列举你熟悉的几种网络的类型。
2. 总结 TCP/IP 成为互联网的参考模型的主要原因。
3. 查看你使用的计算机的 IP 地址，它属于哪一类 IP 地址？
4. 查看你所在校园网的 IP 地址和对应的域名。
5. 尝试用你的计算机、手机或其他设备如 IPad 等组建你的 PAN。

第6章　办公自动化技术

☞本章要点

➢ **关键词**：Office；Word；Excel；PowerPoint。

➢ **学习目标**：掌握Word文档的基本编辑方法；掌握Word文档的排版、页眉页脚的设置及目录的生成；掌握工作簿及工作表的基本操作；掌握Excel公式与函数及图表的使用；掌握演示文稿的制作。

➢ **学习重点**：Word文档编辑、Excel电子表格。

6.1　Word 2010

【课前思考】

Office软件是一个软件还是多个软件的集合？它的主要功能是什么？

Microsoft Office是微软公司开发的一套基于Windows操作系统的办公软件套装。该软件最初出现于20世纪90年代早期，最初是一个推广名称，指一些以前曾单独发售的软件的合集。最初的Office版本只有Word，Excel和PowerPoint。Microsoft Office自从推出文字处理、电子表单以及演示稿制作的软件后，便一直居于领导地位。其主要版本有Office 97，Office 2000，Office 2003，Office 2007，Office 2010，目前最新版本为Office 2013。Office办公软件套装的主要组件包括Word，Excel，Access，PowerPoint，FrontPage等。

Word：文字处理软件。功能强大，简单易用，在文字处理软件市场上拥有统治份额。专有的DOC格式成为行业的标准。

Excel：电子表单程序。Excel内置了多种函数，可以对大量数据进行分类、排序甚至绘制图表等。

Access：微软发布的关联式数据库管理系统，它可以用于制作处理数据的桌面系统，它也常被用来开发简单的网页应用程序。

PowerPoint：简称PPT，是一款微软开发的办公程序，用于演示文稿和幻灯片的放映。可以编辑文字和图片，有效清晰地显示文稿信息。

6.1.1　认识Word 2010

1. Word 2010的启动与退出

可以通过下面几种方法启动Word 2010。

方法一　双击桌面上的 Word 图标。

方法二　通过“开始”菜单→程序→Microsoft office 2010→Microsoft Word。

方法三　双击已有的 Word 文档，也可自动调用 Word 应用程序打开该文档。退出 Word 2010 方法也有三种。

方法一　单击 Word 界面右上角的“关闭”按钮。

方法二　单击左上角 Word 按钮，再单击弹出菜单的“关闭”选项。

方法三　同时按下快捷键“Alt+F4”。

2. Word 2010 的工作界面

与 Word 2003 相比 Word 2010 的工作界面有了较大的变化，如图 6-1 所示。

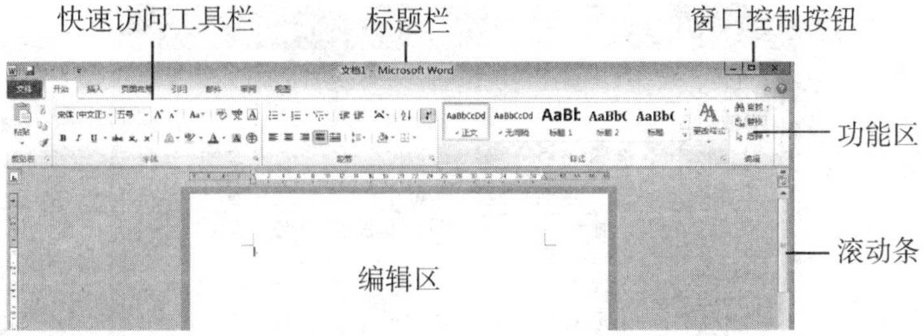

图 6-1　Word 2010 的工作界面

Word 2010 的工作界面主要由标题栏、快速访问工具栏、“文件”按钮、选项卡、窗口控制按钮、编辑区、滚动条及状态栏等几个部分组成。

3. Word 2010 的基本操作

Word 2010 的基本操作为文档的新建、打开、关闭、保存、另存为等。

1)文件基本操作

- 新建文档：建立新的空白文档，快捷键：Ctrl+N。
- 打开文档：保存的文件打开进行查看或修改，快捷键：Ctrl+O。
- 关闭文档：将程序关闭，快捷键：Alt+F4。
- 保存文档：保存完成的文档，快捷键：Ctrl+S。
- “另存为”：将一篇文档保存多份(备份)，快捷键为：F12。

2)编辑基本操作

- 撤销：取消前面所做的步骤，快捷键：Ctrl+Z。
- 恢复：恢复所撤销的步骤，快捷键：Ctrl+Y。
- 剪切：移动文本的功能，快捷键：Ctrl+X。
- 复制：建立文本副本，快捷键：Ctrl+C。
- 粘贴：将剪切或复制的内容读出，快捷键：Ctrl+V。
- 格式刷：只复制文本的格式，不复制内容。单击格式刷可以使用一次，双击格式刷可以连续使用。
- 全选：选择当前文档的所有内容，快捷键：Ctrl+A。

- 查找：查找与输入内容相关的文本，快捷键：Ctrl+F。
- 替换：把查找到的内容替换成输入的文本，快捷键：Ctrl+H。

3) Word 文档页面设置与打印预览

文档编辑完成，在打印前一般需要进行页面设置及打印预览。

- 页面设置。

Word 提供了两种页边距选项，就是使用默认的页边距和指定自定义页边距。利用“页面设置”对话框可以全面地、精确地设置页边距。

操作方法：“页面布局”→页边距→自定义边距，弹出“页面设置”对话框，如图 6-2 所示。

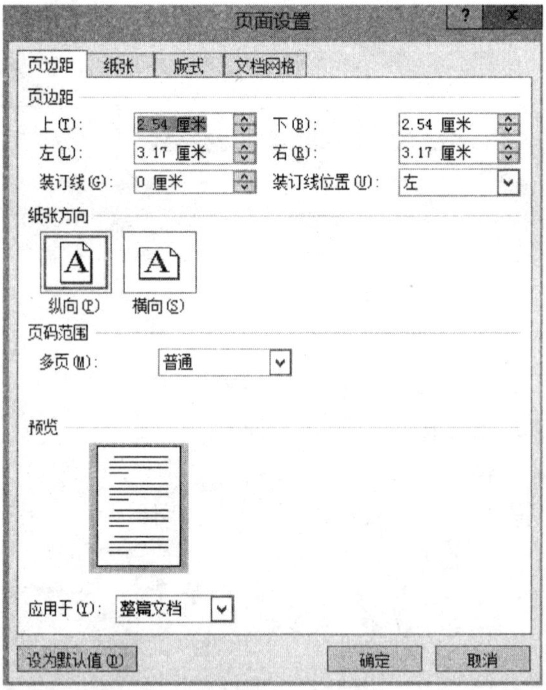

图 6-2　页面设置对话框

下面是关于页面设置的几个比较重要的概念。

页边距：页面四周的空白区域，也就是正文与页边界的距离。

装订线：相对于多页时，一般文件完成后都要装订起来，而装订的一侧应该保留比较宽的页边距离，页边距一般保留在左侧或顶端。

纸型：纸张的大小，常用的纸型有 B3，B4，A4，A3 等。

- 打印预览。

用户可以通过使用“打印预览”功能查看 Word 2010 文档打印出效果，以及调整页边距、分栏等设置。

操作方法：打开 Word 2010 文档窗口，并依次单击“文件”→“打印”命令。在打开的

“打印”窗口右侧预览区域可以查看 Word 2010 文档打印预览效果，用户所做的纸张方向、页面边距等设置都可以通过预览区域查看效果。

4. Word 的视图模式

Word 2010 中提供了“页面视图”、“阅读版式视图”、“Web 版式视图”、“大纲视图”、“草稿视图”等五种视图模式。

页面视图：单击“视图”→“文档视图”中的“页面视图”即可显示。“页面视图”可以显示 Word 2010 文档的打印结果外观，主要包括页眉、页脚、图形对象、分栏设置、页面边距等元素，是最接近打印结果的页面视图，如图 6-3 所示。

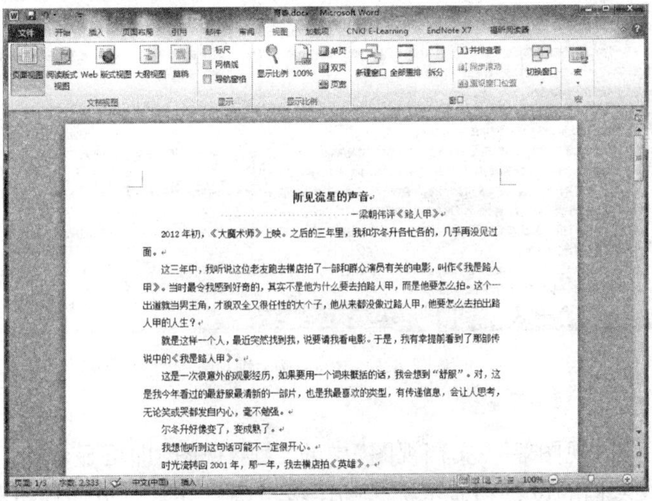

图 6-3　页面视图

阅读版式视图：单击“视图”→“文档视图”中的“阅读版式视图”即可显示。该视图以图书的分栏样式显示 Word 2010 文档，“文件”按钮、选项卡等窗口元素被隐藏起来。在阅读版式视图(见图 6-4)中，用户还可以单击“工具”按钮选择各种阅读工具。

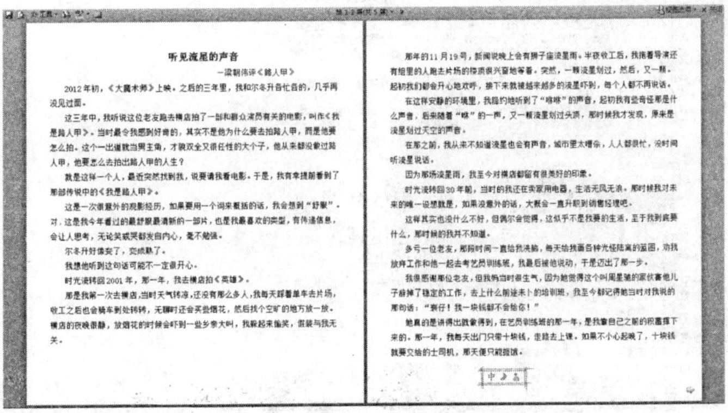

图 6-4　阅读版式视图

Web 版式视图：单击“视图”→“文档视图”中的“Web 版式视图”即可显示，如图 6-5 所示。以网页的形式显示 Word 2010 文档，Web 版式视图适用于发送电子邮件和创建网页。

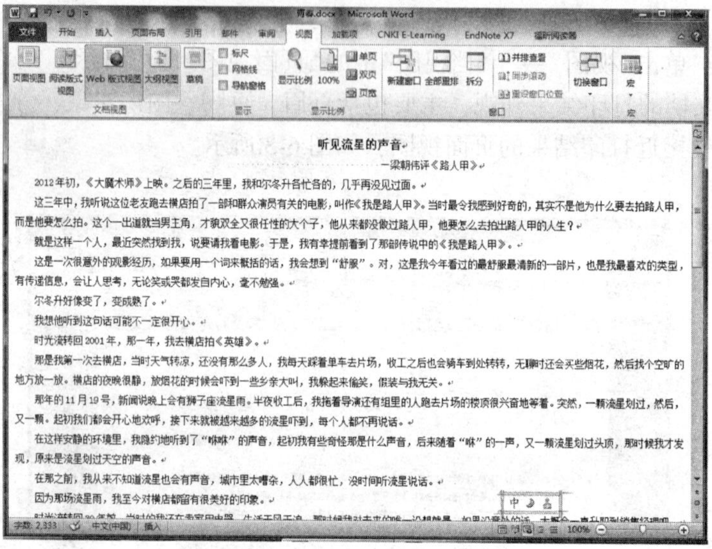

图 6-5　Web 版式视图

大纲视图：单击“视图”→“文档视图”中的“大纲视图”即可显示。“大纲视图”主要用于设置 Word 2010 文档的设置和显示标题的层级结构，并可以方便地折叠和展开各种层级的文档，如图 6-6 所示。大纲视图广泛用于长文档的快速浏览和设置。

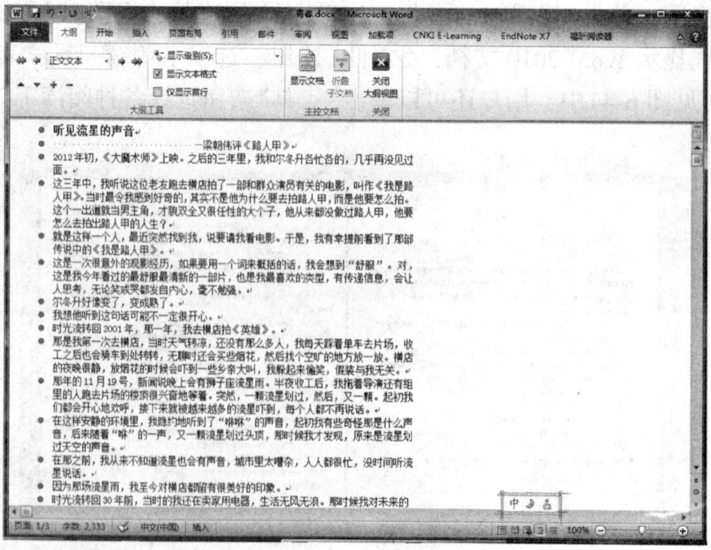

图 6-6　大纲视图

草稿视图：单击“视图”→“文档视图”中的“草稿视图”即可显示。“草稿视图”取消了页面边距、分栏、页眉页脚和图片等元素，仅显示标题和正文，是最节省计算机系统硬件资源的视图方式，如图 6-7 所示。

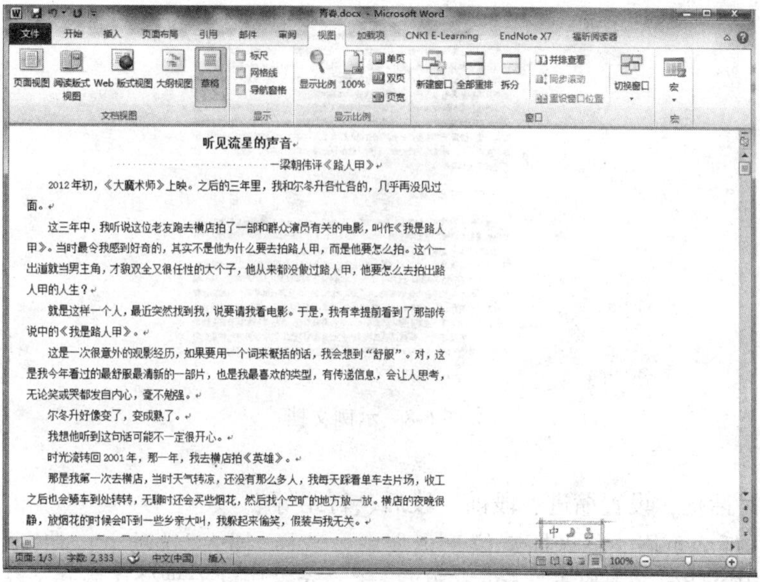

图 6-7　草稿视图

【课后讨论】

(1) WPS 是国内软件商金山公司开发的办公软件，试比较 WPS 与 Office 各自的优缺点？

(2) 常见的办公用纸纸张类型有哪些？不同的纸型尺寸有何关系？

(3) 请思考 Word 各种视图的应用场合。

6.1.2　Word 文档基本编辑

1. 文档的排版

文档的编排是文档编辑处理中不可缺少的重要环节。不论是一篇文章、一份报告，还是会议通知、经济合同等，在排版格式上都会有各自的要求。Word 排版功能强大，可以编辑出格式非常专业、美观的文档。下面就以图 6-8 所示的文档说明文档排版的具体步骤。

步骤一　页面设置。打开需排版的文件，单击“页面布局”选项卡，在“页面设置”组中，选择“页边距”→“自定义页边距”，打开“页面设置”对话框，设置合适的页边距。选择“纸张”选项卡，在“纸张大小”下拉列表框中选择合适的纸型。

步骤二　正文字体设置。按“Ctrl+A”组合键，选中整个文档，点击“开始”选项卡“字体”组右下角图标，弹出如图 6-9 所示对话框，设置字体、字形、字号以及特殊效果等。

步骤三　段落设置单击“段落”组的对话框启动器 ，打开“段落”对话框，弹出如

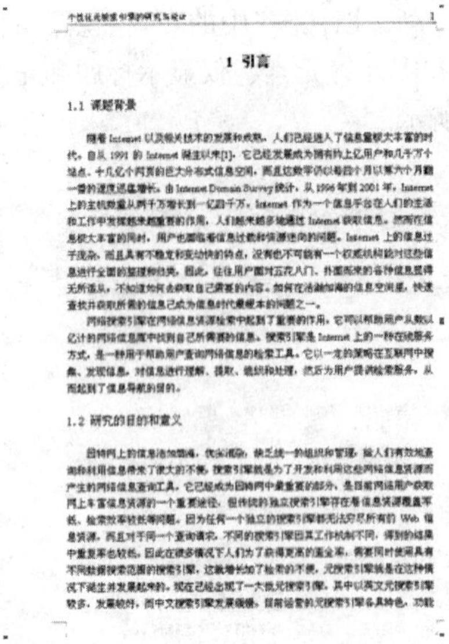

图 6-8　示例文档

图 6-10 所示对话框，设置缩进、段前、段后、行距等。

步骤四　插入页眉。将光标定位于正文中，选择“插入”选项卡，在“页眉和页脚”组中，单击“页眉”按钮，选择内置的“页眉”样式，在页眉区左端输入页眉文本。

步骤五　插入页码。将光标置于正文，单击“插入”选项卡中“页码”按钮，在“页码”下拉框中选择页码放置位置，并选择对齐方式；在“页码”下拉框中选择“设置页码格式”，可设置编号格式、页码编号方式。

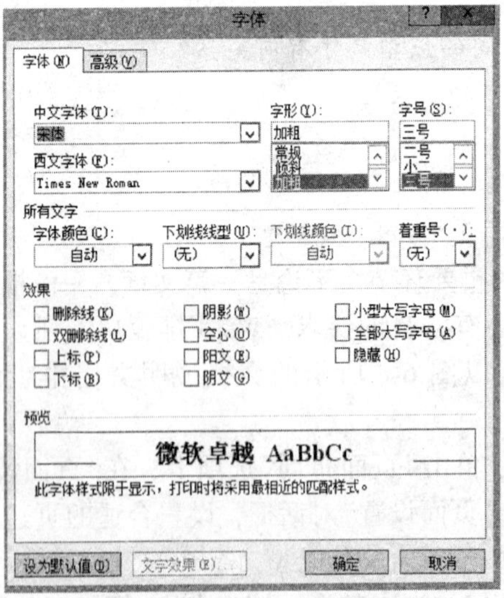

图 6-9　“字体”对话框

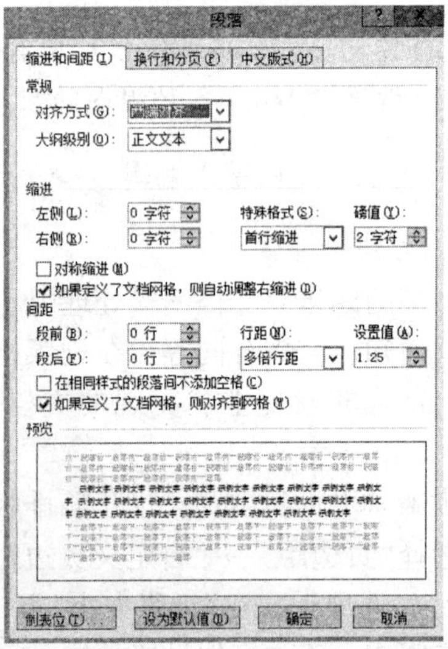

图 6-10　“段落”对话框

2. 分栏排版

分栏可以将一段文字分为并排的几栏显示在一页中。

下面以图 6-11 为例讲解 Word 分栏的具体步骤。

步骤一　打开待分栏文档，设置好“字体”、“段落”格式。

步骤二　选中文档正文，“页面布局”→“分栏”→“更多分栏”，弹出“分栏对话框”，设置分栏数，本例为 2，选中“分割线”选项。

步骤三　单击“确定”，即可将文档分为两栏且分栏中间带分割线。

步骤四　插入背景图片，设置“图片”格式，将“版式”设为“衬于文字下方”，并调整图片至合适大小。最终效果如图 6-11 所示。

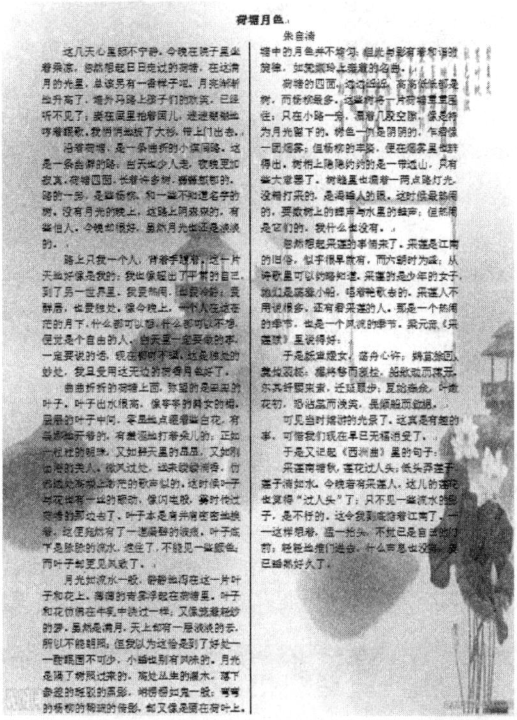

图 6-11　分栏文档

3. 分节符的使用

分节符是指为表示节的结尾插入的标记，分节符可以将 Word 文档分成多个小节。每个小节可设置不同的页边距、页眉页脚、纸张大小等，从而实现一篇文档不同章节的差异化排版。在 Word 2010 文档中插入分节符的步骤如下所述。

步骤一　打开 Word 2010 文档窗口，将光标定位到准备插入分节符的位置。然后切换到“页面布局”功能区，在“页面设置”分组中单击“分隔符”按钮，如图 6-12 所示。

步骤二　在打开的分隔符列表中，“分节符”区域列出 4 种不同类型的分节符，选择“下一页”即可实现分节。四种分隔符分别为：

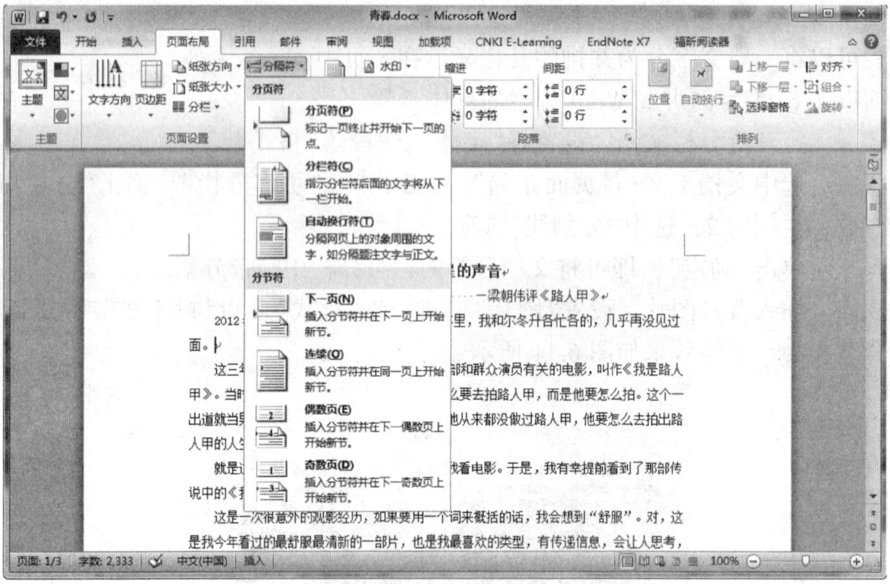

图 6-12　分节符

下一页：插入分节符并在下一页上开始新节；

连　续：插入分节符并在同一页上开始新节；

偶数页：插入分节符并在下一偶数页上开始新节；

奇数页：插入分节符并在下一奇数页上开始新节。

步骤三　双击当前文档“页眉”、“页脚”处，输入页眉页脚内容。接着设置下一节(即下一页为新节)的页眉页脚。在弹出的页眉页脚工具栏中，如上插入“下一页”分节符后，“链接到前一页页眉”可用，单击“链接到前一页页眉”，即可为该节设置不同的页眉页脚，从而实现同一文档各节页眉页脚的差异化设置。如图 6-13 所示。

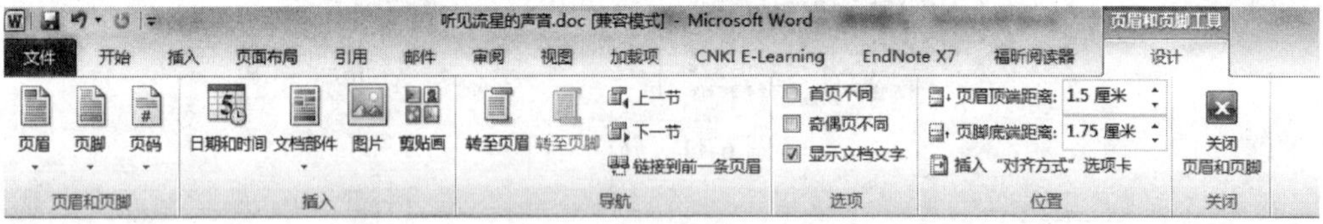

图 6-13　页眉页脚功能区

最终效果如图 6-14 所示。

4. 表格操作

Word 中表格的应用非常广泛，Word 提供了多种插入表格的方法，还可以方便地对表格数据进行统计分析。下面以表 6-1 为例进行说明。

1)绘制表格

Word 中不仅可以直接绘制表格，还可以通过对话框的形式插入表格。

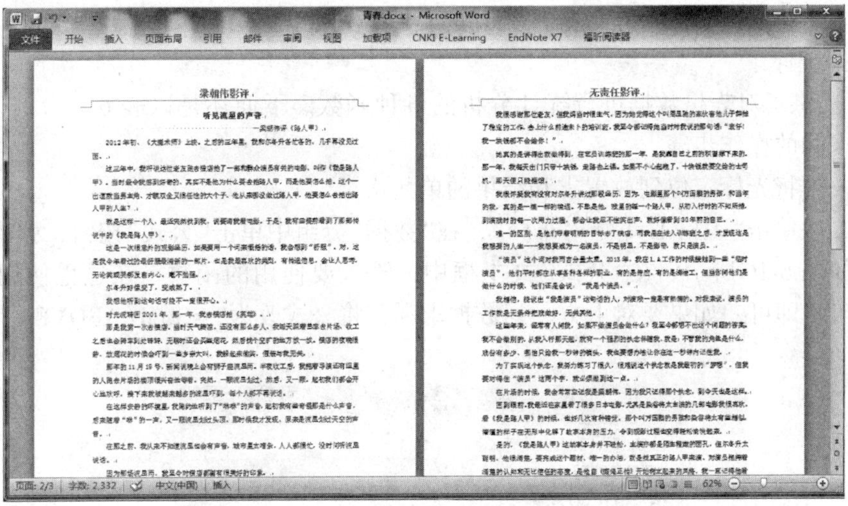

图 6-14　分节符的效果—奇偶页不同页眉

表 6-1　　　　　　　　　　　　　　**表 格 例 子**

姓名	语文	数学	生理学	体育	解剖学	英语	总分
刘依依	99	96	88	96	91	91	562
李恒	89	63	94	95	90	86	526
陆华	90	95	69	99	69	66	519
林锋	86	84	82	99	60	64	495

步骤一　单击“插入”选项卡→“表格”→“插入表格”，弹出“插入表格”对话框，如图 6-15 所示。

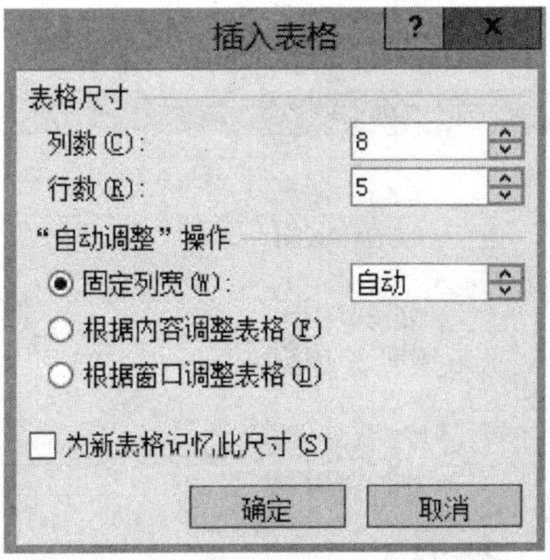

图 6-15　“插入表格”对话框

步骤二　输入表格的行数、列数，并设置表格“自动调整”选项。

步骤三　单击“确定”按钮即可完成表格的绘制。

步骤四　在表格中输入除“总分”列外的其他各列数据。

2）数据统计

Word 提供了对表格数据进行统计分析的各种函数。下面还是以表 6-1 为例说明对某行或某列求和的操作步骤。

步骤一　将光标定位到放置求和结果的单元格。

步骤二　单击“表格工具”→“布局”，在“数据”分组中单击“公式”按钮，弹出“公式”对话框，如图 6-16 所示。在“公式”文本框中，输入要使用的函数。在这里使用默认“=SUM(LEFT)”即可，如果要对上方一列数据求和，将公式改为“=SUM(ABOVE)”。

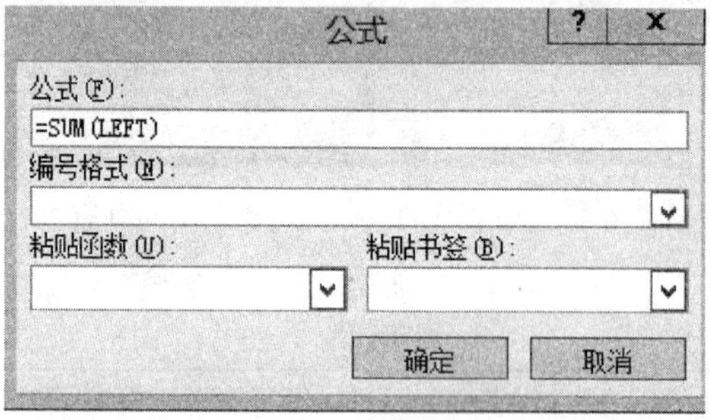

图 6-16　“公式”对话框

步骤三　单击“确定”，即可完成该行的求和。其他各行求和可按上述步骤操作。

3）排序

Word 表格提供了排序功能。可以将学生成绩按照“总分”排序。操作步骤如下：

步骤一　选中要排序的表格或将光标放置在表格的单元格中。

步骤二　单击“表格工具”→“布局”，在“数据”分组中单击“排序”按钮，弹出“排序”对话框，如图 6-17 所示。

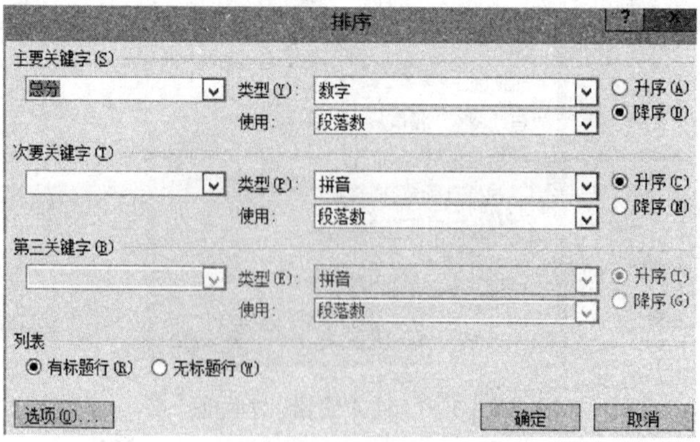

图 6-17　“排序”对话框

步骤三　设置排序关键字，可设置多个排序关键字。并选择排序方式，“升序”或“降序”。

步骤四　单击“确定”即可完成对表格的排序。

6.1.3　Word 高级编辑

1. 图文混排

下面以图 6-18 为例，介绍黄山景区海报的具体制作过程。

图 6-18　黄山景区图片

首先在 Word 2010 中输入主题与景点文字介绍内容。

1)插入图片

Word 2010 图片来源主要有剪切画、来自文件、自选图形、艺术字。插入图片的具体操作步骤如下。

步骤一　将光标定位到要插入图片的位置。

步骤二　单击“插入”选项卡→“图片”，弹出“插入图片对话框”。

步骤三　选择要插入图片的存放路径，单击该图片文件并单击“插入”按钮，即可插入图片。

2）设置图片格式

图片插入以后，需要对图片的位置和排列进行调整，具体步骤如下。

步骤一　右击需要调整的图片，在弹出菜单中单击“设置图片格式”菜单。

步骤二　在弹出的“设置图片格式”对话框中单击“版式选项卡”，将图片环绕方式设为“四周型”，并将“对齐方式”设为右对齐。

Word 中图片的环绕方式如下。

嵌入型：将对象置于文档的插入点处，使得对象与文字处于同一层。可以将嵌入型（见图 6-19）图片看做文档中的一个普通字符。当段落行间距设为固定值时，图片往往无法显示。

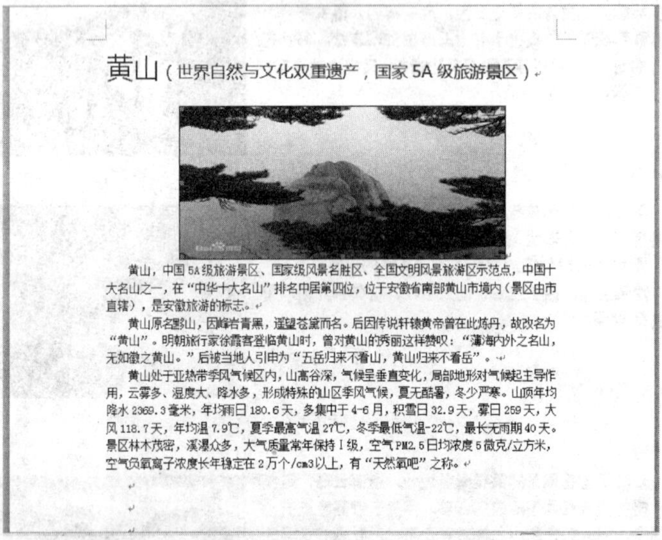

图 6-19　嵌入型

四周型：将文字环绕在文本框的矩形边界框的四周。紧密型：将文字紧密环绕在文本框自身的边缘，见图 6-20。

浮于文字上方：取消文字环绕，将文本框置于文字上方，覆盖部分文字。

衬于文字上方：取消文字环绕，将文本框置于文字下方，让文字覆盖文本框。如图 6-21 所示。

3）插入文本框

图片标题一般采用文本框，Word 2010 中插入文本框步骤如下。

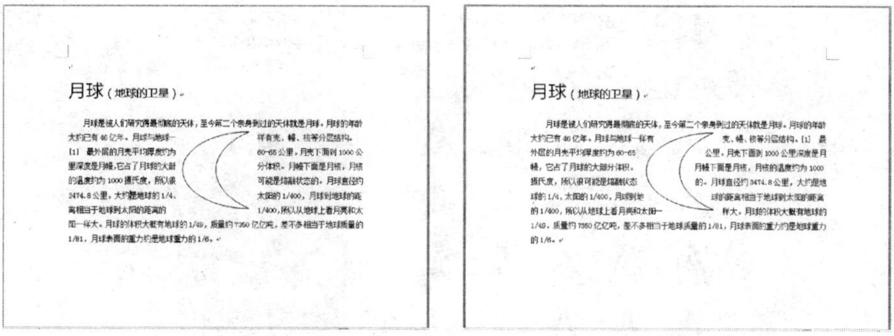

图 6-20　四周型与紧密型

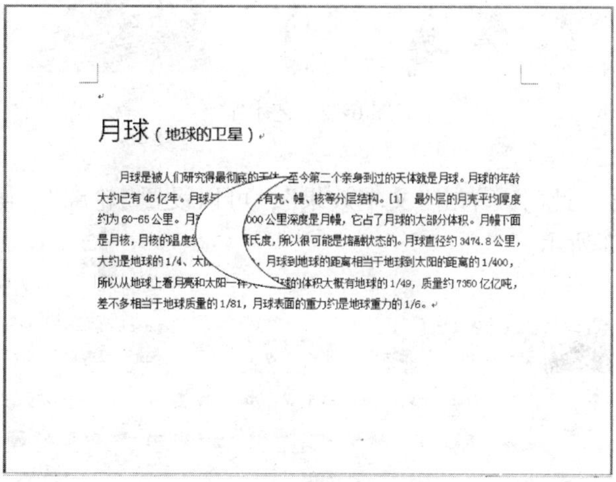

图 6-21　衬于文字上方

步骤一　单击“插入”选项卡→“形状”→“基本形状”→文本框，此时光标变为“十字”状。

步骤二　定位光标到需要插入文本框的位置，单击鼠标左键并拖动即可绘制合适大小文本框，并输入相应文本。

步骤三　将鼠标移至文本框边缘，光标变为“十字”状，可移动文本框至合适位置，并设置文本格式。

步骤四　选择图片，按住“Shift”同时单击图片标题，右击鼠标即可弹出右键菜单，单击“组合”→“组合”即可将图片与标题组合，便于编辑。

4)设置艺术字

在 Word 文档中使用艺术字可以美化文档，可以将文档主题设为艺术字，使之更加醒目、美观。插入艺术字的步骤为：

步骤一　单击“插入”选项卡→“艺术字”，弹出艺术字样式列表，如图 6-22 所示。

步骤二　在该列表中选择一种艺术字样式，弹出编辑“艺术字文字对话框”，可以设

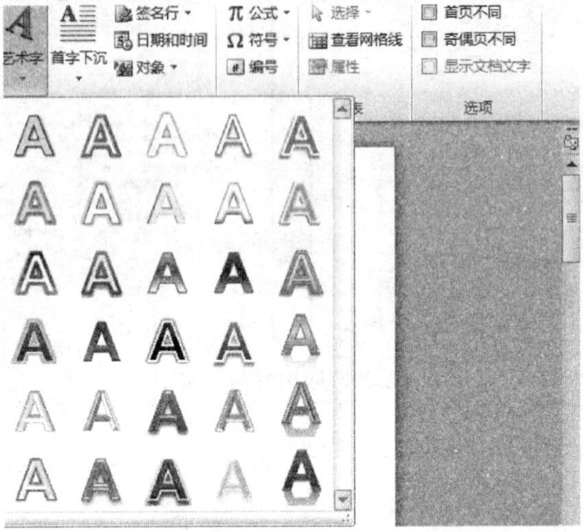

图 6-22　艺术字

置文本、字体与字号。此时，单击“文本效果”，可以设置“轮廓”、阴影、映像、发光等特殊效果，如图 6-23 所示。

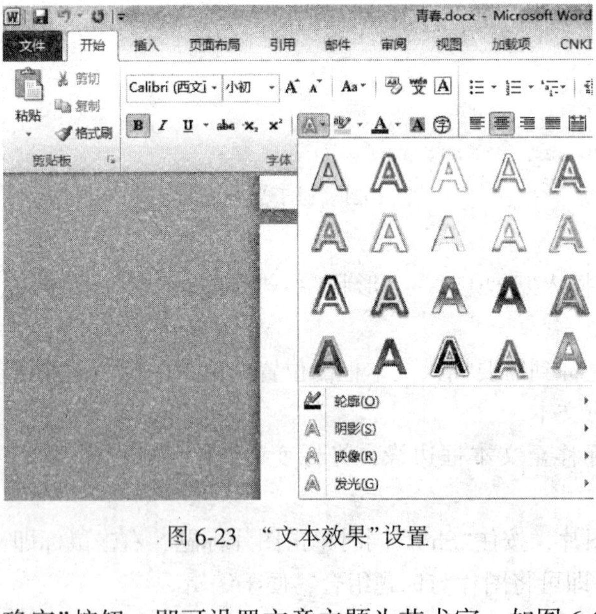

图 6-23　“文本效果”设置

步骤三　单击“确定”按钮，即可设置文章主题为艺术字，如图 6-24 所示。

2. 目录的自动生成

用 Word 根据文章的章节自动生成目录不但快捷，而且阅读查找内容时也很方便，只是按住 Ctrl 点击目录中的某一章节就会直接跳转到该页。

Word 生成的目录就是抓取文档中的标题。在 Word 中，为了与正文区别，专门为标题

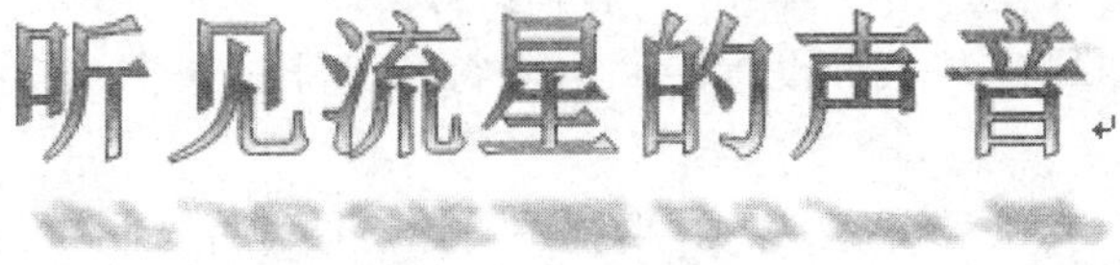

图 6-24 艺术字效果

单独创建了一组样式，即标题样式，如图 6-25 所示，标题样式中包括标题 1、标题 2 等标题格式，根据自己的具体需要选用即可。本例中目录抓取到二级标题，所以需要使用标题 1、标题 2 作为标题样式，如图 6-25 所示。

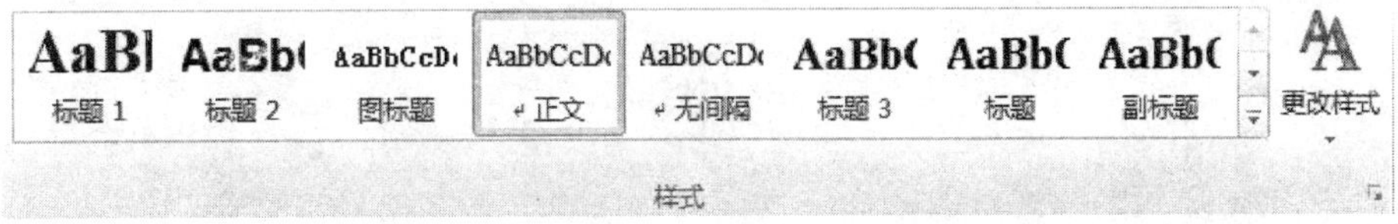

图 6-25 “样式”分组

下面以图 6-26 所示文档为例说明 Word 如何自动生成目录。

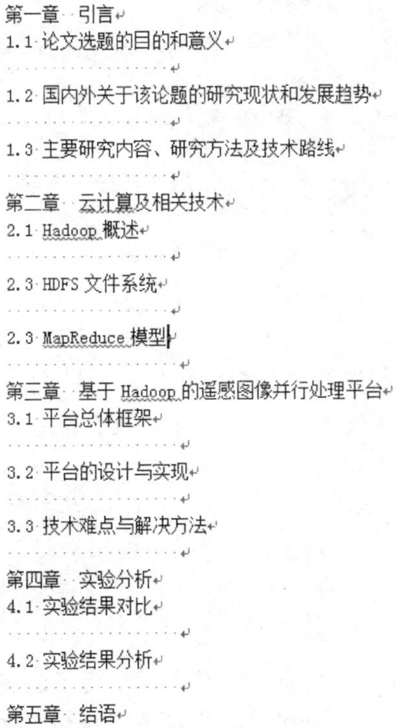
第一章 引言
1.1 论文选题的目的和意义
1.2 国内外关于该论题的研究现状和发展趋势
1.3 主要研究内容、研究方法及技术路线
第二章 云计算及相关技术
2.1 Hadoop 概述
2.3 HDFS 文件系统
2.3 MapReduce 模型
第三章 基于 Hadoop 的遥感图像并行处理平台
3.1 平台总体框架
3.2 平台的设计与实现
3.3 技术难点与解决方法
第四章 实验分析
4.1 实验结果对比
4.2 实验结果分析
第五章 结语

图 6-26 示例文档

步骤一　单击“插入”选项卡，单击“页眉和页脚”分组“页码”按钮，插入页码。

步骤二　“页面布局”→“页面设置”→“分隔符”→“下一页”，在前面插入一空白页以便插入目录。

步骤三　“视图”→“大纲视图”。大纲视图可以方便地完成目录级别的设置。

步骤四　选定要作为一级目录的文字，单击“开始”，单击“样式”分组“标题 1”按钮，将其设置为一级标题。同理选定要作为二级目录的文字，将其设置为“标题 2”，三级目录也一样设置。

步骤五　最后，将光标置于前面插入的空白页，单击“引用”选项卡→“目录”→“插入目录”，弹出“目录”对话框，即可设置目录显示级别。单击“确定”即可自动生成目录。

最后生成的目录如图 6-27 所示。目录生成后，如文档结构发生变化，可单击“目录”选项卡，再单击“目录”分组“更新目录”按钮即可实现目录的自动更新。

论文目录

第一章　引言......1
1.1 论文选题的目的和意义......1
1.2 国内外关于该论题的研究现状和发展趋势......3
1.3 主要研究内容、研究方法及技术路线......5
第二章　云计算及相关技术......7
2.1 Hadoop 概述......7
2.3 HDFS 文件系统......12
2.3 MapReduce 模型......18
第三章　基于 Hadoop 的遥感图像并行处理平台......21
3.1 平台总体框架......21
3.2 平台的设计与实现......23
3.3 技术难点与解决方法......27
第四章　实验分析......32
4.1 实验结果对比......32
4.2 实验结果分析......36
第五章　结语......40

图 6-27　自动生成的目录

【课后讨论】

(1) 在 Word 中如何实现汉字注音、带圈字符等特殊字体格式？

(2) 分节符有何作用？在长文档中，如何为不同章节设置各自的页眉页脚？

(3) 如何对文档进行批注与修订？

6.2　Excel 2010

【课前思考】

数据的处理分析是很多办公室的重要工作内容，为了清晰表达数据背后的含义，很多图表使用了形象直观的柱状图、饼状图、折线图等，你知道这些特点各异的图表是怎么绘制的吗？

6.2.1 认识 Excel 2010

Excel 可以用来制作电子表格，主要用来完成复杂的数据运算，进行数据的分析和预测，Excel 具有强大的图表制作功能，因而广泛应用于财务、金融、经济、审计和统计等领域。

1. Excel 2010 的启动与退出

可以通过下面两种方法启动 Excel：

方法一　双击桌面上的 Excel 图标。

方法二　通过“开始”菜单→程序→Microsoft Office 2010→Microsoft Excel。

退出 Excel 2010：

方法一　单击 Excel 界面右上角的“关闭”按钮。

方法二　单击左上角 Excel 按钮，再单击弹出菜单的“关闭”选项。

2. Excel 2010 的工作界面

Excel 2010 的工作界面如图 6-28 所示。

图 6-28　Excel 2010 的工作界面

3. Excel 的相关概念

工作簿：在 Excel 中，工作簿是处理和存储数据的文件。一个工作簿就是一个 Excel 文件，工作簿名就是文件名，扩展名为“.xls”或“.xlsx”。新建的工作簿一般由三个默认的工作表组成。

工作表：工作簿可以看做是一个活页夹，工作表是其中的一张张活页纸。一个工作簿中最多可包含 256 张工作表。默认情况下，Excel 新建的工作簿中包含 3 个名称分别为 Sheet1，Sheet2，Sheet3 的工作表，当前工作表为 Sheet1。

要改变工作簿中所包含的工作表的数量，可执行“文件”→“选项”命令，在“选项”对话框中选择“常规”标签，改变“新建工作簿时”中“包含的工作表数”的值，默认值为 3，最大可设为 255。

单元格：单元格是组成工作表的最小单位，即工作表中的每一格。一张 Excel 工作表由 65 536 行、256 列组成。工作表的顶端及左端分别为列号及行号，列号用英文字母 A，B，C，…，X，Y，Z，AA，AB，AC，…，AZ，BA，BB，…，IV 表示；行号用数字 1，2，3，…，65 536 表示。每个单元格用它所处的列号和行号来表示其唯一的引用地址，称为“单元格引用”。如 A7 表示第一列的第七行单元格，C9 表示第三列的第九行单元格。

单元格区域：在 Excel 中，区域是多个单元格组成的一个矩形区域。可由该区域左上、右下两个单元格引用地址描述。例如，“B2：F8”表示左上起于 B2，右下止于 F8 的单元格矩形区域，如图 6-29 所示。

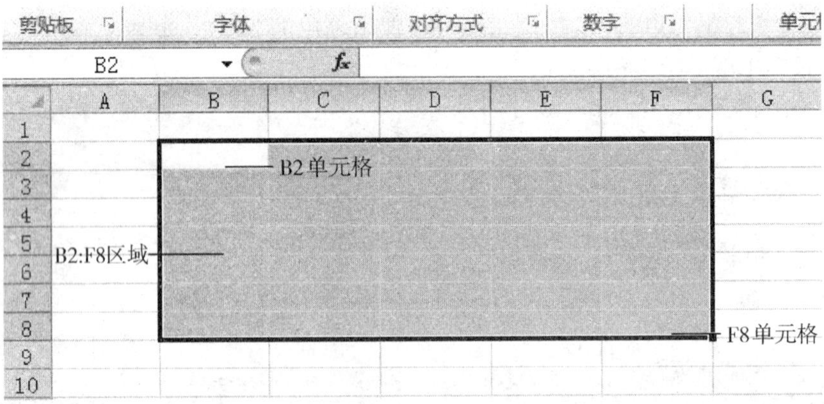

图 6-29　单元格区域

4. Excel 工作簿、工作表的基本操作

1）新建工作簿

启动 Excel 2010，系统会自动创建一个名为“工作簿 1”的空白工作簿。还可以通过下面三种方法新建工作簿。

方法一　在打开的 Excel 2010 中，单击“快速访问栏”的“新建”按钮。

方法二　单击“文件”选项卡，在弹出的面板中点击“新建”菜单。

方法三　在打开的 Excel 2010 中，按快捷键“Ctrl+N”即可。

2）插入工作表

新建的工作簿一般由三个名为“Sheet1”、“Sheet2”、“Sheet3”默认的工作表组成。单击窗口底部工作表相应标签即可实现工作表的切换。当工作表不够用时，可以添加工作表，插入工作表步骤如下。

步骤一　在工作表标签单击右键，弹出右键菜单。

步骤二　在右键菜单中点击“插入”，弹出“插入”对话框。

步骤三　在弹出的对话框中选择“工作表”，单击“确定”即可。

插入工作表更为简便的方法：Excel 2010 工作簿中新增了一个“插入工作表”图标

，在工作簿窗口底部工作表标签位置单击“插入工作表”图标即可新建一张工作表。

在工作表标签单击右键，在弹出的菜单中单击“重命名”，即可实现工作表的重命名。若新插入的工作表标签位置不对，点击该标签将其拖动到合适位置即可。

3）工作表的复制与删除

复制工作表：选中要复制的工作表标签，按住“Ctrl”键，将其拖动到适当位置即可完成工作表的复制。

删除工作表：选中要复制的工作表标签，单击右键，在弹出的菜单中点击“删除”即可。

【课后讨论】

（1）较以前的版本，Excel 2010 有何新功能？

（2）Excel 如何拆分和冻结工作表窗口？

6.2.2　Excel 2010 基本应用

1. 数据的输入

在 Excel 中可以输入多种类型的数据，如文本、数值、日期、时间与公式等，这些数据的输入有一定的技巧。下面以图 6-30 为例说明。

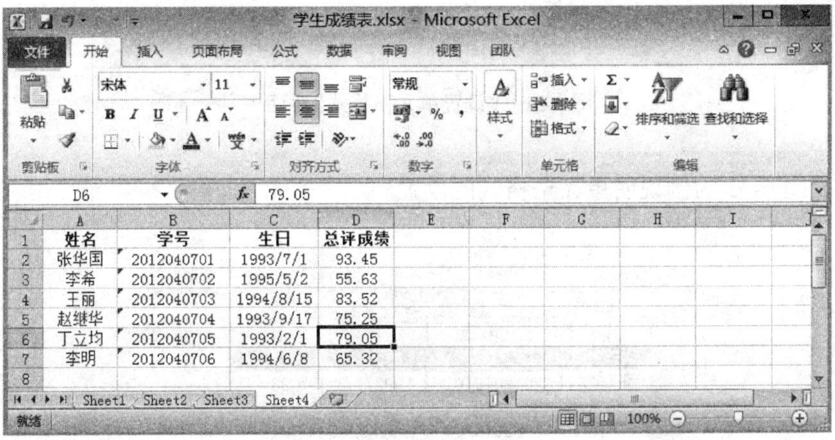

图 6-30　学生成绩表

向单元格输入文本时，选中该单元格输入相应内容即可。按“Enter”键即可输入下一行，按“Tab”键输入下一列，按“Esc”键取消当前输入。

数据的输入：当输入的数字超过 11 位时，或长度超出单元格宽度时，Excel 自动显示成科学记数法格式；若按一般方法输入分数，系统将默认为日期，必须在输入分数之前，先输入“0”和一个空格，如分数“1/7”应输入“0 1/7”。

日期时间的输入：Excel 2010 提供多种输入日期时间的方式，如“2013/5/21”，“13-5-21”，“2013-5-21”，“18:30”都是合法的输入。Excel 2010 将输入的日期时间当做数值来处理。按“Ctrl+;”，当前单元格显示系统当天日期；按“Ctrl+Shift+:”，当前单元格显示系统当前时间。时间默认为 24 小时制，如想用 12 小时制，在时间后空一格输入 AM/PM。

文本的输入：当希望把纯数字按文字输入时，应在数字前先输入一个单引号。例如，输入学号、身份证号、电话号码等。

2. 单元格格式设置

选定单元格，单击右键选择“设置单元格格式”，弹出如图 6-31 所示对话即可置单元格格式。

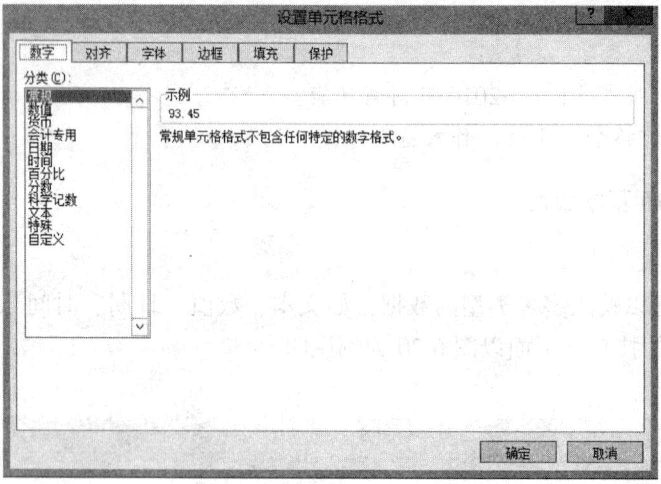

图 6-31　“设置单元格格式”对话框

下面以图 6-32 为例说明单元格格式的设置。

图 6-32　工作表示例

步骤一　打开 Excel 2010 工作簿窗口，选中需要设置颜色的单元格区域。右键单击被选中的单元格区域，并在打开的快捷菜单中选择“设置单元格格式”。

步骤二　在打开的“设置单元格格式”对话框中，切换到“填充”选项卡。在“背景色”区域可以选择多种填充颜色，或者单击“填充效果”按钮设置两种颜色的渐变色。

步骤三　选中需要设置数值格式的列，在本例中即“总评成绩”，在“单元格格式设置”单击“数值”选项卡，在“分类”中选择“数值”，在右侧将小数位数的值设置为合适的值，本例设置为0，即显示为整数。

3. 数据填充

Excel具有自动填充数据的功能，可以自动填充相同或具有一定规律的数据，如图6-33所示。填充步骤如下。

步骤一　在单元格区域A2输入起始数值1。

步骤二　选中单元格A2，当光标变成“十字”状时，拖动光标至A9，出现“自动填充选项”按钮，单击该按钮，在弹出的下拉菜单中选择“填充序列”即可实现默认步长为1的填充序列。

步骤三　在“A1：A9”处于选中状态下，单击“开始”选项卡，在功能区“编辑”分组单击“填充”按钮，弹出的下拉菜单中点击“序列”，即可弹出“序列”对话框，如图6-34所示。

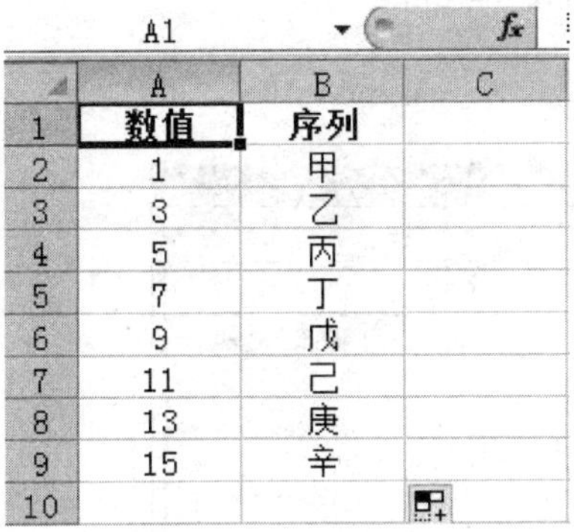

图6-33　填充示例

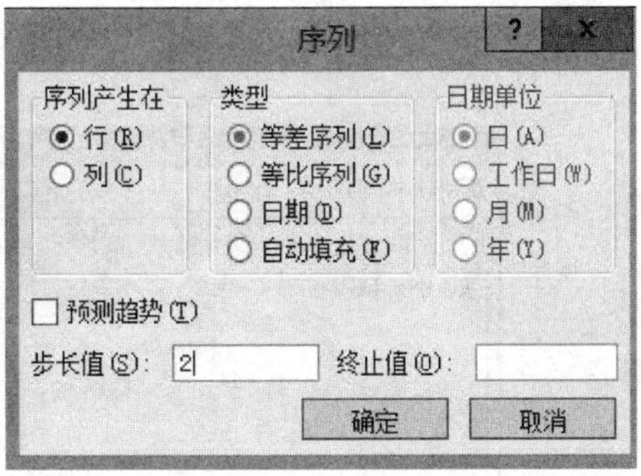

图6-34　“序列”对话框

步骤四　在弹出的“序列”对话框中，选择序列产生在行或列，选择序列类型。本例选择序列产生在行，类型为“等差序列”，步长值设置为2，单击“确定”，即可产生自动填充序列“1”，“3”，“5”……

Excel 2010自动填充的范围很广，对于中文书写的日期、星期、季节、月份等均可以实现自动填充。甚至可以自定义填充序列，单击“文件”→“选项”，在弹出的“Excel选项”对话框左侧单击“高级”，在右侧面板中将“垂直滚动条”拉至底部，单击“编辑自定义列表”，在弹出的“自定义序列”对话框中即可编辑自定义序列。

4. 条件格式

Excel 2010条件格式可以形象直观地查看和分析数据，丰富了商业智能呈现手段。下面介绍条件格式的设置方法，见图6-35。

步骤一　选中所需要需要设置条件格式的列或行。

步骤二　在“开始”选项卡中单击“条件格式”。弹出“条件格式”下拉菜单，可以选择“数据条”、“色阶”等直观显示方式，也可以自定义规则。在这里选择“管理规则”，弹出“条件格式规则管理器”，如图6-36所示。

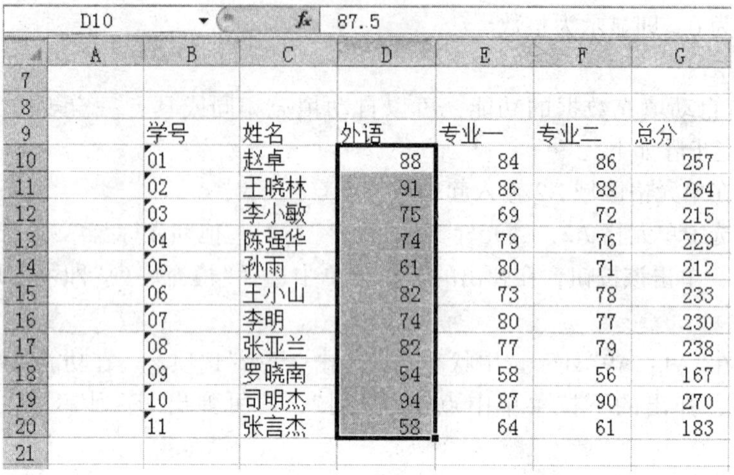

D10　fx　87.5

	A	B	C	D	E	F	G
7							
8							
9		学号	姓名	外语	专业一	专业二	总分
10		01	赵卓	88	84	86	257
11		02	王晓林	91	86	88	264
12		03	李小敏	75	69	72	215
13		04	陈强华	74	79	76	229
14		05	孙雨	61	80	71	212
15		06	王小山	82	73	78	233
16		07	李明	74	80	77	230
17		08	张亚兰	82	77	79	238
18		09	罗晓南	54	58	56	167
19		10	司明杰	94	87	90	270
20		11	张言杰	58	64	61	183
21							

图 6-35　选择要设置“条件格式”单元格

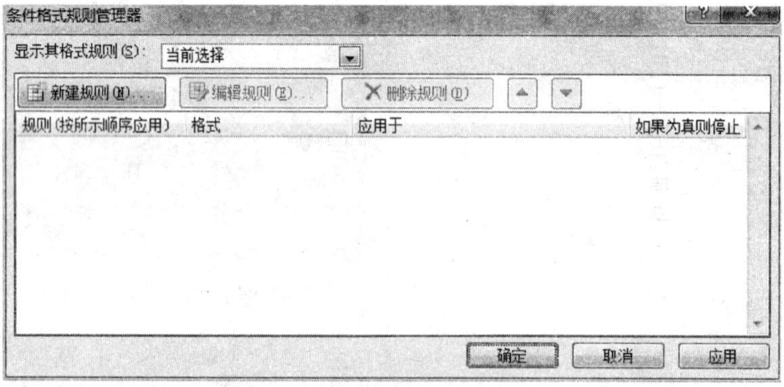

图 6-36　“条件格式规则管理器”

步骤三　点击“新建规则”。将单元格值小于 60 的单元格填充绿色，如图 6-37 所示。

步骤四　在“条件格式规则管理器”继续“新建规则”，将值介于 60 到 85 之间的单元格填充为蓝色，将值大于 85 的单元格填充为红色。结果如图 6-38 所示。

5. 公式和函数

数据的统计是 Excel 2010 的主要应用领域，Excel 内置的公式和函数使其具有强大的数据运算能力。下面以学生成绩表为例说明公式和函数的使用。

1) 公式的使用

在 Excel 2010 中既可在单元格输入公式，也可在“公式编辑栏”输入公式。在这里以图 6-39 所示“学生成绩单”为例说明公式的使用方法，假设总评成绩中出勤占 10%，作业占 40%，期末成绩占 50%。

步骤一　输入除“总评”外所有数据。

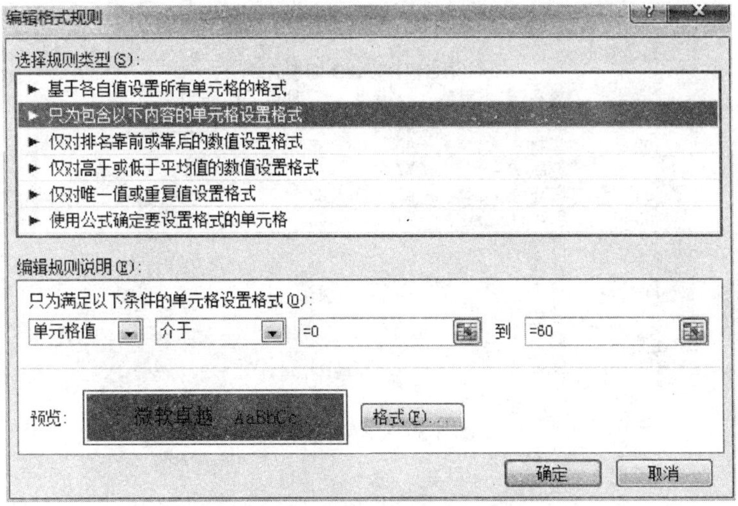

图 6-37 编辑"格式规则"

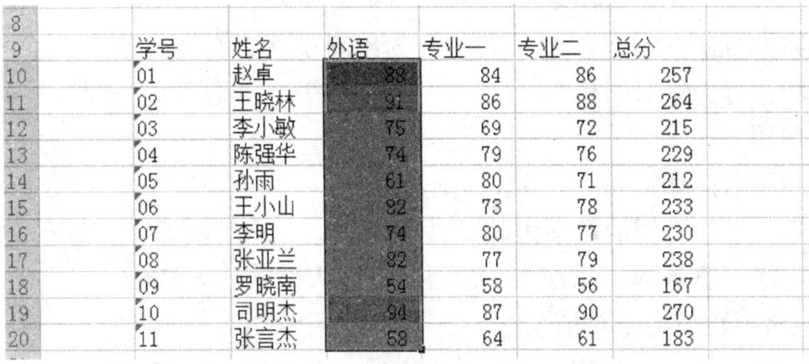

行	学号	姓名	外语	专业一	专业二	总分
10	01	赵卓	88	84	86	257
11	02	王晓林	91	86	88	264
12	03	李小敏	75	69	72	215
13	04	陈强华	74	79	76	229
14	05	孙雨	61	80	71	212
15	06	王小山	82	73	78	233
16	07	李明	74	80	77	230
17	08	张亚兰	82	77	79	238
18	09	罗晓南	54	58	56	167
19	10	司明杰	94	87	90	270
20	11	张言杰	58	64	61	183

图 6-38 "条件格式"设置效果

步骤二　选中要插入公式的单元格或将光标置于公式编辑栏，输入相应的公式。本例将光标置于单元格 F3，输入公式"=C3 * 0.1+D3 * 0.4+E3 * 0.5"后回车，即可计算该行总评成绩。

步骤三　将光标置于单元格 F3，当光标变为"十字"状时，按住光标左键拖动至单元格 F11 进行填充，即可计算出所有学生的总评成绩。

单元格的引用分为相对应用、绝对引用、混合引用三种。

相对引用：公式中的相对单元格引用是基于包含公式和单元格引用的单元格的相对位置。如果公式所在单元格的位置改变，引用也随之改变，如本例的公式在自动填充后，引用会自动调整。默认情况下，新公式使用相对引用。例如，如单元格 F4 中的公式会调整为"=C4 * 0.1+D4 * 0.4+E4 * 0.5"。

绝对引用：单元格的绝对引用总是引用指定位置的单元格，绝对引用采用形如"$C$3"表示方式。如果公式所在单元格的位置改变，绝对引用保持不变。例如，本例 F3 使用

F3　=C3*0.1+D3*0.4+E3*0.5

	A	B	C	D	E	F	G
1	《C语言程序设计》期末成绩						
2	学号	姓名	出勤	作业	期末考试	总评	
3	01	王小明	85	90	78	83.5	
4	02	李林	96	85	86	86.6	
5	03	赵敏敏	77	72	65	69	
6	04	陈志强	65	82	76	77.3	
7	05	邹小林	54	68	92	78.6	
8	06	陈华	85	79	67	73.6	
9	07	江明	70	77	82	78.8	
10	08	冯爽	76	88	65	75.3	
11	09	罗晓南	45	63	52	55.7	
12	10	赵杰	99	88	85	87.6	
13	11	张媛媛	62	54	74	64.8	
14							

图 6-39　学生成绩单

绝对引用“=$C $3 * 0. 1+$D $3 * 0. 4+$E $3 * 0. 5”，则公式自动填充后，引用的都是 C3、D3、E3 的值，从而计算结果都是学号“01”学生的成绩，显然得不到预期的结果。

混合引用：如果单元格引用地址一部分为绝对引用，一部分为相对引用，如$C3、C $3。一般将其称为“混合引用”。$C3 表示列为绝对引用，行为相对引用，相反，C $3 表示列为相对引用，行为绝对引用。

2）函数的使用

Excel 2010 内置了大量的数学函数、统计函数、文本函数、逻辑函数、日期时间函数等。下面介绍几种最为常用的数学函数。

ABS 函数：绝对值函数，如在 B2 单元格中输入公式：=ABS(A2)，则在 B2 单元格中显示 A2 单元格中数值的绝对值。

SUM 函数：求和函数，如在 A8 单元格中输入公式：=SUM(A1：A7)，确认后，即可求出 A1 至 A7 区域单元格的数值之和。

AVERAGE 函数：平均值函数，如在 A8 单元格中输入公式：=AVERAGE(A1：A7)，确认后，即可求 A1 至 A7 区域单元格的平均值。如果引用区域中包含“0”值单元格，则计算在内；如果引用区域中包含空白或字符单元格，则不计算在内。

MAX 函数：求出一组数中的最大值，如在 A8 中输入公式：=MAX(A1：A7)，确认后即可求出 A1 至 A7 区域单元格内的最大值。

MIN 函数：求出一组数中的最小值，如在 A8 中输入公式：=MAX(A1：A7)，确认后即可求出 A1 至 A7 区域单元格内的最小值。

RANK 函数：返回某一数值在一列数值中的相对于其他数值的排位。使用格式为 RANK(Number，ref，order)，其中 Number 代表需要排序的数值；ref 代表排序数值所处的单元格区域；order 代表排序方式参数，如果为“0”或者忽略，则按降序排名；如果为非“0”值，则按升序排名。例如，在 C2 单元格中输入公式：=RANK(B2，$B $2：$B $31，0)，确认后即可得出 B2 单元格数值在区域“B2”至“B31”中的排序，排序方式为降序。注意表示 ref 的单元格区域一般采用绝对引用形式。

下面以图 6-40 为例说明上述函数的使用方法。

H3　名称框　f_x　=RANK(F3,$F$3:$F$13)

	A	B	C	D	E	F	G	H	I
1	2010级计算机1班期末考试成绩								
2	学号	姓名	大学英语	高等数学	数据结构	总分	平均分	排名	
3	01	王小明	85	90	78	253	84.33	3	
4	02	李林	96	85	86	267	89.00	2	
5	03	赵敏敏	77	72	65	214	71.33	8	
6	04	陈志强	65	82	76	223	74.33	7	
7	05	邹小林	54	68	92	214	71.33	8	
8	06	陈华	85	79	67	231	77.00	4	
9	07	江明	70	77	82	229	76.33	5	
10	08	冯爽	76	88	65	229	76.33	5	
11	09	罗晓南	45	63	52	160	53.33	11	
12	10	赵杰	99	88	85	272	90.67	1	
13	11	张媛媛	62	54	74	190	63.33	10	
14									

图 6-40　学生期末成绩排名

步骤一　输入除“总分”、“平均分”、“排名”三列外的其他数据。

步骤二　求总分。将光标置于合适的单元格，输入相应公式。本例选中单元格 F3，输入公式“=SUM(C3：E3)”后回车，拖动向下填充至单元格 F13，即可求出总分。

步骤三　求平均分。将光标置于合适的单元格，输入公式。本例选中单元格 G3，输入公式“=AVERGE(C3：E3)”后回车，拖动向下填充至单元格 F13，即可求出平均分。

步骤四　排名。将光标置于合适的单元格，输入相应公式。本例选中单元格 E3，输入公式“=RANK(F3，$F$3：$F$13，0)”后回车，拖动向下填充至单元格 F13，即可求出各学生总成绩的排名。

Excel 2010 内置的函数非常多，在这里不可能一一涉及，当用到其他函数时，请查阅 Excel 2010 函数相关手册。

【课后讨论】

(1)单元格的绝对引用与相对引用各适合用在什么情况下？

(2)如何将 Excel 2010 电子表格中满足特定条件的记录以特殊格式显示？

6.2.3　数据管理与分析

1. 数据的筛选

Excel 2010 中提供了两种数据的筛选操作，即“自动筛选”和“高级筛选”。

自动筛选：“自动筛选”一般用于简单的条件筛选，筛选时将不满足条件的数据暂时隐藏起来，只显示符合条件的数据。

高级筛选：“高级筛选”一般用于条件较复杂的筛选操作，其筛选的结果可显示在原数据表格中，不符合条件的记录被隐藏起来；也可以在新的位置显示筛选结果，便于数据的对比。

以图 6-40 所示学生成绩表为例，如果要筛选出英语成绩在 60 至 80 之间的同学，可以使用“自动筛选”，操作步骤如下。

步骤一　将光标置于有数据的任一单元格内，单击“数据”选项卡，单击功能区中“排序与筛选”分组“筛选”按钮。表格标题列将会显示小黑三角按钮。本例单击“大学英语”列下小黑三角，在弹出菜单中选择“数字筛选”→“自定义筛选”即可打开“自定义筛选条件”对话框。

步骤二　在弹出的对话框设置筛选条件。本例筛选条件应为大学英语“>=60”并“<=80”。如图 6-41 所示。

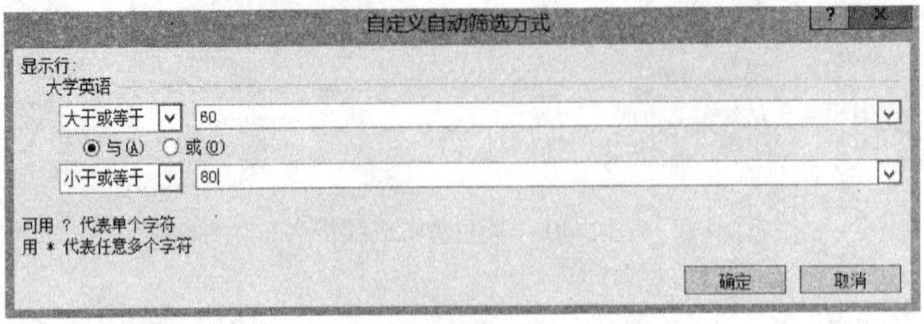

图 6-41　“自定义筛选条件”对话框

步骤三　单击“确定”，即可完成筛选。

筛选结果如图 6-42 所示。

	A	B	C	D	E	F	G	H	I
1	2010级计算机1班期末考试成绩								
2	学号	姓名	大学英	高等数	数据结	总分	平均分	排名	
5	03	赵敏敏	77	72	65	214	71.33	8	
6	04	陈志强	65	82	76	223	74.33	7	
9	07	江明	70	77	82	229	76.33	5	
10	08	冯爽	76	88	65	229	76.33	5	
13	11	张媛媛	62	54	74	190	63.33	10	
14									

图 6-42　筛选结果

如果筛选条件较为复杂，如要筛选出英语成绩大于 70，高数成绩大于 80，数据结构成绩大于 85 的学生，则可采用“高级筛选”，步骤如下。

步骤一　在选定单元格内输入筛选条件。本例筛选条件设置如图 6-43 所示。

15			大学英语	高等数学	数据结构
16			>70	>80	>85

图 6-43　高级筛选条件

注意在图 6-43 中，如果条件放在同一行表示“与”的关系，条件不在同一行表示“或”的关系。图 6-43 即为“与”的关系。

步骤二　将光标置于表格有数据的任一单元格内，单击“数据”选项卡，单击功能区中“排序与筛选”分组“高级”按钮。弹出“高级筛选”对话框，如图 6-44 所示。

步骤三　选择“将筛选结果复制到其他位置”。设置列表区域，即源表所在单元格区

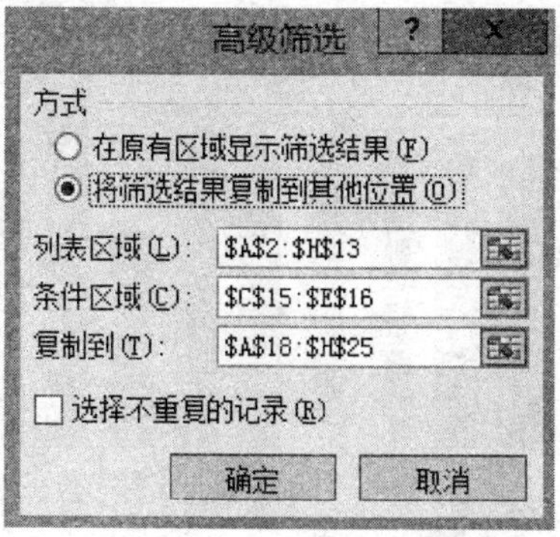

图 6-44　“高级筛选”对话框

域；设置筛选条件所在区域；设置放置筛选结果单元格区域。单击“确定”即可得到如图 6-45 所示结果。

17								
18	学号	姓名	大学英语	高等数学	数据结构	总分	平均分	排名
19	02	李林	96	85	86	267	89.00	2

图 6-45　筛选结果

“自动筛选”一般用于条件简单的筛选操作，符合条件的记录显示在原来的数据表格中，操作起来比较简单。若要筛选的条件较为复杂，或需要将筛选的结果在新的位置显示出来，一般采用“高级筛选”。

2. 图表的使用

Excel 2010 图表可以将数据图形化，数据的显示直观、生动。恰当地使用图表可以使数据的分析更加简单。Excel 2010 包含了丰富的图表类型，下面介绍几种最为常用的图表类型。

柱状图：通常用纵坐标轴的垂直条来显示数值项，横坐标轴来显示信息类别，经常用于表示以行或列排列的数据，柱形图主要用于显示一段时间内数据的变化或者显示各项之间的比较情况，如图 6-46 所示。柱状图共有 19 种子图表，是所有图表类型中包含子图表最多的图表类型，也是最常用的图表之一。

饼图：用于显示一个数据系列中各项的大小与各项总和的比例关系，它只有一个数据系列，适合于显示个体与整体的比例关系，用于显示数据系列相对于总量的比例时最有用，每个扇区显示其占总体的百分比值，所有扇区百分值的总和为 100%。饼图(见图 6-47)的类型又包含有饼图和复合饼图等共计 6 种子图表。

折线图：它的一条折线显示一段时间内一组数据的变化趋势。通常用于比较相同时间间隔内数据的变化趋势，它用于显示一段时间内连续的数据的变化趋势特别有用。折线图(见图 6-48)中包含 7 种子图表。

散点图：散点图表示因变量随自变量而变化的大致趋势，散点图中包含的数据越多，

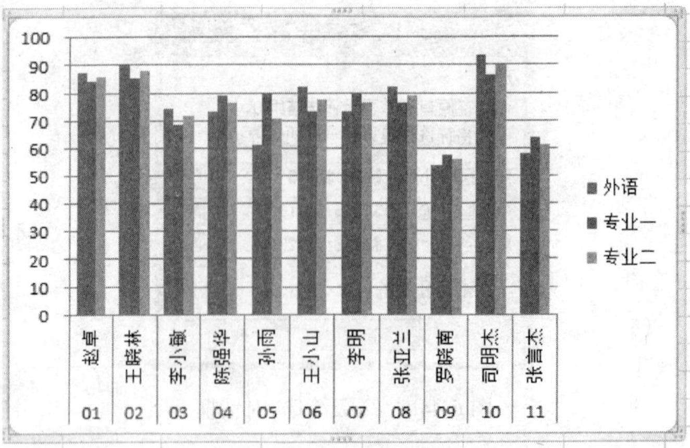

图 6-46　柱状图

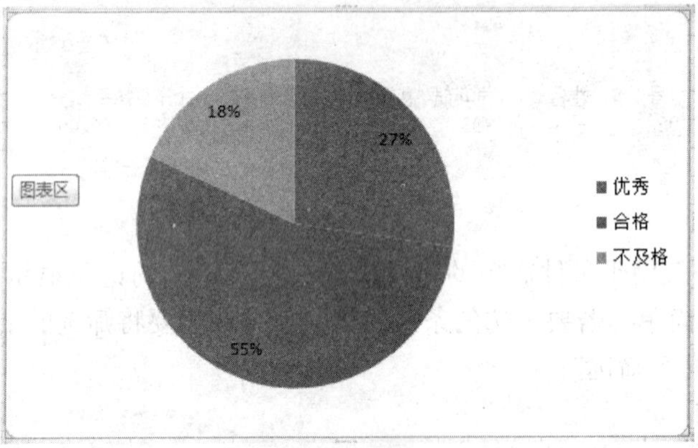

图 6-47　饼图

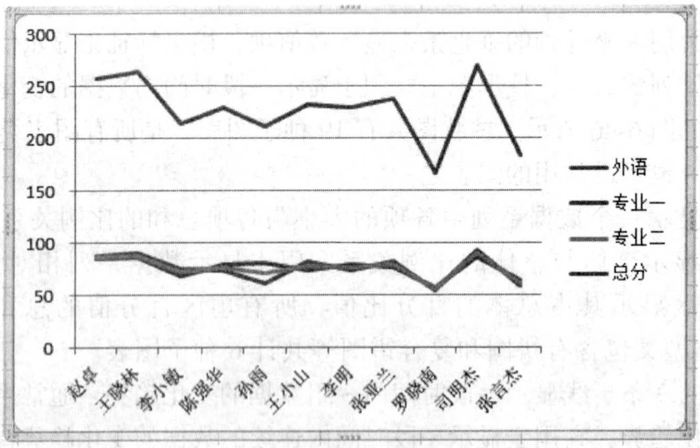

图 6-48　折线图

数据的变化趋势就越准确。折线图(见图 6-49)中包含 5 种子图表。

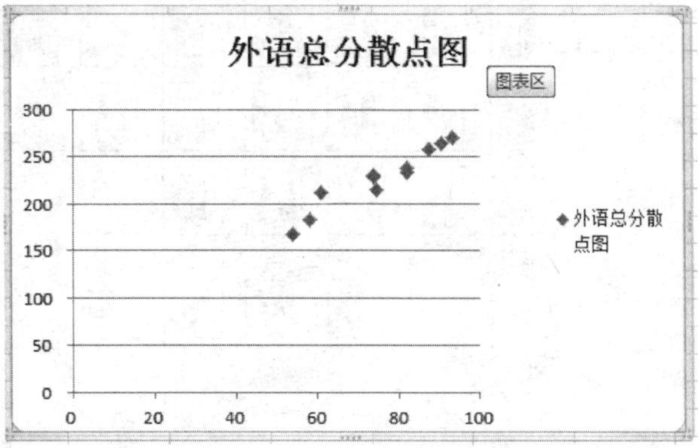

图 6-49 散点图

1)创建图表

下面以图 6-49 为例说明 Excel 2010 中图表的创建方法。

步骤一 选择要创建数据图表的数据区域。

步骤二 单击“插入”选项卡，单击功能区中“图表”分组“柱形图”按钮。在弹出的下拉菜单中选择“二维柱形图”→“簇状柱形图”，即可得到如图 6-50 所示柱形图。

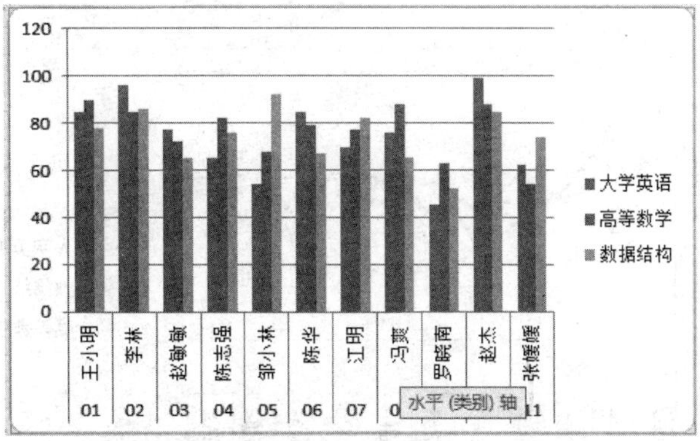

图 6-50 簇状柱形图

Excel 2010 内置了柱形图、折线图、饼图、条形图、面积图、散点图等丰富的图表类型，可以选择合适的图表类型创建一个既美观又实用的图表。

2)编辑图表

图表创建好后，还可以更改图表的类型、布局，使图表更加符合用户的需要。下面将上面的柱状图改为折线图，操作步骤如下。

步骤一 在 Excel 2010 中选取上例创建的柱状图，在图标上右击，在弹出菜单中点击“更改图表类型”，弹出“更改图表类型”对话框，如图 6-51 所示。

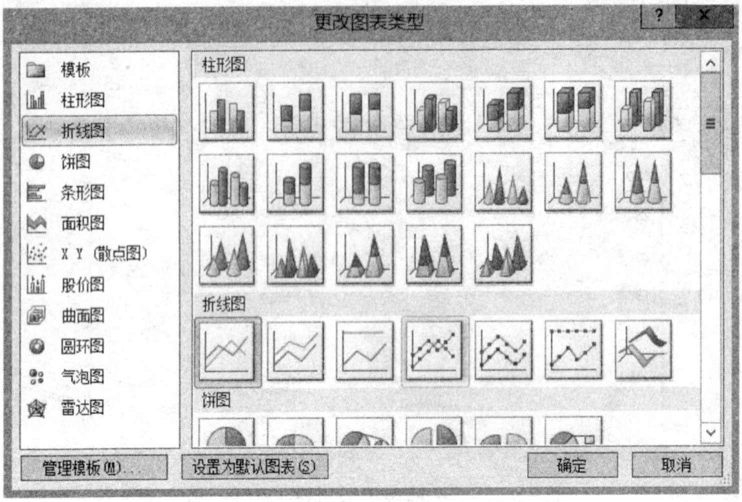

图 6-51　“更改图表类型”对话框

步骤二　在弹出的“更改图表类型”对话框中选择折线图，选择第一种折线图，单击“确定”，即可显示折线图。

步骤三　单击图中横坐标区域，右击，在弹出菜单中点击“设置坐标轴格式”，在弹出的“设置坐标轴格式”对话框左侧选择“对齐方式”，将“文字方向”设置为“竖排”。图表最终显示效果如图 6-52 所示。

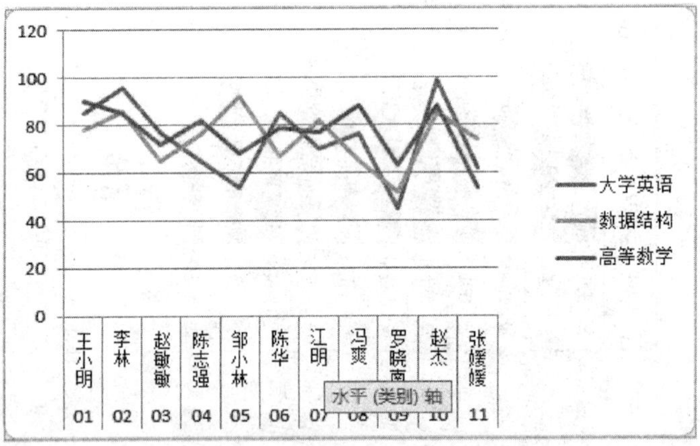

图 6-52　“更改图表类型”对话框

还可以设置图表格式，通过“格式”选项卡，可以对图表样式、文字样式等进行设置。

【课后讨论】

(1) 什么是数据透视表？

(2) 创建 Excel 2010 图表时，应注意哪些问题？

6.3 PowerPoint 2010

【课前思考】

在日常的工作和学习中，可能经常需要准备教学课件、参与项目汇报、进行现场报告、开展专题交流讨论，制作幻灯片都是十分重要的工作之一。那么如何快速、高效地制作一份适合于特定场合使用的精美 PPT 文档呢？

6.3.1 认识 PowerPoint 2010

1. PowerPoint 2010 的基本界面

PowerPoint 2010 是 Microsoft Office 2010 中重要组件之一，用来制作在计算机屏幕或者大屏幕投影仪上动态放映的演示文稿。使用 PowerPoint 2010，用户可以将收集的资料制作成为各种类型的演示文稿，轻松地实现文字、图形、动画、声音和视频等多媒体元素综合集成。因此，该软件是课件制作、工作汇报、作品展示、技术交流、学术讨论等强有力工具之一，如图 6-53 所示。

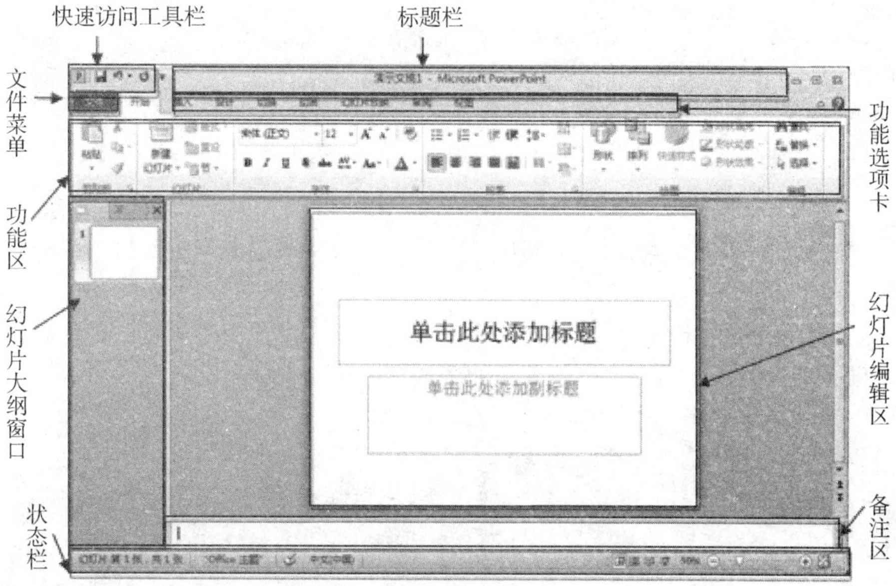

图 6-53　PowerPoint 2010 工作界面

与传统菜单操作不同，PowerPoint 2010 的主要功能都集中在开始、插入、设计、切换、动画、幻灯片放映、审阅和视图等八个功能选项卡之中。首次打开时，功能区默认的是开始选项卡所对应的功能，也是最常用的功能。点击其他功能选项卡后，功能区就显示该功能。

选项卡对应的功能。幻灯片编辑区是工作界面的核心区域，用于显示和编辑单张幻灯片，在其中可以自由编辑文字、表格、图片、图形、视频等元素。用户可以通过调整编辑区的显示比例查看幻灯片的整体效果。

2. PowerPoint 2010 的视图切换

在演示文稿制作的不同阶段，为方便不同用户需求，PowerPoint 2010 提供多种视图模式进行编辑和查看幻灯片。在工作界面的右下方单击视图切换按钮，就可以方便地实现不同视图模式的切换。PowerPoint 2010 提供了以下四种视图模式。

- 普通视图：用于调整演示文稿的结构、编辑单张幻灯片内容，软件启动后默认为该视图模式，如图 6-54 所示。
- 幻灯片浏览视图：可以浏览所有幻灯片在演示文稿中的整体结构和效果，如图 6-55 所示。此模式便于幻灯片的复制、移动、删除等操作。

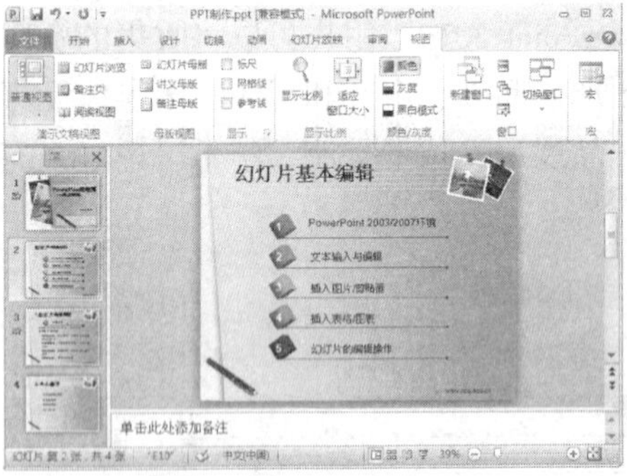

图 6-54　普通视图

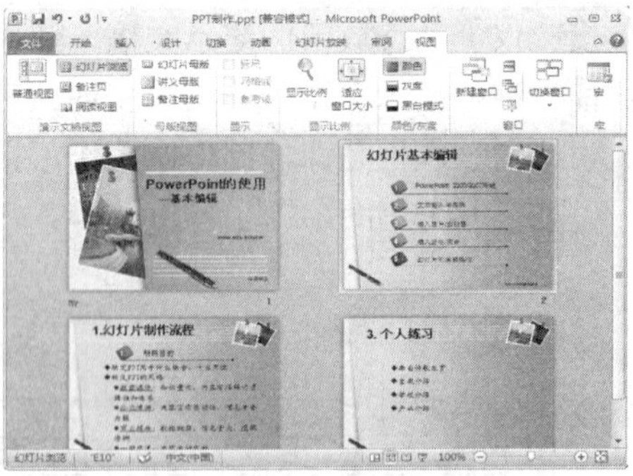

图 6-55　幻灯片浏览视图

- 阅读视图：仅显示标题栏、阅读区和状态栏，主要用于浏览幻灯片的内容，如图 6-56 所示。
- 幻灯片放映视图：以全屏形式动态放映幻灯片，主要用于浏览幻灯片制作完成后的放映效果，测试插入的动画、声音等，如图 6-57 所示。

图 6-56　阅读视图

图 6-57　幻灯片放映视图

- 备注页视图：与普通视图相似，用于在编辑区显示当前幻灯片备注信息。

3. 演示文稿制作流程

一般来说，演示文稿的制作流程可以分为以下几个步骤。

步骤一　确定制作方案。根据演示文稿的制作目的和要求，思考要设计何种类型的演示文稿、要展示哪些演示内容、要采用怎样的风格或模式、要创建多少张幻灯片等诸多问题，认真细致地确定制作方案。

步骤二　准备制作素材。根据设计需要收集、整理或加工相关的文档素材，包括演示文稿中使用的文字、表格、图片、声音、动画等。可以将这些素材放到一个文件夹内，便于在制作过程中随时查找、插入。

步骤三　演示文稿内容的添加与编辑。将文本、图片、表格等素材输入或插入到相应的幻灯片中，并设置文字的字体、字号、颜色，图片的大小、旋转角度，等等，完成演示文稿基本内容的添加编辑。

步骤四　演示文稿的美化修饰。从整体上进行演示文稿的美化修饰，如选择合适的幻灯片主题模板或制作独特的母版，调整配色方案、设置超链接等。

步骤五　演示文稿的播放、传递。设置播放过程中的动画和切换方式，观看放映效果，满意后保存备用。如果需要，可在网络上或设备上传递演示文稿。

4. 幻灯片基本操作

演示文稿由多张幻灯片组成，幻灯片是演示文稿制作者编辑的基本对象。演示文稿制作者可以在演示文稿的任意位置插入、删除、复制、移动幻灯片，这些操作可以在单张幻灯片编辑过程中或编辑完成后随时进行。

(1)新建幻灯片：在演示文稿中添加一张新的幻灯片，可以使用快捷键“Ctrl+M”完成，也可以使用功能区中“新建幻灯片”添加。若演示文稿为空，则新建的幻灯片为第一张幻灯片；若演示文稿中已有多张幻灯片，则新添加的幻灯片在插入点之后。

(2)选择幻灯片：要对指定幻灯片进行编辑或修改操作，首先要选中该幻灯片。在“幻灯片/大纲”窗格单击某个幻灯片，即可选中该幻灯片。单击一张幻灯片后按住“Shift”键，再单击另一张幻灯片，则可以同时选中其中的多张连续幻灯片。按住“Ctrl”键单击，则可以选择多张不连续的幻灯片。按“Ctrl+A”则可以选择全部幻灯片。

(3)移动幻灯片：制作演示文稿时，可以根据需要对幻灯片的顺序进行调整。选择待移动的幻灯片，按住鼠标左键拖动到目标位置后释放，即可完成移动操作，也可以使用剪切、粘贴命令完成。

(4)复制幻灯片：在“幻灯片/大纲”窗格选择幻灯片后，按住“Ctrl”键的同时拖动到目标位置即可完成复制。使用复制、粘贴命令可以实现本演示文稿内幻灯片的复制，也可在多个演示文稿内复制。

(5)删除幻灯片：选择幻灯片后，按“Delete”键即可删除；在该幻灯片上右击选择“删除幻灯片”命令也可以。如果误删了一些幻灯片，可使用“撤销”操作还原到之前的状态。

【课后讨论】

(1)分析和说明PPT文件和演示文稿、幻灯片之间的关系。

(2) PowerPoint 2010 与之前的版本相比，有哪些明显的不同？

(3) 你认为什么是好的演示文稿？如何制作精美的演示文稿？

(4) 你在哪些场合使用过演示文稿？还可能在哪些场合使用？

6.3.2　创建演示文稿

1. 新建演示文稿

为了满足各种办公需要，PowerPoint 2010 提供了多种创建演示文稿的方法。常用的方法有以下两种。

1) 建立空白演示文稿

方法一　启动 PowerPoint 2010 后，系统会自动新建一个空白演示文稿。

方法二　在桌面上右键单击，选择新建“Microsoft PowerPoint 演示文稿”，即可在桌面上新建一个空白演示文稿。

方法三　用户也可以选择“文件”菜单→“新建”命令，在“可以的模板和主题”栏中单击“空白演示文稿”完成，如图 6-58、图 6-59 所示。

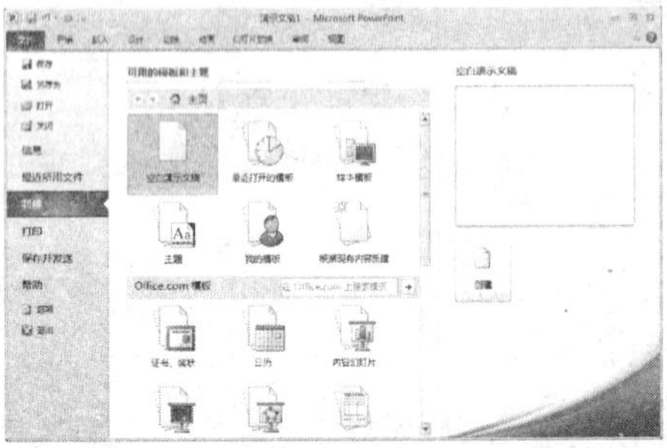

图 6-58　使用命令新建演示文稿

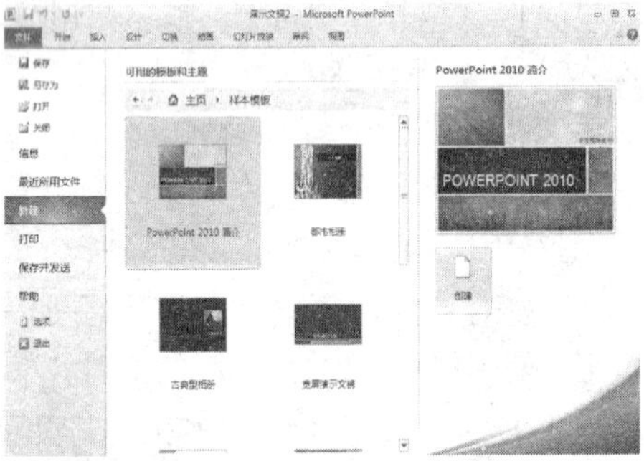

图 6-59　使用模板新建演示文稿

2) 使用模板创建演示文稿

为了提高制作演示文稿的速度，可以根据需要选择已有模板创建演示文稿。在图 6-58 所示的“可用的模板和主题”栏中单击“样本模板”按钮，在打开的页面中选择所需的模板，点击“创建”即可新建一个特定模板的演示文稿。

如果 PowerPoint 中自带的模板不能满足用户的需要，可使用 Office 官方网站在线模板。

2. 打开演示文稿

对已有的演示文稿重新编辑和查看时，需要将其打开。可以用如下三种方法打开演示文档。

方法一　双击演示文稿对应的图标，即可启动 PowerPoint 2010 并打开该演示文稿。

方法二　在 PowerPoint 2010 工作环境中，选择“文件/打开”命令，会弹出打开对话框，可在其中打开需要的演示文稿。

方法三　PowerPoint 2010 会记录最近打开的演示文稿和路径，选择“文件/最近使用文件”菜单，可以打开近期使用的演示文稿。

打开文件的方式有只读和副本两种方式。以只读方式打开的演示文稿只能浏览，不能修改；以副本方式打开的演示文稿可以再次编辑，不会影响源文件的效果。在打开对话框中“打开”按钮的右侧箭头处单击，可以选择打开方式。

3. 编写演示文稿

使用模板创建的演示文稿编写比较方便，只需修改少量信息，如图片替换、文字修改，如图 6-60 所示。对于不必要的幻灯片或某张幻灯片中的内容可以删除，也可以调整移动幻灯片的位置次序。

对于创建的空白演示文稿，需要逐个插入新幻灯片进行编辑。对于插入的每张幻灯片需要设置其版式，版式选择如图 6-61 所示。一般新建的第一张幻灯片需要制作者手动选择，后续插入的幻灯片默认为“标题和内容”版式，如果需要修改可以点击“版式”重新选择。此操作与之前的 PowerPoint 版本类似。

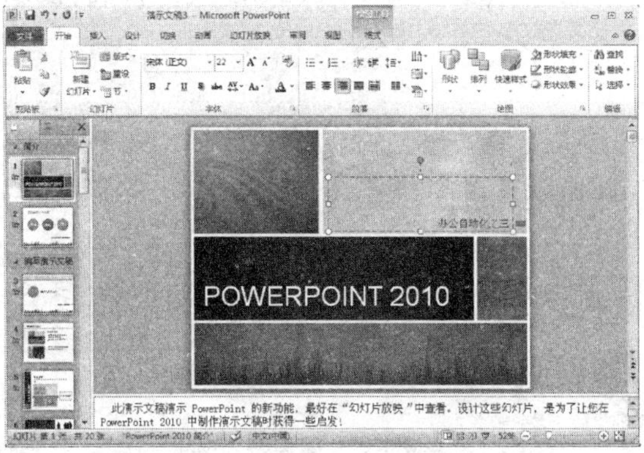

图 6-60　利用模板编辑演示文稿

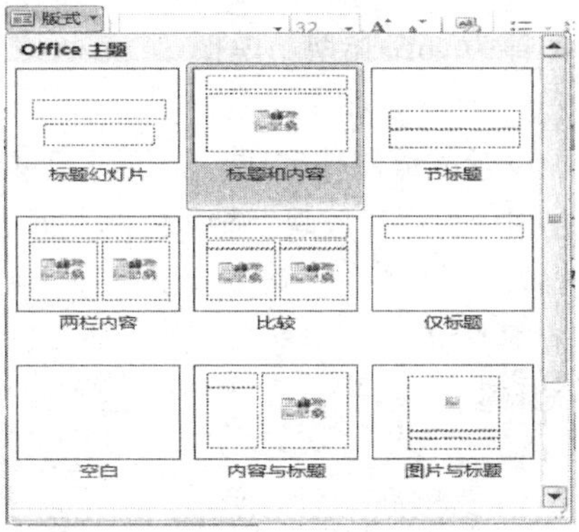

图 6-61　幻灯片版式

在对单个幻灯片编辑时，可以在幻灯片插入和编辑文字、图片、表格、文本框、艺术字、自选图形、SmartArt、公式等，其方法与 Word 2010 中类似。

另外 PowerPoint 2010 还可以插入声音、动画、视频、屏幕截图、相册等。点击“插入”功能选项卡，在对应的功能区中即可找到这些对应的操作。在某张幻灯片上插入视频后的效果如图 6-62 所示，在播放该幻灯片时，点击视频左下角的播放键可以播放该视频。屏幕截图功能可以方便地将当前操作的屏幕粘贴到当前编辑的幻灯片中，用户也可选择“屏幕截图”选项下的“屏幕编辑”选项，编辑要截取的屏幕，如图 6-63 所示。

4. 保存演示文稿

演示文稿制作完毕以及制作过程中需要及时保存，以免发生丢失或误操作。使用快捷键“Ctrl+S”或者“文件/保存”、“文件/另存为”命令保存当前的演示文稿。也可在“文件/选项”的“PowerPoint 选项”对话框设置自动保存时间。

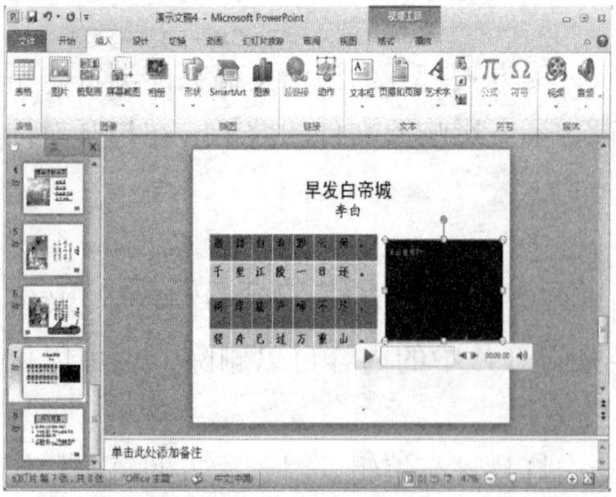

图 6-62　插入视频文件

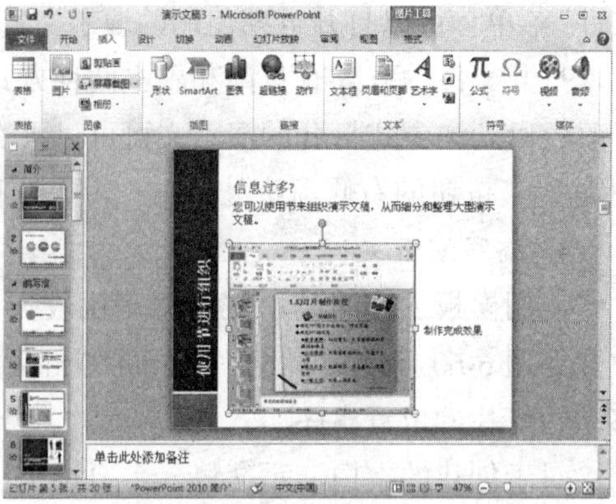

图 6-63　插入屏幕截图

PowerPoint 2010 默认的文件扩展名为“. pptx”，也可在保存时为演示文稿指定其他类型，可以在“另存为”对话框的“保存类型”中选择。选择“PowerPoint 模板”可以将演示文稿保存为 potx 类型的模板。

5. 放映幻灯片

演示文稿制作完成后，可以通过幻灯片放映来查看幻灯片的演示效果。在 PowerPoint 2010 中“幻灯片放映”选项卡的功能如图 6-64 所示。

图 6-64　幻灯片放映功能选项

用户可以选择幻灯片从头或从当前幻灯片开始放映，也可自定义幻灯片放映。“设置幻灯片放映”选项用于设置放映类型、放映选项、换片方式等，在放映幻灯片时，也可以隐藏其中的某些幻灯片。“排练计时”用于查看幻灯片播放的总时间及单张时间。

与之前版本不同的是，PowerPoint 2010 增加了“广播幻灯片”、“录制幻灯片演示”和“监视器”功能选项。“广播幻灯片”能够向可以在 Web 浏览器中观看的远程查看者广播幻灯片，如图 6-65 所示。单击图 6-64 中“录制幻灯片演示”功能，选择从头录制或从当前幻灯片录制，弹出如图 6-66 所示的对话框。点击“开始录制”即开始放映幻灯片并进行录制开始，如图 6-67 所示。在录制幻灯片过程中，可以使用鼠标或者激光笔、麦克风等为幻灯片加上注解，录好的幻灯片可以脱离演讲者独立放映。“监视器”功能选项主要在多个监视器或者具有双显示功能的便携式计算机上使用，便于演讲者和观众同时浏览。

图 6-65　广播幻灯片

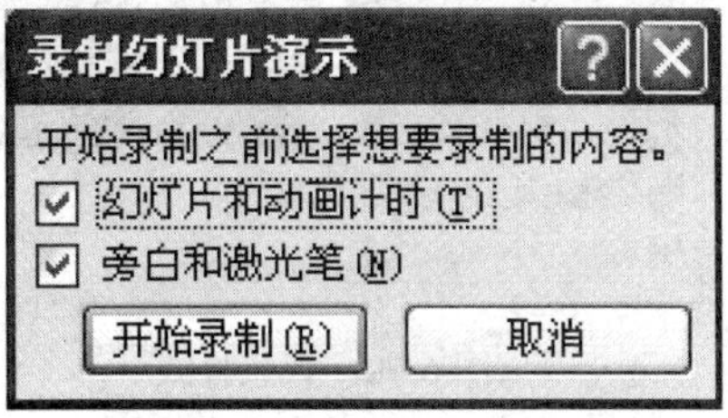

图 6-66　录制幻灯片演示

图 6-67　录制幻灯片

【课后讨论】

(1) PowerPoint 2010 保存文件的扩展名有哪些?

(2) 如何与其他人共同制作演示文稿?

(3) 如何在演示文稿中插入日期、时间等信息?

(4) 列举使用 PowerPoint 2010 创建演示文稿时，有哪些常用的快捷键?

6.3.3　丰富演示文稿

1. 选择主题与背景

PowerPoint 2010 预设了多种主题和背景样式，用户可以根据需要选择所需的主题样式，从而快速为演示文稿设置统一、协调、精美的外观。其操作主要在“设计”功能选项卡中，如图 6-68 所示。

“主题”的左侧列出了常用的主题样式，点击其下方的箭头会弹出如图 6-69 所示的

图 6-68 “设计”功能选项

“主题选项”；右侧列出主题相关选项，用于调整当前主题的颜色、字体、效果。

“背景”功能选项用于设置演示文稿的背景样式，点击“背景样式”显示常用的背景样式，如图 6-70 所示。例如，将光标置于某个背景样式上，则当前幻灯片会呈现应用该背景样式后的效果。

图 6-69 主题样式

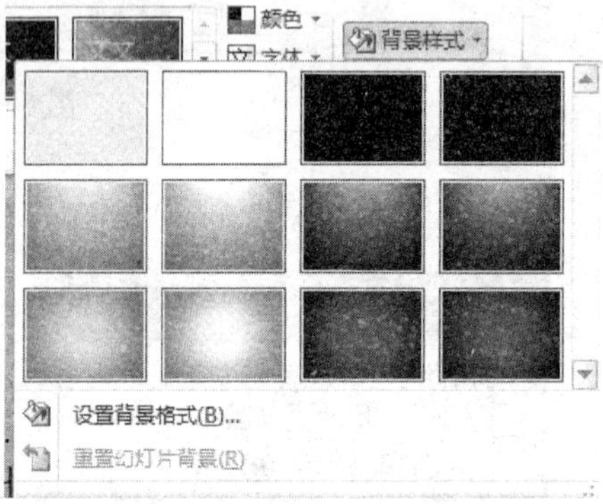

图 6-70 背景样式

2. 设置幻灯片切换方式

幻灯片切换方式用于设置放映幻灯片时，从上一幻灯片到当前幻灯片时的切换效果，该功能在 PowerPoint 2010 “切换”功能选项卡中，如图 6-71 所示。其中“预览”为幻灯片切换的预览效果；“切换到此幻灯片”用于设置切换样式和切换选项，点击左侧切换样式的下拉箭头，会显示更多切换方式；效果选项用于调整换片时的颜色、方向等属性；“计时”用于设置幻灯片切换时的声音、换片方式，等等。可以一次设置某一张幻灯片的切换方式，也可以同时设置该演示文稿中所有幻灯片的切换方式。

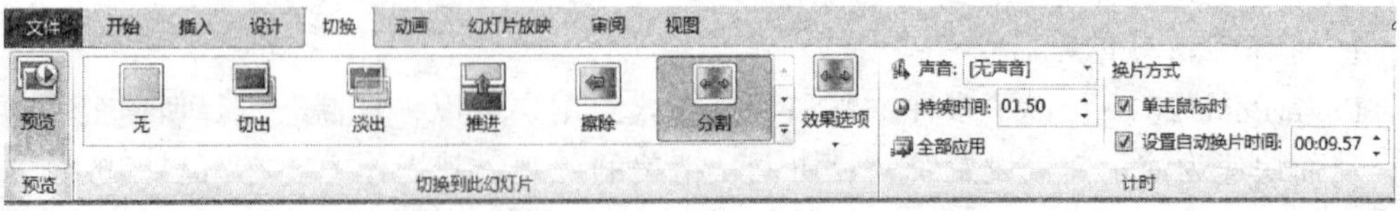

图 6-71 “切换”功能选项卡

3. 设置动画

为增加幻灯片的动态效果，可以为幻灯片中的某个对象设置动画。选中某张幻灯片中某个对象(文字、表格、图片等)，单击“动画”选项卡，如图 6-72 所示，即可为该对象选择某种动画效果(如飞入、淡出、浮入等)。

图 6-72　“动画”功能选项卡

其中“效果选项”用于设置所选动画效果的方向、位置等(如飞入的方向)，“添加动画”用于设置对象的出现、强调、退出、指定路径等高级动画效果，如图 6-73 所示。另外可以设置动画开始及持续的时间等属性。

图 6-73　高级动画选项

4. 编辑模板

模板是一张幻灯片或一组幻灯片的图样或蓝图，包括版式、主题颜色、字体、主题效果和背景样式，有的模板还包括图片、文字、图标、动画等内容。使用模板可以提高制作演示文稿的效率，便于建立特定风格的幻灯片系列。模板文件的后缀名为“.potx”。

PowerPoint 2010 提供了多个样本模板供用户使用。另外，用户也可以将自己设计完成的演示文稿保存为模板文件。要使用自定义的模板，可以在新建演示文稿时，在“可用的模板和主题”栏中单击“我的模板”按钮(见图 6-58)，在弹出的对话框中选择要使用的模板即可。

如果想使用已有的模板，但对模板中的部分图片或文字进行修改，可以对幻灯片的母版版式重新编辑。

比如，在制作幻灯片时要插入单位名称或者企业徽标，可以选择“视图”功能选项卡下面的“母版版式”功能，进入母版编辑视图，如图 6-74 所示。

图 6-74　母版编辑视图

可在母版版式中添加相关文字、图片、表格等信息，完成后单击“关闭母版视图”，这样具有相同版式的幻灯片的同一位置就插入了相应的信息。而且在普通视图中编辑幻灯片内容不会影响母版版式，从而避免母版版式的误操作。

5. 新增功能的应用

新增的视频和图片编辑功能以及协同处理、共享、广播演示文稿等成为 PowerPoint 2010 的新亮点，会给用户的工作带来意外惊喜。

(1)新增铅笔素描、水彩海绵、发光边缘、影印等图片应用效果，使得图片看起来更像素描、绘图或油画；新增精确的图片修剪功能。

(2)增加剪裁视频或音频剪辑功能，并且在音频和视频剪辑中使用书签，帮助演讲者快速查找视频(或音频剪辑)中的特定点。

(3)支持创建、管理并与他人协作处理演示文稿，合并和比较演示文稿等功能，更有效地提供和共享演示文稿。

(4)支持广播幻灯片、录制演示文稿、打包、发送等方式共享演示文稿，也可以将演示文稿转换为视频进行传递。

【课后讨论】

(1)幻灯片的版式、主题、背景以及模板有何区别？

(2)比较 PowerPoint 2003 与 PowerPoint 2010 在动画设置方面的功能差异？

(3)如何将演示文稿打包发布？PowerPoint 2010 提供哪些形式发送演示文稿？

(4)如何将演示文稿链接至在线视频网站上的视频？

本章小结

Office 是当前主流的办公软件。本章介绍了 Office 三大组件：Word、Excel、PowerPoint 的基本用法。通过本章的学习，读者能够应用 Office 办公软件处理日常工作中常见的文档、电子表格及演示文稿。

基础练习

一、选择题

1. Microsoft Office 属于(　　)软件。

A. 系统　　B. 应用　　C. 专用　　D. 免费

2. 下列选项中，(　　)不是 Microsoft Office 2010 中的组件。

A. Word　　B. Excel　　C. PowerPoint　　D. Photoshop

3. Microsoft Word 2010 默认的文件名是(　　)。

A. BMP　　B. WPS　　C. DOC　　D. DOCX

4. Word 中，页脚位于文档的(　　)。

A. 顶部　　B. 底部　　C. 中部　　D. 任意位置

5. Word 的视图样式不包括(　　)。

A. 页面视图　　B. 阅读版式视图　　C. 大纲视图　　D. 浏览视图

6. 在 Excel 中，列宽和行高(　　)。

A. 都可以改变　　B. 只能改变列宽　　C. 只能改变行高　　D. 都不能改变

7. 全选按钮位于 Excel 窗口的(　　)。

A. 地址栏　　B. 编辑栏　　C. 状态栏　　D. 行号和列标相汇处

8. Excel 中，要计算单元格从 D3 到 D10 的数值之和，可以输入(　　)。

A. =sum(D3：D10)　　B. sum(D3，D10)　　C. =sum(D3+D10)　　D. =D3+D10

9. 使用 PowerPoint 2010 保存演示文稿时，不可保存的文件类型扩展名是(　　)。

A. ppt　　B. pptx　　C. pot　　D. psd

10. PowerPoint 中放映演示文稿的快捷键是(　　)。

A. Esc　　B. Ctrl　　C. F5　　D. F1

二、操作题

1. 使用 Word 制作完成如图 6-75 所示的个人简历，内容按照自己的信息填写。

2. 使用 Excel 绘制如图 6-76 所示的统计表，并按照题目背景在空白单元格计算对应数值，并生成统计图表。

3. 选取下列题材之一，制作一份演示文稿，要求演示文稿不少于 10 页，有文字、图片、表格、艺术字、自选图形等基本元素；要设置幻灯片主题、版式、动画以及切换效果等。可选题目：①某个主题教学课件；②某种产品推介；③某个学校或院系介绍；④某旅游景点介绍；⑤某主题(节水、禁烟)演讲稿；⑥省级奖学金申请汇报；⑦某个创意项目汇报。

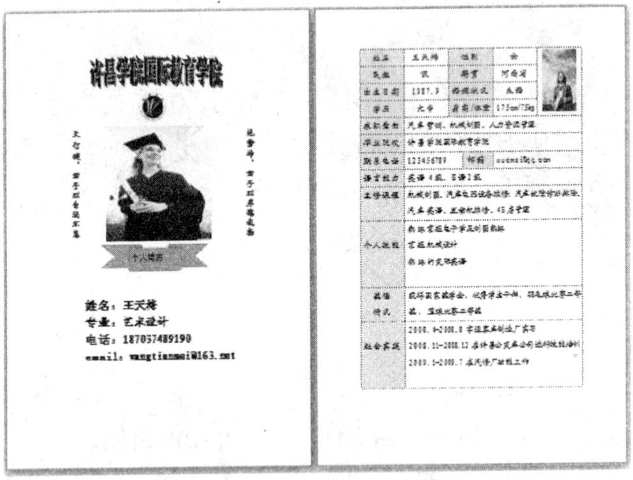

图 6-75　个人简历

某公司 2013 年上半年营业情况统计

	项目	一月份	二月份	三月份	四月份	五月份	六月份	总额
收入	销售金额	50,800	60,400	64,000	52,040	52,520	68,750	
支出	工资费	5,000	5,100	5,212	5,674	4,210	4,501	
	财务费	4,200	4,100	4,500	3,985	3,750	4,540	
	租赁费	3,100	2,800	2,955	2,985	3,100	3,504	
	广告费	1,200	1,400	1,500	1,200	1,300	1,000	
	购物支出	35,000	38,000	30,000	29,850	26,850	27,518	
	总额							
盈利	月份盈利							
	累计盈利							

统计员:________　　日期:________

图 6-76　营销情况统计表

第7章 多媒体技术

☞本章要点

➢ **关键词**：多媒体；图形；图像；音频；视频；动画；虚拟现实。

➢ **学习目标**：掌握多媒体技术的定义和主要特征；掌握基本的数字图像、音频、视频处理技术以及相关原理；熟悉常用多媒体制作软件的名称、主要用途和使用方法；了解虚拟现实、人机交互等多媒体技术的高级应用；初步具备有目的、有计划地开发特定的多媒体产品的能力。

➢ **学习重点**：多媒体相关的基本概念、术语；数字图像、视频、动画等基本编辑处理方法。

7.1 多媒体基本概念

【课前思考】

多媒体技术是继印刷术、电报电话、广播电视和计算机技术之后，飞速发展，人类信息技术发展的新的里程碑。近年来，多媒体技术发展迅速，各种新产品层出不穷，极大地影响和改变了人们的生活、工作和思维方式。那么，何谓多媒体技术？多媒体信息系统是如何构成的？人们生活和工作的哪些方面体现了多媒体技术？

7.1.1 媒体与多媒体

媒体(Medium)就是人与人之间实现信息交流的中介，即信息的载体，也称为媒介。通俗地说能为信息的传播提供平台的就可以称为媒体。传统的四大媒体分别为：报纸、杂志、广播、电视，此外，还应有户外媒体，如路牌灯箱的广告位等。随着科学技术的发展，逐渐衍生出新的媒体，如IPTV、电子杂志等，它们在传统媒体的基础上发展起来，但与传统媒体又有着质的区别。

媒体的种类有多种，下面从信息处理的角度来简单分类。

按照承载信息的方式可以划分为：

(1) 感觉媒体：直接作用于人的感官，如作用于听觉的语音、音乐等，作用于视觉的文本、图形图像等。

(2) 表示媒体：指为了加工、处理和传输而人为构造出来的媒体，即用于数据交换的编码，如表示文本的ASCII码，表示图像的JPEG，MPEG编码等。

(3) 显示媒体：指用于通信传输并再现信息的媒体设备，如用于输入的键盘、摄像机，用于输出的显示器、打印机等。

（4）存储媒体：是用来存放表示的媒体介质，如磁带、磁盘、光盘等。

（5）传输媒体：将数据从一处传送到另一处的物理载体，如双绞线、光纤、卫星等。

按照计算机处理数据的形式不同，媒体又可以分为文本（Text）、声音（Audio）、图形（Graphics）、图像（Images）、动画（Animation）和视频（Video）等几类。随着计算机人机交互地发展和应用，媒体又可以分为视觉类媒体、听觉类媒体、触觉类媒体等。

多媒体源自英文单词是 Multimedia，它由 media 和 multi 两部分组成。多媒体是融合两种以上媒体的人-机交互式信息交流和传播的媒体，它不是多种媒体的简单组合，而是它们的统一合理搭配与协调，通过不同角度、不同形式展示信息，增强人们对信息的理解和记忆。利用电脑可以把文字、图形、影像、动画、声音及视频等不同类型信息都数字化，并将其整合在一定的交互式界面上，使电脑具有交互展示不同媒体形态的能力。

多媒体的关键特性表现在信息载体的多样化、集成性和交互性。

（1）信息载体的多样化。多媒体中信息载体的多样化表现在计算机所处理的信息媒体的多样化，包括输入与输出，听觉与视觉。媒体多样化扩展了计算机处理信息的空间范围。

（2）信息载体的集成性。在多媒体中，各种信息载体集成为一体，而不是离散分离的，包括多媒体信息的统一获取、存储、组织及运用。

（3）信息载体的交互性。多媒体技术向用户提供了更加有效地控制和使用信息的手段，增强了人们对信息的理解和应用，如用户可以使用触摸屏、语音等进行指定操作。

数字媒体（Digital Media）依托信息科学和数字技术，将多种信息综合到一个系统中，实现信息的采集、处理、存储、传输、显示及控制等技术的高度一体化操作，能更好地适应人类社会对信息服务和娱乐的多元化需求。数据媒体包括数字化的文字、图形、图像、声音、视频影像和动画等感觉媒体，也包括表示、存储、传输、显示等逻辑媒体和实物媒体。

7.1.2　多媒体技术基础

多媒体技术（Multimedia Technology）是利用计算机对文本、图形、图像、声音、动画、视频等多种信息综合处理，并建立一定逻辑关系，实现人机交互操作的综合性技术，它把比较成熟的音像技术、计算机技术和通信较好地融合到一起，实现多维信息的综合处理。多媒体技术的发展改变了计算机的使用领域，使计算机由办公室、实验室中的专用品变成了信息社会的普通工具，广泛应用于工业生产管理、学校教育、公共信息咨询、商业广告、军事指挥与训练，甚至家庭生活与娱乐等领域。

多媒体技术具有以下特点。

- 多样性：能够完成在内容上相关联的多媒体信息的处理和传送。
- 交互式：用户可以与计算机的多种信息媒体进行交互操作。
- 集成性：以计算机为中心综合处理多种信息媒体。
- 实时性：声音、图像、视频能够随时间变化。
- 数字化：信息的获取、处理、存储、传输和展示均以数字形式完成。

多媒体技术能够同时对两种或两种以上媒体进行采集、操作、编辑、存储等处理，其处理的媒体元素涉及文本、声音、图片、动画、视频等多种类型。

1）文本

文本是数字媒体中最基本的一种媒体，也是现实生活中使用最多的一种信息存储和传递方式。文本以文字和各种专用符号表达的信息形式，包括字母、数字、字、词语等基本元素，信息量大。

文本包括无格式文本（如 .txt 文件）、有格式文本（如 .doc 文件）和超文本（如 .html 文件）。文本内容获取的方法通常有键盘输入、手写输入、语音输入、文字识别输入等方式。文本处理软件通常具有文本编辑、格式、样式设置等功能，还可以具有文本识别、自动摘要、翻译等功能，如 Microsoft Word。

2）声音

声音是物体震动产生的波，也是传递信息、交流情感的重要媒介，在社会生活中具有广泛的应用，在医疗、军事、通信等方面具有独特的作用。

按照频率的不同，声音可以分为次声波（频率低于 20Hz）、可听声波（频率在 20Hz～20kHz 之间）和超声波（频率高于 20kHz）。在计算机处理技术中，需要将声音的模拟信号转换为数字信号，并以文件的形式存储，才可以进行处理。

3）图形

图形是由计算机绘制的画面，如直线、矩形、圆弧等基本图形以及机器零件、建筑结构等组合图形。图形文件记录生成图形的算法和图上的某些特征点，因此也称为矢量图。图形主要用于手工绘画、工程制图、美工设计等应用领域。

4）图像

图像是由输入设备获取的实际场景画面，如人物图像、风景照片等。图像在计算机中通常以数字化形式存储，由一些行列组成的点组成。这些点称为像素点（Pixel），每个像素点还可以有颜色和亮度等信息。

5）动画

动画，即动态图画，是利用人的视觉暂留特性，快速播放一系列连续运动变化的图形图像，通过动画可以把抽象的内容形象化。一幅静态的图形图像称为一帧（Frame），动画实质上就是多帧图像的连续播放。动画的连续播放既指时间上的连续，也指图像内容上的连续。

6）视频

若干幅有联系的图像画面按照一定的频率连续播放便形成了视频，如电影的播放速度是 24 帧/秒。视频可以通过摄像机、录像机、电视等视频设备获取，并通过一定的数据接口输入计算机进行处理。视频具有时序性与丰富的信息内涵，类似于我们熟知的电影和电视，有声有色，在多媒体和文化娱乐中充当起重要的角色。

多媒体技术的研究设计诸多方面，其关键技术包括数据压缩技术、多媒体数据库技术、人机交互技术、多媒体通信和虚拟现实技术。

7.1.3　多媒体信息系统

计算机技术的迅速发展促进了多媒体技术的发展。早在 1984 年，美国 Apple 公司推出的 Macintosh 计算机引入了位映射概念，实现了对图像进行简单处理、存储和传输。随后激光只读存储器 CD-ROM、CD I 交互式紧凑激光光盘系统标准、交互式数字视频系统 DVI 等相继出现，利用光盘来存储和检索图像、声音等多媒体数据成为可能。1990 年 11 月，微软公司与飞利浦等 10 家计算机技术公司联合成立了多媒体个人计算机市场协会(Multimedia PC Marketing Council)。该协会制定的 MPC 标准对计算机增加多媒体功能所需的软硬件进行了规范，推动多媒体市场的发展。

目前，多媒体技术的发展趋势是逐渐将计算机技术、通信技术和大众传播技术融合在一起，建立更广泛意义上的多媒体信息平台，实现更深层次的技术支持和应用。

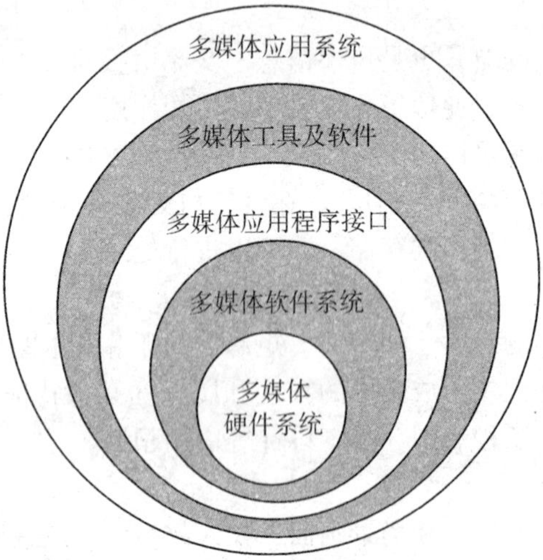

图 7-1　多媒体信息系统组成

多媒体信息系统是集电话、电视、媒体、计算机网络等于一体的综合化信息系统。其结构如图 7-1 所示。最底层为多媒体硬件系统，其次是多媒体软件系统，第三层为多媒体应用程序接口，第四层为多媒体工具及软件，最外层是多媒体应用系统，这一层直接面向用户，是为满足用户的各种需求服务的。

多媒体信息系统主要包括多媒体硬件系统和多媒体软件系统两大部分组成。其中硬件系统主要包括：计算机主要配置和各种外部设备以及各种外部设备的控制接口卡。软件系统包括多媒体驱动软件、多媒体操作系统、多媒体数据处理软件、多媒体创作工具软件和多媒体应用软件。

多媒体信息系统的关键技术包括如下内容。

(1) 大容量存储设备：大容量存储设备包括只读存储光盘、一次写多次读光盘、可重写光盘、硬盘和移动硬盘等存储设备。

(2) 数据压缩技术：由于数字化的多媒体信息尤其是数字视频、音频信号的数据量特别庞大，如果不对其进行有效的压缩就难以得到实际的应用。因此，数据压缩技术已成为当今数字通信、广播、存储和多媒体娱乐中的一项关键的共性技术。

(3) 多媒体通信技术：多媒体通信技术是多媒体技术与通信技术的有机结合，突破了计算机、通信、电视等传统产业间相对独立发展的界限，是计算机、通信和电视领域的一次革命。多媒体通信系统的出现大大缩短了计算机、通信、和电视之间的距离，将计算机的交互性、通信的分布性和电视的真实性完美地结合在一起，向人们提供全新的信息服务。

(4) 人机交互技术：人机交互技术包括机器通过输出或显示设备给人提供大量有关信息及提示请示等，人通过输入设备给机器输入有关信息，回答问题及提示请示等。人机交互技术是计算机用户界面设计中的重要内容之一。

【课后讨论】

(1)举例说明日常生活中常见的多媒体设备及其功能。

(2)说明 Word、电子邮件、腾讯 QQ 中文本编辑功能有何差异。

7.2 图形图像处理技术

【课前思考】

图形图像在生活中非常常见，那么使用手机拍摄的图片是何种类型？能否计算机中存储、编辑？如何创建具有一定新意的图形元素？

7.2.1 数字图像基础

数字图像包括图形(Graphic)和图像(Image)两种形式。图形指的是从点、线、面到三维空间的黑白或彩色几何图，也称矢量图。图像是对客观事物的真实描述，由像素点阵构成，也称为位图、点阵图。

位图(见图 7-2(a))使用一组二进制位来表示图像中每个像素点的位置、颜色、亮度等信息，因而占用空间大。位图的明暗和颜色层次相对丰满，可以直接、快速地在屏幕上显示出来，但图像放大后会是失真。位图适合于表现含有大量细节的对象，如明暗变化，场景复杂、轮廓色彩丰富的照片、绘图等。位图图像放大后会模糊，边缘呈锯齿状。

矢量(见图 7-2(b))图是根据几何特性来绘制图形，用一系列计算机指令来描述和记录一幅图的内容，文件占用内存空间较小，适用于图形设计、文字设计和一些标志设计、版式设计等。利用专业的图形制作软件，通过指令描述构成一幅图的所有直线、曲线、圆、矩形等图元的位置、维数和形状，也可以用更为复杂的形式表示图像中的曲面、光照、材质等效果。其特点是压缩、放大、扭曲和旋转时不会破坏画面，显示速度慢。

图像色彩模式是用来提供一种将颜色翻译成数字数据的方法，从而使颜色能在多种媒体中得到一致的描述。色彩模式不仅影响可显示颜色的数量，还影响图像的通道数和图像的文件大小，因此正确地选择色彩模式至关重要。常用的色彩模式有如下几种。

(1) 位图模式：位图模式使用两种颜色值(黑色或白色)来表示图像中的色彩，因而又称为一位图像或黑白图像。位图模式可控制灰度图像的打印输出，如激光打印机就是靠细小的点来渲染灰度图像的。

(2) 灰度模式：8 位深度的图像模式。灰度图像由 256 个灰度等级的数值组成，类似

(a) 位图　　(b) 矢量图

图7-2　位图与矢量图

传统的黑白照片。灰度图像的色彩饱和度为0，亮度是唯一能够影响灰度图像的选项，0%代表黑色，100%代表白色。

(3) 索引颜色模式：它只能存储一个8bit色彩深度的文件，最多只能拥有256种颜色。每一幅图像都各自拥有一张色彩对照表，而随图像不同，颜色表也不同。当打开图像文件时，需要同时读取色彩对照表，找到最终的色彩值。

(4) RGB模式：使用R(红色)、G(绿色)、B(蓝色)三种不同强度的色彩来合成任意所需要的颜色，是计算机中最常用的一种色彩空间表示法。每个RGB的分量用一个0~255之间的数值表示强度，如(255，0，0)表示红色。显示器就是通过红色、绿色和蓝色荧光粉发射光产生颜色的。

(5) CMYK模式：彩色打印机和彩色印刷系统采用的CMY色彩模式，它使用能够吸收特定光波而反射其他光波的油墨或颜料来实现，其中CMY分别指油墨或颜料的青、品红、黄三基色。而由于彩色墨水盒颜料的化学特性，用等量的CMY三基色无法得到真正的黑色，因此，在印刷术中常加入一种真正的黑色(Black ink)。CMYK模式是最佳的打印模式。用CMYK模式在编辑时虽然能够避免色彩的损失，但运算速度很慢。

(6) HSB模式：在HSB模式中，H表示色相，S表示饱和度，B表示亮度。色相是组成可见光谱的单色，红色在0度，绿色在120度，蓝色在240度。饱和度表示色彩的纯度，值为0时为灰色，白、黑和其他灰色色彩都没有饱和度，在最大饱和度时，每一色相具有最纯的色光。亮度是色彩的明亮度，值为0时即为黑色，最大亮度是色彩最鲜明的状态。

(7) Lab模式：Lab模式由亮度分量和色度分量组成。L代表光亮度分量，范围为0~100。A分量表示从绿色到红色的光谱变化，b分量表示从蓝色到黄色的光谱变化，两者范围都是-120~+120。如果只需要改变图像的亮度而不影响其他颜色值，可以将图像转换为Lab模式，然后在L通道中进行操作。

分辨率是指图像中存储的信息量，数字图像编辑处理和输出过程中最常用的术语之一。在不同的用途中，图像分辨率的方法有多种。常见的分辨率有如下几种。

（1）位分辨率：位分辨率也称位深度、像素深度，主要用来衡量每个像素存储的信息位元数。例如，一个24位RGB图像表示该图像的原色R，G，B各用了8位，共用了24位。

（2）图像分辨率：图像分辨率即图像中每单位长度含有的像素数目，通常用点/英寸（dpi）表示。例如，分辨率为72dpi的1英寸×1英寸的图像总共包含5184个像素。分辨率越大，图像文件也就越大，在处理时所需的内存和CPU处理时间也就越多。

（3）屏幕分辨率：显示器分辨率即显示器上每单位长度显示的像素或点的数量，显示器分辨率取决于显示器的大小及其像素设置。显示器在显示时，图像像素直接转换为显示器像素。当图像分辨率比显示器分辨率高时，在屏幕上显示的图像比其指定打印尺寸大。

7.2.2 图形图像文件格式

数字化图像是存储具有一定分辨率和颜色深度的图像文件，对于没有经过任何压缩的图像，可以根据其分辨率和颜色深度来估算其占用的存储空间大小。图像数据量的计算公式为：

图像数据量（单位：Byte）= 横向分辨率×纵向分辨率×颜色深度/8

比如分辨率是800×600的真彩色图像，在其数据没有压缩之前，数据量 = 800×600×24/8 = 1440000（Byte）。

近年来流行的图形图像处理软件很多，它们对图形图像文件的存储方式有着不同的规定，因此就有了众多的文件格式。不同文件格式可以用不同的扩展名来区分。

常见的图形图像文件格式如下。

（1）BMP格式：BMP是Windows操作系统中的标准图像文件格式，能够被多种Windows应用程序所支持，在单机上比较流行。BMP格式文件包含的图像信息丰富，占用磁盘空间大。

（2）GIF格式：GIF（Graphics Interchange Format）原意是“图像互换格式”，是CompuServe公司在1987年开发的图像文件格式。GIF文件数据是一种基于LZW算法的连续色调的无损压缩格式。其压缩比高，磁盘空间占用较少，能够存储单幅静止图像，也可以同时存储若干幅静止图像进而形成连续的2D动画。目前，Internet上大量采用的彩色动画文件多为GIF格式。

（3）JPEG格式：JPEG格式由联合照片专家组（Joint Photographic Experts Group）开发，是目前网络上最流行的图像格式。其压缩技术先进，灵活方便，并具有调节图像质量的功能，可以用最少的磁盘空间得到较好的图像质量。JPEG文件尺寸小，下载速度快，目前各类浏览器均支持JPEG图像格式。

JPEG 2000是JPEG的升级版，能同时支持有损和无损压缩，压缩率比JPEG高约30%左右。JPEG 2000能够实现渐进传输，即先传输图像的轮廓，然后逐步传输数据，不断提高图像质量，让图像由朦胧到清晰显示。此外，JPEG 2000还支持所谓的“感兴趣区域”特性，可以任意指定影像上用户感兴趣区域的压缩质量，还可以选择指定的部分先解压缩。

（4）TIFF格式：TIFF（Tag Image File Format）是Mac中广泛使用的图像格式，由Aldus和Microsoft公司为桌上出版系统研制开发的一种较为通用的图像文件格式。TIFF格式能够存储图像细微层次的信息，图像质量高，能实现原稿复制。它包含四类不同的格式：TIFF-B 适用于二值图像；TIFF-G 适用于黑白灰度图像；TIFF-P 适用于带调色板的彩色图像；TIFF-R 适用于 RGB 真彩图像。TIFF 是现存图像文件格式中最复杂的一种，它具有扩展性、方便性、可改性，可以提供给 IBMPC 等环境中运行、图像编辑程序。

（5）PSD 格式：PSD 是 Adobe 公司的图像处理软件 Photoshop 的专用文件格式，文件扩展名是 . psd，可以支持图层、通道、蒙板和不同色彩模式的各种图像特征，是一种非压缩的原始文件保存格式。PSD 文件有时容量会很大，但由于可以保留所有原始信息，在图像处理中对于尚未制作完成的图像，选用 PSD 格式保存是最佳的选择。

（6）PNG 格式：PNG（Portable Network Graphics）意为“可移植性网络图像”，是一种新兴的网络图像格式。PNG 格式汲取了 GIF 和 JPG 二者的优点，存储形式丰富、图像品质丰富、显示速度很快，并且能够支持透明图像的制作。

（7）CDR 格式：CDR 是著名绘图软件 CorelDraw 的专用图形文件格式。CDR 可以记录文件的属性、位置和分页等信息，但兼容度较差。

（8）DXF 格式：DXF 是 AutoCAD 中的图形文件格式，它以 ASCII 方式储存图形，在表现图形的大小方面十分精确，可被 CorelDraw 和 3DS 等大型软件调用编辑。

7.2.3 图形图像处理软件

图形图像处理软件是用于处理图形图像信息的各种应用软件的总称，被广泛应用于广告制作、平面设计、影视后期制作等领域的软件。

常用的图形图像处理软件如下。

（1）ACDSee：ACDSee 是目前非常流行的看图工具之一。它提供了良好的操作界面，简单人性化的操作方式，优质的快速图形解码方式，支持丰富的图形格式，强大的图形文件管理功能，等等。ACDSee 支持 ICO，PNG，XBM 等 20 余种图像格式，与其他图像浏览器相比，打开图像速度快。另外，ACDSee 也提供了许多影像编辑的功能，包括数种影像格式的转换、简单影像编辑、旋转或修剪影像等，支持从数码相机输入影像以及网络上的图片分享。

（2）Adobe Photoshop：Photoshop（PS）是由 Adobe Systems 开发和发行的优秀图像处理软件，最新版本 Adobe Photoshop CS6 是 Adobe Photoshop 中的第 13 个主要版本。该软件能够实现图像编辑、图像合成、校色调色及特效制作部分等功能，在平面设计、广告摄影、包装设计、插画设计、婚纱照片处理等方面具有广泛的应用。

（3）CorelDraw：CorelDraw Graphics Suite 是加拿大 Corel 公司的平面矢量绘图软件，能够完成一幅作品从设计、构图、草稿、绘制、渲染的全部过程。该软件具有功能强大的矢量绘画、版面设计能力，支持位图与矢量文件的转换，新的版本还提供了矢量动画、页面设计、网站制作、位图编辑等多种功能。该软件广泛地应用于商标设计、标志制作、插图描画、杂志排版等诸多领域。

（4）AutoCAD：Auto Computer Aided Design（CAD）是美国 Autodesk 公司于 1982 年开发的自动计算机辅助设计软件，广泛应用于建筑工程、装饰设计以及服装、模具等领域二维及三维图形的设计。

（5）Adobe Illustrator：Adobe Illustrator是一种应用于印刷出版、多媒体和在线图像制作等领域的工具软件，能处理矢量图形和位图图像。

（6）PageMaker：PageMaker跨平台专业排版软件，拥有强大的图文处理功能，通过链接方式置入图，确保印刷时的清晰度，主要用来产生专业、高品质的出版刊物。

（7）Freehand：Freehand(FH)是Adobe公司推出的图形绘图软件之一，能够画出纯线条的美术作品和光滑的工艺图，主要用于广告创意、书籍海报、机械制图等领域。

【课后讨论】

（1）如何获取图形图像？如何查看、编辑已有图形图像？如何压缩图像？

（2）了解常用的Photoshop，CorelDraw，AutoCAD等软件有哪些版本？各版本具有哪些功能差异？

（3）图像大小与图像分辨率、图像深度之间的关系？

7.3 音频处理技术

【课前思考】

声音是多媒体的重要组成部分，计算机中的声音是如何发生、如何传播的？音频文件格式有哪些？多媒体设备是如何识别和合成语音信息的？如何制作、编辑并播放指定的音频文件呢？

7.3.1 数字音频基础

声音是携带信息极为重要的媒体，是多媒体技术研究的一个重要的内容。从留声机发明以后，人们希望通过介质保存声音的愿望变为现实。近几百年来，音频处理的发展不仅仅停留在单纯的记忆声音了，音频处理技术在20世纪90年代后期伴随着个人计算机的发展和普及得到迅速的发展。

声音用声波来表示，是一条随时间变化的连续曲线，如图7-3所示。声音特性的三个要素是音调、音强和音色。音调是指声音的高低，由声波的频率决定，频率高，音调就高，频率低，音调就低。声波波形在单位时间内变化的次数称为频率，用赫兹(Hz)表示。音强是指声音的大小，也称为音量，由声波的振幅决定。波形中最高点与时间轴之间的距离被称为振幅，它反映了声音信号的强弱程度，用分贝(dB)表示。音色也称为音质，是指声音的特色，由声波的形状决定。音色是辨别不同声源的依据。

声音信号是典型的模拟信息，无论在时间上还是幅度上都是连续的。模拟音频技术通常采用模拟电压来表示声音的强弱。话筒是模拟录音中常用的工具，它把机械振动转换为电信号。数字音频技术是通过将声波波形转换成一连串的二进制的数据来再现声音的，实现这个步骤是数/模转换器(Analog to Digital Converter，ADC)。它以每秒钟上万次的速率对声波进行采样，每一个采样都会记录下原始模拟声波在某一时刻的状态，我们称之为采样样本。

采样频率是指将模拟声音的波形数字化时，每秒钟所抽取的声波幅度的样本次数，其

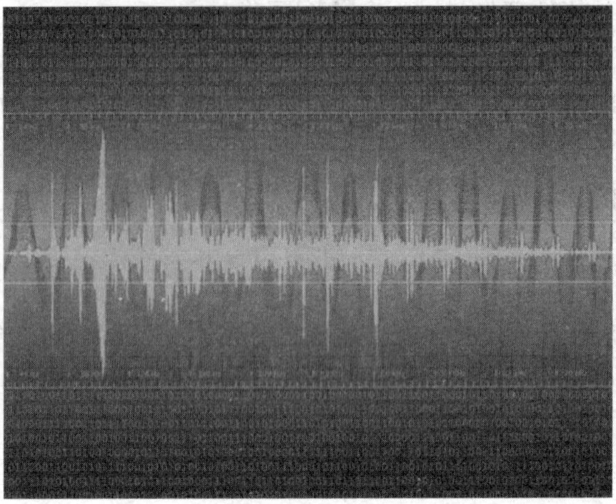

图 7-3　声波信号

单位为赫兹(Hz)。采样频率高低决定了声音失真程度的大小，高采样频率意味着其存储音频的数据量越大，失真越小；反之，则失真越大。人耳的响应频率范围在 20Hz ~ 20kHz，根据奈奎特采样定理，为保证声音不失真，采样频率应该在 40kHz 左右。

量化位数是每个采样点能够表示的数据范围，常用的有 8 位、12 位、16 位等。量化位数越高，表示的声音的动态范围就越广，音质就越好，但是同样储存的数据量也越大。如 8 位量化位数表示每个采样点有 2^8 个不同的量化值。量化的方法大致可以分成两类。

(1) 均匀量化：采用相同“等尺寸”来度量采样得到的幅度，这种方法对于输入信号不论大小一律采用相同的量化间隔。这种量化的方法弊端在处理语言信号时就表现得非常突出了。

(2) 非均匀量化：对输入的信号采用不同的量化间隔。对于小信号采用小的量化间隔，对于大信号采用大的量化间隔，这种量化的方法可以在保证精度要求的情况下使用较少的样本位数来表示输入的信号。

声道是指声音在录制或播放时在不同空间位置采集或回放的相互独立的音频信号。声道数就是声音录制时的音源数量或回放时相应的扬声器数量。在记录音频时，每次生成一个声波数据称为单声道，每次生成两个声波数据称为双声道，立体声更贴近人耳的听觉要求，更加逼真。现在常用的有立体声、四声环绕、5. 1 声道、7. 1 声道等。

7. 3. 2　音频文件格式

常用的音频文件格式如下。

(1) CD 格式：CD 代表小型激光盘，是一个用于所有 CD 媒体格式的一般术语。人们熟悉的声频 CD 就是一个用于存储声音信号轨道如音乐和歌的标准 CD 格式。CD 音频文件有一个 *. cda 索引文件，它是 CD 音轨，并不是真正的声音信息。标准 CD 格式采用 44. 1kHz 采样频率、88kHz/秒速率、16 位量化位数，可以很好地忠于原声，被誉为“天籁之音”。CD 光盘可以在 CD 唱机中播放，也能用电脑里的各种播放软件来重放。

（2）WAV格式：WAV是微软公司开发的一种声音文件格式，用于保存Windows平台的音频信息资源，Windows平台及其应用程序均能支持。WAV格式支持多种音频位数、采样频率和声道，标准格式的WAV文件也是44.1kHz的采样频率、88kHz/秒速率、16位量化位数，是目前个人计算机上广为流行的声音文件格式，被誉为“无损音乐”常用的音频编辑软件都能打开WAV文件。

（3）MP3格式：MP3是一种音频压缩技术，20世纪80年代诞生于德国。这种压缩方式的全称叫MPEG Audio Layer3，所以人们把它简称为MP3，是目前流行的风尚。MP3是利用MPEG Audio Layer 3的技术，将音乐以1∶10甚至1∶12的压缩率，压缩成容量较小的文件。它能够在音质丢失很小的情况下把文件压缩到更小的程度，而且还非常好地保持了原来的音质。正是因为MP3体积小、音质高的特点使得MP3格式几乎成为网上音乐的代名词。每分钟音乐的MP3格式只有1MB左右大小，这样每首歌的大小只有3~4兆字节。使用MP3播放器对MP3文件进行实时的解压缩(解码)，这样，高品质的MP3音乐就播放出来了。

（4）MIDI格式：乐器数字接口(Musical Instrument Digital Interface，MIDI)是20世纪80年代初为解决电声乐器之间的通信问题而提出的。MIDI传输的不是声音信号，而是音符、控制参数等指令，它指示MIDI设备要做什么，怎么做，如演奏哪个音符、多大音量等。一个MIDI文件每存1分钟的音乐大约需要5KB~10KB。MID文件主要用于原始乐器作品、流行歌曲的业余表演、游戏音轨以及电子贺卡等。mid文件可以用作曲软件写出，也可以通过声卡的MIDI口把外接乐器演奏的乐曲输入。

（5）WMA格式：WMA的全称是Windows Media Audio，是Microsoft公司力推的一种音频格式。WMA格式是以减少数据流量但保持音质的方法来达到更高的压缩率目的，其压缩率一般可以达到1∶18，生成的文件大小只有相应MP3文件的一半。此外，WMA还可以通过DRM(Digital Rights Management)方案加入防止拷贝，或者加入限制播放时间和播放次数，甚至是播放机器的限制，可有力地防止盗版。

（6）RealAudio格式：RealAudio(即时播音系统)是Progressive Networks公司所开发的软件系统，也是一种新型流式音频文件格式。它主要用于在低速的广域网上实时传输音频信息，使用者可以通过多媒体个人电脑、智能手机等连网后，就能访问点播转播站或是聆听站台所提供的即时播音。

（7）AU格式：AUDIO文件是SUN公司推出的一种数字音频格式。AU格式原是UNIX操作系统下的数字声音文件，现在也常用于Internet中的声音文件。

7.3.3 音频处理软件

音频处理软件是一类对音频信号进行混音、录制、音量增益、高潮截取、男女变声、节奏快慢调节、声音淡入淡出处理的多媒体软件。常用的音频文件录制、编辑、效果增强等处理的软件有以下几种。

（1）录音机：Windows操作系统自带的“录音机”程序是一个功能实用而操作简单的声音文件编辑和处理软件。使用“录音机”程序可以录制、播放以及编辑处理声音，还可以对声音文件进行改变音量、改变音速等特殊声音效果处理以及文件格式转化。

(2) Adobe Audition：Adobe Audition 是一个非常出色的数字音乐编辑器和 MP3 制作软件，它可以用来编辑音调、弦乐、颤音、噪音或是调整静音，还提供有多种特效为用户的作品增色：放大、降低噪音、压缩、扩展、回声、失真、延迟等。可以同时处理多个文件，轻松地在几个文件中进行剪切、粘贴、合并、重叠声音操作。它还可以在 AIF，AU，MP3，Raw PCM，SAM，VOC，VOX，WAV 等文件格式之间进行转换，并且能够保存为 RealAudio 格式。

(3) GoldWave：GoldWave 是一个集声音编辑、播放、录制和转换的音频工具，体积小巧，功能却不弱。它可打开的音频文件包括 WAV，OGG，VOC，IFF，AIF，AU，MP3，SMP，AVI，MOV 等音频文件格式。

(4) All Editor：All Editor 是一款超级强大的录音工具和专业的音频编辑软件。它提供了多达 20 余种音频效果，比如淡入淡出、静音的插入与消除、混响、高低通滤波、颤音、震音、回声、倒转、反向、失真、合唱、延迟、音量标准化处理等。

(5) AD Stream Recorder：它是一款流媒体录音工具，能录制 Internet 主流媒体、Windows 媒体播放器播放的电影和音乐。录音和监视过程中可实时显示信号，录制高质量的音频。用此软件进行录音，发现其资源占用极小，界面简洁使用方便。

【课后讨论】

(1) 手机铃声是怎样的文件格式？文件大小一般为多少？

(2) 常用的音频处理软件有哪些？如何编辑音频文件？

7.4　视频与动画

【课前思考】

视觉信息具有很强的冲击力，广告、动漫、电影、电视、MV 等各种视频信息丰富多彩，给人们带来层出不穷的新鲜体验和刺激。那么，什么是视频？什么是动画？它们有什么区别？如何动手制作自己喜欢的视频片段？

7.4.1　数字视频基础

动态信息是内容随时间变化的一个图像序列，可以分为视频信息和动画信息。信息由一幅幅单独的画面组成，这些画面以每秒 24~30 帧的速率连续地投射到屏幕上，使图像具有连续运动的感觉。视频(Video)是对自然景观或人物活动实时拍摄的运动序列，所占的数据量较大。动画(Animation)是由计算机生成的连续渐变的图形序列，其实质是一幅幅静态图像的连续播放。

电视能传输和再现真实世界的图像与声音，是当代最有影响力的视频信息传播工具。电视画面是一种光栅扫描图像，一般都采用隔行扫描方式，图像由奇数场和偶数场两部分组成，合起来组成一帧图像。我国采用 PAL 制式的彩色电视信号，其帧频为 25 帧/s，场频为 50 场/s，图像的垂直分辨率是 625 线，可见部分是 575 线，其他 50 线是不可见的回扫线。

模拟信号在时间和数值上都是连续的，对模拟信号进行等时间间隔取样，然后将每个取样的幅值都数量化，并分配给一个数字编码，就可以将模拟信号转换为数字信号(见图 7-4)。数字视频与模拟视频相比有很多优点。例如，复制和传输时不会造成质量下降，容易进行编辑修改，有利于传输(抗干扰能力强，易于加密)，可节省频率资源等。视频信号的数字化处理主要涉及取样、量化和编码三个步骤。

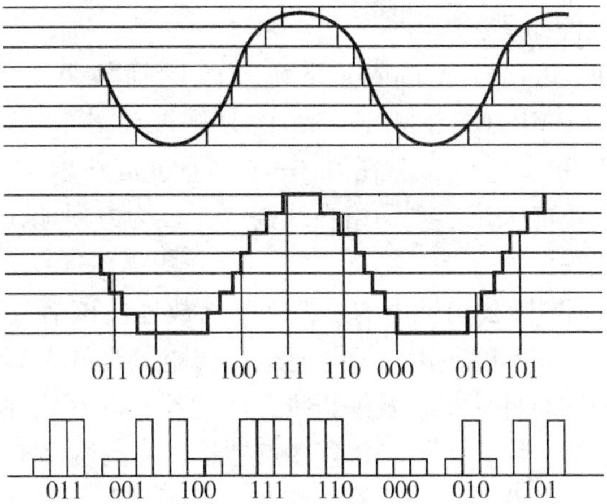

图 7-4　模拟信号数字化过程

(1) 取样：用一个周期为 T 的窄脉冲序列对模拟信号的幅度进行抽取，把随时间连续变化的模拟信号变成时间轴上不连续的离散信号，这个过程实际上是在每一条水平扫描线上等间隔地抽取视频图像某些特定像素点的属性值，这一过程又称为采样或抽样。

(2) 量化：对每个离散点(像素)的灰度或颜色样本进行数字化处理，在样本幅值的动态范围内进行分层、取整，以正整数表示。采用量化电平来代替无数个取样电平，使原来幅度连续变化的模拟信号变成了一系列离散的量化电平值。

(3) 编码：按照一定的规律，将量化后的值用数字表示，然后变换成二进制或其他进制的数字信号。如果有 4 个量化电平，可以用 2 位表示；如果有 256 个量化电平，则要用 8 位表示。

计算机中用于视频信号数字化的插卡称为视频采集卡(简称视频卡)，它能将输入的模拟视频信号(及其伴音信号)进行数字化然后存储在硬盘中。数字视频可以通过视频采集卡将模拟数字信号转换为数字视频信号，也可以从光盘及网络上直接获取数字视频素材，对数码摄像机拍摄 DV 进行采集。

数字摄像头是一种可以在线获取数字视频的设备，它通过光学镜头采集图像，然后直接将图像转换成数字信号并输入到计算机，不再需要专门的视频采集卡来进行模数转换。数字摄像机是一种离线的数字视频获取设备，其原理与数码相机类似，但具有更多的功能，它所拍摄的视频图像及记录的伴音可以存储在磁带或硬盘上，需要时再通过 USB 或 IEEE1394 接口输入计算机处理。

7.4.2　数字视频处理软件

视频处理一般是借助于一些相关的硬件和软件，在计算机上对输入的视频信号进行接收、采集、传输、压缩、存储、编辑、显示、回放等多种处理。利用视频转换工具软件可获取这些视频并将其转换为所需的文件格式进行存储和编辑，有些视频播放器也具有视频获取存储功能。

常用的视频播放软件如下。

(1) Windows Media Player：Windows 系统自带的播放器，可以播放 MP3，WMA，WAV 等音频文件，AVI，MPEG-1，MPEG-2，DVD 等视频文件。

(2) RealPlayer：RealPlayer 是一个在 Internet 上通过流技术实现音频和视频的实时传输的在线收听工具软件，能完全实现网络在线播放，极为方便地在网上查找和收听、收看自己感兴趣的广播及电视节目。

(3) 暴风影音：暴风网际公司推出的一款视频播放器，该播放器兼容大多数的视频和音频格式。该软件连续获得《电脑报》、《电脑迷》、《电脑爱好者》等权威 IT 专业媒体评选的消费者最喜爱的互联网软件荣誉以及编辑推荐的优秀互联网软件荣誉。

(4) PPS：PPS 是全球第一家集 P2P 直播点播于一身的网络电视软件，能够在线收看电影电视剧、体育直播、游戏竞技、动漫、综艺、新闻、财经资讯等。PPS 网络电视使用免费、播放灵活、内容丰富、画面流畅、人越多传输速度越快，是目前人们网络视频浏览的首要工具。

常用的视频编辑软件如下。

(1) Movie Maker：Windows 系统自带的视频制作工具，简单易学，可以组合镜头、声音，加入镜头切换的特效，操作很简单，适合家用摄像后的一些小规模的视频编辑处理。

(2) Adobe Premier：Adobe 公司推出的视频编辑软件，常用版本有 6.0，Pro1.5，2.0 等。Adobe Premiere Pro CS6 是一款编辑画面质量比较好的软件，有较好的兼容性，可以配合硬件进行视频的捕获和输出，能对视频、声音、动画、图片、文本进行编辑加工，并最终生成电影文件。该软件广泛应用于广告制作和电视节目制作中。

(3) Ulead Video Studio：这是友立公司推出的一个功能强大的视频编辑软件，具有图像抓取和编修功能，可以实时记录、抓取画面文件，用于家庭制作 DV，DVD，VCD，SVCD 等格式的影片。

7.4.3　计算机动画

计算机动画是采用计算机生成一系列可供实时演播的连续画面的一种技术。它可以辅助制作传统的卡通动画片，或通过对物体运动、场景变化、虚拟摄像机及光源设置的描述，逼真地模拟三维景物随时间而变化的过程，它所生成的一系列画面可在计算机屏幕上动态演示，也可转换成电视或电影输出。目前，计算机动画在动画片制作、广告制作、电影特技、教学演示、训练模拟、作战演习、产品模拟试验、电子游戏等有着非常广泛的应用。

计算机动画的基础是计算机图形学，其制作过程是借助于动画创作软件，在计算机中生成场景和形体的模型，然后设置它们的运动，最后再生成图像并转换成视频信号输出。

按照画面景物的透视效果和真实感程度，通常将计算机动画分为二维动画和三维动画。

1. 二维动画

网页上动画通常属于二维动画。它显示的是二维平面上的图像，其运动效果主要通过对图像本身或图像之间的移动、变换、变色等操作达到。按照制作方式的不同，可以分为逐帧动画和关键帧动画。逐帧动画是多张图片的连续播放而形成，关键帧动画是利用动作之间的相关性，先输入和编辑关键帧，然后根据预设条件自动计算中间的帧。

二维动画常见的格式有 GIF，SWF 和 FLIC 等。常用的商业动画软件开发系统有 TOONZ，RETAS PRO，USANIMATION 等，网页动画制作软件有 Ulead 公司的 GIF Animator 软件、Adobe 公司的 ImageReady 和 Flash 等。

Flash：Flash 源于 Future Wave 公司的 Future Splash，是世界上第一个商用的二维矢量动画软件，后由美国 Macromedia 公司收购，并改名为 Flash，后又被 Adobe 公司收购。Flash 是集动画创作与应用程序开发于一身的创作软件，可以用来创建数字动画、交互式 Web 站点、桌面应用程序。Flash 以流式控制技术和矢量技术为核心，制作的动画短小精悍，被广泛应用于网页动画的设计中。

Softimage | TOONZ：世界上最优秀的卡通动画制作软件系统，可以运行于 SGI 超级工作站的 IRIX 平台和 PC 的 Windows NT 平台上，被广泛应用于卡通动画系列片、音乐片、教育片、商业广告片等的卡通动画制作。

点睛辅助动画制作系统：国内第一个拥有自主版权的计算机辅助制作传统动画的软件系统，由方正集团与中央电视台联合开发。系统用于电视台、动画公司、制片厂的广告创意、动画绘制等，代表作有《海尔兄弟》。

2. 三维动画

三维动画又称 3D 动画，是近年来随着计算机软硬件技术的发展而产生的新兴技术。该技术能够模拟真实物体的运动状态，被广泛应用于医学、教育、军事、娱乐等诸多领域。特别是在影视制作方面，三维动画可以用于广告和电影电视剧的特效制作(如爆炸、烟雾、下雨、光效等)、特技(撞车、变形、虚幻场景或角色等)、广告产品展示、片头飞字等。

创建三维动画时，首先需要在计算机中建立一个虚拟的三维空间，然后构造物体模型置于这个虚拟空间内，再根据要求设定模型的运动轨迹、虚拟摄影机的运动方式及相关参数，并打上灯光以产生动感和质感，最后生成栩栩如生的画面。常用三维动画制作软件有：LIGHTWAVE，SoftImage，Renderman，3DS MAX，Maya 等。

(1) LightWave 3D：美国 NewTek 公司开发的三维动画制作软件。它操作简便、易学易用，在生物建模和角色动画方面功能异常强大，被广泛应用在电影、电视、游戏、网页、广告、印刷、动画等各领域。一些知名电影如《TITANIC》、《RED PLANET》、《生化危机》等的特效均由它开发制作完成。

(2) 3D MAX：3D Studio Max 简称为 3DX Max，是 Autodesk 公司开发的基于个人计算机系统的三维动画渲染和制作软件。该软件广泛应用于广告、影视、工业设计、建筑设计、多媒体制作、游戏、辅助教学以及工程可视化等领域，曾参与《X 战警 II》、《最后的武士》、《后天》等影视片的特效制作。

(3) MAYA：Maya 是美国 Autodesk 公司出品的世界顶级的三维动画软件，被广泛用于电影、电视、广告、电脑游戏和电视游戏等的特效创作。Maya 功能完善，工作灵活，易学易用，制作效率极高，渲染真实感极强，是电影级别的高端制作软件，曾获奥斯卡科学技术贡献奖等殊荣。我们大家所熟知的《星际战队》、《指环王》等影片中的电脑特技部分制作都是由它所完成。

【课后讨论】

(1) 视频文件的大小如何计算？视频大小与视频获取设备的分辨率有何关系？

(2) 如果参加某个电视节目，需要提供 15 分钟的视频材料，应该如何制作和剪辑？

(3) 上网查询动画片影视作品《阿凡达》、《喜洋洋与灰太狼》等幕后制作团队及其设计开发过程。

7.5　多媒体技术的应用

【课前思考】

目前，多媒体信息技术已经覆盖了计算机应用的所有领域，还开拓了人类生活、娱乐、学习等方面的新领域。那么，多媒体技术的主要应用领域有哪些？什么是虚拟现实技术？人机交互技术主要体现在哪些方面？

7.5.1　主要应用领域

近年来，多媒体技术发展迅速，快速渗透到人类生活的各个领域，如游戏、教育、档案、图书、娱乐、艺术、股票债券、金融交易、建筑设计、家庭、通信等。层出不穷、变幻莫测的众多多媒体新技术的开发和应用为我们带来了全新的视听享受和完美体验。典型的应用如图 7-5 所示，多媒体技术应用包括以下几个方面。

(a) 数字监控　　(b) 多媒体显示屏　　(c) 电子游戏

图 7-5　多媒体技术应用

1)教育教学

各种计算机辅助教学(Computer Assisted Instruction，CAI)软件能够综合运用文字、声音、图像、动画等多媒体功能，使教学内容变得形象直观、生动活泼。各种各样电子教案、教学课件、多媒体网络教学平台等为教师的教学提供极大的便利，也给广大学生的自学提供可行的途径。

2)数字图书馆

数字图书馆(Digital Library)是用数字技术处理和存储各种图文并茂文献资料的图书馆。实质上，它是一种多媒体制作的分布式信息系统，把各种不同载体、不同地理位置的信息资源用数字技术存储，以跨越区域面向对象的网络查询和传播的一个大型信息系统。

3)影视娱乐

娱乐业是多媒体技术运用最多最广泛的领域，电子游戏、仿真游戏、赌博游戏使千万青少年甚至成年人为之着迷，可见多媒体的威力。如今，众多电视、电影、综艺节目的特技、特效都需要使用多媒体软件编辑制作，二维、三维动画制作在传统动画及3D动画人物造型和编辑时十分重要。

4)咨询系统

各种咨询系统借助多媒体系统的综合表现力，能将各种信息生动形象地展现在用户眼前，极大地提高服务质量。例如，旅游景点安装的触摸屏可以随时随地实现景点风光、风土人情、服务项目等介绍和语音讲解。

5)视频会议

视频会议系统是一种重要的多媒体通信系统，它是指两个或两个以上不同地方的个人或群体，通过现有的各种电信通信传输媒体，将人物的静动态图像、语音、文字、图片等多种资料分送到各个用户的计算机上，使得在地理上分散的用户可以共聚一处，通过图形、声音等多种方式交流信息，增加双方对内容的理解能力。

7.5.2 虚拟现实技术

虚拟现实(Virtual Reality，VR)技术是20世纪90年代兴起的一种实用技术，用于模拟人在自然环境中的视觉、听觉、触觉、嗅觉和味觉等多种行为的高级人机交互技术，是多媒体技术发展的更高境界。

虚拟现实技术主要包括模拟环境、感知、自然技能和传感设备等方面。模拟环境是由计算机生成的、实时动态的三维立体逼真图像。感知是具有一切人所具有的感知。除计算机图形技术所生成的视觉感知外，还有听觉、触觉、力觉、运动等感知，甚至还包括嗅觉和味觉等，也称为多感知。自然技能是指人的头部转动，眼睛、手势或其他人体行为动作，由计算机来处理与参与者的动作相适应的数据，并对用户的输入作出实时响应，且分别反馈到用户的五官。传感设备是指三维交互设备。虚拟现实技术系统中常见的交互设备，如图7-6所示。

目前，虚拟现实技术在一些领域已经开始应用，并逐渐发挥作用。

1) 医学

利用虚拟现实技术可以建立虚拟的人体模型，借助于跟踪球、HMD、数据手套等了

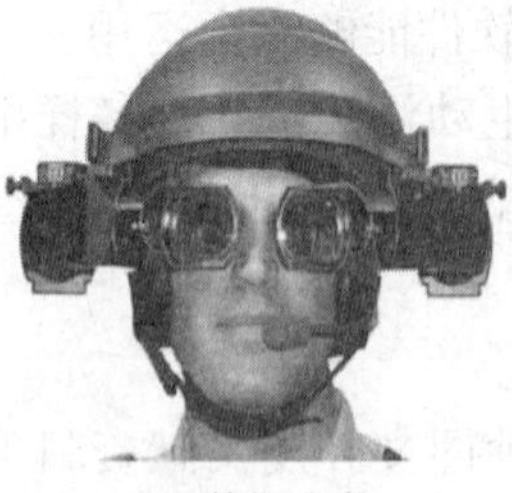
(a) 数据头盔

(b) 数据手套

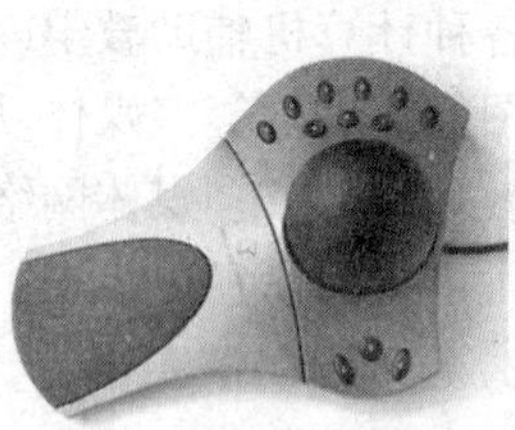
(c) 三维鼠标

图 7-6　虚拟现实技术常用交互设备

解人体内部各器官结构，还可以有虚拟的手术台与手术灯，虚拟的外科工具(如手术刀、注射器、手术钳……)等。虚拟医学实验室可以用于医学培训、实习和研究，仿真程度高，且不受标本、场地等的限制，会大大降低成本。

外科医生在真正动手术之前，通过虚拟现实技术的帮助，能在显示器上重复地模拟手术，移动人体内的器官，寻找最佳手术方案并提高熟练度。在远距离遥控外科手术，复杂手术的计划安排，手术过程的信息指导，手术后果预测及改善残疾人生活状况，乃至新药研制等方面，虚拟现实技术都能发挥十分重要的作用。

2）游戏

三维游戏既是虚拟现实技术重要的应用方向之一，也为虚拟现实技术的快速发展起了巨大的需求牵引作用。尽管存在众多的技术难题，虚拟现实技术在竞争激烈的游戏市场中还是得到了越来越多的重视和应用。可以说，电脑游戏自产生以来，一直都在朝着虚拟现实的方向发展，虚拟现实技术发展的最终目标已经成为三维游戏工作者的崇高追求。从最初的文字 MUD 游戏，到二维游戏、三维游戏，再到网络三维游戏，游戏在保持其实时性和交互性的同时，逼真度和沉浸感正在一步步地提高和加强。我们相信，随着三维技术的快速发展和软硬件技术的不断进步，在不远的将来，真正意义上的虚拟现实游戏必将为人类娱乐、教育和经济发展作出新的更大的贡献。

3）军事航天

模拟训练一直是军事与航天工业中的一个重要课题，这为虚拟现实提供了广阔的应用前景如图 7-7(a)所示。美国国防部高级研究计划局 DARPA 自 20 世纪 80 年代起一直致力于研究称为 SIMNET 的虚拟战场系统，以提供坦克协同训练，该系统可连接 200 多台模拟器。

4）文物古迹

利用虚拟现实技术，结合网络技术，可以将文物的展示、保护提高到一个崭新的阶段。首先表现在将文物实体通过影像数据采集手段，建立起实物三维或模型数据库，保存文物原有的各项型式数据和空间关系等重要资源，实现濒危文物资源的科学、高精度和永久的保存。其次利用这些技术来提高文物修复的精度和预先判断，选取将要采用的保护手段，同时可以缩短修复工期，如图 7-7(b)所示。通过计算机网络来整合统一大范围内的文物资源，并且通过网络在大范围内来利用虚拟技术更加全面、生动、逼真地展示文物，从而使文物脱离地域限制，实现资源共享，真正成为全人类可以“拥有”的文化遗产。使用虚拟现实技术可以推动文博行业更快地进入信息时代，实现文物展示和保护的现代化。

5）地理信息系统

应用虚拟现实技术，将三维地面模型、正射影像和城市街道、建筑物及市政设施的三维立体模型融合在一起，再现城市建筑及街区景观，用户在显示屏上可以很直观地看到生动逼真的城市街道景观，可以进行诸如查询、量测、漫游、飞行浏览等一系列操作，满足数字城市技术由二维 GIS 向三维虚拟现实的可视化发展需要，为城建规划、社区服务、物业管理、消防安全、旅游交通等提供可视化空间地理信息服务，如图 7-7(c)所示。

(a) 虚拟战场　　(b) 虚拟古迹仿真　　(c) 虚拟城市规划

图 7-7　虚拟现实仿真系统

电子地图技术是集地理信息系统技术、数字制图技术、多媒体技术和虚拟现实技术等多项现代技术为一体的综合技术。电子地图是一种以可视化的数字地图为背景，用文本、照片、图表、声音、动画、视频等多媒体为表现手段展示城市、企业、旅游景点等区域综合面貌的现代信息产品，它可以存储于计算机外存，以只读光盘、网络等形式传播，以桌面计算机或触摸屏计算机等形式提供大众使用。由于电子地图产品结合了数字制图技术的可视化功能、数据查询与分析功能以及多媒体技术和虚拟现实技术的信息表现手段，加上现代电子传播技术的作用，它一出现就赢得了社会的广泛兴趣。

6）虚拟仿真校园

虚拟校园也是虚拟现实技术在教育培训中最早的具体应用，它由浅至深有三个应用层面，分别适应学校不同程度的需求。简单的虚拟校园环境，供游客浏览基于教学、教务、校园生活，功能相对完整的三维可视化虚拟校园以学员为中心，加入一系列人性化的功能。以虚拟现实技术作为远程教育基础平台、虚拟远程教育可为高校扩大招生后设置的分校和远程教育教学点提供可移动的电子教学场所。通过交互式远程教学的课程目录和网站，由局域网工具作校园网站的链接，可对各个终端提供开放性的、远距离的持续教育，还可为社会提供新技术和高等职业培训的机会，创造更大的经济效益与社会效益。随着虚拟现实技术的不断发展和完善，以及硬件设备价格的不断降低，虚拟现实技术以其自身强大的教学优势和潜力，将会逐渐受到教育工作者的重视和青睐，最终在教育培训领域广泛应用并发挥其重要作用。

7.5.3　人机交互技术

人机交互技术(Human-Computer Interaction Techniques)是指通过计算机输入、输出设

备，以有效的方式实现人与计算机对话的技术。

人机交互技术包括机器通过输出或显示设备给人提供大量有关信息及提示等，人通过输入设备给机器输入有关信息，回答问题及提示等。人机交互技术是计算机用户界面设计中的重要内容之一。它与认知学、人机工程学、心理学等学科领域有密切的联系。

人机交互技术也指通过电极将神经信号与电子信号互相联系，达到人脑与电脑互相沟通的技术，可以预见，电脑甚至可以在未来成为一种媒介，达到人脑与人脑意识之间的交流，即心灵感应。

人机交互技术领域热点技术的应用潜力已经开始展现，比如智能手机配备的地理空间跟踪技术；应用于可穿戴式计算机、隐身技术、浸入式游戏等的动作识别技术；应用于虚拟现实、遥控机器人及远程医疗等的触觉交互技术；应用于呼叫路由、家庭自动化及语音拨号等场合的语音识别技术和为有语言障碍人士提供的无声语音识别；应用于广告、网站、产品目录、杂志效用测试的眼动跟踪技术；针对有语言和行动障碍人开发的"意念轮椅"，采用基于脑电波的人机界面技术，等等。热点技术的应用开发是机遇也是挑战，基于视觉的手势识别率低，实时性差，需要研究各种算法来改善识别的精度和速度。眼睛虹膜、掌纹、笔迹、步态、语音、唇读、人脸、DNA 等人类特征的研发应用也正受到关注，多通道的整合也是人机交互的热点。另外，与"无所不在的计算"、"云计算"等相关技术的融合与促进也需要继续探索。

【课后讨论】

(1) 多媒体技术有哪些主要特点？多媒体技术主要应用在哪里领域？

(2) 浏览我校虚拟校园系统，结合自身体验谈谈你对虚拟现实技术的优缺点？

(3) 什么是人机交互技术？人机交互系统是如何设计的？

本章小结

本章介绍了多媒体技术的基本概念、发展历程、相关技术、应用领域等相关知识。图像、声音和视频信息是多媒体技术主要处理的对象，因此本章对数字图像的基础知识、压缩技术、文件格式和处理软件进行了详细的阐述。在音频处理技术中介绍了音频信号数字化过程和常见的音频文件格式，在视频处理技术部分介绍了视频和动画的基本知识、视频压缩技术、常用的视频播放和编辑软件、二维动画和三维动画编辑制作软件。结合教育教学、影视娱乐等方面，探讨了多媒体技术的应用领域以及虚拟现实技术、人机交互技术等最新技术及应用实例。

基础练习

一、选择题

1. 计算机只能处理数字信号，在数字视频/音频信号获取过程中，下列顺序正确的是(　　)。

A. 量化、编码、采样　　　　B. 采样、编码、量化

C. 采样、量化、编码　　　　D. 量化、采样、编码

2. 若一台显示器中 R，G，B 分别用 3 位二进制来表示，那么它可以显示(　　)种不同的颜色。

A. 9　　B. 256　　C. 512　　D. 1024

3. 下列不属于音频文件格式的(　　)。

A. wav　　B. ra　　C. rar　　D. midi

4. 3D MAX 是一种(　　)软件。

A. 多媒体播放　　B. 图像编辑　　C. 文字处理　　D. 三维动画制作

5. 一幅具有 1600 万种颜色、分辨率为 1280×1024 的数字图像，在没有进行数据压缩时，其数据量是(　　)。

A. 1600　　B. 1280×1024

C. 1600×1024　　D. 16000000×1280×1024

二、简答题

1. 多媒体中数据编码技术和数据压缩技术有哪些？

2. Photoshop CS4 与之前的版本相比，增加了哪些新的功能？

3. 一个长 2 分钟的音频文件，文件不压缩数据量是多大？

4. 使用数码相机录制的视频片段如何在计算机内存储、播放？

第8章　信息资源检索技术

☞本章要点

➢ **关键词**：信息资源；文献；信息检索；信息检索工具；科技论文。

➢ **学习目标**：了解信息及信息资源的相关概念、分类方法；掌握信息检索的基本步骤和操作方法；熟悉常用图书、期刊、学位论文、专利等文献资料的检索工具和检索方法；根据具体问题能够制定检索方案，完成不同文献信息的检索；能够正确对文献信息进行基本的加工总结，撰写相关论文。

➢ **学习重点**：检索方法和技巧；常见检索工具的使用；科技论文撰写要点。

8.1　信息资源检索概述

【课前思考】

我们每天都会听广播、读书、看报、看电视、打电话、上网等，目的是获取外界的信息资源，找到自己感兴趣的内容或自己急需的资讯。那么，信息资源究竟有哪些？如何快速找到想要的信息呢？

8.1.1　信息与信息资源

信息与能源、物质并列为当今世界三大资源。作为资源，物质为人们提供了各种各样的材料，能源提供各种各样的动力，而信息则提供各种各样的知识。信息具有使用价值，能够满足人们的特殊需要，可以用来为社会服务。信息是普遍存在的，但并非所有的信息都是资源。只有满足一定条件的信息才能构成资源。

知识是指人类在实践中认识客观世界(包括人类自身)的成果。它可能包括事实、信息，描述或在教育和实践中获得的技能。它可能是关于理论的，也可能是关于实践的。知识来源于信息，是信息的一部分。

情报是被传递的知识或事实，是激活的知识，是运用一定的媒体(载体)，越过空间和时间传递给特定用户，解决科研、生产中的具体问题所需要的特定知识和信息。

文献是记录有知识的一切载体。具体地讲，用文字、图形、符号、声频、视频等手段记录下来的人类知识的一切物质载体均可称为文献。在科学技术发展的历史过程中，记录有知识的载体经历了甲骨、金石、缣帛、简牍、泥板、纸草、羊皮、纸质、音像、光盘、缩微、机读、全息片等的变化过程。信息内容、信息符号、载体材料是构成文献的三个基本要素。存储知识信息、传递知识信息、教育和娱乐功能是文献的基本功能。

狭义的信息资源指的是信息本身或信息内容，即经过加工处理，对决策有用的数据。开发利用信息资源的目的就是为了充分发挥信息的效用，实现信息的价值。广义的信息资源指的是信息活动中各种要素的总称，贯穿于人类社会信息活动中从事生产、分配、交换、流通、消费全过程。

信息资源由信息生产者、信息、信息技术三大要素组成。

(1) 信息生产者是为了某种目的的生产信息的劳动者，包括原始信息生产者、信息加工者或信息再生产者。

(2) 信息既是信息生产的原料，也是产品。它是信息生产者的劳动成果，对社会各种活动直接产生效用，是信息资源的目标要素。

(3) 信息技术是能够延长或扩展人的信息能力的各种技术的总称，是对声音、图像、文字等数据和各种传感信号的信息进行收集、加工、存储、传递和利用的技术。信息技术作为生产工具，对信息收集、加工、存储和传递提供支持与保障。

信息资源的类型多种多样。按对象的性质来分，信息资源包括自然信息资源和社会信息资源；按表现形态划分，信息资源包括潜在信息资源、现实信息资源；按载体类型划分，信息资源包括口语信息资源、体语信息资源、文献信息资源、实物信息资源、网络信息资源、多媒体信息资源；按空间位置划分，信息资源包括国际信息资源、国家信息资源、地区信息资源、单位或个人信息资源。

数字信息资源是指经过数字化处理的、可通过计算机系统或通信网络等识别、传递、浏览的信息资源。数字信息资源以磁性材料或光学材料为存储介质，存储信息密度高，容量大，且可以无损耗地被重复利用。数字信息资源内容丰富，可以是文字、图表等静态信息，也可以是集图、文、声、像于一体的动态多媒体信息，且各种类型的数据又可借助计算机实现任意的组合编辑。

数字信息资源主要有以下两种形式。

(1) 数据库是数字信息资源产生的最早形式。按照所含信息的内容，数据库可以划分为文献书目数据库、数值型数据库、事实型数据库、全文本数据库、图像数据库、多媒体数据库等几种类型。

(2) 网络信息资源是指以数字化形式记录的，以多媒体形式表达的，分布式存储在互联网不同主机上的，并通过计算机网络通信方式进行传递的信息资源的集合，是计算机技术、通信技术、多媒体技术相互融合而形成的在互联网上可查找、可利用的信息资源。

文献信息资源是指以文字、图形、符号、声频、视频等方式记录在各种载体上的知识和信息，其特点是经过加工、整理，较为系统、准确、可靠，便于保存与利用，但也存在信息相对滞后，部分信息尚待证实的情况。

按文献加工处理的深度划分，文献可以分为：零次文献、一次文献、二次文献、三次文献。其中，零次文献是指直接作用于人的感觉器官的非文献型情报信息，或是未公开、未经正式发表的原始文献，没正式出版的各种书刊资料，如书信、手稿、记录、笔记等。一次文献是人们直接以自己的生产、科研、社会活动等实践经验为依据生产出来的文献，也被称为原始文献，其所记载的知识、信息比较新颖、具体、详尽。二次文献也称二级文献，它是将大量分散、零乱、无序的一次文献进行整理、浓缩、提炼，并按照一定的逻辑顺序和科学体系加以编排存储，如目录、索引等。三次文献是选用大量有关的文献，经过综合、分析、研究而编写出来的文献，具有较高的实用价值，如综述、评论、评述、进展、动态等。

按科技文献的载体形式，文献可以划分为印刷型、缩微型、声像型、机读型几种类型。印刷型是文献的最基本方式，包括铅印、油印、胶印、石印等各种资料，其优点是查找直接、阅读方便。缩微型是以感光材料为载体的文献，又可分为缩微胶卷和缩微平片，其优点是体积小、便于保存、转移和传递。声像型又称直感型或视听型，是以声音和图像形式记录在载体上的文献，如唱片、录音带、录像带、科技电影、幻灯片等。机读型是通过编码和程序设计，把文献变成符号和机器语言，输入计算机，存储在磁带或磁盘上，阅读时，再由计算机输出，它能存储大量情报。

按出版形式和内容公开程度，文献可以划分为白色文献、灰色文献和黑色文献。白色文献是指正式出版并在社会成员中公开流通的文献，包括图书、报纸、期刊等。灰色文献是指非公开出版的文献，包括非公开发行出版的政府文献、学位论文、会议文献、科技报告、企业产品资料等。黑色文献是指非公开出版发行、或者发行范围狭窄、内容保密的文献。

按科技文献的出版形式，文献可以分为：科技图书、科技期刊、会议文献、专利文献、学位论文、科技报告、政府出版物、标准文献、科技档案、产品样本等。

8.1.2　信息检索技术

信息检索是先将信息按一定方式组织和储存起来，再针对信息用户的特定需求查找出所需信息内容的过程。信息检索的过程包括两大部分：信息标引和存储过程、信息的需求分析和检索过程。前者由信息系统的专家及有关机构完成，后者是用户借助一定检索工具自由完成。信息检索过程实际上可以看成用户信息需求与文献信息集合的比较、选择和匹配的过程。

信息的检索、利用和创造是一个循环和增值的过程，如图 8-1 所示。人们通过检索工具获得信息，经过处理筛选出需要的部分，在利用信息的过程中又创造出新的信息，这些信息经过核准后又被标引、组织进检索工具(数据库)，再提供人们使用，信息在这个循环的处理过程中不断得到扩充。利用信息检索技术可以提高工作的成功率、缩短获取信息的时间，从而充分利用信息资源，避免重复劳动更新知识，实现终生学习。

常见的信息检索方式有分类检索、主题检索、作者检索、名称检索、号码检索等。

(1) 分类检索：从文献内容所属的学科类别出发来检索文献，它依据的是一个可参照的分类体系(Classification)。分类体系是按照文献内容特征的相互关系组织文献，并以一定的标记进行排序、检索。比较权威的分类体系有中国图书馆图书分类法(简称中图法)、美国国会图书馆分类法、杜威十进分类法。

(2) 主题检索：主题检索是从反映文献内容的有关主题词出发来检索文献，类似于字典、词典检索。主题词(Subject)有多种类型，如规范词和自由词、单元词和多元词等。主题词的合理选择与使用对检索结果的优劣直接相关。

(3) 作者检索：作者检索是从文献的作者姓名出发来检索其文献。广义的作者(author)

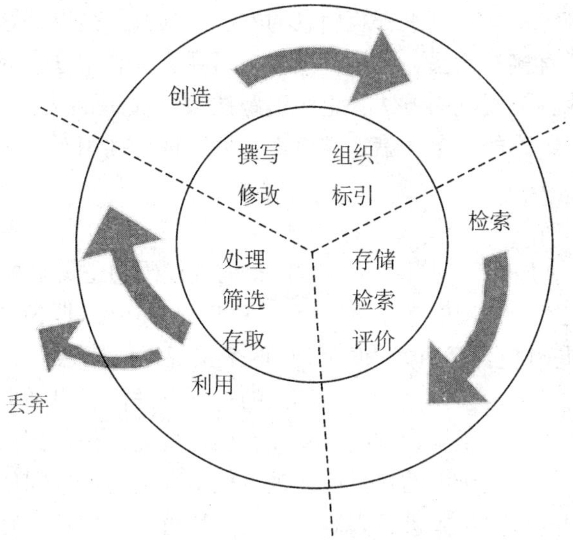

图 8-1 信息检索与利用过程循环

还包括：汇编者(compiler)、编者(editor)、主办者(sponsoring body)、译者(translator)等。此外，还有代表机构、单位的团体作者(corporate author)、作者所在单位(author's affiliation)等。名称(title)检索点是从各种事物的名称出发来检索文献信息。

(4) 名称检索：名称检索是从各种事物的名称出发来检索文献信息。这些名称包括：书名、刊名、资料名、出版物名、出版社名、会议名、物质名称等，也包括人名和机构名。

(5) 号码检索：号码包括文献的编号、代码等，它们是文献信息的一些特有的外部标识，号码检索以号码特征来检索文献信息。号码多种多样，通常用数字、字母或用它们结合的形式或以分段的方式来表示其各部分的含义。比如科技报告有报告号、合同号、拨款号等，专利文献有专利号、入藏号、公司代码等，期刊有刊号、邮发代号，等等。

按检索方式的不同，信息检索的类型可以划分为手工检索、计算机检索。前者使用印刷型或书目型检索工具，由指定人员手工进行比较、选择、查找任务。通用的检索刊物可以定期地将最新收集到的信息、文献加以汇总、组织和报道，为手工检索用户提供服务。后者是在人与机器的合作、协同下完成的，以实时、交互的方式从计算机存储的大量数据中自动分拣出用户所需要的信息。其中，计算、比较、选择、匹配等任务由计算机系统执行，用户只需要提供检索的条件和要求。

按检索内容的不同，信息检索可以分为书目检索、全文检索、事实检索、数据检索。其中书目检索是利用书目、文摘、索引等工具检索，检索的结果只提供相关信息线索，如书名、题名、篇名、作者等。全文检索是以查找到信息全文为目的，如检索某人毕业论文的全文。事实检索以事实为检索对象，从存储事实信息系统中查找出指定的事实，如检索某一时间、地点、过程、事物、概念等。数据检索是利用参考工具书、数据库等查找某一数据、参数、分子式、图表等，如长江的精确长度。

检索方法包括常规检索法、回溯法、顺查法、倒查法、抽查法等。常规检索法是指利用目录、索引、文摘等检索工具来查找信息的方法，其特点是以课题研究的时间作为切入点展开检索的，包括直接检索法、间接检索法。回溯法是利用已掌握文献后面的参考文献或引用文献追踪查找相关文献的方法，也叫追踪法或引文追溯法，具体检索方法有两种：一种是利用原始文献新附的参考文献追溯检索；另一种是利用专门编制的引文索引进行追溯查找。

常用的检索技术有：

(1) 布尔检索：利用布尔逻辑算符进行检索词或代码的逻辑组配，是现代信息检索系统中最常用的一种技术。常用的布尔运算有与 AND、或 OR、非 NOT 三种，如检索"法律 and 河南"表示检索同时包含"法律"和"河南"两个关键词的信息。

(2) 截词检索：是把检索词截断，取其中的一部分片段，再加上截词符号一起构成检索式的方法。截词检索常用于检索词的单复数、词尾变化、拼写方法变异等。

(3) 位置检索：利用记录中的自然语言进行检索，词与词之间的逻辑关系用位置算符组配，对检索词之间的相对位置进行限制。这是一种可以不依赖主题词而直接使用自由词进行检索的技术方法。

(4) 字段限定检索：是指限定检索词在数据库记录中的一个或几个字段范围内查找的一种检索方法。常用的字段限定符号有"in"、"="等。

(5) 加权检索：加权检索是某些检索系统中提供的一种定量检索技术，用于判定检索词或字符串在满足检索逻辑后对文献命中与否的影响程度。

一次完整的信息检索步骤应该包括检索目的确定、检索准备、检索系统选择、检索式编写、检索结果分析等。首先要根据课题要求分析检索的主题、范围等，确定后还要做一些检索准备工作，如查找课题相关学科的主题词、感兴趣的研究机构、专家学者信息等。然后选择合适的检索工具，编写检索式进行检索，如果检索结果不理想还可以修改检索式、调整检索策略，或者选取其他检索工具重新检索。该过程可以重复多次进行，直到结果满意为止。

检索效果是指检索系统检索的有效程度，它反映检索系统的能力，通常从技术和经济两个方面来分析。技术效果指系统的性能和服务质量，它是由检索系统实现其功能的能力所确定的；经济效果指检索系统服务所花费的成本和时间，它是由检索系统完成其检索服务的代价所确定的。

评价检索效果的指标有收录范围、查全率、查准率、响应时间、用户负担、输出形式等六项。查全率(Recall ratio，召回率)和查准率(Precision Ratio，准确率)是反映检索效果的重要指标。查全率是衡量某一检索系统从文献集合中检出相关文献成功度的一项指标，即检出的相关文献与全部相关文献的百分比。查准率则为检出的相关文献与检出的全部文献的百分比。

8.1.3　国内外著名检索工具

国内主要检索刊物包括《全国报刊索引》、《报刊资料索引》、《中国科学引文索引》、《中文社会科学引文索引》、《中国学术期刊文摘》等。

（1）《全国报刊索引》：由上海图书馆编辑出版，创刊于1955年，是国内最早出版发行的综合性中文报刊文献检索工具。收录全国包括港、台地区的期刊8000余种，涉及所有哲学、社会科学、自然科学以及工程技术领域。内容包括我国与各省市自治区党政军、人大、政协等重大活动、领导讲话、法规法令、方针政策、社会热点问题、各行各业的工作研究、学术研究、文学创作、评论综述以及国际、国内的重大科研成果等。月报道量均在1.8万条以上，每年的报道量合计在44万条左右。

（2）《中国科学引文索引》（China Science Citation Index，CSCI）：由中国科学院文献情报中心编制，通过著者、机构名或主题词查找文献；通过引文索引了解某一课题研究过程，揭示文献间相互联系情况，利用引文著者检索该著者论文被引用情况、引用频率，为科管工作提供参考性的定量材料。还可为机构发文量、地区和国家发文量提供统计数据。

（3）《中国社会科学引文索引》（Chinese Social Science Citation Index，CSSCI）：由南京大学编制，是我国人文社会科学主要文献信息查询和评价的重要工具。

国外检索工具主要有SCI，EI，ISTP，其因收录文献广泛、检索途径多、查找方便、创刊历史悠久而备受科研人员及科研管理部门的青睐。其收录论文的状况是评价科研机构和科研人员的成绩、水平以及进行奖励的重要依据之一。

（1）SCI（Science Citation Index，科学引文索引）：创刊于1963年，是美国科学情报研究所（Institute for Seientific Information，ISI）出版的一部世界著名的期刊文献检索工具。SCI收录全世界出版的数、理、化、农、林、医、天文、地理、环境、工程技术等自然科学各学科的核心期刊10000余种。SCI运用科学的引文数据分析和同行评估相结合方法，综合评估期刊的科学和学术价值。ISI通过严格的选刊标准和评估程序挑选刊源，而且每年略有增减，所收录的文献能全面覆盖全世界最重要、最有影响力的研究成果。SCI索引对科技工作者查阅最新文献、跟踪国际学术前沿、科研立项以及在具体的课题研究时及时了解国际动态都有很大帮助。

（2）EI（Engineering Index，工程索引）：创刊于1884年，是美国工程信息公司出版的著名工程技术类综合性检索工具。每年摘录世界工程技术期刊约3000种，还有会议文献、图书、技术报告和学位论文等，报道文摘约15万条，内容包括全部工程学科和工程活动领域的研究成果。它具有综合性强、资料来源广、地理覆盖面广、报道量大、报道质量高、权威性强等特点，在全球的学术界、工程界、信息界中享有盛誉，是科技界共同认可的重要检索工具。

（3）ISTP（Index to Scientific & Technical Proceedings，科技会议录索引）：创刊于1978年，由美国科学情报研究所编辑出版，会议录收录生命科学、物理与化学科学、农业、生物和环境科学、工程技术和应用科学等学科，其中工程技术与应用科学类文献约占35%。

另外，国外重要的检索工具还有ISR（科学评论索引）、JCR（Journal Citation Reports，期刊引用报告）、SSCI（社会科学引文索引）、A&HCI（艺术与人文学科引文索引）、ISSHP（社会科学和人文科学会议录索引）等。国内重要的检索工具还有CSTPC（中国科技论文与引文数据库）、人大复印资料等。

【课后讨论】

(1)举例说明日常学习和生活中获取信息的主要方法。

(2)信息资源有哪些特点？其发展趋势怎样？

(3)检索式是怎样的？应如何规划指定课题的检索式？

(4)SCI，EI 检索系统有哪些不同的版本？如何证明某文献被 SCI/EI 检索？

8.2　常见检索系统的使用

【课前思考】

假如要写一份科技报告，或是准备开始某个课题的研究，或是要撰写毕业论文，急需查阅大量的文献资料，要到哪里查找呢？如何检索呢？

8.2.1　普通文献检索

普通文献主要指期刊和图书。国内期刊检索工具常用的有 CNKI 中国期刊全文数据库、万方数据资源系统、维普中文科技期刊数据库等，国外期刊检索工具有 SpringerLink，Elsevier，RSC 电子期刊等。图书检索系统有超星、读秀、书生之家等。

1. CNKI 与中国期刊全文数据库

中国国家知识基础设施(China National Knowledge Infrastructure，CNKI)是以实现全社会知识资源传播共享与增值利用为目标的信息化建设项目，由清华大学、清华同方发起，始建于 1999 年 6 月。经过多年努力，采用自主开发并具有国际领先水平的数字图书馆技术，建成了世界上全文信息量规模最大的 CNKI 数字图书馆(见图 8-2)。CNKI 数据库包括《中国期刊全文数据库》、《中国优秀博硕士学位论文全文数据库》、《中国重要会议论文全文数据库》等，支持全球用户超过 6000 多家。目前，已经与 7500 多家编辑部、1200 多家高校、科研、政府等机构建立合作关系。

《中国期刊全文数据库》是目前世界上最大的连续动态更新的中国期刊全文数据库，收录国内 8200 多种重要期刊，内容覆盖自然科学、工程技术、农业、哲学、医学、人文社会科学等领域，全文文献总量 2200 多万篇。数据库包括 Web 版、镜像站版、光盘版等形式。中国期刊全文数据库收录范围广，数据更新快、时间跨度大，集中迅速地反映各行业、学科的最新研究进展和社会热点问题。CNKI 网站首页如图 8-2 所示。

《中国期刊全文数据库》检索方式有初级检索、高级检索与专家检索等 3 种方式。登录系统后默认的检索方式即为初级检索方式，如图 8-3 所示。其检索方法和步骤是：①在左侧检索导航中选择查询范围；②选择检索项；③输入检索词；④点击“逻辑”下方的“+”或“-”可增减逻辑检索行，可以输入多个检索项和检索词；⑤设定日期范围；⑥更新数据范围；⑦选择期刊类型；⑧限定匹配方式；⑨排序方式；⑩选择每页显示结果的条目数；⑪点击“检索”按钮，查看检索结果。

数据库还有高级检索、专业检索、二次检索、跨库检索等。高级检索比初级检索要复杂，可以实现多个检索词的逻辑组合和词频控制；专业检索需要用户根据系统的检索语法编制完整的检索表达式，适用于熟练掌握检索技术的专业检索人员；二次检索是在已经检

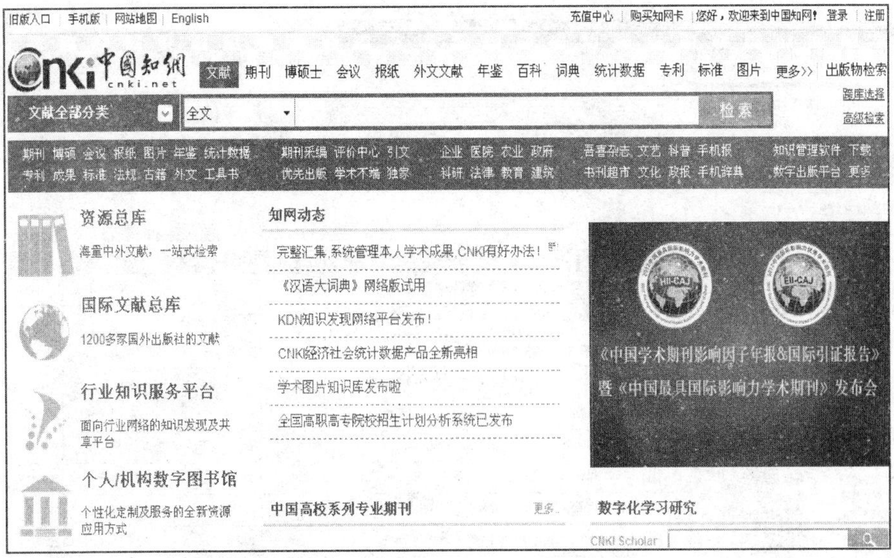

图 8-2　CNKI 网站首页

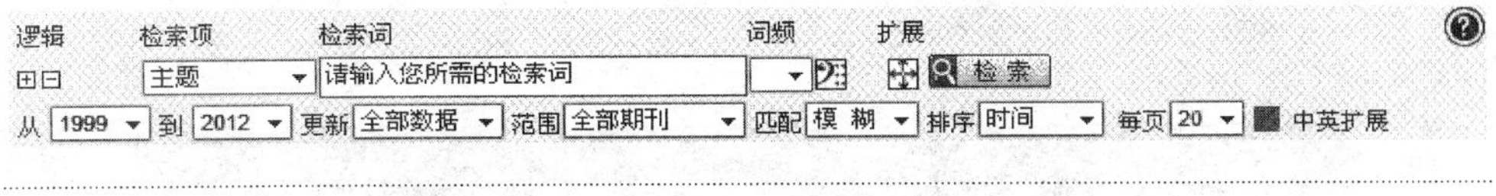

图 8-3　初级检索界面

索的结果范围内进行重新查找；跨库检索可实现多个数据库同时检索，检索范围广，检索方法与单个数据库检索方法大致相同。

检索结果的页面通常包括四部分，左上栏为检索导航区域，左下栏显示检索的相似词，右上栏为检索条件，右下栏为本次检索结果，如图 8-4 所示。

浏览：显示结果列表显示题名，点击题名，查看该条记录的详细内容，如作者、刊名、摘要、相似文摘、相关研究机构、相关文献作者等。点击蓝色的字段，可以进行相关检索。如点击作者姓名，可浏览该作者的所有记录。在出现的对话框内选择“在文件的当前位置打开”，即可浏览该篇文献全文。

保存：方法 1，点击题名打开详细记录显示页面，点击“CAJ 下载”或“PDF 下载”，在出现的对话框内选择“将文件保存到磁盘”，可将原文文献下载到本机磁盘或软盘中。方法 2，将文献全文打开浏览后，可使用 CAJ 浏览器提供的保存功能将文章保存下来。

在检索结果的记录集中，选中某条文献记录，可以打开文献浏览窗口，如图 8-5 所示。在文献浏览窗口可以下载文献全文，也可以打印出该篇文献。

2. 万方数据资源系统

万方数据资源系统是中国科技信息研究所、万方数据集团公司开发的网上数据库联机

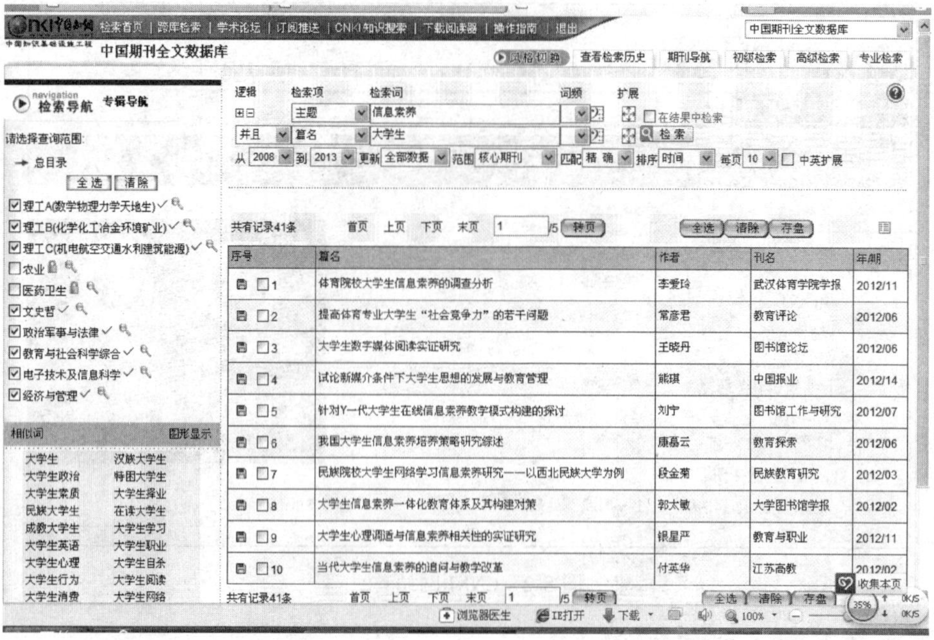

图 8-4　检索结果显示面页

图 8-5　文献基本信息显示页面

检索系统。该系统包括三个子系统，即科技信息子系统、商务信息子系统和数字化期刊子系统。万方数据库类型丰富，包括期刊论文、会议论文、学位论文全文、学术会议论文、中国标准数据库等 100 多个子系统。其检索方式包括简单检索、高级检索、跨库检索等，与 CNKI 期刊检索方法类似，检索界面如图 8-6 所示。

图 8-6　万方数据库资源系统检索界面

万方数据库还提供很多实用生活方面的信息，如院校信息、医药信息、交通旅游信息、商品和通信信息等，可适合不同层次读者的需求。近年来，万方数据库又推出了学术统计分析、论文相似性检测、科技文献分析等多种检索及辅助分析工具，为用户提供多种服务。万方数据库知识服务平台是以科技信息为主、集经济、金融、社会、文化、教育等信息于一体的综合性信息服务系统，是一个以国家信息基础设施为依托，面向国民经济建设主战场的现代化、网络化、覆盖全国的科技信息传播系统。

3. 超星数字图书馆

超星数字图书馆是国家 863 计划中国数字图书馆示范工程项目，2000 年 1 月在互联网上正式开通。它由北京世纪超星信息技术发展有限责任公司投资兴建，拥有丰富的电子图书资源并提供阅读，包括文学、经济、计算机等五十余大类，数百万册电子图书，500 万篇论文，全文总量 10 亿余页，数据总量 1000000GB，并且每天仍在不断地增加与更新，是目前世界最大的中文在线数字图书馆。

超星数字图书馆可以支持分类检索、关键词检索、高级检索，用户登录后可以查询自己需要的图书资源。超星阅读器 SSreader 是超星数字图书馆的专用阅读工具，其操作界面如图 8-7 所示。使用 SSreader 可以方便地阅读、下载、检索相关图书，还可以建立个人图书馆，对图书资源进行分类、标记、导入导出、阅读记录标记等多种个性化操作。同时，该阅读器还支持打印、图书下载、离线阅读等操作。

图 8-7　超星数字图书阅览

8.2.2　特殊文献检索

1）学位论文

学位论文是大学生、研究生毕业时为申请学位而提交的供评审使用的学术论文。学位论文只供审查答辩之用，一般不公开出版，由被授予单位所收藏。国内论文收藏单位有中国科学技术信息研究所、国家图书馆、清华大学图书馆等。

学位论文追踪学科前沿发展，对研究过程、实验数据记录详细详实，是科学研究不可替代的文献资源。

印刷型学位论文包括中国学位论文通报、中国科学院博士学位论文文摘、国际学位论文文摘、学位论文综合索引、国际硕士学位论文文摘、美国博士学位论文等。常用的学位论文数据库有中国优秀博硕士学位论文全文数据库、中国学位论文全文数据库、PQDD 国外学位论文数据库等。

比如，要检索“Remote Senser Images”主题相关的国外某高校博硕士论文，可以使用外文博硕士论文服务系统(Foreign Dissertation & Theses Service System，FDTS)，登录后可以进行检索，如图 8-8 所示。

2）会议文献

会议文献指各类专业学术会议的资料和出版物。会议文献能够传递新产生的但未必成熟的科研信息，对学科领域中最新发现、新成果等重大事件的首次报道率最高，是人们及时了解有关学科领域发展状况的重要渠道。文献涉及研究内容集中、针对性强、新颖及时。按会议举办的规模可分为：国际性会议、全国性会议、地区性会议。

会议文献可以通过馆藏印刷型会议文献、文摘型会议论文数据库、全文型会议论文数据库、馆外会议文献的检索等进行检索。中国重要会议论文全文数据库是检索会议文献的主要工具，中国学术会议在线是获取会议信息的主要网站。可以使用 CNKI 检索项中选择会议文献进行检索，如检索“教育心理学”相关的会议文献，如图 8-9 所示。

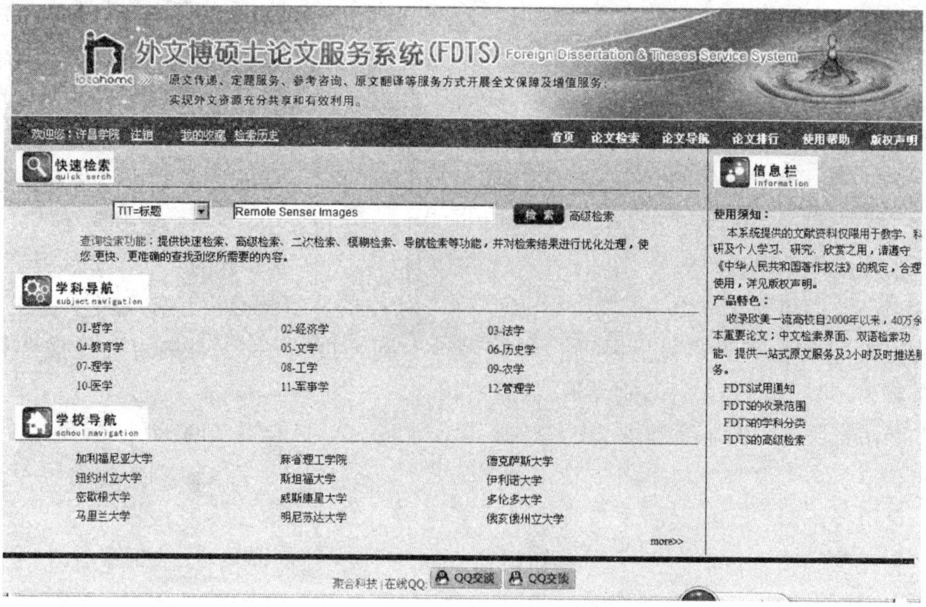

图 8-8 FDTS 外文博硕士论文检索

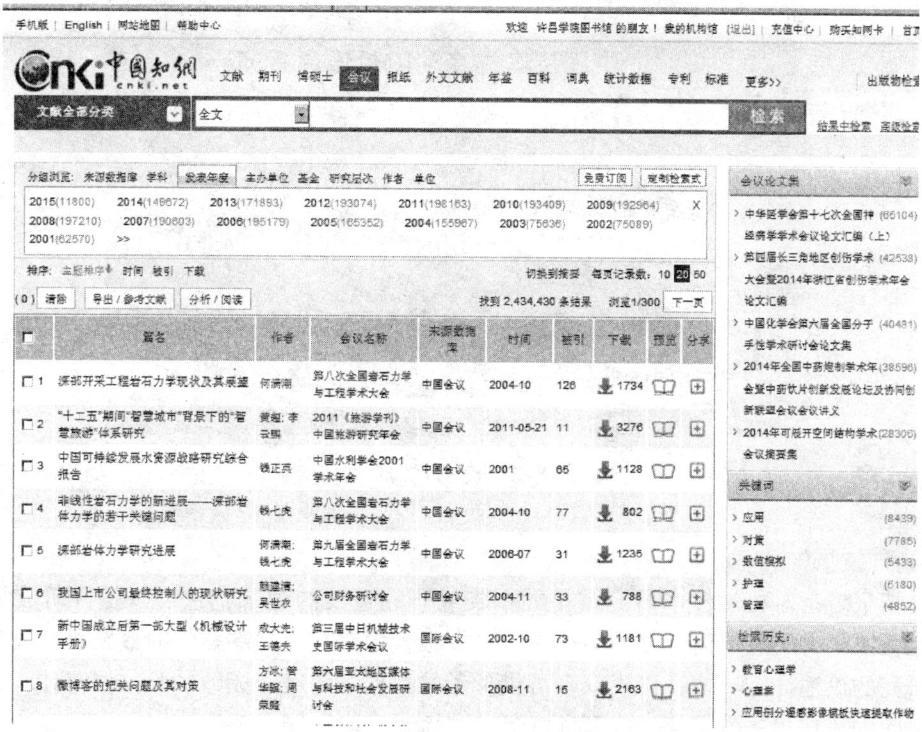

图 8-9 CNKI 会议文献检索结果

3）专利信息

专利指一个国家授予创造发明人，在一定时间内，对该发明创造的独占生产、使用和销售等权利。我国专利分为发明专利、实用新型专利、外观设计专利三类。专利文献是申请或批准的专利信息，包含专利的研究、设计、开发、试验成果以及专利所有者、专利申请批准证书等信息。这些资料是在专利审批过程中产生的文件，有些是公开出版的，有些则仅为存档或仅供复制使用。作为公开出版物的专利文献主要有：专利申请说明书、专利说明书、实用新型说明书、工业品外观设计说明书、专利公报、专利索引等。

检索中国专利可以登录中国知识产权局专利检索、中国专利网。《中国专利公报》是国家知识产权局每周定期公开出版的受理、审查和授权公告的唯一法定刊物，共分《发明专利公报》、《实用新型专利公报》、《外观设计专利公报》三种。每周每种公报合订为一期，全年 52 期，以大 16 开印刷品形式出版发行。

专利信息服务平台涵盖了来自全球 90 多个国家和组织的近 7000 万件专利文献信息，提供专利申请、专利检索服务，支持多种多形式、多载体的专利文献副本检索服务。通过专利信息服务平台，可以及时了解技术的最新进展，发现和避免专利侵权行为，充分利用失效专利经济和技术价值。登录国家知识产权局专利信息查询页面，如图 8-10 所示，可以检索中国以及国外专利授予情况。

图 8-10　专利查询页面

4）科技报告

科技报告是对科学技术研究结果的报告或研究进展的记录，它可以是科研成果的总结，也可以是科研进展情况的实际记录。科技报告大都涉及尖端科学的最新研究成果，对问题研究的论述详细具体，提供众多可供参考的数据和图表、成败经验。据统计，全世界每年出版的科技报告数量达 100 万件以上。

美国政府报告数据库 NTIS 收录了美国政府立项研究及开发的项目报告，支持 AD，PB，NASA，DOE 四大报告。另外还有航空航天 NTRS、能源部 DOE、国防技术情报中心

STINET 报告等。

5）标准文献

标准文献是按照规定程序编制并经过一个公认的权威机构批准的，供在一定范围内广泛而多次使用，包括一整套在特定活动领域必须执行的规格、定额、规划、要求的技术文件。标准文献有利于企业或生产实现经营管理统一化、制度化、科学化。标准文献的制定要通过起草、提出、批准、发布等，并规定出实施时间与范围。标准文献按使用范围，可划分为：国际标准、区域标准、国家标准、专业标准、部门标准、基础标准等。

检索我国各类标准的工具有中国技术监督局情报所、中国 ISO、中国标准化与信息分类编码所、国家质量技术监督局标准化司、中国工程技术信息网、中国标准化协会等。

6）事实和数据检索

事实检索是以文献中抽取的事项为检索内容，根据查询需求，由检索系统进行分析、推理后再输出最终结果，如检索“中共十一届三中全会何时召开，形成什么决议”等。

数据检索是以数值或图表形式表示的数据为检索对象的信息检索，如电话号码、统计数据、图表等。比如检索“2005 年 GDP 多少、人均多少、较上年增长率”、“2005 年我国高等院校数目、在校生数量”等。

事实和数据检索通常使用特定参考工具书来完成，如字词(辞)典、百科全书、年鉴、手册等。与普通图书、检索工具相比，工具书更科学、规范，实用性强、资料完备、检索方便。

8.2.3 网络信息检索

1）网络搜索引擎

搜索引擎是网上信息检索工具的通称，它将超文本技术、网络技术和多媒体技术融为一体，把各种相联的信息按一定的规则组织起来，并提供一定的查询方式。搜索引擎的工作过程是：先利用蜘蛛程序从互联网上抓取网页，然后对网页中的关键词进行索引、建立索引数据库。当用户输入某些查询词后，系统找到所有包含该关键词的网页，并按照特定算法进行排序，最后根据相关度高低，依次输出结果。

按照工作原理的不同，搜索引擎可以分为全文搜索引擎(如 Google、百度等)和分类目录(如雅虎、中搜、新浪、网易等)。国外的搜索引擎有 hotbot，lycos，alatvista，A9 等。

2）Google

Google 由两个斯坦福大学博士生 Larry Page 与 Sergey Brin 于 1998 年共同开发的在线搜索引擎。单词取自 googol，代表 10^{100}，表示互联网上可以获得的海量的资源。Google 富于创新的搜索技术和典雅的用户界面设计使它从当今第一代搜索引擎中脱颖而出，成为世界上最大的搜索引擎，覆盖 100 多个国家和地区。

Google 的搜索服务有网页、图片、音乐、视频、地图、新闻、问答等，近年来，Google 又推出了在线翻译、在线商城、浏览器、交通查询、操作系统等多种应用服务。

3）Baidu

百度搜索引擎是目前国内最大的商业化全文搜索引擎，于 1999 年年底在美国硅谷由李彦宏和徐勇创建。“百度”二字源于宋朝辛弃疾《青玉案 · 元夕》中诗句：“众里寻他千百度”，象征着百度对中文信息检索技术的执著追求。百度搜索范围涵盖中国、新加坡等华语地区以及北美、欧洲的部分站点。百度搜索引擎拥有目前世界上最大的中文信息库，总量达到 6000 万页以上，并且还在以每天几十万页的速度快速增长。

百度除支持新闻、网页、音乐、图片、视频等分类检索外，百度还提供了贴吧、文库、百科、校园等多项服务。近年来，百度又推出了手机浏览器、手机地图、移动搜索、网盘、手机助手等多种新型产品。

百度致力于为用户提供“简单，可依赖”的互联网搜索产品及服务，已经成为中国最具价值的品牌之一。除常规的搜索方法外，还可以使用高级搜索，对搜索条件、文件类型、关键词位置等进行设置。这对用户快速、准确地找到所需信息非常有用。百度高级搜索界面如图 8-11 所示。

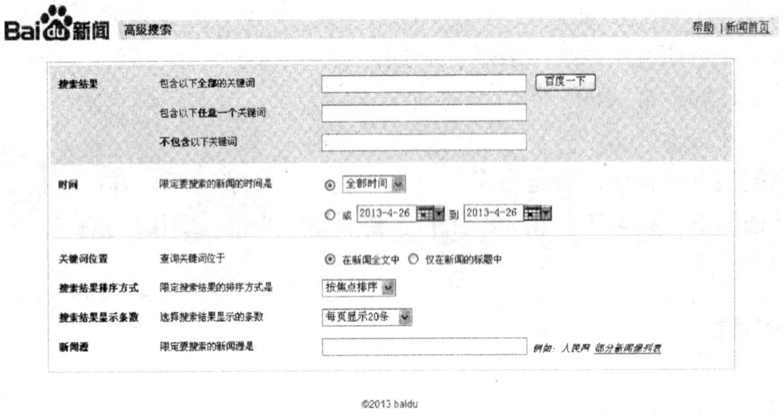

图 8-11　百度高级检索界面

逻辑运算符：如搜索“大学生 素质教育”表示同时包含关键词“大学生”和“素质教育”的页面；“大学生-素质教育”表示包含“大学生”而不包含“素质教育”的页面；“大学生 | 素质教育”表示同时包含“大学生”或者“素质教育”的页面。

精确匹配：双引号和书名号表示精确匹配的词语，而不再进行分词处理，如搜索“《手机》”表示搜索关于《手机》的小说或影视作品，不包含通信工具相关的页面，大大提高检索的准确度。

搜索范围限定：intitle 表示在网页标题中搜索，intext 表示在网页内容中搜索关键字，inurl 表示在 url 链接中搜索。例如，“大学生 intext：blog”表示搜索含有“大学生”的博客页面。

文件类型：filetype 用来设置搜索的文件格式，如“演讲比赛 filetype：doc”表示搜索含有“演讲比赛”的 Word 文件。

站点限制：site 表示在特定站点中搜索，link 表示搜索指定网站的链接，related 表示搜索指定 URL 相关的页面。如“申报 项目 site：xcu. edu. cn”表示在 xcu. edu. cn（许昌学院）网站内搜索含有“申报”和“项目”的页面。

【课后讨论】

(1)要使用 CNKI 数据库资源，可选择何种资费方式？

(2)万方数据资源系统有哪些数据库，我校图书馆购买、使用的有哪些？

(3)学位论文有哪些种类？如何检索某位学生的毕业论文？

(4)要检索 2002 年以来我校学生在校内外各项竞赛中的获奖情况，使用百度搜索引擎，应如何检索？

8.3 信息资源的综合利用

【课前思考】

现在已经了解常用的检索工具，并会使用它们。但针对一个具体问题，可能搜索到很多不同类型的文献资料，那么如何对这些资料和数据加工整理、如何利用这些资源，完成用户要做的工作或任务？如何撰写相关的报告或论文？

8.3.1 信息资源的收集和加工

1）信息资源的收集

收集信息资源，就是要依据研究课题的学科专业性质和与其他相邻学科的关系、信息需求的目的来确定收集的深度和广度。一般来说，基础理论侧重于利用各种著作、学术论文和技术报告中的信息；应用研究侧重于利用学术论文、专利说明书、技术报告、技术标准、参考工具书中的信息。

信息资源的收集方法包括系统检索和访问考察。系统检索是利用手工检索工具和计算机检索系统查找已公布的信息；访问考察是有目标地进行专访、座谈、实地参观或参加有关国内外学术会议进行交流等收集未公开发布的信息。

假如，要做一项关于当代大学生信息素养的调查研究，可能需要对不同区域、不同层次院校学生的信息素养状况进行调查，获取真实的数据资料。另一方面，选择合适的检索系统，查找该课题相关的最新期刊论文、会议论文、著作、网站资源以及相关的教育法规等，选择合适的关键词是检索的关键。

2）信息资源的整理

收集一定的信息资源后要及时整理加工。信息资源整理通常包括形式整理和内容整理。前者主要将信息按学科主题进行归类、编号排序，使之系统化、有序化；后者是对文献资料通读后，提取与课题相关的论点、论据、结论、图表数据等，并进行分析、汇总，剔除参考价值不大的部分。

3）信息资源的分析利用

信息资源分析是根据特定问题的需要，对大量分散的信息进行深层次的思维加工和分析研究，形成有助于问题解决的新信息。常用的方法有比较法和综合法。比较法可以对不同时期同一对象的纵向比较，也可以是不同对象在同一时期的横向比较。综合法是把与研究课题有关的分散信息按特定的目的汇集、归纳形成系统、完整的信息集合。

信息资源利用主要体现在科学技术研究、项目立项论证、研究成果鉴定、专利申请、研究查新、研究过程中的技术攻关、技术引进、新成品研发等。信息资源利用实质上是分析、利用现有资源，创造产生新知识的过程，其结果通常以信息研究报告或科技论文或成果的形式再生信息。

8.3.2　科技论文撰写

科学是关于自然、社会和思维的知识体系，技术是根据生产实践经验和科学原理发展而成的各种生产工艺、程序、方法和技能。科技论文是报道自然科学研究和技术开发创新性工作成果的论述文章，是运用概念、判断、推理、证明或反驳等逻辑思维手段，分析表达自然科学理论和技术开发研究成果。按科技论文发挥的作用分：学术性论文、技术性论文、学位论文；按研究方式和论述内容划分：试验研究型、理论论证型、发明发现型、设计计算型、综合论述型。

科技论文结构一般包括题名、论文作者、摘要、关键词、引言、正文、结论、参考文献，特殊的科技论文还可能有封面、题名页、目次页、附录等。图 8-12 显示了一篇论文的其中主要部分。

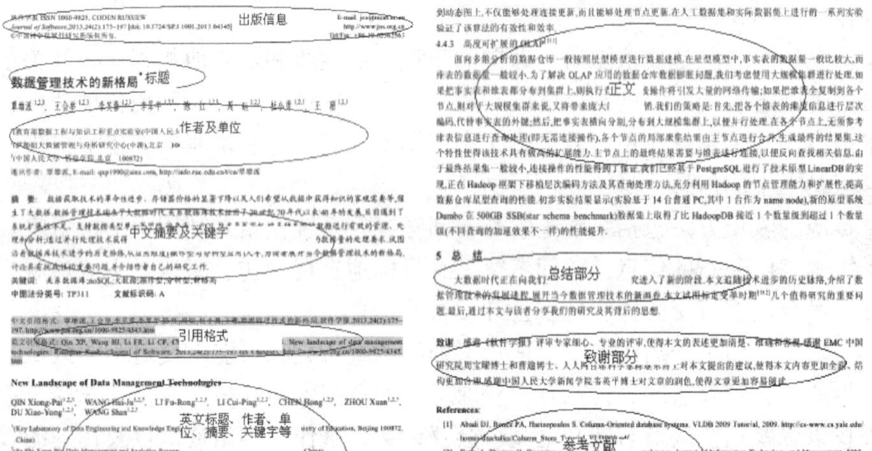

图 8-12　科技论文基本结构

题名(Title，Topic)是论文的核心和总纲，题名要准确表达论文内容，恰当反映所研究的范围和深度，简明扼要，尽可能使用规范词语，便于论文传播中的摘引和检索。

署名(Author)是论文作者对论文著作权的声明，愿意文责自负，也便于读者与作者联系，署名信息还包括工作单位、联系方式等。

摘要(Abstract)是对论文的内容不加注释和评论的简短陈述，是文章内容的高度概括。摘要通常包括该项研究工作的内容、目的及其重要性，所使用的实验方法，研究成果总结、作者的新见解，研究结论及其意义，等等。期刊论文的摘要一般在200字左右。

关键词(Key Word)是为了满足文献标引或检索工作的需要而从论文中萃取出的、表示全文主题内容信息条目的单词、词组或术语，一般3~8个。

引言(Introduction)写在正文之前，是论文研究的目的和范围、国内外研究情况比较、研究理论方法、预期结果意义。引言一般要言简意赅，一般为200~600字。

正文(Main Body)是论文的主体，是科技文献的核心。根据论文需求，长短不一，一般在3000字以上。正文大体上包括四部分，课题的理论分析、研究论证，研究方案的提出、实施，实验方法和数据处理，实验结果及讨论。

结论(Conclusion)是整篇论文的总论点，是在理论实验的基础上逻辑分析得到事物本质规律的认识。结论要求准确、完整、精练，对成果的评价应公允、恰如其分。尤其要注意结论不是实验、观测结果的重复分析。

致谢(Acknowledgment)是用简短的语言对该研究工作及写作中给予资助、帮助等的组织或个人致以谢意。

参考文献(Reference)是文中引用其他文献资料的声明，是对其他科技成果完成人的尊重，也是维护知识产权的需要申明等。参考文献的引用原则是参考最必要、最新的文献。参考文献必须是公开发表的，并按照标准的著录格式进行撰写。

另外，在科技文献写作时，需要考虑图表的规范化。论文中出现的插图和表格必须有图表序号、名称，表达精练、清晰、规范，尽量用计算机作图。

【课后讨论】

(1)阅读一篇科技文献时，要把握的关键信息有哪些？

(2)科技查新主要是做什么的？如何进行科技查新？

(3)如果要准备撰写毕业论文的开题报告，应该如何收集整理文献资料？

本章小结

本章主要介绍了信息资源的种类、文献信息资源的概念及其类别，信息检索的基本原理和检索方法，重点介绍了全国期刊数据库、万方数据库、网络资源等常用检索工具以及期刊文献、会议文献、学位论文、专利标准、图书资料等文献信息检索的方法和途径。结合信息资源检索、利用、科技创新等方面，探讨了对信息资源收集整理、分析利用的方法，结合具体实例分析了科技论文的撰写格式和撰写要求。

基础练习

一、选择题

1. 文献是记录有知识的(　　)。

A. 载体　　B. 纸张　　C. 光盘　　D. 磁盘

2. 下列文献属于二次文献的是(　　)。

A. 专利文献　　B. 学位论文　　C. 会议文献　　D. 目录

3. 利用文献末尾所附参考文献进行检索的方法是(　　)。

A. 倒查法　　B. 顺查法　　C. 引文追溯法　　D. 抽查法

4. 中国国家标准的代码是(　　)。

A. GB　　B. CB　　C. ZG　　D. CG

5. 我校图书馆所购买的下列数据库中可以检索硕士毕业论文全文的是(　　)。

A. CNKI　　B. 维普数据资源

C. 超星数字图书馆　　D. 万方数据资源系统

6. 期刊论文记录中的“文献出处”字段是指(　　)。

A. 论文的作者

B. 刊载论文的期刊名称及年卷期、起止页码

C. 论文作者的工作单位

D. 收录论文的数据库

7. 以下检索出文献最少的检索式是(　　)。

A. a and b　　B. a and b or c　　C. a and b and c　　D. (a or b) and c

8. 科技文献中可以不包含下列(　　)部分。

A. 摘要　　B. 引言　　C. 结论　　D. 致谢

二、简答题

1. 某信息系统中某课题有关的信息共 2000 条，按某方法检索该课题是实际检索出 2400 条，其中真正相关信息 1200 条，则查全率、查准率分别是多少?

2. 国际标准书号 ISBN 和国际标准刊号 ISSN 分别有多少位? 各部分有何意义?

3. 如果检索得到的文献较少，应该如何修改检索式子? 反之，如何修改?

4. 什么是影响因子? 期刊、文献的影响因子应如何衡量?

5. 查看期刊《现代大学教育》和《电化教育研究》两种期刊在参考文献格式要求上的不同?

三、操作题

1. 检索近 5 年国内素质教育方面的论文，按照规定参考文献的格式分别列出。

2. 检索傅廷栋院士所发表的学术论文、著作，按照标准参考文献著录格式列出。

3. 查找 2014 年在国内将要召开的医学领域的国际会议。

4. 查找专利“汽车安全带”的发明人及相关专利信息。

5. 查找河南省科技厅每年要出版的科技公报有哪些，分别是几月份出版。

6. 查找食品安全方面有哪些国际标准、国家标准、本省的地区标准。

第9章 信息安全

☞本章要点

➢ **关键词**：信息系统；信息安全；网络安全；计算机病毒。

➢ **学习目标**：了解信息安全基本概念，提高信息安全意识；掌握基本的信息安全事件防范技能，为进一步深入学习信息安全相关知识获得学习引导；培养识别信息安全威胁、规避信息安全风险的能力；提高基本的信息安全防护能力。

➢ **学习重点**：信息安全概念；网络安全概念；计算机病毒的防护。

9.1 信息安全概述

【课前思考】

(1)大学生在生活中能否离不开信息和信息系统?

(2)信息世界中有没有信息安全威胁?

(3)你遇到过什么样的信息安全威胁?

(4)你认为自己的信息安全意识薄弱吗?

(5)你身边有没有信息安全人才?

(6)信息安全问题产生的根源是什么?

9.1.1 信息安全基本概念

随着社会信息化进程的加快，信息已经成为社会发展的重要资源，信息安全也成为21世纪国际竞争的重要战场。为了保护国家的政治、经济利益，各国政府都非常重视信息和网络的安全，信息安全已经成为一个全球性问题。

传统的信息安全概念是指网络与信息系统正常运行，防止网络与信息系统中的信息丢失、泄露以及未授权访问、修改或者删除。其核心是信息安全的三个基本属性：保密性、完整性和可用性。

保密性：指信息不被泄露给非授权的用户、实体或进程，或被其利用的特性。

完整性：指信息未经授权不能进行更改的特性。即信息在存储或传输过程中保持不被偶然或蓄意地删除、修改、伪造、乱序、插入的特性。

可用性：指信息可被授权实体访问并按需求使用的特性。例如，在授权用户或实体需要信息服务时，信息服务应该可以使用，或者是信息系统部分受损或需要降级使用时，仍能为授权用户提供有效服务。

随着信息化发展，信息安全的内涵不断深化，外延不断拓展。当前，国民经济和社会发展对信息化高度依赖，信息安全已经发展成为涉及国民经济和社会发展各个领域，不仅影响公民个人权益，更关乎国家安全、经济发展、公众利益的重大战略问题。

简言之，新形势下的信息安全，就是要保障信息化健康发展，防止信息化发展过程中出现的各种消极和不利因素。这些消极和不利因素不但根源于信息可能被非授权窃取、修改、删除以及信息系统可能被非授权中断，也因违法与不良信息的传播与扩散而表现为信息内容安全问题。其影响不再局限于信息与信息系统自身，还外延至国家的政治、经济、文化、军事等各个方面。

9.1.2　信息系统的安全威胁

信息系统安全面临的威胁可以分为自然威胁和人为威胁。自然威胁包括洪水、飓风、地震、火灾等自然因素所造成的威胁，这些不可抗力可能会引起电力中断、电缆破坏、计算机元器件受损等事故，从而导致信息安全事件。

人为威胁包括外部威胁和内部威胁。外部威胁的类型很多。当前，网络与信息系统越来越复杂，各种安全漏洞存在的可能性越来越高，而攻击信息系统的工具和方法愈加简单和智能化。无论国家、团体出于政治、经济目的还是仅仅因为个人泄愤、炫耀，都有可能危害信息系统，造成信息安全事件。就党政机关而言，主要面临境外国家和地区窃取我国家秘密的威胁，以及因黑客攻击政府网站而导致政府形象受损、电子政务服务中断的威胁。其技术手段有植入木马等恶意程序、传播计算机病毒、利用信息系统自身脆弱性发起攻击等。

内部威胁是指单位所属人员有意或无意的违规操作造成的信息安全危害行为。有意行为是指内部人员有计划地窃取或损坏信息，以欺骗方式使用信息，或拒绝其他授权用户的访问；无意行为通常是由于安全意识淡薄、技术素质不高、责任心不强等原因造成的危害行为。事实证明，内部威胁是信息安全最大的威胁源之一，其对信息安全的危害甚至远远超出其他形式带来的危害。

信息安全威胁根据其性质，基本上可以归结为以下几个方面。

(1)信息泄露：保护的信息被泄露或透露给某个非授权的实体。

(2)破坏信息的完整性：数据被非授权地进行增删、修改或破坏而受到损失。

(3)拒绝服务：信息使用者对信息或其他资源的合法访问被无条件地阻止。

(4)非法使用(非授权访问)：某一资源被某个非授权的人，或以非授权的方式使用。

(5)窃听：用各种可能的合法或非法的手段窃取系统中的信息资源和敏感信息。例如，对通信线路中传输的信号搭线监听，或者利用通信设备在工作过程中产生的电磁泄漏截取有用信息等。

(6)业务流分析：通过对系统进行长期监听，利用统计分析方法对诸如通信频度、通信的信息流向、通信总量的变化等参数进行研究，从中发现有价值的信息和规律。

(7)假冒：通过欺骗通信系统(或用户)达到非法用户冒充成为合法用户，或者特权小的用户冒充成为特权大的用户的目的。我们平常所说的黑客大多采用的就是假冒攻击。

(8)旁路控制：攻击者利用系统的安全缺陷或安全性上的脆弱之处获得非授权的权利

或特权。例如，攻击者通过各种攻击手段发现原本应保密，但是却又暴露出来的一些系统"特性"，利用这些"特性"，攻击者可以绕过防线守卫者侵入系统的内部。

(9)授权侵犯：被授权以某一目的使用某一系统或资源的某个人，却将此权限用于其他非授权的目的，也称为"内部攻击"。

(10)抵赖：这是一种来自用户的攻击，涵盖范围比较广泛。比如：否认自己曾经发布过的某条消息、伪造一份对方来信等。

(11)计算机病毒：这是一种在计算机系统运行过程中能够实现传染和侵害功能的程序，行为类似病毒，故称为计算机病毒。

(12)信息安全法律法规不完善：由于当前约束操作信息行为的法律法规还很不完善，存在很多漏洞，很多人打法律的擦边球，这就给信息窃取、信息破坏者以可乘之机。

9.1.3 信息安全等级划分与保护

信息安全等级保护是我国信息安全保障的一项基本制度，是国家通过制定统一的信息安全等级保护管理规范和技术标准，组织公民、法人和其他组织对信息系统分等级实行安全保护，对等级保护工作的实施进行监督、管理。

信息系统的安全保护等级应当根据信息系统在国家安全、经济建设、社会生活中的重要程度，信息系统遭到破坏后对国家安全、社会秩序、公共利益以及公民、法人和其他组织的合法权益的危害程度等因素确定。根据《信息安全等级保护管理办法》的规定，我国信息系统安全等级分为以下五级。

第一级，信息系统受到破坏后，会对公民、法人和其他组织的合法权益造成损害，但不损害国家安全、社会秩序和公共利益。

第二级，信息系统受到破坏后，会对公民、法人和其他组织的合法权益产生严重损害，或者对社会秩序和公共利益造成损害，但不损害国家安全。

第三级，信息系统受到破坏后，会对社会秩序和公共利益造成严重损害，或者对国家安全造成损害。

第四级，信息系统受到破坏后，会对社会秩序和公共利益造成特别严重损害，或者对国家安全造成严重损害。

第五级，信息系统受到破坏后，会对国家安全造成特别严重损害。

【课后讨论】

分析以下信息安全问题：网络共享与恶意代码防控？信息化建设超速与安全规范不协调？信息产品国外引进与安全自主生产？

9.2 网络安全常用技术

【课前思考】

了解网络安全和信息安全的区别；熟悉网络安全的攻防体系结构；了解网络安全评价标准；了解网络所面临的安全威胁种类；熟悉网络安全策略设计原则。

目前，计算机网络的普及度越来越大，不仅是人们工作、学习和生活的便捷工具，同时也为人们提供了各种各样的资源。但是，不得不注意到，网络虽然功能强大，但它有脆弱、易受到攻击的一面。

据美国联邦调查局统计，美国每年因网络安全问题所造成的经济损失高达 75 亿美元。而全球平均每 20 秒钟就发生一起 Internet 计算机侵入事件。在我国，每年因黑客入侵、计算机病毒对网络的破坏也造成了巨大的经济损失，因此，无论何时网络安全问题不容忽视。

9.2.1　网络安全基本概念

随着网络威胁的增加，人们逐渐建立了网络安全研究的相关技术和理论，提出了网络安全的模型、体系结构和目标等。

网络安全从其本质上来讲就是网络上的信息安全，涉及的领域相当广泛，这是因为在目前的公用通信网络中存在着各种各样的安全漏洞和威胁。凡是涉及网络上的信息的保密性、完整性、可用性、真实性和可控性的相关技术和理论，都是网络安全所要研究的领域。

严格地说，网络安全是指网络系统的硬件、软件及其系统中的数据受到保护，不受偶然的或者恶意的原因而遭到破坏、更改、泄漏，系统连续可靠正常地运行，网络服务不中断，这包括如下含义。

- 网络运行系统安全，即保证信息处理和传输系统的安全。
- 网络上系统信息的安全。
- 网络上信息传播的安全，即信息传播后果的安全。
- 网络上信息内容的安全，即狭义的“信息安全”。

1. 计算机网络安全主要内容

计算机网络安全的主要内容不仅包括硬件设备、管理控制网络的软件方面，同时也包括共享的资源，快捷的网络服务等方面。具体来讲包括如下内容。

- 网络实体安全。

计算机机房的物理条件、物理环境及设施的安全，计算机硬件、附属设备及网络传输线路的安装及配置等。

- 软件安全。

保护网络系统不被非法入侵，系统软件与应用软件不被非法复制、篡改、不受病毒的侵害等。

- 数据安全。

保护数据不被非法存取，确保其完整性、一致性、机密性等。

- 安全管理。

在运行期间对突发事件的安全处理，包括采取计算机安全技术，建立安全管理制度，开展安全审计，进行风险分析等内容。

- 数据保密性。

信息不泄露给非授权的用户、实体或过程，或供其利用的特性。在网络系统的各个层次上有不同的机密性及相应的防范措施。例如，在物理层，要保证系统实体不以电磁的方式(电磁辐射、电磁泄漏等)向外泄露信息，在数据处理、传输层面，要保证数据在传输、存储过程中不被非法获取、解析，主要的防范措施是采用密码技术。

- 数据完整性。

数据完整性指数据在未经授权时不能改变其特性，即信息在存储或传输过程中保持不被修改、不被破坏和丢失的特性，完整性要求信息的原样，即信息的正确生成、正确存储和正确传输。影响网络信息完整性的主要因素包括设备故障、传输、处理或存储过程中产生的误码，网络攻击，计算机病毒，等等，其主要防范措施是校验与认证技术。

- 可用性。

网络信息系统最基本的功能是向用户提供服务，而用户所要求的服务是多层次的、随机的。可用性是指可被授权实体访问，并按需求使用的特性，即当需要时应能存取所需的信息。网络环境下拒绝服务、破坏网络和有关系统的正常运行等都属于对可用性的攻击。

- 可控性。

可控性指对信息的传播及内容具有控制能力，保障系统依据授权提供服务，使系统任何时候不被非授权用户使用，对黑客入侵、口令攻击、用户权限非法提升、资源非法使用等采取防范措施。

- 可审查性。

提供历史事件的记录，对出现的网络安全问题提供调查的依据和手段。

2. 网络安全模型

目前，在网络安全领域存在较多的网络安全模型。这些安全模型都较好地描述了网络安全的部分特征，又都有各自的侧重点，在各自不同的专业和领域都有着一定程度的应用。

1)基本模型

在网络信息传输中，为了保证信息传输的安全性，一般需要一个值得信任的第三方负责在源节点和目的节点间进行秘密信息分发，同时当双方发生争执时，起到仲裁的作用。

在基本模型中，通信的双方在进行信息传输前，首先建立起一条逻辑通道，并提供安全的机制和服务来实现在开放网络环境中信息的安全传输，图 9-1 为基本安全模型的示意图。

信息的安全传输主要包括以下两点。

- 从源节点发出的信息，使用信息加密等加密技术对其进行安全的转发，从而实现该信息的保密性，同时也可以在该信息中附加一些特征信息，作为源节点的身份验证。

- 源节点与目的节点应该共享如加密密钥这样的保密信息，这些信息除了发送双方和可信任的第三方之外，对其他用户都是保密的。

2)P2DR 模型

P2DR 模型是由美国国际互联网安全系统公司(ISS)提出的动态网络安全理论或称为可适应网络安全理论的主要模型。该模型是美国可信计算机系统评价准则(Trusted Computer Standards Evaluation Criteria，TCSEC)的发展，也是目前被普遍采用的模型，主要由安全策略(Policy)、防护(Protection)、检测(Detection)和响应(Response)四部分构成。

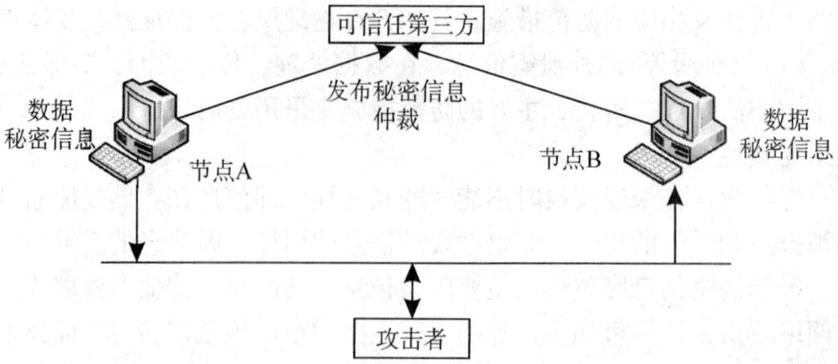

图 9-1　基本安全模型示意图

其中，防护、检测和响应构成了一个所谓完整的、动态的安全循环，在安全策略的整体指导下保证信息系统的安全，如图 9-2 所示。

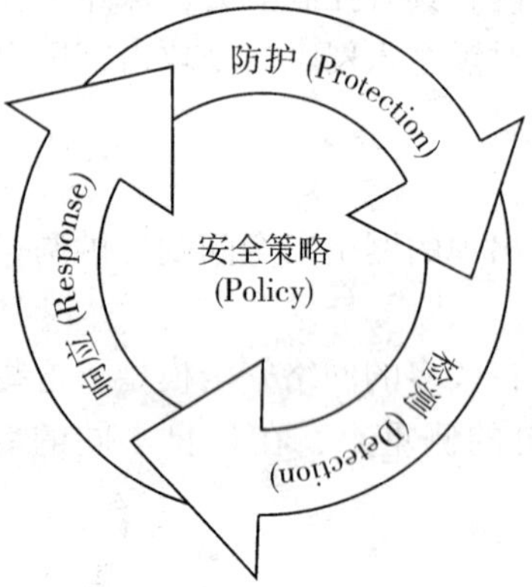

图 9-2　P2DR 模型结构示意图

对于该模型的各组成部分有如下说明。

- 安全策略。

安全策略是模型的核心，所有的防护、检测和响应都是依据安全策略实施的。网络安全策略一般包括总体安全策略和具体安全策略两个部分。

- 防护。

防护是根据系统可能出现的安全问题而采取的预防措施，这些措施通过传统的静态安全技术实现。采用的防护技术通常包括数据加密、身份认证、访问控制、授权和虚拟专用网(VPN)技术、防火墙、安全扫描和数据备份等。

- 检测。

当攻击者穿透防护系统时，检测功能就会发挥作用，与防护系统形成互补。检测是动态响应的依据。

- 响应。

当系统检测到危及安全的事件、行为、过程时，响应系统就开始工作及对发生事件进行处理，杜绝危害的进一步蔓延扩大，力求系统尚能提供正常服务。响应包括紧急响应和恢复处理两部分，而恢复处理又包括系统恢复和信息恢复。

总之，P2DR 模型是在整体的安全策略的控制和指导下，在综合运用防护工具(如防火墙、操作系统身份认证、加密等)的同时，利用检测工具(如漏洞评估、入侵检测等)了解和评估系统的安全状态，通过适当的反应将系统调整到最安全和风险最低的状态。防护、检测和响应组成了一个完整的、动态的安全循环，在安全策略的指导下保证信息系统的安全。

9.2.2　网络安全攻防技术

网络安全的攻防体系结构由网络安全物理基础、网络安全的实施及工具和防御技术三大方面构成，如图 9-3 所示。

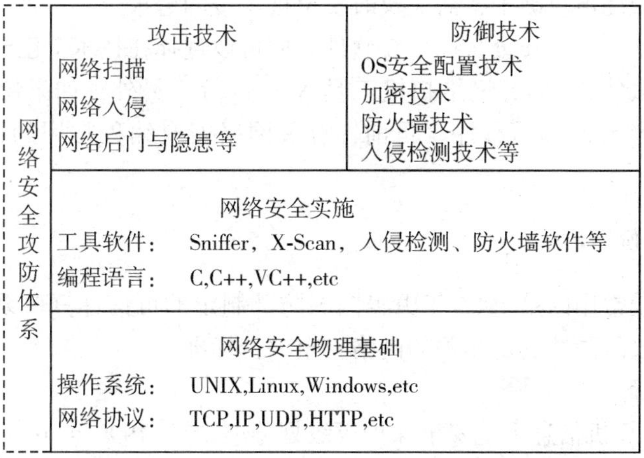

图 9-3　网络安全攻防体系结构

对于用户来讲，如果不知道如何攻击，那么再好的防守也是经不住考验的，目前，常用的攻击技术主要包括以下五个方面。

- 网络监听。

自己不主动去攻击别人，在计算机上设置一个程序去监听目标计算机与其他计算机通信的数据。

- 网络扫描。

利用程序去扫描目标计算机开放的端口等，目的是发现漏洞，为入侵该计算机做准备。

- 网络入侵。

当探测发现对方计算机存在漏洞以后，入侵到目标计算机以获取信息。

- 网络后门。

成功入侵目标计算机后，为了对目标进行长期控制，在目标计算机中种植木马等。

- 网络隐身。

入侵完毕退出目标计算机后，将自己入侵该计算机的痕迹清除掉，从而防止被对方管理员发现。

对于防御技术通常包括以下四个方面。

- 操作系统的安全配置。

操作系统的安全是整个网络安全的关键。

- 加密技术。

为了防止被他人(非法分子)监听和盗取数据，通过加密技术将所有的数据进行加密。

- 防火墙技术。

利用防火墙，对传输的数据进行限制，从而防止系统被入侵或者是减小被入侵的成功率。

- 入侵检测。

如果网络防线最终被攻破了，需要及时发出被入侵的警报。

另外，为了保证网络的安全，用户在软件方面可以选择在技术上已经成熟的安全辅助工具，如抓数据包软件 Sniffer，网络扫描工具 X-Scan 等。另外，如果用户具有较高的编程能力，还可以选择自己编写程序。目前，有关网络安全编程常用的计算机语言有 C，C++或者 Perl 等。

9.2.3　网络安全评价标准

评价标准中比较常用的是 1985 年由美国国防部制定的可信计算机系统评价准则，而其他国家也根据各自的国情制定相关的网络安全评价标准。

1. 国内评价标准

在我国根据《计算机信息系统安全保护等级划分准则》，1999 年 10 月经过国家质量技术监督局批准发布的准则将计算机安全保护划分为以下五个级别。

第一级

用户自主保护级，本级的计算机防护系统能够把用户和数据隔开，使用户具备自主的安全防护的能力。用户可以根据需要采用系统提供的访问控制措施来保护自己的数据，避免其他用户对数据的非法读写与破坏。

第二级

系统审计保护级，与第一级(用户自主保护级)相比，本级的计算机防护系统访问控制更加精细，使得允许或拒绝任何用户访问单个文件成为可能，它通过登录规则、审计安全性相关事件和隔离资源，使所有的用户对自己行为的合法性负责。

第三级

安全标记保护级，在该级别中，除继承前一个级别(系统审计保护级)的安全功能外，还提供有关安全策略模型、数据标记以及严格访问控制的非形式化描述。系统中的每个对象都有一个敏感性标签，而每个用户都有一个许可级别。许可级别定义了用户可处理的敏感性标签。系统中的每个文件都按内容分类并标有敏感性标签。任何对用户许可级别和成员分类的更改都受到严格控制。

第四级

结构化保护级，本级计算机防护系统建立在一个明确的形式化安全策略模型上，它要求第三级(安全标记保护级)系统中的自主和强制访问控制扩展到所有的主体(引起信息在客体上流动的人、进程或设备)和客体(信息的载体)。系统的设计和实现要经过彻底的测试和审查。系统应结构化为明确而独立的模块，实施最少特权原则。必须对所有目标和实体实施访问控制政策，要有专职人员负责实施。要进行隐蔽信道分析，系统必须维护一个保护域，保护系统的完整性，防止外部干扰。系统具有相当的抗渗透能力。

第五级

访问验证保护级，本级的计算机防护系统满足访问监控器的需求。访问监控器仲裁主体对客体的全部访问。访问监控器本身是抗篡改的；必须足够小，能够分析和测试。为了满足访问监控器需求，计算机防护系统在其构造时，排除那些对实施安全策略来说并非必要的部件，在设计和实现时，从系统工程角度将其复杂性降到最低程度。支持安全管理员职能；扩充审计机制，当发生与安全相关的事件时发出信号；提供系统恢复机制。系统具有很高的抗渗透能力。

中国是国际化标准组织(International Standardization Organization，ISO)的成员国，信息安全标准化工作在全国信息技术标准化技术委员会、信息安全技术委员会和社会各界的努力下正在积极开展。从20世纪80年代中期开始，我国就已经自主制定和采用了一批相应的信息安全标准。但是，标准的制定需要较为广泛的应用经验和较为深入的研究背景，相对于国际上其他发达国家信息技术安全评价标准来讲，我国在这方面的研究还存在差距，较为落后，仍需要进一步提高。

2. 美国评价标准

美国计算机安全标准是由美国国防部开发的计算机安全标准——可信计算机系统评价准则，也称为网络安全橙皮书，主要通过一些计算机安全级别来评价一个计算机系统的安全性。

在该标准中定义的安全级别描述了计算机不同类型的物理安全、用户身份验证(Authentication)、操作系统软件的可信任度和用户应用程序。同时，也限制了什么类型的系统可以连接到用户的系统。

另外，该准则自1985年问世以来，一直就没有改变过，多年来一直是评估多用户主机和小型操作系统的主要标准。其他方面，如数据安全、网络安全也一直是通过该准则来评估的，如可信任网络解释(Trusted Network Interpretation)、可信任数据库解释(Trusted Database Interpretation)。TCSEC将安全级别从低到高依次划分为D类、C类、B类和A类四个安全级别，每类又包括几个级别，如表9-1所示。

9.2.4 网络安全防范建议

网络安全是一个相对的而非绝对的概念，所以用户必须居安思危，时时作好防范准备。网络安全也是一个动态更新的过程，其对安全的威胁因素是不可能根除的，所以不能存在侥幸心理，应时刻保持警惕。为此，用户在使用计算机或网络时应具备一些安全防范意识。

表9-1　**安全级别**

类别	级别	名称	主要特征
D	D	低级保护	没有安全保护
C	C1	自主安全保护	自主存储控制
	C2	受控存储介质	单独的可查性，安全标识
B	B1	标识的安全防护	强制存取控制，安全标识
	B2	结构化保护	面向安全的体系结构，较好的抗渗透能力
	B3	安全区域	存取监控，高抗渗透能力
A	A	验证设计	形式化的最高级描述和验证

1. 使用防火墙

防火墙(Firewall)是指隔离在信任网络(本地网络)与不可信任网络(外部网络)之间的一道防御系统。它是一种非常有效的网络安全系统，通过它可以隔离风险区域(Internet 或其他存在风险的网络)与安全区域(本地网络)的连接，而不会妨碍安全区域对风险区域的访问。

但是，在单位或公司的网络中，即使配置了防火墙，也不能保证该网络就是100%安全的，因此不能掉以轻心。

2. 主动防御

由于现在的防病毒软件、防火墙等防御措施都是被动的，它们都是在危险发生时才能发挥其应有的作用，这对于系统来说是很不安全的。主动防御是指在明确病毒或其他危险活动所产生行为的基础上，对网络中数据行为进行分析，查找并终止类似病毒或其他危险活动行为的产生。

3. 安装系统补丁

目前，黑客、病毒、木马等大部分危险因素都是利用系统漏洞，编写相应程序来实现入侵的。因此，及时安装系统补丁封堵系统漏洞也是保护网络安全的有效方法。

4. 提高用户的安全意识

用户的安全意识在一定程度上对网络安全起着决定性的作用，因为大部分黑客对网络进行的攻击都是从用户作为首要目标。

用户应该注意以下几个方面：在发送信息时，应该确定接收方的真实身份；使用强密码，不要使用简单的、确实存在的单词或个人生日等信息作为密码，因为攻击者通过口令探测工具很容易将其猜出；不要将密码随意放在易被发现的位置；养成定时更换密码的习惯；不同操作系统或不同用户要使用完全不相同的密码；不能出现诸如 admin1，admin2 等这样只更改部分字符的密码；对于使用过的文件应该使用文件粉碎机将其彻底粉碎，不能将文件随意丢弃；适时对磁盘进行清理，以防留下曾经删除和改正等使用痕迹。

网络安全是一项艰巨的动态工程。它的安全程度会随着时间的推移而发生变化。在信息技术日新月异的今天，网络安全的实现要随着时间和网络环境的变化或技术的发展而不断调整自身的安全防范策略。

专家预计未来若干年网络安全领域需重点关注的一些热点问题如下。

(1)拒绝服务攻击威胁将继续升级，影响基础网络稳定运行。

分布式反射型攻击将继续是实施拒绝服务攻击的重要形式，攻击者将不断分析挖掘更多可被利用的网络协议，增加攻击威力，突破防护措施，大量联网智能设备将成为发起攻击的重要工具。随着拒绝服务攻击与防护的对抗日趋激烈，攻击流量规模可能进一步增大，单个攻击事件的峰值流量甚至可能突破1Tbps。针对域名系统的攻击将继续呈频繁态势，不仅影响受害目标，而且波及整个基础网络。此外由于网络攻击软件的工具化和平台化、网络攻击服务的商业化等因素，大大降低发起攻击的难度和成本，攻击门槛将越来越低。

(2)移动恶意程序借助“加固”手段对抗安全检测的情况将更加普遍，利用仿冒应用实施钓鱼欺诈的现象将更为猖獗。

随着安卓应用免费“加固”服务市场的发展，“加固”技术手段将不断升级，移动恶意程序制作者利用代码加密、加壳等手段对抗安全检测的现象将更加流行，这将导致经过“加固”处理的恶意程序数量大幅增长，进一步加大移动恶意程序治理工作难度。由于移动应用制作成本较低、追溯较困难等因素影响，黑客制作假冒手机网银、运营企业客户端、热门游戏等的应用程序，通过钓鱼短信或小型网站、社交平台、广告平台等渠道散播，以窃取用户钱财的现象将更加猖獗。

(3)云平台普及加大数据泄露和网络攻击风险，防护措施和管理机制有待完善。

一是云平台的数据安全保护问题。云计算技术的发展推动数据的集中化，在大数据时代，海量数据既是企业和用户的核心资产，也成为网络攻击瞄准的目标，以窃取数据为主要目的的攻击事件将越来越多，云平台自身的网络安全防护特别是对海量数据安全的防护将面临挑战。二是云平台的安全审核和管理机制问题，目前大多数云服务商的安全审核机制并不完善，用户租用后作何用途，云服务商并不清楚知晓，也未作严格审核或周期性检查，因此出现黑客在云平台部署钓鱼网站、传播恶意代码或发动攻击的情况，如不及时加强管理，未来这种现象将继续增多。

(4)针对基础应用、通用软硬件和国产软硬件的漏洞挖掘将增多，应对机制和披露管理面临挑战。

2015年，黑客将更加关注应用广泛的网站应用框架、开源软件、集成组件、网络协议等的安全问题，随着服务器、芯片、操作系统、数据库、办公软件等信息产业各个领域的自主可控深入推进，国产软硬件产品应用增多，其安全问题将受到更多重视。由于基础应用、通用软硬件或国产软硬件的影响范围广泛，一旦漏洞信息提前披露或不客观披露，容易造成社会公众心理恐慌，并引发大面积攻击事件，针对这类应用或产品的漏洞信息披露和应对处置面临挑战。

(5)智能终端将成为新的攻击入口，物联网面临安全挑战。

设备智能化的浪潮席卷各行业，智能终端具有带宽较高、全天候在线、系统升级慢、配置较少变动等特点，但由于技术不完善、忽视安全性等原因，大量智能终端设备存在弱口令或安全配置不当等漏洞，安全威胁也随之而来。随着物联网产业的发展和智慧城市的建设，智能生活逐渐推广，连接一切将日益成为现实，智能终端自身安全以及终端间连接或通信的安全问题，都是物联网面临的安全挑战。

(6)智能制造面临的网络攻击威胁将凸显，工业互联网发展面临挑战。

以智能制造为主攻方向的"中国制造 2025"计划，旨在充分利用信息通信(ICT)技术与制造技术的结合，推动新一轮科技革命和产业变革，实现智能制造、网络制造、绿色制造、服务性制造，促进制造业的数字化、网络化、智能化发展。工业互联网是实现智能制造的必备基础，是智能制造生产体系中必不可少的环节。随着传统工业基础设施加快向工业互联网基础设施演进升级，其所面临的网络攻击威胁也将日益凸显。从近几年的实际案例和统计数据可以看出，针对工业基础设施的网络攻击行为发生频率总体呈逐年增高趋势，攻击手段日益复杂高级，且带有显著 APT 特征，攻击危害逐渐加大，网络攻击威胁将成为工业互联网发展过程中无法回避的问题。

附国内外重大网络安全事件：

1. 斯诺登曝美英窃取全球数十亿手机 SIM 卡信息

英国《卫报》报道，美国中央情报局前员工爱德华·斯诺登最新披露的资料显示，美英两国的情报机构入侵了世界最大的手机 SIM 卡制造商，从而可以不受限制地访问全球数十亿部手机。美国国家安全局(NSA)和英国政府通信总部(GCHQ)入侵了荷兰 SIN 卡制造商金雅拓公司(Gemalto)，窃取了加密秘钥，这样他们就能秘密地监控手机上的通话和数据信息，而不会被电信公司和外国政府所察觉。

2. 中国数万手机感染"关机黑客"木马

2014 年 2 月底，一款名为"关机黑客"(PowerOffHijack)的手机木马感染中国地区数万部安卓手机，"关机黑客"木马主要感染 Android 5.0 以下操作系统的手机。进入手机后，木马会率先获得 root 权限，以便能够劫持手机关机过程。当手机用户点击应用时，图标就会隐藏，手机木马则潜伏在手机中。当中招手机用户按下电源键后，会出现一个假的对话框，如果机主选择关机，木马就会显示假的关机画面，屏幕关闭，但手机仍处于开机状态。为了使中招手机看起像是真的关机了，一些系统广播服务也会被劫持。

3. 红包大战现多种骗局

春节期间，红包大战爆发，同时，AA 红包骗局、合体抢红包、抢红包神器、"红包大盗"手机木马等多种骗局也不断翻新花样。骗子利用文字游戏对"AA 收款"功能进行了伪装。他们在收款留言处填写了"送钱"的字样后，广泛向群聊中发送，一旦手机用户点击输入密码则会被自动扣钱。商家推出的合体抢红包活动则可能造成手机用户隐私泄露，带来大量垃圾短信和骚扰电话。此外，抢红包神器、"红包大盗"木马则以窃取手机用户支付类信息为目的，盗刷手机用户银行卡。

【课后讨论】

(1)如何构建网络信任体系？

(2)移动互联网快速发展带来了哪些网络安全问题？

(3)如何保障用户个人信息安全？

(4)网络安全威胁演化升级问题?

(5)内外网络隔离安全和数据交换方便性?

(6)安全岗位设置和安全管理策略实施难题?

9.3 计算机病毒

【课前思考】

(1)你自己的计算机遇到过病毒吗?

(2)计算机病毒和生物病毒的区别?

(3)互联网时代计算机病毒有哪些新特点?

9.3.1 计算机病毒的定义及特征

计算机病毒是指编制或者在计算机程序中插入的破坏计算机功能或者破坏数据，影响计算机使用并且能够自我复制的一组计算机指令或者程序代码。计算机病毒轻则影响机器运行速度，使机器不能正常运行；重则使机器处于瘫痪，会给用户带来不可估量的损失。

计算机病毒具有的不良特征有传播性、隐蔽性、感染性、潜伏性、可激发性、表现性或破坏性，通常表现两种以上所述的特征就可以认定该程序是病毒。计算机病毒具有以下特点。

- 传播性。

计算机病毒不但本身具有破坏性，更有害的是具有传染性，一旦病毒被复制或产生变种，其速度之快令人难以预防。

- 繁殖性。

计算机病毒可以像生物病毒一样进行繁殖，当正常程序运行时，它也进行运行自身复制，是否具有繁殖、感染的特征是判断某段程序为计算机病毒的首要条件。

- 隐蔽性。

一般的病毒仅在数 KB 左右，这样除了传播快速之外，隐蔽性也极强。部分病毒使用“无进程”技术或插入到某个系统必要的关键进程当中，所以在任务管理器中找不到它的单独运行进程。而病毒自身一旦运行后，就会自己修改自己的文件名并隐藏在某个用户不常去的系统文件夹中。

- 感染性。

某些病毒具有感染性，比如感染中毒用户计算机上的可执行文件，如 exe，bat，scr，com 格式，通过这种方法达到自我复制，对自己生存保护的目的。也可以利用网络共享的漏洞，复制并传播给邻近的计算机用户群。

- 潜伏性。

有些病毒像定时炸弹一样，让它什么时间发作是预先设计好的。比如 1999 年破坏 BIOS 的 CIH 病毒就在每年的 4 月 26 日爆发。

- 可触发性。

编制计算机病毒的人，一般都为病毒程序设定了一些触发条件，如系统时钟的某个时间或日期、系统运行了某些程序等。一旦条件满足，计算机病毒就会“发作”，使系统遭到破坏。例如，CIH病毒运行后会主动检测中毒者操作系统的语言，如果发现操作系统语言为简体中文，病毒就会自动对计算机发起攻击，而语言不是简体中文版本的Windows，那么你即使运行了病毒，病毒也不会对你的计算机发起攻击或者破坏。

- 表现性。

病毒运行后，一般会有一定的表现特征：如CPU占用率100%，在用户无任何操作下读写硬盘或其他磁盘数据，蓝屏死机，鼠标右键无法使用，等等。

- 破坏性。

某些威力强大的病毒，运行后直接格式化用户的硬盘数据，甚至可以破坏引导扇区以及BIOS，对硬件环境造成相当大的破坏。

9.3.2 计算机病毒的表现形式

计算机病毒对资源的损失和破坏，不但会造成资源和财富的巨大浪费，而且有可能造成社会性的灾难，随着信息化社会的发展，计算机病毒的威胁日益严重，反病毒的任务也更加艰巨。计算机受到病毒感染后，会表现出不同的症状，下面是一些常见到的现象。

- 机器不能正常启动。

加电后机器不能启动，或者可以启动，但启动时间变长，有时会出现黑屏。

- 运行速度降低。

如果发现在运行某个程序时，读取数据的时间比原来长，存文件或调取文件时间增加，那就可能是由于病毒造成的。

- 磁盘空间迅速变小。

由于病毒程序要进驻内存，而且又能繁殖，因此使内存空间变小甚至变为零。

- 文件内容和长度有所改变。

一个文件存入磁盘后，本来它的长度和其内容都不会改变，可是由于病毒的干扰，文件长度可能改变，文件内容也可能出现乱码，有时文件内容无法显示或显示后又消失。

- 经常出现“死机”现象。

如果机器经常死机，那可能是由于系统被病毒感染。

- 外部设备工作异常。

因为外部设备受系统的控制，如果机器有病毒，外部设备在工作时可能会出现一些异常情况。

9.3.3 计算机病毒的种类

1. 按照存在的媒体进行分类

根据病毒存在的媒体，病毒可以划分为网络病毒、文件病毒、引导型病毒。网络病毒通过计算机网络传播感染网络中的可执行文件，文件病毒感染计算机中的文件(如：COM，EXE，DOC等)，引导型病毒感染启动扇区(Boot)和硬盘的系统引导扇区(MBR)，还有这三种情况的混合型。例如，多型病毒(文件和引导型)感染文件和引导扇区两种目标，这样的病毒通常都具有复杂的算法，它们使用非常规的办法侵入系统，同时使用了加密和变形算法。

2. 按照感染策略进行分类

为了能够复制其自身，病毒必须能够运行代码并能够对内存运行写操作。所以，许多病毒都是将自己附着在合法的可执行文件上。如果用户企图运行该可执行文件，那么病毒就有机会运行。病毒可以根据运行时所表现出来的行为分成两类。非常驻型病毒会立即查找其他宿主并伺机加以感染，之后再将控制权交给被感染的应用程序；常驻型病毒被运行时并不会查找其他宿主。

非常驻型病毒可以被当做具有搜索模块和复制模块的程序。搜索模块负责查找可被感染的文件，一旦搜索到该文件，搜索模块就会启动复制模块进行感染。

常驻型病毒包含复制模块，其角色类似于非常驻型病毒中的复制模块。复制模块在常驻型病毒中不会被搜索模块调用，病毒在被运行时会将复制模块加载内存，并确保当操作系统运行特定动作时，该复制模块会被调用。例如，复制模块会在操作系统运行其他文件时被调用。常驻型病毒又可分为快速感染者和慢速感染者。快速感染者会试图感染尽可能多的文件，如一个快速感染者可以感染所有被访问到的文件。

3. 根据破坏能力进行分类

无害型：除了传染时减少磁盘的可用空间外，对系统没有其他影响。

无危险型：这类病毒仅仅是减少内存、显示图像、发出声音及同类音响。

危险型，这类病毒在计算机系统操作中造成严重的错误。

非常危险型：这类病毒删除程序、破坏数据、清除系统内存区和操作系统中重要的信息。

4. 根据传染方式进行分类

根据传染方式可把病毒分为以下几类。

引导区型病毒主要通过软盘在操作系统中传播，感染引导区，蔓延到硬盘，并能感染到硬盘中的主引导记录。

文件型病毒是文件感染者，也称为“寄生病毒”，它运行在计算机存储器中，通常感染扩展名为 COM，EXE，SYS 等类型的文件。

混合型病毒具有引导区型病毒和文件型病毒两者的特点。

宏病毒是指用 BASIC 语言编写的病毒程序寄存在 Office 文档上的宏代码，宏病毒影响对文档的各种操作。

5. 根据连接方式进行分类

根据连接方式可把病毒分为以下几类。

源码型病毒攻击高级语言编写的源程序，在源程序编译之前插入其中，并随源程序一起编译、连接成可执行文件。源码型病毒较为少见，亦难以编写。

入侵型病毒可用自身代替正常程序中的部分模块或堆栈区，因此这类病毒只攻击某些特定程序，针对性强，一般情况下也难以被发现，清除起来也较困难。

操作系统型病毒可用其自身部分加入或替代操作系统的部分功能，因其直接感染操作系统，这类病毒的危害性也较大。

外壳型病毒通常将自身附在正常程序的开头或结尾，相当于给正常程序加了个外壳，大部分的文件型病毒都属于这一类。

6. 根据病毒特有算法进行分类

伴随型病毒：这一类病毒并不改变文件本身，它们根据算法产生 EXE 文件的伴随体，具有同样的名字和不同的扩展名(COM)。

“蠕虫”型病毒：通过计算机网络传播，不改变文件和资料信息，利用网络从一台机器的内存传播到其他机器的内存，计算网络地址，将自身的病毒通过网络发送。有时它们在系统存在，一般除了内存不占用其他资源。

寄生型病毒：依附在系统的引导扇区或文件中，通过系统的功能进行传播。

诡秘型病毒：一般不直接修改 DOS 中断和扇区数据，而是通过设备技术和文件缓冲区等 DOS 内部修改，不易看到资源，使用比较高级的技术，利用 DOS 空闲的数据区进行工作。

变型病毒(又称幽灵病毒)：这一类病毒使用一个复杂的算法，使自己每传播一份都具有不同的内容和长度。

史上破坏力最大的 10 种计算机病毒(国家互联网信息中心)：

美国《Techweb》网站目前评出了 20 年来，破坏力最大的 10 种计算机病毒。

1. CIH(1998 年)。该计算机病毒属于 W32 家族，感染 Windows 95/98 中以 EXE 为后缀的可行性文件。它具有极大的破坏性，可以重写 BIOS 使之无用(只要计算机的微处理器是 Pentium Intel 430TX)，其后果是使用户的计算机无法启动。唯一的解决方法是替换系统原有的芯片(chip)。该计算机病毒于 4 月 26 日发作，它还会破坏计算机硬盘中的所有信息。该计算机病毒不会影响 MS/DOS，Windows 3. x 和 Windows NT 操作系统。CIH 可利用所有可能的途径进行传播：软盘、CD-ROM，Internet，FTP 下载、电子邮件等。被公认为是有史以来最危险、破坏力最强的计算机病毒之一。1998 年 6 月爆发于中国台湾，在全球范围内造成了 2000 万~8000 万美元的损失。

2. 梅利莎(Melissa，1999 年)。这个病毒专门针对微软的电子邮件服务器和电子邮件收发软件，它隐藏在一个 Word 97 格式的文件里，以附件的方式通过电子邮件传播，善于侵袭装有 Word 97 或 Word 2000 的计算机。它可以攻击 Word 97 的注册器并修改其预防宏病毒的安全设置，使它感染的文件所具有的宏病毒预警功能丧失作用。在发现 Melissa 病毒后短短的数小时内，该病毒即通过互联网在全球传染数百万台计算机和数万台服务器，互联网在许多地方瘫痪。1999 年 3 月 26 日爆发，感染了 15%~20%的商业 PC，给全球带来了 3 亿~6 亿美元的损失。

3. I love you(2000 年)。2000 年 5 月 3 日爆发于中国香港，是一个用 VBScript 编写，可通过 E-Mail 散布的病毒，而受感染的电脑平台以 Win 95/98/2000 为主。给全球带来 100 亿~150 亿美元的损失。

4. 红色代码(Code Red，2001 年)。该病毒能够迅速传播，并造成大范围的访问速度下降甚至阻断。这种病毒一般首先攻击计算机网络的服务器，遭到攻击的服务器会按照病毒的指令向政府网站发送大量数据，最终导致网站瘫痪。其造成的破坏主要是涂改网页，有迹象表明，这种蠕虫有修改文件的能力。2001 年 7 月 13 日爆发，给全球带来 26 亿美元的损失。

5. SQL Slammer(2003 年)。该病毒利用 SQL SERVER 2000 的解析端口 1434 的缓冲区溢出漏洞对其服务进行攻击。2003 年 1 月 25 日爆发，全球共有 50 万台服务器被攻击，但造成经济损失较小。

6. 冲击波(Blaster，2003 年)。该病毒运行时会不停地利用 IP 扫描技术寻找网络上系统为 Win2K 或 XP 的计算机，找到后就利用 DCOM RPC 缓冲区漏洞攻击该系统，一旦攻击成功，病毒体将会被传送到对方计算机中进行感染，使系统操作异常、不停重启，甚至导致系统崩溃。另外，该病毒还会对微软的一个升级网站进行拒绝服务攻击，导致该网站堵塞，使用户无法通过该网站升级系统。2003 年夏爆发，数十万台计算机被感染，给全球造成 20 亿~100 亿美元的损失。

7. 大无极 . F(Sobig. F，2003 年)。Sobig. f 是一个利用互联网进行传播的病毒。在被执行后，Sobig. f 病毒将自己以附件的方式通过电子邮件发给它从被感染电脑中找到的所有邮件地址，它使用自身的 SMTP 引擎来设置所发出的信息。此蠕虫病毒在被感染系统中的目录为 C：\ WINNT \ WINPPR32. EXE。2003 年 8 月 19 日爆发，为此前 Sobig 变种，给全球带来 50 亿~100 亿美元的损失。

8. 贝革热(Bagle，2004 年)。该病毒通过电子邮件进行传播，运行后，在系统目录下生成自身的拷贝，修改注册表键值。病毒同时具有后门能力。2004 年 1 月 18 日爆发，给全球带来数千万美元的损失。

9. MyDoom(2004 年)。MyDoom 是一种通过电子邮件附件和 P2P 网络 Kazaa 传播的病毒，当用户打开并运行附件内的病毒程序后，病毒就会以用户信箱内的电子邮件地址为目标，伪造邮件的源地址，向外发送大量带有病毒附件的电子邮件，同时在用户主机上留下可以上载并执行任意代码的后门(TCP 3127~3198 范围内)。2004 年 1 月 26 日爆发，在高峰时期，导致网络加载时间慢 50%以上。

10. Sasser(2004 年)。该病毒是一个利用微软操作系统的 Lsass 缓冲区溢出漏洞(MS04-011 漏洞信息)进行传播的蠕虫。由于该蠕虫在传播过程中会发起大量的扫描，因此对个人用户使用和网络运行都会造成很大的冲击。2004 年 4 月 30 日爆发，给全球带来数千万美元的损失。

9.3.4　计算机病毒的预防与清除

从反病毒产品对计算机病毒的作用来讲，防病毒技术可以直观地分为：病毒预防技术、病毒检测技术及病毒清除技术。

1. *病毒预防技术*

计算机病毒的预防技术就是通过一定的技术手段防止计算机病毒对系统的传染和破坏。实际上这是一种动态判定技术，即一种行为规则判定技术。也就是说，计算机病毒的预防是采用对病毒的规则进行分类处理，而后在程序运行中凡有类似的规则出现则认定是计算机病毒。具体来说，是通过阻止计算机病毒进入系统内存或阻止计算机病毒对磁盘的操作，尤其是写操作。预防病毒技术包括：磁盘引导区保护、加密可执行程序、读写控制技术、系统监控技术等。

常用预防手段有：

- 杀毒软件经常更新，以快速检测到可能入侵计算机的新病毒或者变种。
- 使用安全监视软件(和杀毒软件不同，比如360安全卫士等)主要防止浏览器被异常修改、安装恶意不安全的插件。
- 使用防火墙或者杀毒软件自带防火墙。
- 关闭电脑自动播放并对电脑和移动储存工具进行常见病毒免疫。
- 定时全盘病毒木马扫描。
- 注意网址正确性，避免进入山寨网站。
- 不随意接受、打开陌生人发来的电子邮件或通过QQ传递的文件或网址。
- 使用正版软件。
- 使用移动存储器前，最好要先查杀病毒，然后再使用。

2. 检测病毒技术

计算机病毒的检测技术是指通过一定的技术手段判定出特定计算机病毒的一种技术。它有两种：一种是根据计算机病毒的关键字、特征程序段内容、病毒特征及传染方式、文件长度的变化，在特征分类的基础上建立的病毒检测技术。另一种是不针对具体病毒程序的自身校验技术。即对某个文件或数据段进行检验和计算并保存其结果，以后定期或不定期地以保存的结果对该文件或数据段进行检验，若出现差异，即表示该文件或数据段完整性已遭到破坏，感染上了病毒，从而检测到病毒的存在。

检测方法可分为手工检测和自动检测两种。手工检测主要是利用Debug，PCTools，SysInfo，WinHex等工具软件进行病毒的检测，这种方法比较复杂，费时费力；但是可以剖析病毒，可以检测一些自动检测工具不能识别的新病毒。自动检测是利用一些专业诊断软件来判断引导扇区、磁盘文件是否有病毒的方法。自动检测比较简单，一般用户都可以进行，但需要较好的诊断软件，可方便地检测大量的病毒，自动检测工具的发展总是滞后于病毒的发展。

3. 病毒清除技术

计算机病毒的清除技术是计算机病毒检测技术发展的必然结果，是计算机病毒传染程序的一种逆过程。目前，清除病毒大都是在某种病毒出现后，通过对其进行分析研究而研制出来的具有相应解毒功能的软件。这类软件技术发展往往是被动的，带有滞后性。而且由于计算机软件所要求的精确性，解毒软件有其局限性，对有些变种病毒的清除无能为力。

发现病毒后，清除病毒的一般步骤是：

- 先升级杀毒软件病毒库至最新，进入安全模式下全盘查杀。
- 删除注册表中的有关可以自动启动可疑程序的键值(可以重命名，以防误删，若删除/重命名后按F5刷新，发现无法删除/重命名，则可肯定其是病毒启动键值)。
- 若系统配置文件被更改，需先删除注册表中键值，再更改系统配置文件。
- 断开网络连接，重启系统，进入安全模式全盘杀毒。
- 若Windows系统查杀病毒在系统还原区，请关闭系统还原再查杀。
- 若查杀病毒在临时文件夹中，请清空临时文件夹再查杀。

- 系统安全模式查杀无效，建议到 DOS 下查杀。

【课后讨论】

(1) 结合自身经验，如何有效预防计算机病毒？

(2) 计算机病毒有哪些躲避侦测的方法？

本章小结

信息安全的实质就是要保护信息系统或信息网络中的信息资源免受各种类型的威胁、干扰和破坏，即保证信息的安全性。根据国际标准化组织的定义，信息安全性的含义主要是指信息的完整性、可用性、保密性和可靠性。

网络安全是指网络系统的硬件、软件及其系统中的数据受到保护，不受偶然的或者恶意的原因而遭到破坏、更改、泄露，系统连续可靠正常地运行，网络服务不中断。

恶意代码是指故意编制或设置的、对网络或系统会产生威胁或潜在威胁的计算机代码。最常见的恶意代码是计算机病毒。

基础练习

一、选择题

1. 根据统计，当前计算机病毒扩散最快的途径是(　　)。

A. 软件复制　　B. 网络传播　　C. 磁盘拷贝　　D. 运行游戏软件

2. 计算机预防病毒感染有效的措施是(　　)。

A. 定期对计算机重新安装系统　　B. 不要把 U 盘和有病毒的 U 盘放在一起

C. 不准往计算机中拷贝软件　　D. 给计算机安装防病毒的软件

3. 关于信息安全和计算机病毒的错误描述是(　　)。

A. 安装杀毒软件，一般都能保证系统安全，不必要花费更多钱经常升级软件

B. 感染了病毒的计算机有可能突然死机又自动启动

C. 对含有重要数据的软盘或者 U 盘进行写保护，并做好备份

D. 养成使用计算机的良好习惯，采取必要的安全策略和防护措施

4. 计算机感染病毒后，一定不能清除的措施是(　　)。

A. 更新杀毒软件病毒库，运行杀毒软件　B. 关闭计算机

C. 找出病毒文件并删除　　D. 格式化病毒所在硬盘

5. 下列关于计算机软件版权的说法，正确的是(　　)

A. 计算机软件受法律保护是多余的

B. 正版软件太贵，软件能复制就不必购买

C. 受法律保护的计算机软件不能随便复制

D. 正版软件只要能解密就能随便复制

6. 威胁信息安全的因素有很多，我们需要利用有效的方法防护信息安全。关于信息

安全的描述正确的是(　　)

①威胁信息安全的常见因素有：人为的无意失误、人为的恶意攻击、软件的漏洞和“后门”、计算机病毒的侵害等；②系统安全配置的不当、用户口令过于简单都会对信息安全带来威胁；③面对信息安全威胁，我们可以采取禁用不必要的服务、安装补丁程序、安装安全防护产品、提高安全意识、养成良好的使用习惯、及时备份数据等方法；④计算机病毒是信息安全的重大危害，病毒入侵和发作会占用系统资源、影响系统效率并干扰正常操作。

A. ①③④　　B. ②③④　　C. ①②③　　D. ①②③④

7. 下列行为违反计算机使用道德的是(　　)

A. 不随意删除他人的计算机信息　　B. 随意使用盗版软件

C. 维护网络安全，抵制网络破坏　　D. 不浏览不良信息，不随意约会网友

8. 下列不是信息技术的消极影响的是(　　)

A. 信息泛滥　　B. 信息加速　　C. 信息污染　　D. 信息犯罪

二、简答题

1. 信息安全包括哪几个方面？
2. 怎样实现信息安全发送？
3. 什么是防火墙？
4. 什么是计算机病毒？
5. 说明计算机病毒具有的特征。
6. 按照危害程度分类，计算机病毒可以分为哪几类？
7. 什么是逻辑炸弹？
8. 计算机蠕虫是如何传播的？
9. 列举计算机病毒发作时通常会表现的一些异常症状。
10. 讨论计算机病毒的危害以及检测与清除方法。
11. 如果计算机上安装了实时病毒监控软件，如 Norton Antivirus、卡巴斯基、360 等，请问计算机还会感染计算机病毒吗？为什么？

第 10 章　信息技术发展趋势

☞本章要点

➤ **关键词**：物联网；云计算；大数据；移动互联网；互联网+；3S 技术；数字地球等。

➤ **学习目标**：了解并掌握信息的发展趋势；了解信息技术热点；重点把握互联网+、中国制造 2025 的含义。

➤ **学习重点**：信息技术热点的内涵。

【课前思考】

目前，信息技术已经深入到千家万户，深刻影响到人们的日常生活，可以说，我们的生活须臾离不开信息技术；今日的互联网也早已不是进行科学研究的专用工具，已经成为大众生活的“必备品”；政府提出“互联网+”和“中国制造 2025”计划，势必会掀起“大众创新 万众创业”、“智能制造”的热潮，那么你了解这些新鲜的词汇吗？理解它们的真正内涵吗？

10.1　信息技术的发展现状

10.1.1　重大意义

信息技术对生产方式和社会形态的演化、人类自由发展、经济全球化进程都具有重大的意义。

人类社会的发展大致经历了三个时代。劳力经济时代是指从第一产业所谓的农业社会，经济发展主要反映在劳动力资源的时代；资源经济时代是指所谓的工业经济时代，第二产业是指经济发展主要取决于自然资源的占有和配置，如果从蒸汽机和纺织机发明算起，整个的过程大概一个多世纪；知识经济时代是指在本世纪初开始展现的第三产业时代，我们把它称之为信息社会，这时候经济发展主要取决于智力资源的战略和配置。从第二产业到第三产业转折，有一个用 GDP 统计的数据很重要，比如说现代的西方发达国家，他们的现代服务业达到 70%至 80%。中国的现代服务业在 GDP 中大概占 40%左右，目前我们的工业化没有完成。材料、能源和信息是现代社会发展的三个支柱，其中信息尤为重要。

从另外一个视角，人类自由发展的角度来看，人类全球化进程从 1492 年开始。1492 年到 1800 年是 1.0 版本，起始于哥伦布远航，开启了世界贸易，把一个当时我们未知的世界，通过西方探索新世界，地理大发现，使得世界的规模由大号变成一个中号，这是第一次全球一体化。2.0 版本是从 1800 年开始到 2000 年，由 17 世纪到 19 世纪。代表性的是铁路和蒸汽机带来的运输成本的下降，以及电话、电报、卫星，还有初期互联网等带来的通信成本的下降，使得我们世界的规模变成一个小号的世界。全球经济的诞生，使得各国之间具有充足的商品和信息的流通，就出现了所谓真正的全球市场。第三个就是 21 世纪开始之后的所谓的 3.0 版本，这个时候有以互联为代表的新型的信息技术，带来了合作成本的急剧下降，使得我们世界规模从小号缩小到所谓的微型。

10.1.2　发展现状

信息技术不但在过去发展迅猛，而且未来还有较长的发展时间和空间。到底什么是信息技术？信息技术是个基本上看不见、摸不着，特别抽象的一个东西。到底什么是数据和信息？我们写在纸上、存在计算机里的东西就是所谓的数据和信息，它是我们人类对自然世界的了解一种数字化的表现形式。而所谓的数据就是某一个具体的物理对象，或者抽象对象的一个表示，也就是说事实概念或者指令，按照适合于通信解释或者处理，借助于人，或者借助我们的自动装置的方式所展现的一种表示形式，这就是我们的数据。而信息就是在数据之上，我们按照一定的约定，按照数据所处的某一个范围或者一个语句，我们对它所赋予的含义，这二者是紧密相关的，或者说信息是数据的一种语义表示。

信息科学技术主要是指我们怎么样研究信息的产生、获取、存储、传输、处理及其应用，它是以微电子、计算机、软件、通信技术为主导，在这里面微电子是我们的基础，计算机是载体，软件是核心，所谓的信息产业就是信息技术的收集整理。信息技术本身很难单独存在，它既是一个独立的技术，又广泛地渗透到其他领域，成为他们发展的基本手段。信息技术是催化剂，它能够和传统的产业有机结合，整体上信息技术产业的增长是平稳的，其中尤以软件业、娱乐业、通信业发展较快。

10.2　信息技术发展的未来趋势

信息技术深刻改变了整个世界，如电话改变了人类的通信方式，个人计算机的出现改变了人类学习工作和娱乐的方式，电子邮件、浏览器、搜索引擎、微博等改变了我们的学习方式，网络深刻地影响我们生活的方方面面。

在未来的较长时期，信息技术仍然会是经济发展主要驱动力。现代创新理论的提出者约瑟夫·熊彼特提出资本主义经济发展过程中之所以出现经济周期，与创新有很大关系，他以创新理论为基础，阐述了资本主义的长期波动是由历史上主要的创新浪潮引起，即以产业革命为代表的技术创新浪潮引起的。从经济长波理论来看大概分为几个时期，每一个长波大概是 50 年。第一个时期是 1780—1840 年，这时候的产业革命是纺织品工厂化生产；第二次是 1840—1890 年，是所谓的蒸汽动力铁路时代；第三次 1890—1940 年，这一个长波是电器与钢铁时代；第四次是 1940—1990 年，这 50 年是汽车合成材料的时代，以汽车工业化生产所开启的一个新时代；第五次如果我们从 1990 年开始算起的话，它就是信息的时代，微电子学以及计算机网络所给世界带来的深刻的变化。长波理论中每一个时代都有一个主要的技术特征，如果说从1990年再往后走到2040年，信息还将处于鼎盛的一个时期。

杰里米·里夫金的《第三次工业革命》指出："经济和社会变革总是来自于新能源和新通信方式的结合。"历史上的几次结合也印证了这一观点。比如19世纪是煤炭和蒸汽机与纺织品相结合，使得我们可以大量印刷廉价报纸，而这种印刷品(报纸)就成为主要的通信方式，使得民众受教育比例得到提升，也使得工厂铁路得以获得大批有文化而且能进行复杂操作的新型劳动力。20世纪就是所谓的石油和内燃机，以及电话与广播电视相结合。石油与内燃机的应用带来了汽车和公路的普及，生产、生活高度依赖于石油和制品，石油勘探和生产就成为支柱产业。这时候电话、无线电、电视等成为新型通信网络，使有效管控和经营石油经济和汽车时代更为复杂的文明成为可能，这是我们第二次工业革命所产生的东西。而21世纪第二次革命开始走向终点，基本是2008年金融海啸开始走向终结的时候。所以我们要走出经济危机，就需要新的结合——新能源和互联网的结合。

传统的能源、集中式的能源，需要向新的可再生能源过渡，比如太阳、潮汐、水、风、生物、地热等，但凡一切可以产生能源的东西。这些能源分散、小，我们需要所谓的新能源分配方式，互联网提供了这种可能。互联网完全创造了一种不同的经济模式、新型能源生产和传输方式，将互联网上的分布与共享的模式推到了能源领域。第一次和第二次工业革命，能源是集中生产控制的，社会组织结构是自上而下的纵向结构。第三次工业革命，假如说绿色能源和工业兴起，传统模式就需要让利于这种分散合作的模式。从过去的能源集中时代走向分布时代，这是互联网带来的一个重要变革。

10.3　信息技术的若干热点

10.3.1　物联网

1. 基本含义

物联网(The Internet of things)的概念是在1999年提出的，它的定义很简单：把所有物品通过射频识别等信息传感设备与互联网连接起来，实现智能化识别和管理。国际电信联盟2005年一份报告曾描绘"物联网"时代的图景：当司机出现操作失误时汽车会自动报警；公文包会提醒主人忘带了什么东西；衣服会"告诉"洗衣机对颜色和水温的要求等。

物联网把新一代IT技术充分运用在各行各业中，具体地说，就是把感应器嵌入和装备到电网、铁路、桥梁、隧道、公路、建筑、供水系统、大坝、油气管道等各种物体中，然后将"物联网"与现有的互联网整合起来，实现人类社会与物理系统的整合。在这个整合的网络中，存在能力超级强大的中心计算机群，能够对整合网络内的人员、机器、设备和基础设施实施实时的管理和控制，在此基础上，人类可以以更加精细和动态的方式管理生产和生活，达到"智慧"状态，提高资源利用率和生产力水平，改善人与自然间的关系。

通过条码与二维码、射频标签(RFID)、全球定位系统(GPS)、红外感应器、激光扫描器、传感器网络等自动标识与信息传感设备及系统，按照约定的通信协议，通过各种局域网、接入网、互联网将物与物、人与物、人与人连接起来，进行信息交换与通信，以实现智能化识别、定位、跟踪、监控和管理的一种信息网络。构成物联网产业五个层级的支撑层、感知层、传输层、平台层，以及应用层。

2. 关键技术

(1)传感器技术：这也是计算机应用中的关键技术，目前为止绝大部分计算机处理的都是数字信号，这就需要传感器把模拟信号转换成数字信号计算机才能处理。

(2)RFID 标签：也是一种传感器技术，RFID 技术是融合了无线射频技术和嵌入式技术为一体的综合技术，RFID 在自动识别、物品物流管理有着广阔的应用前景。

(3)嵌入式系统技术：是综合了计算机软硬件、传感器技术、集成电路技术、电子应用技术为一体的复杂技术。经过几十年的演变，以嵌入式系统为特征的智能终端产品随处可见；小到人们身边的 MP3，大到航天航空的卫星系统。嵌入式系统正在改变着人们的生活，推动着工业生产以及国防工业的发展。如果把物联网用人体做一个简单比喻，传感器相当于人的眼睛、鼻子、皮肤等感官，网络就是神经系统用来传递信息，嵌入式系统则是人的大脑，在接收到信息后要进行分类处理。

3. 应用模式

(1)对象的智能标签。通过 NFC、二维码、RFID 等技术标识特定的对象，用于区分对象个体，如在生活中我们使用的各种智能卡、条码标签的基本用途就是用来获得对象的识别信息；此外通过智能标签还可以用于获得对象物品所包含的扩展信息，如智能卡上的金额余额，二维码中所包含的网址和名称等。

(2)对象的智能控制。物联网基于云计算平台和智能网络，可以依据传感器网络用获取的数据进行决策，改变对象的行为进行控制和反馈。例如，根据光线的强弱调整路灯的亮度，根据车辆的流量自动调整红绿灯间隔等。

4. 技术架构

物联网架构可分为三层：感知层、网络层和应用层。

感知层由各种传感器构成，包括温湿度传感器、二维码标签、RFID 标签和读写器、摄像头、红外线、GPS 等感知终端。感知层是物联网识别物体、采集信息的来源。网络层由各种网络，包括互联网、广电网、网络管理系统和云计算平台等组成，是整个物联网的中枢，负责传递和处理感知层获取的信息。应用层是物联网和用户的接口，它与行业需求结合，实现物联网的智能应用。

“物联网”不是一个新概念，智能电网、智能家电、射频标签这些应用概念至少十年前就有了，但这些应用至今都局限在一些行业的个性化的应用，没有发展成为一个规模网络化的应用，也没有产生特别大的市场。物联网产业的发展在早期、在某种程度上有炒作的成分。但是，在特定行业内搞物联网，则是非常可行和有效的，走国家重大需求计划和行业具体应用特点相结合的道路应该是一个比较务实的发展思路。

目前，物联网面临的主要技术问题包括：技术标准问题、安全问题、协议问题、IP 地址问题、终端问题等。

10.3.2 云计算

1. 基本含义

云计算是继 1980 年代大型计算机到客户端—服务器的大转变之后的又一种巨变。云计算（Cloud Computing）是分布式计算（Distributed Computing）、并行计算（Parallel Computing）、效用计算（Utility Computing）、网络存储（Network Storage Technologies）、虚拟化（Virtualization）、负载均衡（Load Balance）、热备份冗余（High Available）等传统计算机和网络技术发展融合的产物。云计算是描述了一个远景，就是我们像用水、用电那样，按需使用计算能力，互联网给我们带来了这种可能性。

对云计算的定义有多种说法，现阶段广为接受的是美国国家标准与技术研究院（NIST）定义：云计算是一种按使用量付费的模式，这种模式提供可用的、便捷的、按需的网络访问，进入可配置的计算资源共享池（资源包括网络、服务器、存储、用软件、服务等），这些资源能够被快速提供，只需投入很少的管理工作，或与服务供应商进行很少的交互。

云计算常与网格计算、效用计算、自主计算相混淆。网格计算是分布式计算的一种，由一群松散耦合的计算机组成的一个超级虚拟计算机，常用来执行一些大型任务。效用计算是 IT 资源的一种打包和计费方式，比如按照计算、存储分别计量费用，像传统的电力等公共设施一样。自主计算是具有自我管理功能的计算机系统。事实上，许多云计算部署依赖于计算机集群（但与网格的组成、体系结构、目的、工作方式大相径庭），也吸收了自主计算和效用计算的特点。

2. 云计算特点

（1）超大规模。“云”具有相当的规模，Google 云计算已经拥有 100 多万台服务器，Amazon、IBM、微软、Yahoo 等的“云”均拥有几十万台服务器。企业私有云一般拥有数百上千台服务器，“云”能赋予用户前所未有的计算能力。

（2）虚拟化。云计算支持用户在任意位置，使用各种终端获取应用服务。所请求的资源来自“云”，而不是固定的有形的实体。应用在“云”中某处运行，但实际上用户无需了解，也不用担心应用运行的具体位置。

（3）高可靠性。“云”使用了数据多副本容错、计算节点同构可互换等措施来保障服务的高可靠性，使用云计算比使用本地计算机可靠。

（4）通用性。云计算不针对特定的应用，在“云”的支撑下可以构造出千变万化的应用，同一个“云”可以同时支撑不同的应用运行。

（5）高可扩展性。“云”的规模可以动态伸缩，满足应用和用户规模增长的需要。

（6）按需服务。“云”是一个庞大的资源池，可按需购买；云可以像自来水、电、煤气那样计费。

（7）廉价。由于“云”的特殊容错措施可以采用极其廉价的节点来构成云，“云”的自动化集中式管理使大量企业无需负担日益高昂的数据中心管理成本，“云”的通用性使资源的利用率较之传统系统大幅提升，因此用户可以充分享受“云”的低成本优势，经常只要花费几百美元、几天时间就能完成以前需要数万美元、数月时间才能完成的任务。

（8）潜在的危险性。

3. 服务形式

云计算包括以下三个层次的服务：基础设施即服务、平台即服务和软件即服务。

IaaS（Infrastructure-as-a-Service）：基础设施即服务。消费者通过 Internet 可以从完善的计算机基础设施获得服务。例如，硬件服务器租用。

PaaS（Platform-as-a-Service）：平台即服务。PaaS 实际上是指将软件研发的平台作为一种服务，以 SaaS 的模式提交给用户。因此，PaaS 也是 SaaS 模式的一种应用。但是，PaaS 的出现可以加快 SaaS 的发展，尤其是加快 SaaS 应用的开发速度。例如，软件的个性化定制开发。

SaaS（Software-as-a-Service）：软件即服务。它是一种通过 Internet 提供软件的模式，用户无需购买软件，而是向提供商租用基于 Web 的软件，来管理企业经营活动。例如，云服务器。

4. 相关问题

数据隐私问题：如何保证存放在云服务提供商的数据隐私不被非法利用，不仅需要技术的改进，也需要法律的进一步完善。

数据安全性：有些数据是企业的商业机密，数据的安全性关系到企业的生存和发展。云计算数据的安全性问题解决不了会影响云计算在企业中的应用。

用户的使用习惯：如何改变用户的使用习惯，使用户适应网络化的软硬件应用是长期而且艰巨的挑战。

网络传输问题：云计算服务依赖网络，2013 年网速低且不稳定，使云应用的性能不高。云计算的普及依赖网络技术的发展。

缺乏统一的技术标准：云计算的美好前景让传统 IT 厂商纷纷向云计算方向转型。但是由于缺乏统一的技术标准，尤其是接口标准，各厂商在开发各自产品和服务的过程中各自为政，这为将来不同服务之间的互联互通带来严峻挑战。

10.3.3 大数据

1. 基本含义

随着大数据的流行，大数据的定义呈现多样化的趋势，达成共识非常困难。本质上，大数据不仅意味着数据的大容量，还体现了一些区别于“海量数据”和“非常大的数据”的特点。2011 年，Mc Kinsey 公司的研究报告中将大数据定义为“超过了典型数据库软件工具捕获、存储、管理和分析数据能力的数据集”；美国国家标准和技术研究院 NIST 认为“大数据是指数据的容量、数据的获取速度或者数据的表示限制了使用传统关系方法对数据的分析处理能力，需要使用水平扩展的机制以提高处理效率”。一般来讲，大数据是指无法在可承受的时间范围内用常规软件工具进行捕捉、管理和处理的数据集合。它的数据规模和转输速度要求很高，或者其结构不适合原本的数据库系统。为了获取大数据中的价值，我们必须选择另一种方式来处理它。数据中隐藏着有价值的模式和信息，在以往需要相当的时间和成本才能提取这些信息。大数据和传统数据比较如表 10-1 所示。

表 10-1 **大数据和传统数据比较**

	Traditional data	Big data
Volume	GB	Constantly updated (TB or PB currently)
Generated rate	Per hour, day, …	More rapid
Structure	Structured	Semi-structured or un-structured
Data source	Centralized	Fully distributed
Data store	RDBMS	HDFS, No SQL
Data integration	Easy	Difficult
Access	Interactive	Batch or near real-time

大数据具体的实现途径：基于云计算的方式。因为数据规模大，需要大容量的存储(云存储)；因为数据结构复杂，需要高性能的计算能力(云计算)；因为有关联(数据关联度)，需要跨平台的协同能力(云协同，应该是今后云应用的拓展方向之一，在协同粒度、隐私保护、安全等方面更有保证)。例如，气象卫星的图像传输(缓存：云存储)与处理(高性能计算：云计算)。

2. 大数据四个特性

大数据具有 4V 特性：Volume，Velocity，Variety，Value。

体量(Volume)：企业面临着数据量的大规模增长。例如，IDC 最近的报告预测称，到 2020 年，全球数据量将扩大 50 倍。目前，大数据的规模尚是一个不断变化的指标，单一数据集的规模范围从几十 TB 到数 PB 不等。简而言之，存储 1PB 数据将需要两万台配备 50GB 硬盘的个人电脑。此外，各种意想不到的来源都能产生数据。

多样性(Variety)：一个普遍观点认为，人们使用互联网搜索是形成数据多样性的主要原因，这一看法部分正确。然而，数据多样性的增加主要是由于新型多结构数据，以及包括网络日志、社交媒体、互联网搜索、手机通话记录及传感器网络等数据类型造成。其中，部分传感器安装在火车、汽车和飞机上，每个传感器都增加了数据的多样性。

高速性(Velocity)：高速描述的是数据被创建和移动的速度。在高速网络时代，通过基于实现软件性能优化的高速电脑处理器和服务器，创建实时数据流已成为流行趋势。企业不仅需要了解如何快速创建数据，还必须知道如何快速处理、分析并返回给用户，以满足用户的实时需求。

价值密度(Value)：大数据具有多层结构，这意味着大数据会呈现出多变的形式和类型。相较传统的业务数据，大数据存在不规则和模糊不清的特性，造成很难甚至无法使用传统的应用软件进行分析。传统业务数据随时间演变已拥有标准的格式，能够被标准的商务智能软件识别。目前，企业面临的挑战是处理并从各种形式呈现的复杂数据中挖掘价值。

除了有四个特性之外，大数据还呈现出其他三个特征。一是数据类型繁多。包括网络日志、音频、视频、图片、地理位置信息等，多类型的数据对数据的处理能力提出了更高的要求。二是数据价值密度相对较低。例如，随着物联网的广泛应用，信息感知无处不在，信息海量，但价值密度较低，如何通过强大的机器算法更迅速地完成数据的价值“提纯”，是大数据时代亟待解决的难题。三是处理速度快，时效性要求高。这是大数据区分于传统数据挖掘最显著的特征。

3. 发展大数据应避免的误区

1)既不要轻视也不要迷信数据的作用

数据和信息是意义十分接近的概念，不能僵化理解“从数据到信息再到知识”的认识模式，有些数据本身就是信息，大数据技术重视直接根据数据做决策。数据更侧重于“机器可读、可运行”，信息更侧重于人可理解。人的决策更多地依靠知识、经验、直觉甚至顿悟，而基于大数据的决策更多地依赖机器对数据的分析，两者各有长处。计算机发现的数据相关性很多情况是偶然的，并没有实际意义，人(专家)的判断与计算机结合往往能取得最佳效果。例如，对科技人员的评价不能只靠论文发表等“大数据”，一流人才主要靠人的定性评价。

2)不要只盯住数据量的规模

从学术上讲，“大数据”这一名词并不准确。数据的复杂性主要不是来自数据规模，而是数据结构的多样性，大数据处理的困难更多来自“快数据”和真假难别的数据。所谓不需要分析因果关系、不需要采样、不需要精确数据的大数据特征不能绝对化。在基础研究中，追求高数据质量仍然是一项重要要求。所有的数据都必须长时间保存可能不明智，对“食之无味、弃之可惜”的数据要不要保存要根据数据的价值量力而行。实际工作中要逻辑演绎和归纳相结合、白盒与黑盒研究相结合、大数据方法与小数据方法相结合。

3)不要“技术驱动”，要“应用为先”

新的信息技术层出不穷，信息领域不断冒出新概念、新名词，预计继“大数据”以后，“认知计算”、“可穿戴设备”、“机器人”又会进入炒作高峰。发展信息技术的目的是为人服务，检验一切技术的唯一标准是应用。要坚持“应用为先”的发展战略，坚持应用牵引的技术路线。技术有限，应用无限。各地发展云计算和大数据，一定要通过政策和各种措施调动应用部门和创新企业的积极性，通过跨界的组合创新开拓新的应用，从应用中找出路。

4)不要轻视“小数据”问题

常用的大数据定义：无法通过目前主流软件工具在合理时间内采集、存储、处理的数据集。用不能胜任的技术定义问题可能导致认识的误区。按照这种定义，人们可能只会重视目前解决不了的问题，如同走路的人想踩着自己身前的影子。其实，目前各行各业碰到的数据处理多数还是“小数据”问题。应重视实际碰到的问题，不管是大数据还是小数据。大数据中有大量的小数据问题，这些问题不会随着数据量的增大而消失(Google 的流感预测为什么近两年会失败)。要注意数据(样本)偏差，所谓包揽一切的数据可能遗漏了“沉默的大多数”。

5)要高度关注构建大数据平台的成本

目前全国各地都在建设大数据中心，许多城市公安部门要求存储 3 个月以上的高清监控录像，这些系统的成本非常高。大数据系统技术还在研究之中，美国的 E 级系统要求能耗降低 1000 倍，计划到 2024 年才能研制出来，用现在的技术构架巨型系统能耗极高。数据的传输成本也很高，目前美国很多大数据系统采用飞机运磁盘来搬运数据。数据挖掘的价值是用成本换来的，不能不计成本，盲目建设大数据系统。什么数据需要保存，要保存多少时间，应当根据可能的价值和所需的成本来决定。

6)要注意增长的极限

任何技术都不可能永远高速发展，增长具有极限，通信带宽有香农极限，大数据技术也一样。所谓“指数性”增长是整个发展过程中一个时期，任何技术都不会永远保持“指数性”增长。一般而言，技术的发展呈现 S 形，最后可能递减消亡，困难之处在于预测增长的顶峰。由于成本的约束，通信不能走“宽带、宽带、再宽带”的发展道路，要走“节带”的绿色发展之路。大数据也是如此，要走低成本、低能耗的发展道路。

10.3.4　移动互联网

互联网开始于 1969 年的美国，又被称为因特网(Internet)，是网络与网络之间所串连成的庞大网络，这些网络以一组通用的协议相连，形成逻辑上的单一巨大国际网络。这种将计算机网络互相连接在一起的方法可称为“网络互联”，在此基础上发展出覆盖全世界的全球性互联网络称互联网，即是互相连接一起的网络结构。

随着宽带无线接入技术和移动终端技术的飞速发展，人们迫切希望能够随时随地乃至在移动过程中都能方便地从互联网获取信息和服务，移动互联网应运而生并迅猛发展。移动互联网，就是将移动通信和互联网二者结合起来，是指互联网的技术、平台、商业模式和应用与移动通信技术结合并实践的活动的总称。

移动互联网不是我们重新建一个互联网，它是在互联网加上一个宽带或者无限的接入。移动互联网(Mobile Internet，MI)是一种通过智能移动终端，采用移动无线通信方式获取业务和服务的新兴业务，包含终端、软件和应用三个层面。终端层包括智能手机、平板电脑、电子书等。软件包括操作系统、中间件、数据库和安全软件等。应用层包括休闲娱乐类、工具媒体类、商务财经类等不同应用与服务。随着技术和产业的发展，LTE(Long Term Evolution，长期演进，4G 通信技术标准之一)和 NFC(Near Field Communication，近场通信，移动支付的支撑技术)等网络传输层关键技术也将被纳入移动互联网的范畴之内。

截至 2014 年 4 月，我国移动互联网用户总数达 8.48 亿户，在移动电话用户中的渗透率达 67.8%。手机网民规模达 5 亿，占总网民数的八成多，手机保持第一大上网终端地位，我国移动互联网发展进入全民时代。

移动互联网的基本特点包括：用户体验至上，盈利策略不可急功近利，找到业务的核心竞争力，把握移动营销新模型，整合产业链之外的资源。其六大发展趋势为：一是移动互联网超越 PC 互联网，引领发展新潮流；二是移动传媒网和传统行业融合，催生新的应用模式；三是不同终端的用户体验更受重视，助力移动业务普及扎根；四是移动互联网商业模式多样化，细分市场继续发力；五是用户期盼跨平台互通互联，技术让人充满期待；六是大数据挖掘成蓝海，精准营销潜力凸显。

10.3.5　互联网+

2015 年 3 月 5 日上午十二届全国人大三次会议上，李克强总理在政府工作报告中首次提出“互联网+”行动计划。李克强在政府工作报告中提出，制定“互联网+”行动计划，推动移动互联网、云计算、大数据、物联网等与现代制造业结合，促进电子商务、工业互联网和互联网金融健康发展，引导互联网企业拓展国际市场。

“互联网+”将进一步激发互联网对传统领域的渗透，进一步提升互联网在经济发展过程中的作用。中国互联网经济占 GDP 比重(iGDP)不断上升，2013 年，iGDP 升至 4.4%，美国为 4.3%，中国已达全球领先国家水平。2013 年到 2025 年间，互联网在中国 GDP 增长中贡献可望达到 7%到 22%。

“互联网+”是互联网思维的进一步实践成果，它代表一种先进的生产力，推动经济形态不断地发生演变。从而带动社会经济实体的生命力，为改革、发展、创新提供广阔的网络平台。通俗来说，“互联网+”就是“互联网+各个传统行业”，但这并不是简单的两者相加，而是利用信息通信技术以及互联网平台，让互联网与传统行业进行深度融合，创造新的发展生态。它代表一种新的社会形态，即充分发挥互联网在社会资源配置中的优化和集成作用，将互联网的创新成果深度融合于经济、社会各领域之中，提升全社会的创新力和生产力，形成更广泛的以互联网为基础设施和实现工具的经济发展新形态。

“互联网+”已经改造及影响了多个行业，当前大众耳熟能详的电子商务、互联网金融、在线旅游、在线影视、在线房产等行业都是“互联网+”的杰作。从现状来看，“互联网+”尚处于初级阶段，各领域对“互联网+”还在做论证与探索，特别是那些非常传统的行业，他们正努力借助互联网平台增加自身利益。例如，传统行业开始尝试营销的互联网化，借助 B2B，B2C 等电商平台来实现网络营销渠道的扩建，增强线上推广与宣传力度，逐步尝试网络营销带来的便利。

腾讯董事会主席马化腾认为“互联网+”是一个趋势，加的是传统的各行各业。加媒体产生网络媒体；加娱乐产生网络游戏；加零售产生电子商务，已经很大；互联网金融非常热，互联网将让金融变得更有效率，更好地为经济服务，符合“普惠金融”的精神；易观国际董事长于扬认为互联网将会成为水、电一样的基础设施；传统的广告加上互联网成就了百度，传统集市加上互联网成就了淘宝，传统百货卖场加上互联网成就了京东，传统银行加上互联网成就了支付宝，传统的安保服务加上互联网成就了 360，传统的红娘加上互联网成就了世纪佳缘……

互联网+有六大特征：一是跨界融合。+就是跨界，就是变革，就是开放，就是重塑融合。二是创新驱动。中国粗放的资源驱动型增长方式早就难以为继，必须转变到创新驱动发展这条正确的道路上来。三是重塑结构。信息革命、全球化、互联网业已打破了原有的社会结构、经济结构、地缘结构、文化结构。权力、议事规则、话语权不断在发生变化。四是尊重人性。互联网的力量之强大最根本的也来源于对人性的最大限度的尊重、对人体验的敬畏、对人的创造性发挥的重视。五是开放生态。关于互联网+，生态是非常重要的特征，而生态的本身就是开放的。六是连接一切。连接是有层次的，但是连接一切是互联网+的目标。

“互联网+”实现互联网与实体经济结合，将有十分巨大的市场前景，但需要在新的互联网体系架构方面不断探索，达成共识。“互联网+”战略实施，需要传统企业发挥主导作用，通过信息和互联网技术和商业模式创新，能够解决自身生产过程中的主要问题，提升自己生产效率、产品质量。“互联网+”战略的实施，需要大量优秀网络领域人才，同时通过科技创新，提升自己核心竞争力。

互联网+农业产业链如图 10-1 所示，互联网+制造产业链如图 10-2 所示。

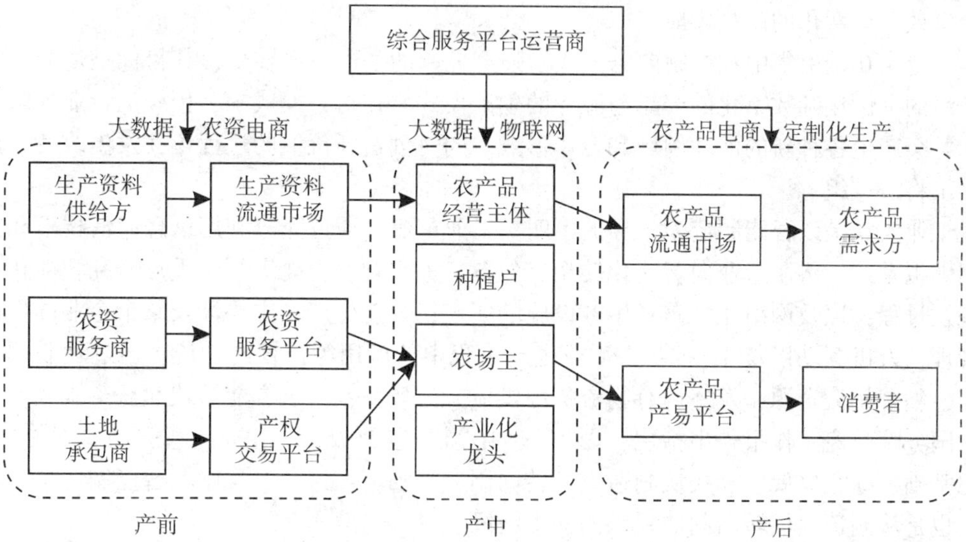

图 10-1　“互联网+农业”产业链

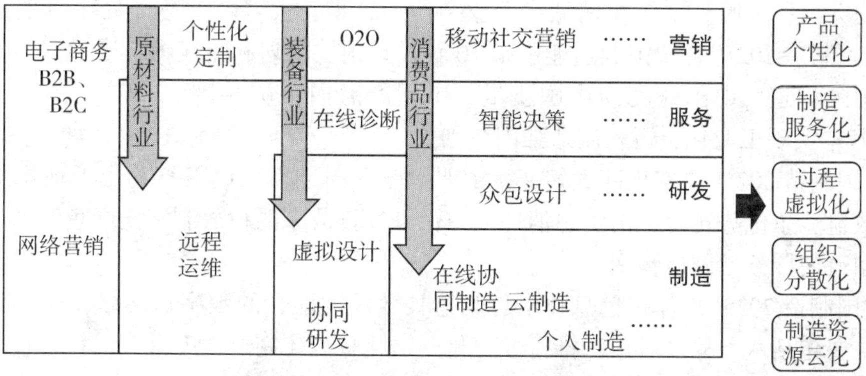

图 10-2　“互联网+制造”产业链

10.3.6　工业 4.0 和中国制造 2025

创新 2.0，即面向知识社会的下一代创新。是由于信息通信技术（ICT）发展给社会带来深刻变革而引发的科技创新模式的改变，是从专业科技人员实验室研发出科技创新成果后用户被动使用，到技术创新成果的最终用户直接或通过共同创新平台参与技术创新成果的研发和推广应用全过程的转变。

所谓工业 4.0，是基于工业发展的不同阶段作出的划分。按照目前的共识，工业 1.0 是蒸汽机时代，工业 2.0 是电气化时代，工业 3.0 是信息化时代，工业 4.0 则是利用信息化技术促进产业变革的时代，也就是智能化时代。工业 4.0 是指利用信息物联系统(Cyber-Physical System，CPS)，也有称为物联信息系统或类似名词，通过价值链实现横向集成，跨越整个价值链过程，将生产中的供应、制造和销售信息数据化、智慧化，达到快速、有效、个性化的产品供应。

工业 4.0 是由集中式控制向分散式增强型控制的基本模式转变，其目标是建立一个高度灵活的个性化和数字化的产品与服务的生产模式，在这种模式中，传统的行业界限将消失，并会产生各种新的活动领域和合作形式。同时创造新价值的过程正在发生改变，产业链分工将被重组。

工业 4.0 是以智能制造为主导的第四次工业革命，通过充分利用信息通信技术和网络空间虚拟系统，将制造业向智能化转型。包含三大主题：智能工厂，重点研究智能化生产系统及过程，以及网络化分布式生产设施的实现；智能生产，主要涉及整个企业的生产物流管理、人机互动以及 3D 技术在工业生产过程中的应用等；智能物流，通过互联网、物联网，整合物流资源，发挥现有物流资源供应方的效率，需求方能够快速获得服务匹配。

国务院政府工作报告中指出：要实施“中国制造 2025”，坚持创新驱动、智能转型、强化基础、绿色发展，加快从制造大国转向制造强国。在这一过程中，智能制造是主攻方向，也是从制造大国转向制造强国的根本路径。

2012 年，中国制造业增加值为 2.08 万亿美元，占全球制造业 20%，与美国相当，但却大而不强，其制约因素包括自主创新能力不强，核心技术和关键元器件受制于人；产品质量问题突出；资源利用效率偏低；产业结构不合理，大多数产业尚处于价值链的中低端。“中国制造 2025”为中国制造业未来 10 年设计顶层规划和路线图，通过努力实现中国制造向中国创造、中国速度向中国质量、中国产品向中国品牌三大转变，推动中国到 2025 年基本实现工业化，迈入制造强国行列。

“中国制造 2025”要实现四大转变：由要素驱动向创新驱动转变；由低成本竞争优势向质量效益竞争优势转变；由资源消耗大、污染物排放多的粗放制造向绿色制造转变；由生产型制造向服务型制造转变。

“中国制造 2025”以体现信息技术与制造技术深度融合的数字化网络化智能化制造为主线。主要包括八项战略对策：推行数字化网络化智能化制造；提升产品设计能力；完善制造业技术创新体系；强化制造基础；提升产品质量；推行绿色制造；培养具有全球竞争力的企业群体和优势产业；发展现代制造服务业。

李克强总理在 2015 年 3 月主持召开国务院常务会议，研究部署加快推进实施“中国制造 2025”，实现制造业升级。会议强调要顺应“互联网+”的发展趋势，以信息化与工业化深度融合为主线，重点发展新一代信息技术、高档数控机床和机器人、航空航天装备、海洋工程装备及高技术船舶、先进轨道交通装备、节能与新能源汽车、电力装备、新材料、生物医药及高性能医疗器械、农业机械装备 10 大领域。作为“中国制造 2025”唯一的地方样板和实践范例，泉州已完成《泉州制造2025》。

10.3.7 电子商务

1. 基本内涵

关于电子商务的定义有不同的说法，比如世界电子商务大会在1997年定义电子商务是实现整个贸易活动的电子化；WTO定义电子商务是通过电子通信网络进行的生产、营销和流通活动；IBM公司认为电子商务=IT+WEB+BUSINESS；INTEL公司认为电子商务=电子化的市场+电子化交易+电子化服务。

一般来讲狭义电子商务(electronic commerce，EC)是指人们利用电子化手段进行以商品交换为中心的各种商务活动，如企业与企业，企业与消费者利用计算机网络进行的商务活动，也可称为电子交易，包括网上商贸洽谈、电子购物、电子支付、电子结算等不同层次，不同程度的电子商务活动，EC强调的是“互联网”和“交易”。

广义电子商务(electronic business，EB)是指利用计算机和网络等现代信息技术所进行的各类商务活动，其内容很广，囊括了社会生活的方方面面，如通过手机短信订阅新闻、发E-mail邀请客户开新品展示会、通过单位内部网络查询相关数据等。EB所包含的内容比EC大，运用一切电子工具和电子技术进行的所有与商务有关的活动。

电子商务的前提是信息技术特别是互联网技术，本质是一种现代商业方法，通过改善产品和服务质量，提高服务传递速度，满足政府组织、厂商和消费者的低成本的需求。核心是掌握现代信息技术和商务理论与实务的人，工具是系列化、系统化电子工具，对象是以商品贸易为中心的各种经济事务活动，对象是以商品贸易为中心的各种经济事务活动。

2. 电子商务形式

电子商务主要包含以下几种形式。

- 企业对企业(Business-to-Business，B2B)，如alibaba.com；
- 企业对消费者(Business-to-Consumer，B2C)，如京东、天猫；
- 个人对消费者(Consumer-to-Consumer，C2C)，如淘宝；
- 企业对政府(Business-to-Government)；
- 线上对线下(Online To Offline，O2O)，线下商务与线上推广结合；
- 商业机构对家庭(Business To Family，B2F)；
- 供给方对需求方(Provide to Demand，P2D)；
- 门店在线(Online to Partner，O2P)；
- 消费者对企业(Consumer-to-Business，C2B)。

2015年电商发展前景趋势：泛渠道化销售，个性化的产品展示，重现实体店的购物体验，消费者的全球化，本地化的支付方式，电子商务移动化。

10.3.8 3S技术

3S技术是遥感技术(Remote sensing，RS)、地理信息系统(Geography information systems，GIS)和全球定位系统(Global positioning systems，GPS)的统称，是空间技术、传感器技术、卫星定位与导航技术和计算机技术、通信技术相结合，多学科高度集成的对空间信息进行采集、处理、管理、分析、表达、传播和应用的现代信息技术。

1. RS

遥感是以航空摄影技术为基础，在 20 世纪 60 年代初发展起来的一门新兴技术。自 1972 年美国发射了第一颗陆地卫星后，这就标志着航天遥感时代的开始。经过几十年的迅速发展，成为一门实用的、先进的空间探测技术。遥感是通过遥感器这类对电磁波敏感的仪器，在远离目标和非接触目标物体条件下探测目标地物，获取其反射、辐射或散射的电磁波信息(如电场、磁场、电磁波、地震波等信息)，并进行提取、判定、加工处理、分析与应用的一门科学和技术。从字面上来看，可以简单理解为遥远的感知，泛指一切无接触的远距离的探测；从现代技术层面来看，"遥感"是一种应用探测仪器。

遥感系统主要由以下四大部分组成。

(1)信息源。是遥感需要对其进行探测的目标物。任何目标物都具有反射、吸收、透射及辐射电磁波的特性，当目标物与电磁波发生相互作用时会形成目标物的电磁波特性，这就为遥感探测提供了获取信息的依据。

(2) 信息获取。是指运用遥感技术装备接收、记录目标物电磁波特性的探测过程。信息获取所采用的遥感技术装备主要包括遥感平台和传感器。其中遥感平台是用来搭载传感器的运载工具，常用的有气球、飞机和人造卫星等。传感器是用来探测目标物电磁波特性的仪器设备，常用的有照相机、扫描仪和成像雷达等。

(3)信息处理。是指运用光学仪器和计算机设备对所获取的遥感信息进行校正、分析和解译处理的技术过程。信息处理的作用是通过对遥感信息的校正、分析和解译处理，掌握或清除遥感原始信息的误差，梳理、归纳出被探测目标物的影像特征，然后依据特征从遥感信息中识别并提取所需的有用信息。

(4)信息应用。是指专业人员按不同的目的将遥感信息应用于各业务领域的使用过程。信息应用的基本方法是将遥感信息作为地理信息系统的数据源，供人们对其进行查询、统计和分析利用。遥感的应用领域十分广泛，包括军事、地质矿产勘探、自然资源调查、地图测绘、环境监测以及城市建设和管理等。

遥感技术的类型往往从以下方面对其进行划分。

根据工作平台层面区分：地面遥感、航空遥感(如气球、飞机)、航天遥感(如人造卫星、飞船、空间站、火箭)；

根据记录方式层面区分：成像遥感、非成像遥感；

根据应用领域区分：环境遥感、大气遥感、资源遥感、海洋遥感、地质遥感、农业遥感、林业遥感等。

2. GIS

地理信息系统(Geographic Information System，GIS)是一种特定的十分重要的空间信息系统，它是在计算机硬、软件系统支持下，对整个或部分地球表层(包括大气层)空间中的有关地理分布数据进行采集、储存、管理、运算、分析、显示和描述的技术系统。在一个 GIS 系统中，位置与地理信息既是 LBS(Location Based Services)的核心，也是 GIS 的基础。一个单纯的经纬度坐标只有置于特定的地理信息中，代表为某个地点、标志、方位后，才会被用户认识和理解。用户在通过相关技术获取到位置信息之后，还需要了解所处的地理环境，查询和分析环境信息，从而为用户活动提供信息支持与服务。

GIS 可以分为以下五部分。

(1) 人员，是 GIS 中最重要的组成部分。开发人员必须定义 GIS 中被执行的各种任务，开发处理程序。熟练的操作人员通常可以克服 GIS 软件功能的不足，但是相反的情况就不成立。最好的软件也无法弥补操作人员对 GIS 的一无所知所带来的负作用。

(2)数据，精确的可用的数据可以影响到查询和分析的结果。

(3)硬件，硬件的性能影响到软件对数据的处理速度，使用是否方便及可能的输出方式。

(4)软件，不仅包含 GIS 软件，还包括各种数据库，绘图、统计、影像处理及其他程序。

(5)过程，GIS 要求明确定义，一致的方法来生成正确的可验证的结果。

3. GPS

全球卫星定位系统是指利用 GPS 定位卫星，在全球范围内实时进行定位、导航的系统。GPS 是由美国国防部研制建立的一种具有全方位、全天候、全时段、高精度的卫星导航系统，能为全球用户提供低成本、高精度的三维位置、速度和精确定时等导航信息，是卫星通信技术在导航领域的应用典范，它极大地提高了地球社会的信息化水平，有力地推动了数字经济的发展。

最初的 GPS 方案将 24 颗卫星放置在互成 120°的三个轨道上。每个轨道上有 8 颗卫星，地球上任何一点均能观测到 6 至 9 颗卫星。这样，粗码精度可达 100m，精码精度为 10m。由于预算压缩，GPS 计划不得不减少卫星发射数量，改为将 18 颗卫星分布在互成 60°的 6 个轨道上，然而这一方案使得卫星可靠性得不到保障。1988 年又进行了最后一次修改：21 颗工作星和 3 颗备用星工作在互成 60°的 6 条轨道上。这也是 GPS 卫星所使用的工作方式。

GPS 导航系统是以全球 24 颗定位人造卫星为基础，向全球各地全天候地提供三维位置、三维速度等信息的一种无线电导航定位系统。它由三部分构成：一是地面控制部分，由主控站、地面天线、监测站及通信辅助系统组成；二是空间部分，由 24 颗卫星组成，分布在 6 个轨道平面；三是用户装置部分，由 GPS 接收机和卫星天线组成。民用的定位精度可达 10 米内。

目前世界上主要有以下几个卫星导航系统。

(1)美国全球定位系统(GPS)。由 24 颗卫星组成，分布在 6 条交点互隔 60°的轨道面上，精度约为 10 米，军民两用，正在试验第二代卫星系统。

(2)俄罗斯格洛纳斯系统(GLONASS)。由 24 颗卫星组成，精度在 10 米左右，军民两用，设计 2009 年底服务范围拓展到全球。

(3)欧洲伽利略系统(Galileo)。由 30 颗卫星组成，定位误差不超过 1 米，主要为民用。2005 年首颗试验卫星已成功发射，预计 2008 年前开通定位服务。

(4)中国北斗系统。由 5 颗静止轨道卫星和 30 颗非静止轨道卫星组成。“北斗一号”精确度在 10 米之内，而“北斗二号”可以精确到“厘米”之内。计划 2008 年左右覆盖中国及周边地区，然后逐步扩展为全球卫星导航系统。2012 年 10 月 25 日，我国在西昌卫星发射中心用"长征三号丙"火箭，成功将第 16 颗北斗导航卫星送入预定轨道。这是我国二代北斗导航工程的最后一颗卫星，这是长征系列运载火箭的第 170 次发射。至此，我国北斗导航工程区域组网顺利完成。

10.3.9　数字地球与智慧中国

美国副总统戈尔于 1998 年 1 月在加利福尼亚科学中心开幕典礼上发表的题为"数字地球：认识 21 世纪我们所居住的星球"演说时首次提出数字地球的概念。"数字地球"超越空间和时间的界限，能帮助人类缓解环境危机、预防自然灾害、打击犯罪和持续发展。

"数字地球"实质上是信息化的地球，是地球的虚拟对照体。通俗地讲：数字地球是用数字的方法将地球、地球上的活动及整个地球环境的时空变化装入电脑中，实现在网络上的流通，并使之最大限度地为人类生存、可持续发展和日常的工作、学习、生活、娱乐服务。严格地讲：数字地球是以计算机技术、多媒体技术和大规模储存技术为基础，以宽带网络为纽带，运用海量地球信息对地球进行多分辨率、多尺度、多时空和多种类的三维描述，并利用它作为工具支持和改善人类的活动和生活质量。

我国政府和学术界在"数字地球"的基础上提出"数字中国"的构想。"数字城市"是指城市规划建设与运营管理以及城市生产与生活活动中，利用数字化信息处理技术和网络通信技术，将城市的各种数字信息及各种信息资源加以整合并充分利用，是以地理信息系统(GIS)为核心技术，运用全球定位系统(GPS)、遥感系统(RS)等关键技术，深入开发和应用空间信息资源，建设服务与城市规划、建设和管理，服务于政府、企业、公众，服务于人口、资源环境、经济社会的可持续发展的信息基础设施和利用体系。"数字城市"包含基础层、应用层和决策层组成。

"数字城市"的主要技术包括信息高速公路和高速网络技术、高分辨率卫星遥感技术、空间信息技术与空间数据基础设施、大容量数据存储技术、可视化和虚拟现实技术、高性能计算能力等。

"智慧地球"是 IBM 公司首席执行官彭明盛 2008 年首次提出，就是把感应器嵌入和装备到电网、铁路、桥梁、隧道、公路、建筑、供水系统、大坝、油气管道等各种物体中，并且被普遍连接，形成所谓"物联网"，然后将"物联网"与现有的互联网整合起来，实现人类社会与物理系统的整合。"智慧地球"的三大要素：更透彻的感知、更全面的互联互通、更深入的智能化。

目前智能技术已经应用到生活的各个方面，如智慧医疗、智慧交通、智慧电力、智慧食品、智慧货币、智慧零售业、智慧基础设施甚至智慧城市，这使地球变得越来越智能。IT 产业下一阶段任务是把新一代 IT 技术充分运用在各行各业之中。在此基础上，人类可以以更加精细和动态的方式管理生产和生活，从而达到"智慧"状态。

"智慧中国"主要包含智慧电力、智慧医疗、智慧城市、智慧交通、智慧供应链、智慧银行等六大智慧。目前"智慧中国"面临的主要问题有：高端传感器生产能力的严重缺乏；云计算基础架构等方面缺乏关注；核心电子器件、高端通用芯片和大型系统软件过多依靠购买国外；在核心晶片制造工艺和技术方面也很不成熟；中间件、开发环境和应用软件开发等也普遍薄弱等。

【课后讨论】

(1)查找资料补充说明信息技术的发展趋势。

(2)举例说明你身边的物联网应用。

(3)如何理解“万物皆云”的说法。

(4)你认为“互联网+”还可以应用到哪些行业?

(5)你认为“中国制造 2025”与德国提出的“工业 4.0”的区别是什么?

本章小结

本章主要介绍了信息技术的发展现状和发展趋势,并结合当前中国政府提出将互联网与传统行业深度融合的思路,对当前信息技术的热点方向进行了阐述,以帮助大家理解上述热点名词和概念。

第 11 章　信息社会问题及道德规范

☞本章要点

➤ **关键词**：网络成瘾；计算机犯罪；知识产权保护；信息法规。

➤ **学习目标**：能够通过多种途径了解信息活动过程中存在的一些问题及其危害；初步了解信息道德规范及相关法律法规知识。

➤ **学习重点**：信息时代存在的突出社会问题；掌握有关网络道德规范的知识。

11.1　信息时代的社会问题

【课前思考】

计算机的普及和计算机文化的形成及发展，对社会产生了深远的影响。网络的飞速发展，使互联网渗透到工作、生活的各个领域，成为人们获取信息、享受网络服务的重要来源。但同时也产生了一系列问题，如网络犯罪、网络道德失范、信息暴力、网络舆情监管等。你能举出一些相应的例子吗？

11.1.1　突出表现

自第一台计算机诞生至今，它的广泛使用不仅为社会带来了巨大的经济效益，同时也对人类社会生活的诸多方面产生了深远的影响，它把社会及其成员带入了一个全新的生存与发展的技术与人文环境中。计算机和网络正在迅速地、不可逆转地改变着世界。计算机技术对社会的影响是其他任何技术所不及的。据统计，欧美国家高度化的计算机应用提高了数以几十、几百倍的生产效率。同样，高度信息化社会带来的现实的和潜在的问题也是我们面临和将要面临的重要问题。

1. 信息泛滥

色情信息、暴力信息在网络中的出现更是有增无减，影响了社会风气，伤害着无数没有辨别能力的未成年人，这种情况出现的主要原因是利益驱动。暴力内容引发模仿性的暴力攻击，对人们的行为产生不良影响，引发各种社会问题，近几年出现的罪犯低龄化和手段的残酷多样化正是此类社会问题的反映。

2. 对个人隐私的威胁

在我国，对个人隐私开始关注的今天，这种潜在的威胁已经靠近我们。这里所说的个人隐私不是指个人的生活，而是指个人信息被滥用或者盗用带来的后果。设想一下盗用身份证办理信用卡发生恶性透支以后的后果，这种个人隐私的威胁就不言而喻了。现在银行开账户、购买飞机票、办理包裹邮寄、就医以及多种场合需要个人身份证，网上注册需要个人信息。随着计算机和网络的发展，信息交流加快了，那么个人信息被别人分享的情况将会增加，随之而来的有关责任影响就会成为一个社会问题。

3. 计算机安全与计算机犯罪

使用计算机进行非法活动，这是信息时代必须面临的一个问题，而且将会是一个大的问题。计算机犯罪的含义还不仅是盗用别人的上网账户，还包括破坏他人的计算机系统和网络，盗窃他人的信息，包括存放在计算机和网络上的商业信息。

4. 知识产权保护

知识作为产权是信息时代的一个重要内容，软件和数据被看做是财产，这是新的概念，需要新的法律和执行法律的手段。软件的可复制性使得知识产权的保护显得更加困难，传统的音像制品、书籍和文献被转化为计算机及网络的数据后，更容易被盗用，而且二次创作的侵权定义变得难以界定。

5. 自动化程度提高威胁传统行业就业

在发达国家，这个问题显得尤为突出。大量的计算机辅助制造系统进入传统的生产过程，势必有大量的产业工人将失去他们的工作，新的就业所需要的技能也是这些产业工人所不具备的。对我国的城市化进程而言，即使问题没有如此严重，但传统产业伴随着信息化的发展也将会产生目前发达国家的就业需求问题。

6. 信息时代的贫富差距

如果说信息时代克服了人类社会活动的空间障碍和时间限制，使得社会财富迅速增长，那么今天的问题是，由于信息社会带来的财富知识增长到发达国家、增长到新的富豪手中，这不但没有减少社会贫富差距，反而加大了国家间、人群间的财富差距。

7. 社会不安全因素

这听起来有点不可思议，但因为计算机中一个时间数据位数的缺少导致“千年虫”事件给社会带来的巨大影响，至今还是人们所依赖的高技术带来的不安全因素的典型事件。类似于上网成瘾、沉迷计算机游戏、网络上不健康的信息、虚假网络信息等一些社会问题也都是信息社会发展过程中所产生的。

11.1.2 网络成瘾

随着信息时代的到来，互联网席卷全球并在改变着人类传统的生产方式、工作方式、生活方式和思维方式。互联网如一把双刃剑，在带来积极影响的同时，也带来了负面影响，其中比较突出的如青少年的网络成瘾现象。近几年，我们从各种媒体上可以看到患上网瘾的青少年越来越多，而且逐渐成低龄化趋势。如果不加以重视，往往在毁掉一个孩子的同时，也会毁掉整个家庭。

网瘾，就是网络成瘾的简称。它最早是由葛尔·柏格在 1997 年所定立的理论化病态并且正式承认其研究价值。目前已经把它作为一种正式界定的疾病纳入诊断体系中。网瘾是指上网者由于长时间地和习惯性地沉浸在网络时空当中，对互联网产生强烈的依赖，以至于达到了痴迷的程度而难以自我解脱的行为状态和心理状态。由于花费过多时间上网，以至于损害了现实的人际关系和学业事业。

网瘾会对青少年产生巨大危害。第一，生理上的影响。会造成青少年视力下降、生物钟紊乱、神经衰弱等生理特征。不能维持正常的睡眠周期，停止上网时出现失眠、头痛、注意力不集中、消化不良、恶心厌食、体重下降。第二，心理上的影响。会出现注意力不能集中和持久，记忆力减退，对其他活动缺乏兴趣，为人冷漠，缺乏时间感，情绪低落等。孩子长时间和电脑在一起，他的思维将与电脑的符号式机械思维趋同，弱化了与人沟通的能力和现实生活的反应能力及应对能力，不利于独立生活能力的培养。第三，学习上的影响。会出现品行障碍，诱发孩子逃学、不与人交往、暴躁，产生攻击性等反常行为。一些学生终日沉迷于网络聊天、网络游戏，不但耽误学习，甚至荒废了他们的学业。

11.1.3　计算机犯罪

所谓计算机犯罪，就是在信息活动领域中，利用计算机信息系统或计算机信息知识作为手段，或者针对计算机信息系统，对国家、团体或个人造成危害，依据法律规定，应当予以刑罚处罚的行为，可分为以下两类。

1. 使用了计算机和网络新技术的传统犯罪

如故意直接对计算机实施侵入或破坏，或者利用计算机实施有关金融诈骗、盗窃、贪污、挪用公款、窃取国家秘密或从事反动或色情等非法活动等。

2. 计算机与网络环境下的新型犯罪

如违反国家规定，故意侵入国家事务、国防建设、尖端科学技术等计算机信息系统，未经授权非法使用计算机、破坏计算机信息系统、制作和传播计算机病毒，影响计算机系统正常运行且造成严重后果的行为。

计算机犯罪具有智能性、隐蔽性、复杂性、跨国性、匿名性等特点。

从计算机犯罪的现象出发，把计算机犯罪的主要形式分为五类：

1. 制作、传播非法有害信息

这种犯罪形式主要有利用互联网制作贩卖传播淫秽物品罪，利用互联网传播教授犯罪方法罪，利用互联网散播谣言、发出威胁引起民众恐慌危害社会稳定和正常生活秩序。一些别有用心的人或组织制作传播危害国家安全的有害信息以及一些国家的恐怖组织、宗教派别、种族主义、新纳粹等组织，也在利用 Internet 策划活动，散发大量宣传材料。

2. 利用病毒或各种技术手段攻击计算机网络系统

编制、传播计算机病毒或者利用各种技术手段攻击计算机网络系统，破坏计算机网络系统的正常运行或非授权获取计算机网络系统的控制权。

使用计算机语言编制计算机病毒，故意将其传到互联网或安装在他人计算机上运行的行为具有极大的危害性。计算机病毒如蠕虫(worm)、特洛伊木马、宏病毒等不但可以损坏数据信息、降低计算机网络系统的运行效率甚至可以造成系统崩溃。同时，木马等可以窃取他人的账户口令等。可以说每个在线的计算机都曾遭受计算机病毒的困扰。

还有一些犯罪人利用自己掌握的计算机技术攻击他人计算机或网络系统，破坏其正常运行堵塞网络控制受害者的计算机网络系统，从事各种非法活动。主要手段像拒绝服务攻击、逻辑炸弹、利用各种系统漏洞、后门等入侵计算机网络系统。还有人利用一定的设备接收计算机网络系统的辐射电磁波加以分析获取他人的机密信息。这些行为严重威胁着国家安全，对网络社会具有巨大的危害性。

3. 非法获取或非授权的修改获取使用计算机网络中的数据信息

主要包括网络盗版、网络间谍窃取国家机密、窃取竞争对手的商业秘密以及黑客修改私人或者公共数据信息等。近年来，国内出现的网络犯罪形式主要是冒用他人或组织公司企业的身份从事非法活动，利用一定的技术手段截取通信以及计算机网络系统的电磁辐射以获取信息。

4. 利用程序数据、管理漏洞、信用卡破坏金融系统

有的对程序数据进行物理破坏如消磁短路改账等；有的利用金融系统的管理漏洞进行作案，主要窃取调用篡改计算机内部账目或者内部人员修改计算机存取数据非法牟利等；还有的盗取他人信用卡号码口令骗取巨款。

5. 利用计算机网络破坏关系国计民生的关键设施

当今是一个资源共享、互联互通的信息时代，计算机信息技术与我们生活的紧密结合。给我们带来极大便利的同时，也让我们被计算机系统在安全方面的脆弱性危险的阴影所笼罩。如果有人攻击了国家电网的计算机控制系统，结果那将是可怕的。还有一些人入侵国家关键信息系统制造混乱，破坏社会稳定以及正常经济秩序。

11.1.4 网络诈骗

2015 年 1~3 月，北京网络安全反诈骗联盟共接到网络诈骗报案 4920 例，报案总金额高达 1772.3 万元。其中，PC 用户报案 3773 例，报案总金额为 940.5 万元；360 手机用户报案 1147 例，报案总金额为 831.8 万元。用户遭遇手机诈骗时的人均损失约为电脑诈骗人均损失的 2 倍。

PC 用户报案的所有诈骗类型中，虚假兼职排在首位，其次是退款欺诈、网游交易，这三种诈骗类型占 PC 端诈骗类报案总量的近 70%。而在手机端用户报案中，虚假中奖排在首位，其次是钓鱼盗号和虚假兼职。

在 PC 端，社交工具和电子商务网站是网络诈骗信息传播的最主要途径；其次是搜索引擎和分类信息网站；而在手机端，用户遭遇诈骗的首要途径是诈骗短信，其次是钓鱼网站、诈骗电话、木马病毒。

网络诈骗犯罪分子最常使用的手段有：木马病毒、钓鱼网站、诈骗电话、诈骗短信。

2015 年第一季度，北京网络安全反诈骗联盟的主要技术支持单位——360 互联网安全中心共截获 PC 端新增恶意程序样本 7422 万个。平均每天截获新增恶意程序样本 82.4 万个。共截获安卓移动平台新增恶意程序样本 409 万个，比 2014 年全年截获的新增恶意程序样本量还多 83 万个。

2015 年第一季度，360 互联网安全中心共截获各类新增钓鱼网站 344170 个，拦截钓鱼攻击 59.6 亿次，其中 PC 端拦截量为 56.3 亿次，移动端为 3.3 亿次。在新增钓鱼网站中，虚假购物所占比率最大，其次是虚假中奖、金融理财。而在钓鱼网站的拦截量方面，彩票钓鱼排名第一，其次是虚假购物、假医假药。

2015 年第一季度，360 手机卫士共为全国用户拦截各类垃圾短信约 96.9 亿条，其中，诈骗短信占 12.1%。而在诈骗短信中，冒充熟人的最多，其次是虚假中奖、冒充银行。

个人信息泄漏是网络诈骗得以猖獗的重要原因，仅 2011 年至 2014 年底，已被公开，并被证实已经泄漏的中国公民个人信息就多达 11.27 亿条，内容包括账号密码、电子邮件、电话号码、通讯录、家庭住址，甚至是身份证号码等信息。这一数字相当于 12306 信息泄漏事件的 8669 倍。

个人信息泄漏主要有以下 5 种途径：无良商家盗卖、网站数据窃取、木马病毒攻击、钓鱼网站诈骗、二手手机泄密和新型黑客技术窃取等。

某些掌握大量用户个人信息的商业机构由于管理不善，内部员工盗卖用户个人信息的事件时有发生；网站存在安全漏洞是导致网站数据泄密的主要原因，从目前的情况看，网站被拖库撞库，是海量个人信息泄漏的主要原因；木马病毒窃取消费者个人信息主要针对的是上网账号，统计显示，超过一半的流行木马病毒与网络盗号有关，而且盗号木马主要针对的是消费者的游戏账号、社交账号、网银账号和其他支付类账号；目前并没有针对二手智能手机的回收、处理与再销售的规范和健全的行业标准，用户在出售自己的二手手机时，即便将通讯录、短信、通话记录等信息全部删除，但如果没有对手机中存储的信息进行彻底的销毁，就有可能被不法分子恶意恢复数据并用于不法目的。

目前，一些新型的黑客攻击技术也在被越来越多的用于窃取消费者个人信息。比如，伪基站可以伪装成任意号码向用户发送诈骗短信，并诱骗手机用户登录钓鱼网站；钓鱼 WiFi 则可以直接监听接入该 WiFi 网络用户的所有上网行为。此外，远程篡改家用路由器、远程入侵智能手机、远程入侵网络电视盒等新型攻击方式也对消费者个人信息的安全造成了严重的威胁。

11.1.5　对策分析

1. 加强信息技术的伦理道德教育

要引导自律意识。要使信息技术的伦理教育产生效用，首先要强调受教育者的自我教育，这种自我教育要求突出自主性、自为性和自律性。其次要增强信息技术的伦理教育针对性和实效性，普及信息网络知识，提高自律性，使其能够自觉遵守网络伦理道德，合理使用信息资源，文明上网。

要加强舆论监督。信息技术的伦理道德教育在自律的基础上要得到更有效的进步还需要他律，即舆论监督——倡导、褒扬善举德行，谴责缺德行为。

要加强对信息技术的道德关怀。应该对信息技术进行道德关怀，在注重信息技术自身发展的同时，更要关注人类的精神家园，注入更多的人性关怀。

2. 加强信息技术的道德规范和法律建设

要建立健全网络行为道德规范体系。网络道德规范的构建应当结合互联网自身的特点，借鉴已有的道德规范不断完善和改进。

要加强信息立法。要建立一个健康有序的信息社会，必须有完善的信息立法，通过法律对新的社会环境加以调整，维护社会秩序，使社会生活能够顺利地进行，促进社会的发展。

3. 完善个人自律机制

首先加强道德自律教育。此外，信息化社会中，行为主体处在“独处”的机会增多，对自律的要求也就更高。虚拟世界是一个真正的数字化与虚拟化生存空间，我们必须培养主体的慎独精神，以将外在的规范转化为内在的约束力量，用责任心、正义感、义务感等形式表现出来，从而在独处时仍然能遵守道德规范。同时还要培养青少年的信息技术伦理意识。

【课后讨论】

(1)谈一谈信息时代的社会问题有哪些？

(2)同学当中有没有网络成瘾的现象出现？

(3)你有没有遇到过利用网络诈骗的情形？

11.2 信息安全道德规范

【课前思考】

(1)你所知道的信息安全道德规范有哪些？

(2)知识产权保护包括哪些方面？

(3)你听说过哪些信息产业政策与法规？

11.2.1 计算机用户道德准则

法律是道德的底线，每一位计算机从业人员必须严格遵守法律法规，这是计算机从业人员职业道德的最基本要求。世界知名的计算机道德规范组织 IEEE-CS/ACM 软件工程师道德规范和职业实践联合工作组曾就此专门制定过一个规范，根据此项规范计算机职业从业人员职业道德的核心原则主要有以下两项。

原则一：计算机从业人员应当以公众利益为最高目标。

原则二：客户和雇主在保持与公众利益一致的原则下，计算机从业人员应注意满足客户和雇主的最高利益。

除了以上基础要求和核心原则外，作为一名计算机从业人员还有一些如下的职业道德规范应当遵守。

- 按照有关法律、法规和有关机关团体内的内部规定建立计算机信息系统；
- 以合法的用户身份进入计算机信息系统；
- 在工作中尊重各类著作权人的合法权利；
- 在收集、发布信息时尊重相关人员的名誉、隐私等合法权益；
- 不能利用邮件服务作连锁邮件、垃圾邮件或分发给任何未经允许接收信件的人；
- 不传输任何非法的、骚扰性的、中伤他人的、辱骂性的、恐吓性的、伤害性的、庸俗的，淫秽等信息资料；
- 不能传输任何教唆他人构成犯罪行为的资料；
- 不能传输道德规范不允许或涉及国家安全的资料；
- 不能传输任何不符合地方、国家和国际法律、道德规范的资料；
- 不得未经许可而非法进入其他电脑系统。

11.2.2　知识产权保护

计算机知识产权是指公民或法人对自己在计算机软件开发过程中创造出来的智力成果所享有的专有权利。包括：著作权、专利权、商标权和制止不正当竞争的权利。

1. 计算机软件著作权

软件开发者在一定的期限内对自己软件的表达(程序的源代码、文档等)享有的专有权利。

- 发表权。即决定作品是否公之于众的权利。
- 署名权。即表明作者身份在作品上署名的权利。
- 修改权。即修改或者授权他人修改作品的权利。
- 保护作品完整权。即保护作品不受歪曲篡改的权利。
- 使用权和获得报酬权。

2. 计算机软件有关的发明专利权

专利法是用来保护专利权的法律，保护的是已经获得专利权、可以在生产建设过程中实现的技术方案。

专利局不鼓励申请计算机软件专利。一般来说，计算机程序代码被视为算法的表达，而算法是一种自然事实，不得授予专利，而程序代码是著作权保护的范围。不过软件的技术设计如：程序的设计方案、处理问题的方法以及各项有关的技术信息等具有发明创造的，则可以作为方法发明申请专利。目前，虚拟存储、文件管理、我国有关汉字输入计算机的发明创造也获得了专利权。

3. 有关计算机软件中的商业秘密的不正当竞争行为的制止权

商业秘密保护非常适用于计算机软件。如果一项软件的技术、算法没有获得专利，而且尚未公开，这种技术就是非专利的技术秘密，属于商业秘密应该受到保护。

对于商业秘密，其拥有者具有使用权和转让权，可以许可他人使用，也可以将之向社会公开或申请专利。

不过，任何人都可以对他人的商业秘密进行独立的开发研究，也可以采用逆向工程如：进行反编译或反汇编得到程序源码，或由所有者自己泄密来掌握商业秘密，这些都是合法的。商业秘密保护规定采用不正当方法盗窃秘密算法并应用于其他程序中的做法为非法行为。

4. 计算机软件的商标权

商标是指商品的生产者、经销者为了使自己的产品与其他人的商品相互区别而置于商品表面或商品包装上的标志，通常由文字、图形组成或二者兼有。

企业的标识或产品的名字不一定就是商标，只有当这些标识或者名称在商标管理机关进行注册，才能成为商标。在商标的有效期内，注册者对该商标享有专用权，他人未经注册者许可不得再使用它作为其他软件的名称，否则，就构成了冒用他人商标、欺骗用户的行为。我国的商标法用于保护商标注册者的商标权。

11.2.3　信息产业政策与法规

为了促进中国信息技术产业健康、有序、规范发展，国家相继出台了一系列法律、法规，如2004年通过的《中华人民共和国电子签名法》，目的是“为了规范电子签名行为，确立电子签名的法律效力，维护有关各方的合法权益”，并对法律所涉及的“电子签名”做出明确规定。2004年通过《关于加快我国电子商务发展的若干意见》，进一步增强加快信息化进程的紧迫感和使命感，以信息化带动工业化，以工业化促进信息化，走新型工业化道路，推进经济结构调整和经济增长方式转变，推动经济社会全面协调可持续发展。2004年通过《关于贯彻国家西部大开发战略进一步推进西部地区信息产业发展的意见》。为遏制电子垃圾，2005年出台相关法规：《电子信息产品生产污染防治管理办法》，《废旧家电及电子产品回收处理管理条例》，《电子垃圾回收利用法草案》，等等。为规范通信监理行业，2004年出台《通信建设监理行业自律公约》。为规范信息技术人才培训市场，2004年出台相关法规：《认证及认证培训、咨询人员管理办法》，《认证培训机构管理办法》等。为打击不良电子信息，2004年出台相关法规：《最高人民法院、最高人民检察院关于办理利用互联网、移动通信终端、声讯台制作、复制、出版、贩卖、传播淫秽电子信息刑事案件具体应用法律若干问题的解释》、《最高人民法院最高人民检察院公安部关于依法开展打击淫秽色情网站专项行动有关工作的通知》、《互联网站禁止传播淫秽、色情等不良信息自律规范》等。为加强域名管理，2004年通过《中国互联网络域名管理办法》。为规范短信服务，2004年通过《关于规范短信息服务有关问题的通知》。

为了加强打击计算机犯罪的力度，1997年在对《中华人民共和国刑法》进行修订时，加入了计算机犯罪的条款。同时也规范了计算机信息安全管理的法律法规。《中华人民共和国计算机信息系统安全保护条例》是中国第一个相关信息系统安全方面的法规。

国务院在2012年6月颁布的《国务院关于大力推进信息化发展和切实保障信息安全的若干意见》中指出，我国信息化建设和信息安全保障仍存在一些亟待解决的问题，宽带信息基础设施发展水平与发达国家的差距有所拉大，政务信息共享和业务协同水平不高，核心技术受制于人。信息安全工作的战略统筹和综合协调不够，重要信息系统和基础信息网络防护能力不强，移动互联网等技术应用给信息安全带来严峻挑战。必须进一步增强紧迫感，采取更加有力的政策措施，大力推进信息化发展，切实保障信息安全。坚持积极利用、科学发展、依法管理、确保安全，加强统筹协调和顶层设计，健全信息安全保障体系，切实增强信息安全保障能力，维护国家信息安全，促进经济平稳较快发展和社会和谐稳定。

【课后讨论】

为什么要遵守信息安全道德规范？你认为目前我国的知识产权保护到位吗？

本章小结

在本章中我们介绍了计算机时代所特有的社会问题，如计算机犯罪与相关法律、计算机对生活环境的影响以及相关专业人员的职业道德等，这些社会现象已经开始影响和改变今天的社会。

基础练习

一、选择题

1. 体现我国政府对计算机软件知识产权进行保护的第一部政策法规是(　　)。

A.《计算机软件保护条例》　　B.《中华人民共和国技术合同法》

C.《计算机软件著作权登记》　　D.《中华人民共和国著作权法》

2. 对计算机软件版权的认识正确的是(　　)。

A. 计算机软件受法律保护是多余的

B. 正版软件太贵，软件能复制就不必购买

C. 受法律保护的计算机软件不能随便复制

D. 正版软件只要能解密就能随意使用

3. 我国的(　　)法律首次界定了计算机犯罪。

A.《计算机软件保护条例》

B.《中华人民共和国刑法》

C.《计算机安全法》

D.《计算机信息网络国际联网安全保护管理办法》

4. 信息安全危害的两大源头是病毒和黑客，因为黑客是(　　)。

A. 计算机编程高手　　B. Cookies 的发布者

C. 网络的非法入侵者　　D. 信息垃圾的制造者

5. 下列说法正确的是(　　)。

A. 在网上聊天，因为对方不知自己的真实姓名，可以和他(她)乱聊，如果他(她)骂我，我还要把他(她)骂得更利害

B. 我要是能制作几个病毒该多好，说明我很行

C. 现在的盗版软件很好用，又可以省很多的钱

D. 网上的信息很丰富，我们要仔细辨别，不去浏览不健康和有害的网站

二、判断题

1. 从网上下载的软件都是合法的，都可以随意使用。(　　)

2. 王华同学利用自己高超的计算机技术，悄悄取得了别人的上网账号和密码，然后他自己用这个账号来上网，这种做法是违法的。(　　)

3. 青少年使用网络与人进行交流时，要讲究礼貌，不传递虚假信息，不传播不健康的信息。(　　)

4. 利用自己的知识通过网络进入国家安全机关的网络中心，不能算是违法。(　　)

5. 一些黑客认为“是他们发现了漏洞，只有入侵才能提示安全缺陷”。(　　)

三、简答题

1. 你身边会存在哪些垃圾信息？如何应对垃圾信息？

2. 假如你的一个朋友迷恋网上游戏，如何对其劝告，并提出切实可行的改正措施。

3. 假如你是一个单位的主管，请从保证本单位信息安全的角度，起草一份员工职业道德准则。

第12章　实验指导

实验指导1　火车订票系统应用

【实验目标】

能够正确使用火车订票系统完成火车订票任务。

【实验目的】

(1) 能够使用火车订票系统完成火车订票及查询相关信息。

(2) 了解该信息系统有哪些信息输入和信息输出，以及这些信息是如何传输和存储的。

(3) 了解该信息系统优缺点。

【实验步骤】

(1) 打开火车订票系统官网 www. 12306. cn，即可显示订票系统主页，如图 12-1 所示。

(2) 在图 12-1 页面选择“客运服务”打开客运服务页面，如图 12-2 所示。

图 12-1　订票系统主页

图 12-2　客运服务页面

(3)在客运服务页面车票查询栏，先选择“单程”或“往返”，再选择“出发地”、“目的地”、“出发日”和“返程日”(如果选择“往返”)。选择“查询按钮”打开车票查询页面，如图 12-3 所示。

(4)在车票查询页面包含在选定时间内所有出发地到目的地的所有列车信息，包括：车次，出发站/到达站，出发/到达时间，用时，座位类别余票信息，票价以及备注等信息。其中备注栏显示该车次的预售时间或预订按钮。例如，本例中的最后一个即为预订可用，点击该按钮，如果用户没有登录，则显示登录页面，如图 12-4 所示，如果用户还没有注册则需要先注册才能登录，选择快速注册按钮打开注册页面，如图 12-5 所示。即可打开预售页面，如图 12-6 所示。

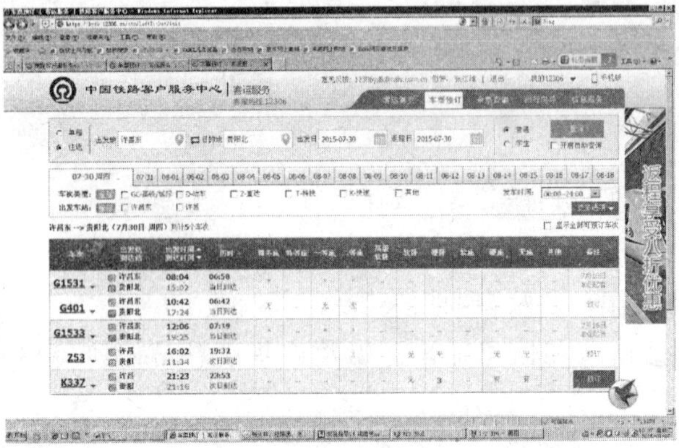

图 12-3　车票查询页面

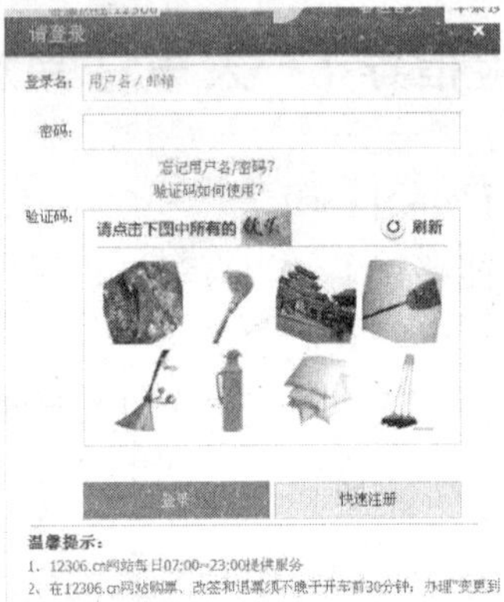

图 12-4　用户登录页面

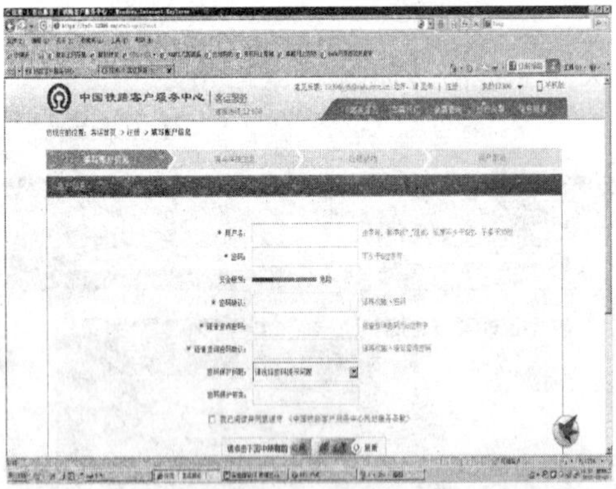

图 12-5　注册页面

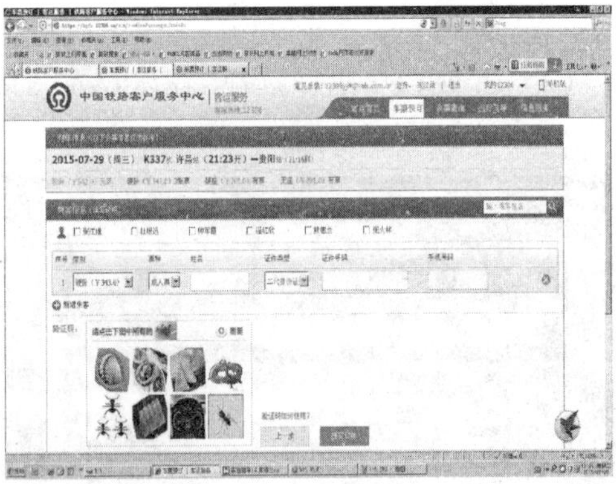

图 12-6　车票预售页面

(5)选择乘车人信息和验证码并提交订单即可完成车票预订。

(6)提交订单后，还需要在规定的时间内付款，才能最终完成车票的预订。

【实验总结】

通过该实验了解火车订票系统的订票流程，信息加工流程。列举该系统使用了哪些信息技术。

实验指导 2　信息表示与传递

【实验目标】

能够正确使用二进制进行信息的表示和传递。

【实验目的】

（1）掌握信息的二进制表示。

（2）了解 ASCII 表的使用方法和技巧。

（3）了解简单的信息传递方法。

【实验内容】

假设有一个重要情报要传递到河对面的友军，（假设要传递的情报是“The enemy will be your there in two hours, you should hide the important files immediately!”），目前可以利用的只有红白两种颜色的纸。请完成这一任务。

【实验步骤】

（1）首先将参与实验的学生分为 2 组，一组负责发送，一组负责接收，2 个组事先约定信息表示和传递方案（如红纸表示 0，白纸表示 1），然后分开（教室前后）。发送的信息对接收方保密。利用双方约定的方法看能否获得正确的情报信息。

（2）发送方利用 ASCII 表先将情报翻译为对应的二进制信息。

例如：The 翻译为 01010100（54H）01101000（68H） 01100101（65H）

（3）发送方利用 2 种颜色的纸，将翻译的二进制信息按预定的传递机制发送出去。

（4）接收方根据发送方传递的二进制信息，根据预定和 ASCII 表将其翻译为情报。

【实验思考】

通过该实验你获得了哪些知识和技能？

实验指导 3　计算机性能测试和硬盘数据恢复

【实验目标】

（1）学会使用 CPU-Z、HDDTURE 专用检测软件进行计算机硬件检测。

（2）练习使用 EASYRECOVERY 软件，掌握数据恢复方法。

【实验目的】

（1）下载、安装并使用 CPU-Z、HDDTURE 专用检测软件，了解硬件检测方法。

（2）使用 EASYRECOVERY 实现计算机中误操作数据文件恢复重建。

【实训环境】

（1）网络机房。

（2）个人计算机 1 台。

【操作步骤】

（1）熟悉 CPU-Z 软件，它是一款专用的 CPU 检测软件，能够实时检测 CPU 的规格、核心速度、总线速度、缓存情况等，也可以检测主板内存的相关信息。

(2)下载安装 CPU-Z 软件，在计算机安装目录下打开该软件，即可对 CPU 性能、内存、主板及显卡等硬件设备进行检测，如图 12-7 所示。

图 12-7　使用 CPU-Z 检测 CPU 性能

(3)熟悉 HDDTURE 软件，它是一款小巧易用的硬盘工具软件，其主要功能为：硬盘传输速率检测，健康状态检测，温度检测及磁盘表面扫描，等等。另外，还能检测硬盘的固件版本、序列号、容量、缓存大小等。下载安装 HDDTURE 软件，并在桌面建立快捷方式。

(4)打开 HDDTURE 软件，选择 File Benchmark 选项，在打开的对话框中点击“Transfer rate”上方的“Stop”按钮，开始对硬盘传输速率进行测试，如图 12-8 所示。通过类似的方法可以查看硬盘的健康状态、扫描误差等。

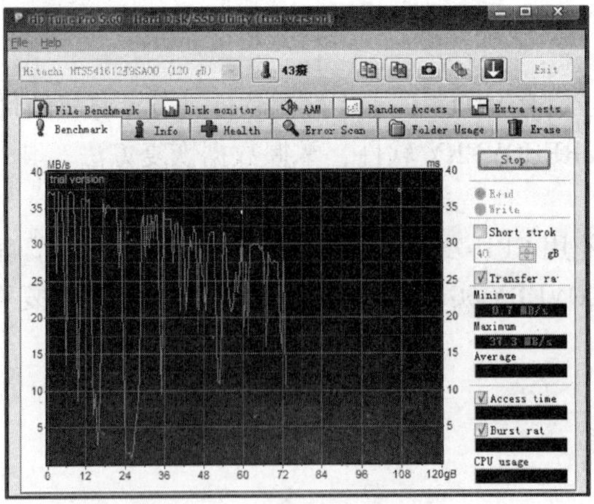

图 12-8　使用 HDDTURE 检测硬盘性能

(5)熟悉 EasyRecovery 软件，它是一个硬盘数据恢复工具，能够帮助我们恢复丢失的数据以及重建文件系统。下载安装 EasyRecovery 软件，如图 12-9 所示。

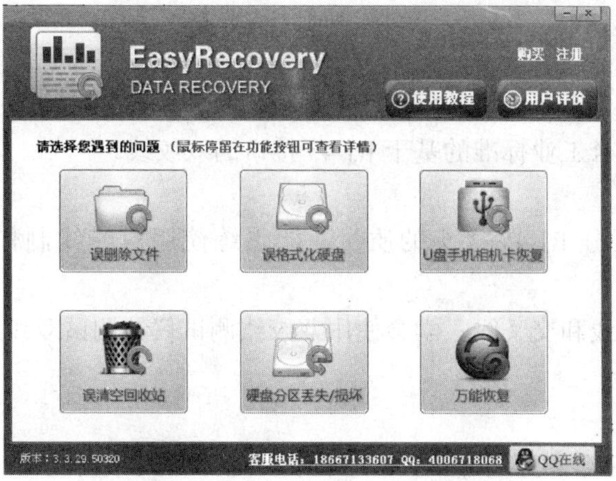

图 12-9　EasyRecovery 工作界面

(6) 选择“误删除文件”图标，打开如图 12-10 所示界面。可以选择误删除文件所在的目录，实现文件恢复。使用类似方法可以使回收站、相机、误格式化的硬盘等里面的文件恢复重建。

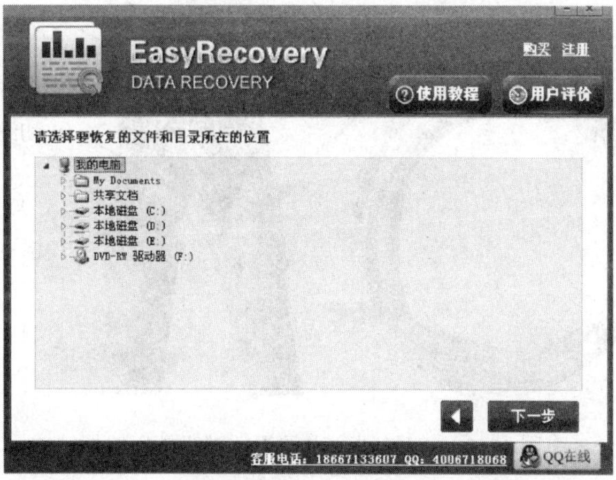

图 12-10　使用 EasyRecovery 恢复误删除文件

【实验总结】

通过该项实训，熟悉专用的硬件检测软件、硬盘数据恢复软件，了解常用的系统检测、系统维护方法，实现有效的计算机管理，为以后对计算机的日常应用和高效管理奠定基础。

实验指导 4　计算机网络项目实践

任务 1：非屏蔽双绞线的制作与测试

【实验目标】

能熟练地制作符合工业标准的基于 RJ-45 接口的双绞线。

【实验目的】

(1) 学会检查区分 RJ-45 接头的质量，能熟练使用双绞线制作钳，熟悉 T568A 和 T568B 标准。

(2) 能制作直通线和交叉线，学会使用双绞线测试仪器测试双绞线。

【实训环境】

(1) 网络机房。

(2) 5 类非屏蔽双绞线若干，RJ-45 水晶头若干，RJ-45 剥线钳一把，双绞线测线仪一个。

【操作步骤】

(1) 认识双绞线、水晶头、网卡(RJ-45 接口)、RJ-45 剥线及压线钳(见图 12-11)和双绞线测线仪。

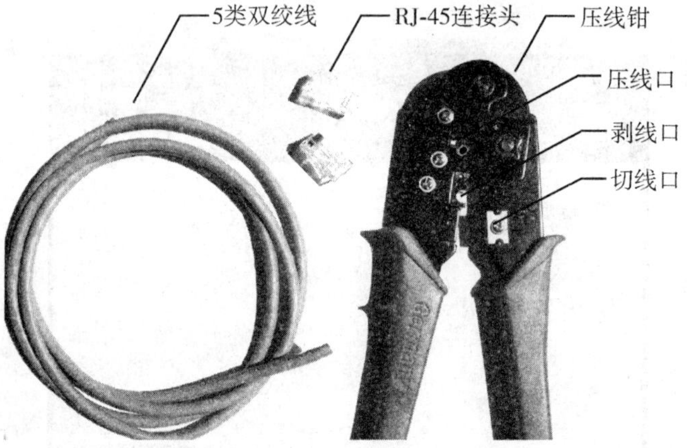

图 12-11　双绞线、水晶头、剥线及压线钳

(2) 使用压线钳剪线刀口在一根双绞线上剪出一段，其长度根据具体需要确定，但最长不能超过 100m。

注意：剪线时应将线头剪齐，若有某些短线头不能贴近水晶头的顶端，很容易造成制作的双绞线不能正常传递信号。

(3) 用压线钳的剥线口将双绞线的外皮剥去约 3cm 长，注意不要伤到内部的导线，如图 12-12 所示。一般双绞线内部有一条柔软的尼龙绳，用于撕剥外皮，如果剥离部分太短，则不利于制作 RJ-45 接头，此时可以利用撕剥线撕开外皮。剥去外皮的双绞线如图 12-13 所示。

图 12-12　剥离外皮

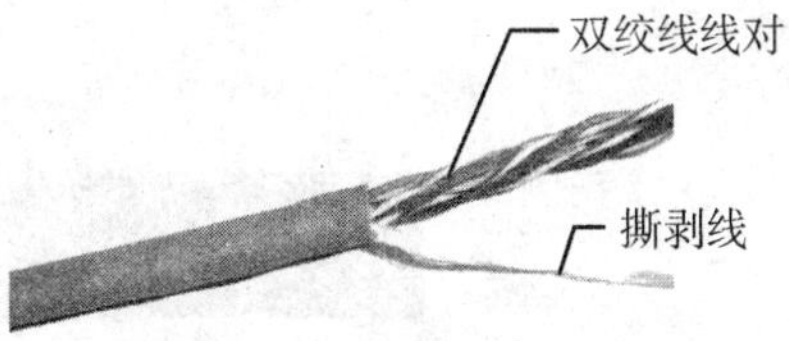

图 12-13　双绞线内部芯线

(4)双绞线由 8 根有色导线，两两绞合而成，现将其散开，整理平行，按照所做双绞线的线序标准(见图 12-14)中 T568B 方式将双绞线排列整齐，如图 12-15 所示。

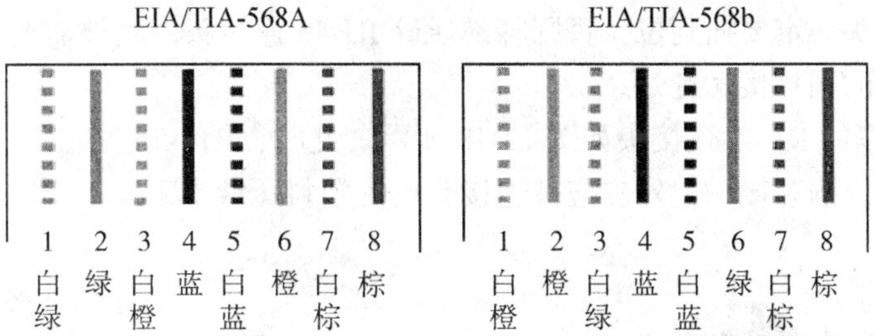

图 12-14　双绞线排列标准

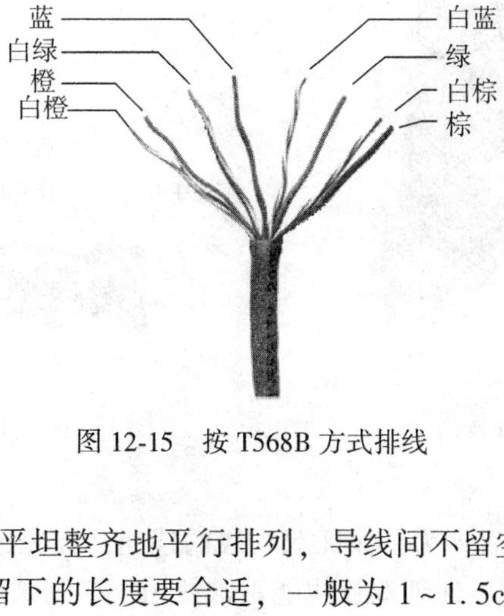

图 12-15　按 T568B 方式排线

(5)将 8 根导线拉直，平坦整齐地平行排列，导线间不留空隙，用压线钳的切口将 8 根导线整齐地剪断。注意留下的长度要合适，一般为 1～1.5cm，剪齐的导线如图 12-16

所示。

注意：若裸露部分太短，则导线无法插到 RJ-45 连接头的底部，从而导致无法连通；若太长，则外皮不能被 RJ-45 连接头压住，影响抗拉强度。

图 12-16　剪整齐的双绞线和水晶头

(6)使 RJ-45 连接头的铜片引脚朝上，并面对铜片引脚，从左至右的引脚编号为 1 至 8，对应于双绞线的第 1 根到第 8 根导线。将剪齐的 8 根导线插入 RJ-45 连接头，将 RJ-45 连接头放入压线钳的压线槽内用力压实，如图 12-17 所示。

注意：连接头一定要插到位，否则容易压碎 RJ-45 连接头。此外需要适当用力，以保证导线与连接头的铜片接触良好。

(7)制作完毕的 RJ-45 连接头如图 12-18 所示。此时，RJ-45 连接头内的插脚铜片应完全压下去并与导线铜芯接触，外皮应被连接头内的塑料压线卡卡住。

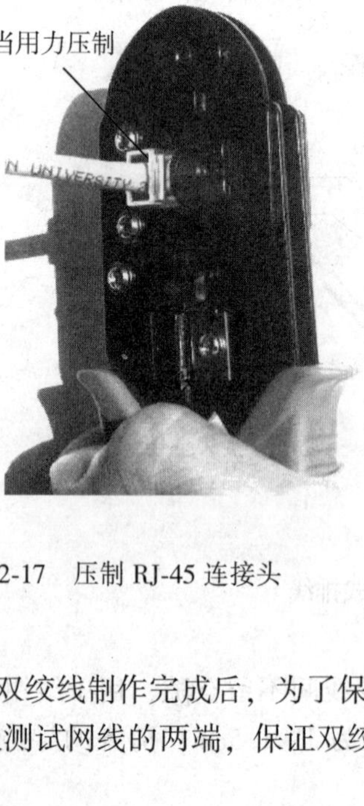

图 12-17　压制 RJ-45 连接头

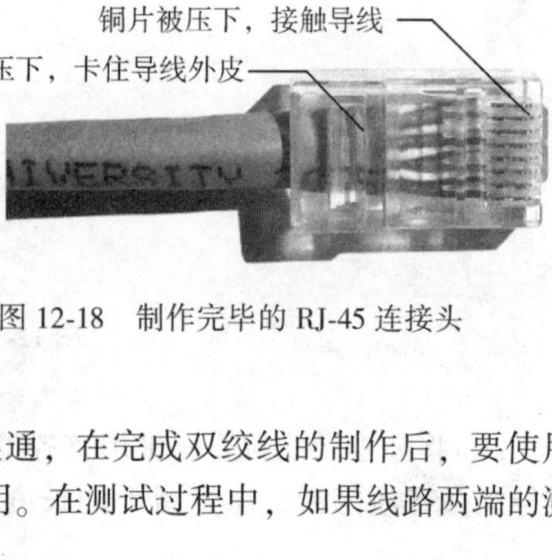

图 12-18　制作完毕的 RJ-45 连接头

(8)在双绞线制作完成后，为了保证双绞线的连通，在完成双绞线的制作后，要使用网线测试仪测试网线的两端，保证双绞线能正常使用。在测试过程中，如果线路两端的测线器 LED(发光二极管)同时发光，则表示线路正常。将做好的网线插入主机网卡上的 RJ-45 插槽中或相关网络设备上(如交换机)。

注意：如果两个接线头的线序都按照 T568A 或 T568B 的标准制作，则做好的线为直通网线，如果两个接线头中一个按照 T568A，另一个按照 T568B 标准制作，则做好的线为交叉网线。

【实验总结】

通过现场制作双绞线，了解直通线与交叉线的区别，学会制作两种类型的双绞线，制作后使用双绞线测试仪检测信号流通情况，提高动手能力，能更深入、直观地理解计算机网络传输介质，为计算机网络组建打下良好基础。

任务2：认识计算机机房的网络

【实验目标】

掌握机房网络的连接及结构。

【实验目的】

(1) 熟悉机房网络的连接并画出逻辑拓扑图。

(2) 熟练应用 Microsoft Office Visio 2010 绘制网络图。

【实训环境】

(1) 网络机房。

(2) 安装有 Microsoft Office Visio 2010 软件的计算机一台。

【操作步骤】

(1) 参观 PC 机通过双绞线连接到交换机，认识并记录双绞线、水晶头、网卡和交换机。

(2) 观看并记录交换机与交换机的连接。

(3) 查看并记录机房交换机与楼宇交换机的连接。

(4) 画出机房网络的逻辑拓扑图。

(5) 提交机房网络的逻辑拓扑图。

【实验总结】

通过认真观察机房网络，熟悉机房网络连接概况，应用 Microsoft Office Visio 2010 软件，绘制网络结构图，结合计算机网络拓扑结构思考并设计机房网络结构图。

任务3：认识校园网络

【实验目标】

掌握校园网络的连接及结构。

【实验目的】

(1) 熟悉校园网络的连接并画出逻辑拓扑图。

(2) 熟练应用 Microsoft Office Visio 2010 绘制网络图。

【实训环境】

(1) 校园网络。

（2）安装有 Microsoft Office Visio 2010 软件的计算机一台。

【操作步骤】

（1）参观学校网络管理中心，认识并记录服务器、路由器和核心交换机。

（2）观看并记录交换机与服务器、路由器的连接、路由器与 Internet 的连接。

（3）观看并记录核心交换机与楼宇交换机的连接。

（4）认识并记录光缆、光纤接口。

（5）画出校园网络的逻辑拓扑图。

（6）提交校园网络的逻辑拓扑图。

【实验总结】

通过该项实训，参观校园网络，熟悉校园网络连接概况，熟练应用 Microsoft Office Visio 2010 软件，认真思考并掌握校园网络的连接结构，有助于更好地熟悉和理解计算机网络通信的实现。

实验指导 5　Word 2010 文档的基本操作

【实验目标】

掌握 Word 2010 文档的基本编辑方法。

【实验目的】

(1)掌握字符、段落格式的设置方法。

(2)掌握样式、项目符号、编号、边框和底纹、页眉与页脚的设置操作。

【实验步骤】

打开实验所要求的文档(见图 12-19)，按要求操作。

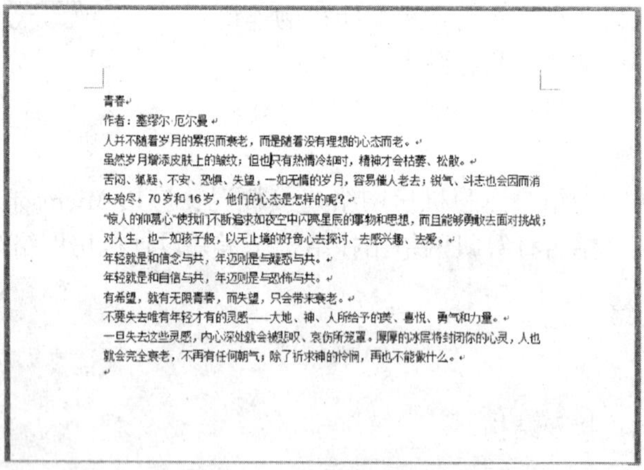

青春

作者：塞缪尔·厄尔曼

人并不随着岁月的累积而衰老，而是随着没有理想的心态而老。

虽然岁月增添皮肤上的皱纹；但也只有热情冷却时，精神才会枯萎、松散。

苦闷、狐疑、不安、恐惧、失望，一如无情的岁月，容易催人老去；锐气、斗志也会因而消失殆尽。70 岁和 16 岁，他们的心态是怎样的呢？

"惊人的仰慕心"使我们不断追求如夜空中闪亮星辰的事物和思想，而且能够勇敢去面对挑战；对人生，也一如孩子般，以无止境的好奇心去探讨、去感兴趣、去爱。

年轻就是和信念与共，年迈则是与疑惑与共。

年轻就是和自信与共，年迈则是与恐怖与共。

有希望，就有无限青春，而失望，只会带来衰老。

不要失去唯有年轻才有的灵感——大地、神、人所给予的美、喜悦、勇气和力量。

一旦失去这些灵感，内心深处就会被悲叹、哀伤所笼罩。厚厚的冰层将封闭你的心灵，人也就会完全衰老，不再有任何朝气；除了祈求神的怜悯，再也不能做什么。

图 12-19　原始文档

(1)字符格式的设置

要求：设置标题为“微软雅黑”、“三号”、“加粗”，居中显示；设置“作者”所在行字体为“黑体”、“五号”、“倾斜”，如图 12-20 和图 12-21 所示。

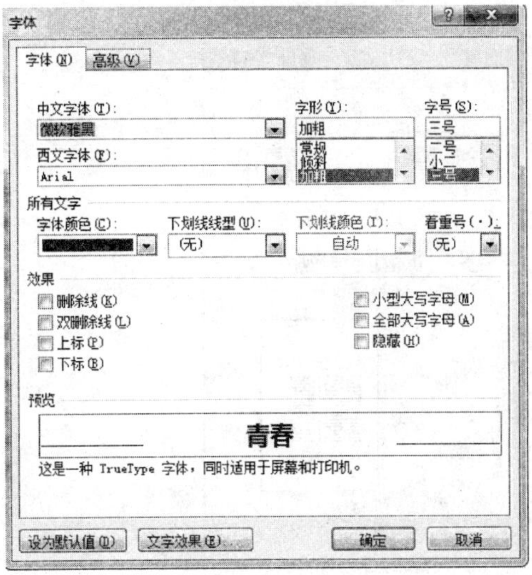

图 12-20　字体设置一

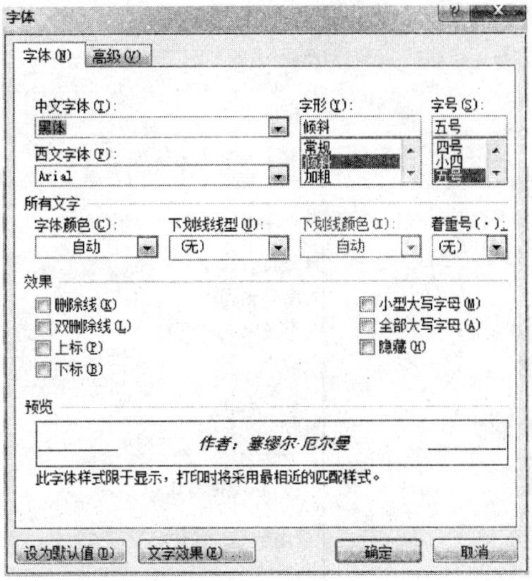

图 12-21　字体设置二

(2)段落格式的设置

要求：将正文字体设置为“宋体”、“小四”，将文中所有段落的段前间距设置为 1 行，“单倍行距”，首行缩进 2 个字符，如图 12-22 所示。

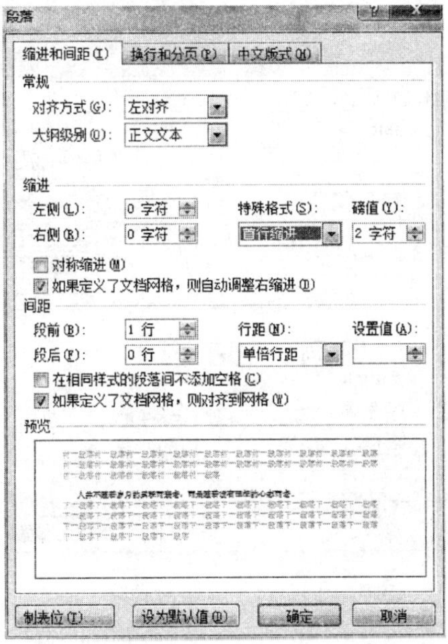

图 12-22　段落设置

(3)分栏与边框和底纹的设置

要求：将文中第四段分为 2 栏，栏宽相等，有分隔线，如图 12-23 所示。

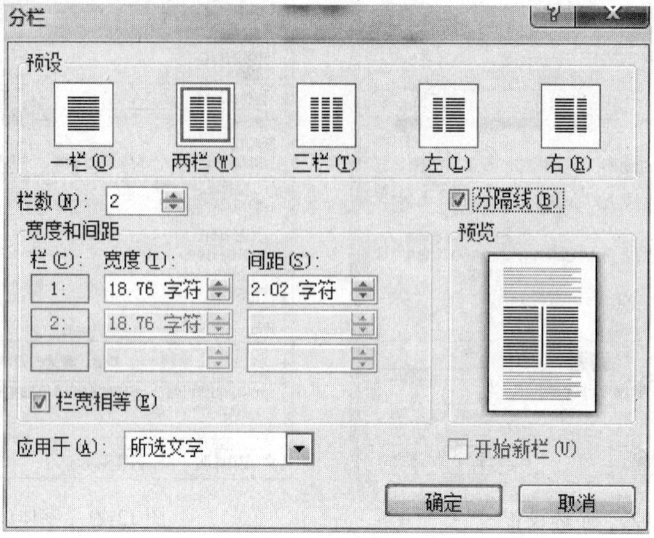

图 12-23　分栏设置

分别给第 6、7 段设置边框与底纹。

单击“页面布局”→页边距→自定义边距，弹出“页面设置”对话框，单击“版式”选项卡，单击“边框”按钮，弹出“边框与底纹”对话框，如图 12-24 所示。

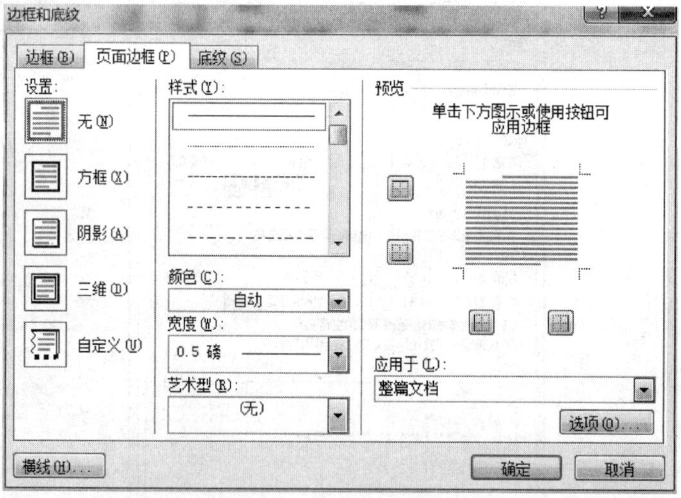

图 12-24　边框与底纹

设置段落的边框与底纹，并设置页面边框。

(4) 设置页眉和页脚

要求：在文档中插入“Word 基本操作练习”页眉，页脚插入所在班级、学号、姓名。

实验最终效果如图 12-25 所示。

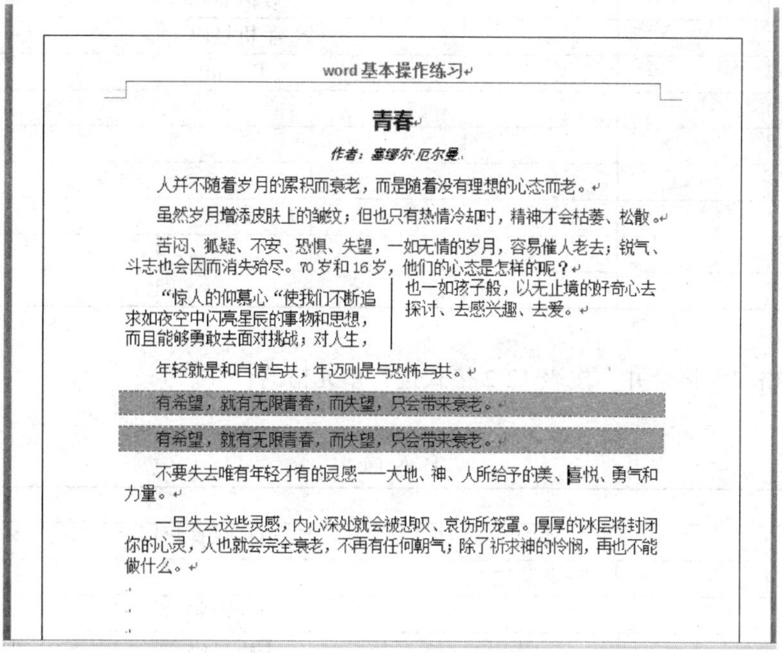
word 基本操作练习

青春

作者：塞缪尔·厄尔曼

人并不随着岁月的累积而衰老，而是随着没有理想的心态而老。

虽然岁月增添皮肤上的皱纹；但也只有热情冷却时，精神才会枯萎、松散。

苦闷、狐疑、不安、恐惧、失望，一如无情的岁月，容易催人老去；锐气、斗志也会因而消失殆尽。70 岁和 16 岁，他们的心态是怎样的呢？

“惊人的仰慕心“使我们不断追求如夜空中闪亮星辰的事物和思想，而且能够勇敢去面对挑战；对人生，也一如孩子般，以无止境的好奇心去探讨、去感兴趣、去爱。

年轻就是和自信与共，年迈则是与恐怖与共。

有希望，就有无限青春，而失望，只会带来衰老。

有希望，就有无限青春，而失望，只会带来衰老。

不要失去唯有年轻才有的灵感——大地、神、人所给予的美、喜悦、勇气和力量。

一旦失去这些灵感，内心深处就会被悲叹、哀伤所笼罩。厚厚的冰层将封闭你的心灵，人也就会完全衰老，不再有任何朝气；除了祈求神的怜悯，再也不能做什么。

图 12-25　实验最终效果

【实验总结】

通过该练习，掌握文档的基本排版操作，包括字体、段落的设置，分栏以及边框、底纹、页眉页脚的设置。

实验指导 6　Word 2010 表格的制作

【实验目标】

掌握 Word 2010 表格的制作。

【实验目的】

(1) 掌握创建、编辑、格式化表格的方法。

(2) 熟练使用 Word 表格的计算功能。

(3) 掌握表格的排版技巧。

【实验步骤】

(1) 单击“插入”选项卡，点击“表格”下拉菜单，绘制一个 12 行 7 列的表格。在表格中输入如表 12-1 的内容。

表 12-1　　**个 人 简 历**

求职意向						余同
姓名		性别		出生年月	照片	
文化程度		毕业院校				
籍贯				政治面貌		
现住址				手机号码		
电话号码				E-mail		
教育经历						
特长						

（2）表格单元格合并。按表 12-2 格式进行单元格的合并。

表 12-2　　**个 人 简 历**

<table>
<tr><td>求职意向</td><td colspan="6"></td></tr>
<tr><td>姓名</td><td></td><td>性别</td><td></td><td>出生年月</td><td></td><td rowspan="4">照片</td></tr>
<tr><td>文化程度</td><td></td><td>毕业院校</td><td colspan="3"></td></tr>
<tr><td>籍贯</td><td colspan="3"></td><td>政治面貌</td><td></td></tr>
<tr><td>现住址</td><td colspan="3"></td><td>手机号码</td><td></td></tr>
<tr><td>电话号码</td><td colspan="3"></td><td>E-mail</td><td colspan="2"></td></tr>
<tr><td>教育经历</td><td colspan="6"></td></tr>
<tr><td>特长</td><td colspan="6"></td></tr>
</table>

（3）设置表格与单元格的边框和底纹。最终效果如表 12-3 所示。

表 12-3　　**个 人 简 历**

<table>
<tr><td>求职意向</td><td colspan="6"></td></tr>
<tr><td>姓名</td><td></td><td>性别</td><td></td><td>出生年月</td><td></td><td rowspan="4">照片</td></tr>
<tr><td>文化程度</td><td></td><td>毕业院校</td><td colspan="3"></td></tr>
<tr><td>籍贯</td><td colspan="3"></td><td>政治面貌</td><td></td></tr>
<tr><td>现住址</td><td colspan="3"></td><td>手机号码</td><td></td></tr>
<tr><td>电话号码</td><td colspan="3"></td><td>E-mail</td><td colspan="2"></td></tr>
<tr><td>教育经历</td><td colspan="6"></td></tr>
<tr><td>特长</td><td colspan="6"></td></tr>
</table>

【实验总结】

通过该练习，掌握表格的基本排版操作，包括字体、段落的设置，分栏以及边框、底纹、页眉页脚的设置。

实验指导 7　Word 2010 图文混排

【实验目标】

掌握 Word 2010 图文混排的基本技巧。

【实验目的】

(1)掌握艺术字的编辑、图片的插入、图文混排等的操作方法。

(2)熟悉使用在文档中插入图片的方法。

(3)掌握嵌入式图片和浮动式图片的区别。

(4)掌握设置文档水印的方法。

【实验步骤】

打开实验所要求的文档，按图 12-26 要求操作。

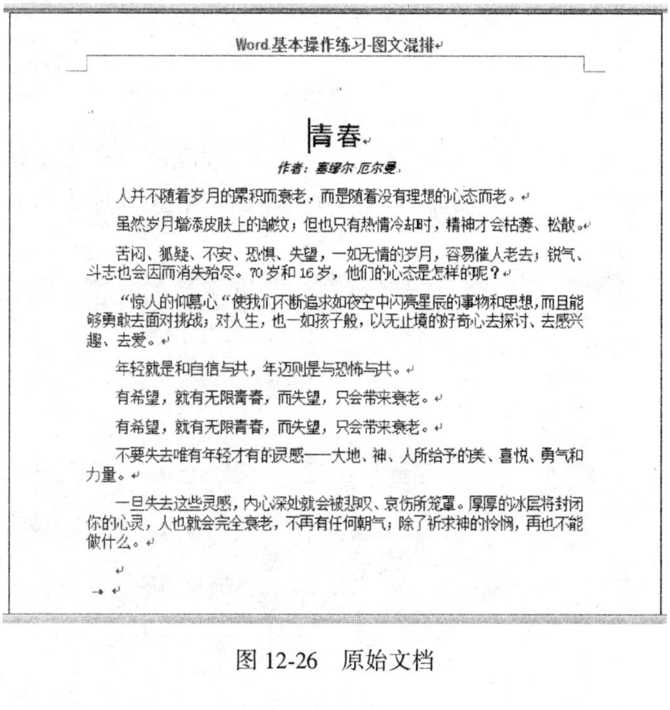
Word 基本操作练习-图文混排

青春

作者：塞缪尔·厄尔曼

人并不随着岁月的累积而衰老，而是随着没有理想的心态而老。

虽然岁月增添皮肤上的皱纹；但也只有热情冷却时，精神才会枯萎、松散。

苦闷、狐疑、不安、恐惧、失望，一如无情的岁月，容易催人老去；锐气、斗志也会因而消失殆尽。70 岁和 16 岁，他们的心态是怎样的呢？

“惊人的仰慕心“使我们不断追求如夜空中闪亮星辰的事物和思想，而且能够勇敢去面对挑战；对人生，也一如孩子般，以无止境的好奇心去探讨、去感兴趣、去爱。

年轻就是和自信与共，年迈则是与恐怖与共。

有希望，就有无限青春，而失望，只会带来衰老。

有希望，就有无限青春，而失望，只会带来衰老。

不要失去唯有年轻才有的灵感——大地、神、人所给予的美、喜悦、勇气和力量。

一旦失去这些灵感，内心深处就会被悲叹、哀伤所笼罩。厚厚的冰层将封闭你的心灵，人也就会完全衰老，不再有任何朝气；除了祈求神的怜悯，再也不能做什么。

图 12-26　原始文档

(1)打开待编辑文档，将标题设置为艺术字。

(2)插入图片，将图片版式设置为“四周型”，调整图片大小，将图片拖动到合适位置，如图 12-27 所示。

(3)插入剪贴画：在剪贴画任务窗格中搜索文字“运动”，如图 12-28 所示。单击需要的剪贴画插入到文档的末尾处。

图 12-27　插入图片效果

图 12-28　插入剪贴画

(4)设置水印：单击页面布局→页面背景→水印，点击“自定义水印”，弹出设置“水印”对话框，如图 12-29 所示。选择适当的图片，单击“确定”完成水印的设置。

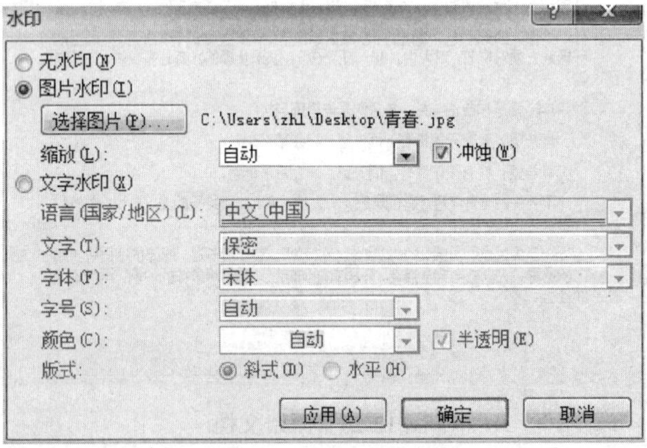

图 12-29　设置水印

(5)保存文档。

要求：在文档中插入“Word 基本操作练习-图文混排”页眉，页脚插入所在班级、学号、姓名，保存为“图文混排 . docx”。最终效果如图 12-30 所示。

图 12-30　文档最终效果

【实验总结】

通过该练习，掌握图文混排的技巧，包括图片格式的设置，艺术字的插入以及文档水印的设置等。

实验指导 8　Excel 2010 公式与函数

【实验目标】

掌握 Excel 数据处理的基本技巧。

【实验目的】

(1) 掌握 Excel 中公式的用法。

(2) 掌握单元格的绝对引用与相对引用、自动填充的用法。

(3) 掌握 Excel 常见函数的使用方法。

【实验步骤】

打开实验所要求的文档，按图 12-31 要求操作。

(1) 按平时成绩 ∗ 10%+作业成绩 ∗ 40% + 考试成绩 ∗ 60% 的比例计算“总评”成绩。在 G3 单元格输入“ = D3 ∗ 0. 1+E3 ∗ 0. 4+F3 ∗ 0. 6”，“回车”即可得出总评成绩，如图 12-32所示。

	A	B	C	D	E	F	G	H	I
1									
2		学号	姓名	平时成绩	作业成绩	考试成绩	总评	排名	
3		01	赵卓	88	84	86			
4		02	王晓林	91	86	88			
5		03	李小敏	75	69	72			
6		04	陈强华	74	79	76			
7		05	孙雨	61	80	71			
8		06	王小山	82	73	78			
9		07	李明	74	80	77			
10		08	张亚兰	82	77	79			
11		09	罗晓南	54	58	56			
12		10	司明杰	94	87	90			
13		11	张言杰	58	64	61			
14									

图 12-31　原始数据

	A	B	C	D	E	F	G	H	I
1									
2		学号	姓名	平时成绩	作业成绩	考试成绩	总评	排名	
3		01	赵卓	88	84	86	=D3*0.1+E3*0.4+F3*0.6		
4		02	王晓林	91	86	88			
5		03	李小敏	75	69	72			
6		04	陈强华	74	79	76			
7		05	孙雨	61	80	71			
8		06	王小山	82	73	78			
9		07	李明	74	80	77			
10		08	张亚兰	82	77	79			
11		09	罗晓南	54	58	56			
12		10	司明杰	94	87	90			
13		11	张言杰	58	64	61			
14									
15		最低分							
16		最高分							
17		平均分							

图 12-32　输入公式

（2）选中 G6 单元格，当鼠标变成“十字”状时，向下拖动鼠标至 G11。即可计算全部学生总评成绩，如图 12-33 所示。

	A	B	C	D	E	F	G	H
1								
2		学号	姓名	平时成绩	作业成绩	考试成绩	总评	排名
3		01	赵卓	88	84	86	94	
4		02	王晓林	91	86	88	96	
5		03	李小敏	75	69	72	78	
6		04	陈强华	74	79	76	85	
7		05	孙雨	61	80	71	80	
8		06	王小山	82	73	78	84	
9		07	李明	74	80	77	85	
10		08	张亚兰	82	77	79	86	
11		09	罗晓南	54	58	56	62	
12		10	司明杰	94	87	90	98	
13		11	张言杰	58	64	61	68	
14								
15		最低分						
16		最高分						
17		平均分						

图 12-33　总评成绩

(3)在 H6 单元格输入“=RANK(G3，G $3：G $13)”后回车(见图 12-34)，可得出 G3 单元格的值在 G3：G13 的排名情况，注意，在这里行号要用绝对应用。为什么？

	A	B	C	D	E	F	G	H	I	J
1										
2		学号	姓名	平时成绩	作业成绩	考试成绩	总评	排名		
3		01	赵卓	88	84	86	94	=RANK(G3,G$3:G$13)		
4		02	王晓林	91	86	88	96	RANK(number, ref, [order])		
5		03	李小敏	75	69	72	78			
6		04	陈强华	74	79	76	85			
7		05	孙雨	61	80	71	80			
8		06	王小山	82	73	78	84			
9		07	李明	74	80	77	85			
10		08	张亚兰	82	77	79	86			
11		09	罗晓南	54	58	56	62			
12		10	司明杰	94	87	90	98			
13		11	张言杰	58	64	61	68			
14										
15		最低分								
16		最高分								
17		平均分								

图 12-34　输入 Rank 函数

(4)选中 H6 单元格，当鼠标变成“十字”状时，向下拖动鼠标至 H11。即可计算全部学生的成绩排名，如图 12-35 所示。

	A	B	C	D	E	F	G	H
1								
2		学号	姓名	平时成绩	作业成绩	考试成绩	总评	排名
3		01	赵卓	88	84	86	94	3
4		02	王晓林	91	86	88	96	2
5		03	李小敏	75	69	72	78	9
6		04	陈强华	74	79	76	85	6
7		05	孙雨	61	80	71	80	8
8		06	王小山	82	73	78	84	7
9		07	李明	74	80	77	85	5
10		08	张亚兰	82	77	79	86	4
11		09	罗晓南	54	58	56	62	11
12		10	司明杰	94	87	90	98	1
13		11	张言杰	58	64	61	68	10
14								
15		最低分						
16		最高分						
17		平均分						

图 12-35　总评成绩排名

(5)在 C15 单元格输入“=MAX(G3：G13)”，回车即可得到最高分；在 C16 单元格输入“=MIN(G3：G13)”，回车即可得到最低分；在 C17 单元格输入“= =AVERAGE(G3：G13)”，回车即可得到平均分，如图 12-36 所示。

(6)在 F3 单元格输入“ =IF(G3>=90,"优秀"，IF(AND(G3>79，G3<90),"良好"，IF(AND(G3>=60，G3<80),"及格","不及格")))”回车，函数返回“优秀”。函数=IF(条件，条件成立返回的值，条件不成立返回的值)。上述公式(见图 12-37)表示：当成绩大于等于 90 分，返回“优秀”，成绩介于 80 与 89 之间时返回“良好”，成绩大于等于 60 时，返回“及格”，否则返回“不及格”。

	A	B	C	D	E	F	G	H
1								
2		学号	姓名	平时成绩	作业成绩	考试成绩	总评	排名
3		01	赵卓	88	84	86	94	3
4		02	王晓林	91	86	88	96	2
5		03	李小敏	75	69	72	78	9
6		04	陈强华	74	79	76	85	6
7		05	孙雨	61	80	71	80	8
8		06	王小山	82	73	78	84	7
9		07	李明	74	80	77	85	5
10		08	张亚兰	82	77	79	86	4
11		09	罗晓南	54	58	56	62	11
12		10	司明杰	94	87	90	98	1
13		11	张言杰	58	64	61	68	10
14								
15		最低分	98					
16		最高分	62					
17		平均分	83					

图 12-36　分数统计

	A	B	C	D	E	F	G	H	I
1									
2		学号	姓名	平时成绩	作业成绩	考试成绩	总评	排名	评价
3		01	赵卓	88	84	86	94	3	=IF(G3>=90,"优秀",IF(AND(G3>79,G3<90),"良好",IF(AND(G3>=60,G3<80),"及格","不及格")))
4		02	王晓林	91	86	88	96	2	
5		03	李小敏	75	69	72	78	9	
6		04	陈强华	74	79	76	85	6	
7		05	孙雨	61	80	71	80	8	
8		06	王小山	82	73	78	84	7	
9		07	李明	74	80	77	85	5	
10		08	张亚兰	82	77	79	86	4	
11		09	罗晓南	54	58	56	62	11	
12		10	司明杰	94	87	90	98	1	
13		11	张言杰	58	64	61	68	10	
14									
15		最低分	98						
16		最高分	62						
17		平均分	83						

图 12-37　IF 函数的使用

(7)选中 F3 单元格，当鼠标变成"十字"状时，向下拖动鼠标至 F11。即可得到全部学生的评价等级，如图 12-38 所示。

	A	B	C	D	E	F	G	H	I
1									
2		学号	姓名	平时成绩	作业成绩	考试成绩	总评	排名	评价
3		01	赵卓	88	84	86	94	3	优秀
4		02	王晓林	91	86	88	96	2	优秀
5		03	李小敏	75	69	72	78	9	及格
6		04	陈强华	74	79	76	85	6	良好
7		05	孙雨	61	80	71	80	8	良好
8		06	王小山	82	73	78	84	7	良好
9		07	李明	74	80	77	85	5	良好
10		08	张亚兰	82	77	79	86	4	良好
11		09	罗晓南	54	58	56	62	11	及格
12		10	司明杰	94	87	90	98	1	优秀
13		11	张言杰	58	64	61	68	10	及格
14									
15		最低分	98						
16		最高分	62						
17		平均分	83						

图 12-38　最终结果

【实验总结】

通过该练习，掌握 Excel 的数据统计技巧，包括公式的使用、常见函数的使用方法；理解相对引用与绝对引用的区别以及自动填充的含义。

实验指导9　Excel 2010 数据管理与图表

【实验目标】

掌握 Excel 数据筛选与图表。

【实验目的】

(1)掌握对 Excel 中某列进行排序的方法。

(2)掌握 Excel 的一般筛选与高级筛选。

(3)掌握利用 Excel 生成常见图表，如柱状图、饼图、折线图等。

【实验步骤】

打开实验所要求的文档，按图 12-39 要求操作。

	A	B	C	D	E	F	G	H	I
1									
2		学号	姓名	平时成绩	作业成绩	考试成绩	总评	排名	评价
3		01	赵卓	88	84	86	94	3	优秀
4		02	王晓林	91	86	88	96	2	优秀
5		03	李小敏	75	69	72	78	9	及格
6		04	陈强华	74	79	76	85	6	良好
7		05	孙雨	61	80	71	80	8	良好
8		06	王小山	82	73	78	84	7	良好
9		07	李明	74	80	77	85	5	良好
10		08	张亚兰	82	77	79	86	4	良好
11		09	罗晓南	54	58	56	62	11	及格
12		10	司明杰	94	87	90	98	1	优秀
13		11	张言杰	58	64	61	68	10	及格

图 12-39　原始数据

(1)选择“总评”数据列，点击“开始”选项卡“编辑”组中的“排序与筛选”按钮。

(2)在弹出的菜单中选择“升序”或“降序”命令，可将该列按“升序”或“降序”排列。如图 12-40 所示为按“总评”降序排列的结果。

	A	B	C	D	E	F	G	H	I
1									
2		学号	姓名	平时成绩	作业成绩	考试成绩	总评	排名	评价
3		10	司明杰	94	87	90	98	1	优秀
4		02	王晓林	91	86	88	96	2	优秀
5		01	赵卓	88	84	86	94	3	优秀
6		08	张亚兰	82	77	79	86	4	良好
7		07	李明	74	80	77	85	5	良好
8		04	陈强华	74	79	76	85	6	良好
9		06	王小山	82	73	78	84	7	良好
10		05	孙雨	61	80	71	80	8	良好
11		03	李小敏	75	69	72	78	9	及格
12		11	张言杰	58	64	61	68	10	及格
13		09	罗晓南	54	58	56	62	11	及格

图 12-40　按“总评”降序排列

(3)选择任一单元格，点击“数据”选项卡“排序与筛选”组中的“筛选”按钮，进入排序状态，如图 12-41 所示。

	A	B	C	D	E	F	G	H	I
1									
2		学号	姓名	平时成绩	作业成绩	考试成绩	总评	排名	评价
3		10	司明杰	94	87	90	98	1	优秀
4		02	王晓林	91	86	88	96	2	优秀
5		01	赵卓	88	84	86	94	3	优秀
6		08	张亚兰	82	77	79	86	4	良好
7		07	李明	74	80	77	85	5	良好
8		04	陈强华	74	79	76	85	6	良好
9		06	王小山	82	73	78	84	7	良好
10		05	孙雨	61	80	71	80	8	良好
11		03	李小敏	75	69	72	78	9	及格
12		11	张言杰	58	64	61	68	10	及格
13		09	罗晓南	54	58	56	62	11	及格

图 12-41　显示排序状态

(4)单击“总评”列的三角按钮，弹出下拉菜单，点击“数字筛选”→“大于或等于”对话框，如图 12-42 所示。

图 12-42　设置筛选条件

(5) 按照图 12-42 输入筛选条件，单击“确定”，结果如图 12-43 所示。

	A	B	C	D	E	F	G	H	I
1									
2		学号	姓名	平时成绩	作业成绩	考试成绩	总评	排名	评价
3		10	司明杰	94	87	90	98	1	优秀
4		02	王晓林	91	86	88	96	2	优秀
5		01	赵卓	88	84	86	94	3	优秀
12		11	张言杰	58	64	61	68	10	及格
13		09	罗晓南	54	58	56	62	11	及格

图 12-43　筛选结果

(6) 高级筛选。在成绩表的下方建立一个条件区域，输入筛选条件：平时成绩、作业成绩、考试成绩均大于 85，如图 12-44 所示。

(7) 点击“数据”选项卡“排序与筛选”组中的“高级”按钮，设置筛选条件，如图 12-45 所示。

10	05	孙雨	61	80	71	80	8	良好
11	03	李小敏	75	69	72	78	9	及格
12	11	张言杰	58	64	61	68	10	及格
13	09	罗晓南	54	58	56	62	11	及格
14								
15	平时成绩	作业成绩	考试成绩					
16	>85	>85	>85					

图 12-44　筛选条件

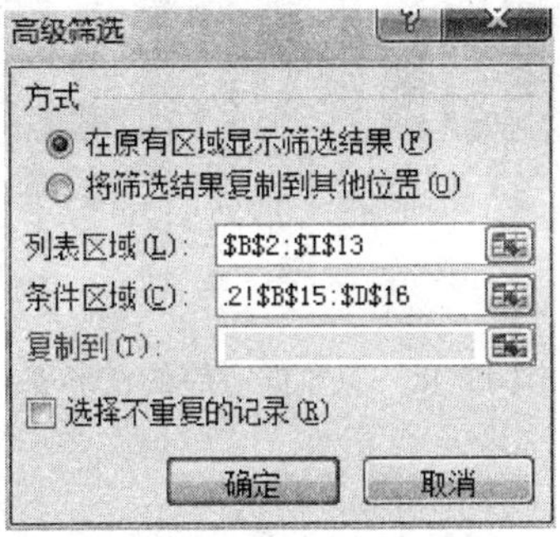

图 12-45　高级筛选设置

（8）单击“确定”，即可得到筛选结果，如图 12-46 所示。

	名称框	B	C	D	E	F	G	H	I
1									
2		学号	姓名	平时成绩	作业成绩	考试成绩	总评	排名	评价
3		10	司明杰	94	87	90	98	1	优秀
4		02	王晓林	91	86	88	96	2	优秀

图 12-46　高级筛选结果

（9）插入图表。先选择好数据源，然后单击“插入”中“图表”组，单击“柱形图”->“簇状矩形图”，如图 12-47 所示。

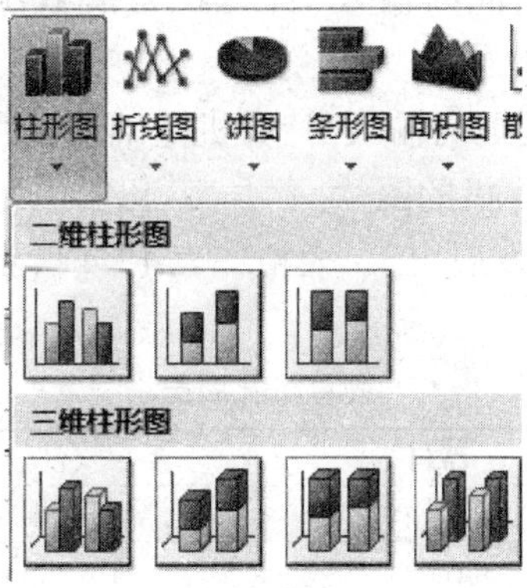

图 12-47　柱形图

(10) 最终插入的柱状图如图 12-48 所示。

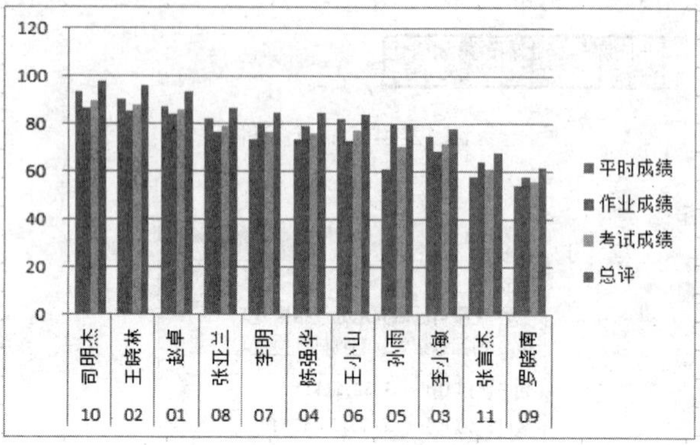

图 12-48　源数据对应的柱形图

【实验总结】

通过该练习，掌握 Excel 的排序、数据筛选功能以及图表的使用。

实验指导 10　演示文稿的排版与编辑

【实验目标】

掌握 PowerPoint 演示文稿的排版与编辑。

【实验目的】

(1)掌握 PowerPoint 演示文稿的建立与排版。

(2)掌握向 PowerPoint 演示文稿添加图片与表格的方法。

(3)掌握 PowerPoint 演示文稿的放映方法。

【实验步骤】

用 PowerPoint 2010 制作一个含有六张幻灯片的演示文稿。

(1)第一张幻灯片，在主题框内输入“计算机发展概况”，在副标题中输入“教学课件”。字体及文字大小自行设置。

(2)第二张幻灯片，在标题框内输入“计算机基础知识”。从网上搜索相应的文本粘贴至文本框内，插入一张带有计算机的图片。

(3)第三张标题为“计算机发展史”，表格如表 12-4 所示。

表 12-4　**计算机发展史**

时代	年份	器件	软件	应用
一	1946—1958	电子管	机器、汇编语言	科学计算
二	1958—1964	晶体管	高级语言	数据处理、工业控制
三	1964—1970	集成电路	操作系统	文字处理、图形处理
四	1970 至今	大规模集成电路	数据库、网络等	社会的各个领域

(4)第四张幻灯片标题为"计算机的分类"。选择一种分类方法介绍，从网上搜索相应的文本粘贴至文本框内。要求有各类计算机的代表图片及相应的文字说明。

(5)第五张幻灯片标题为"计算机的组成"。然后利用文本框和绘图工具绘制如图 12-49 所示图形。

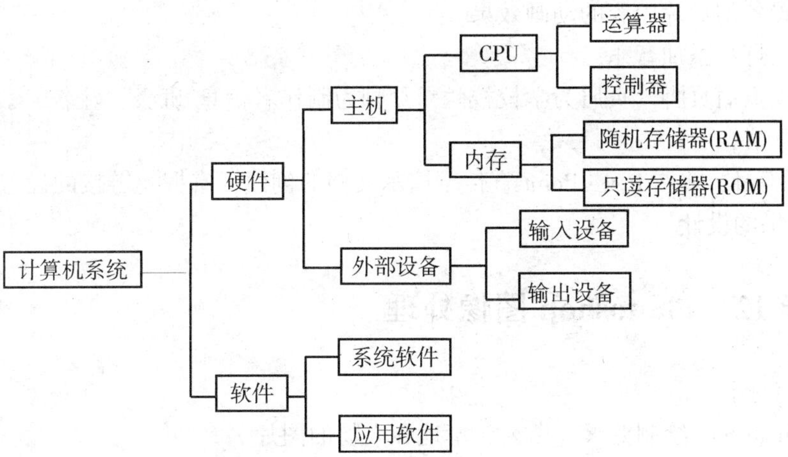

图 12-49　计算机系统组成图

【实验总结】

通过该练习，掌握 PowerPoint 文档的建立、基本编辑方法，以及幻灯片中插入表格、图片的方法。

实验指导 11　宣传型演示文稿练习

【实验目标】

掌握 PowerPoint 演示文稿的排版与动画效果设置。

【实验目的】

(1)掌握 PowerPoint 演示文稿的排版与编辑。

(2)掌握向 PowerPoint 演示文稿添加超链接方法。

(3)掌握 PowerPoint 演示文稿动画效果的设置。

【实验步骤】

制作宣传学校的演示文稿，具体要求如下。

(1)添加演示文稿第一页"封面"的内容。添加标题为学校名称，黑体、52 磅、加粗，加阴影效果；添加副标题"欢迎各位考生报考我校"，文字居中、宋体、32 磅、加粗；插入相应的网址，并插入超链接链接到学校主页。

(2)添加演示文稿第二页"学校简介"的内容。该内容可从学校官网复制。

(3)添加演示文稿第三页"部分院系设置"的内容。为每个院系设置项目符号，颜色为"红色"；为每个院系设置超级链接，链接到对应的院系详细介绍的页面。

(4)添加演示文稿第四页“部分院系介绍”。本页介绍几个院系的详细内容，每一页都要插入返回第三页的动作按钮。

(5)添加演示文稿第五页“校园风光”。要求插入校园风光图片，配有文字说明，要求要有动画效果，可以有多页。

(6)设置幻灯片的切换方式。

(7)设置各幻灯片内容的动画效果。

(8)为幻灯片添加音乐。

(9)插入页眉页脚。页眉为学校校徽，页脚为制作者信息-班级、姓名、学号。

【实验总结】

通过该练习，掌握 PowerPoint 宣传型演示文档的创建，掌握超链接的设置方法以及幻灯片动画效果的设计。

实验指导 12　Photoshop 图像处理

【实验目标】

使用 Photoshop 绘制蓝天、白云、草地和人物的图片。

【实验目的】

(1) 熟悉 Photoshop 基本文件操作、图层操作。

(2) 掌握 Photoshop 颜色调配、画笔使用以及涂抹、渐变色等工具使用。

(3) 掌握 Photoshop 中抠图、选区复制等操作。

【实验步骤】

(1) 打开 Adobe Photoshop，选择文件→新建，新建一个 800 * 600 的图像文件，如图 12-50 所示。

(2) 选择工具箱的前景色背景色工具，设置前景色为蓝色(R=0，G=174，B=239)，背景色为白色(R=255，G=255，B=255)，如图 12-51 所示。

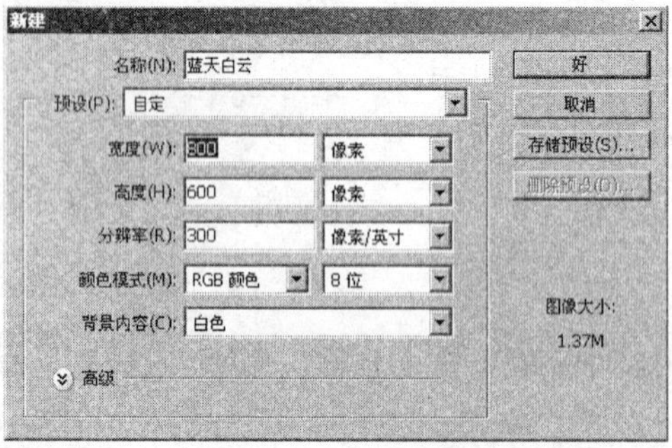

图 12-50　新建图像文件

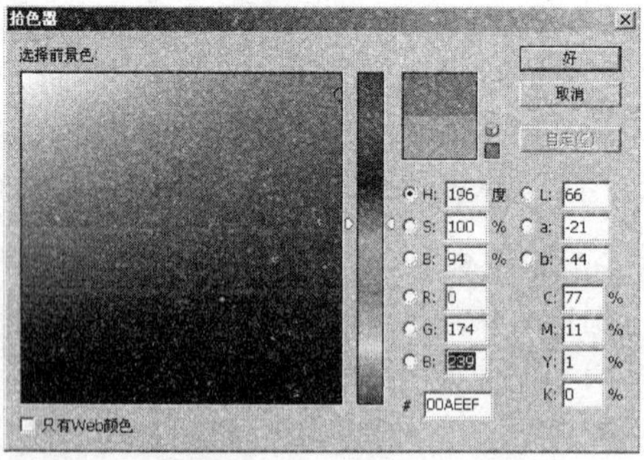

图 12-51　设置前景色

(3) 选择工具箱中渐变工具，在渐变类型中，选择从前景色到背景色渐变，然后在画布上从上到下拖动鼠标，出现如图 12-52 所示的渐变效果。

（4）单击图层窗口的新建图层按钮，新建一个图层 1。

（5）单击图层 1 作为当前图层，设置前景色为白色，然后选择画笔工具，并设置画笔属性

（直径为 35，不透明度为 75%，流量为 80%），在图层 1 上绘制白云的样子，如图 12-53 所示。

图 12-52　绘制蓝天效果

图 12-53　绘制白云效果

（6）选择工具箱中的涂抹工具，在属性栏对其设置，如图 12-54 所示，然后在刚才绘制的白云样子上反复涂抹，得到如图 12-55 所示的效果。

（7）重复上述步骤(4)～(6)，可绘制不同形状样式白云效果，直到满意。

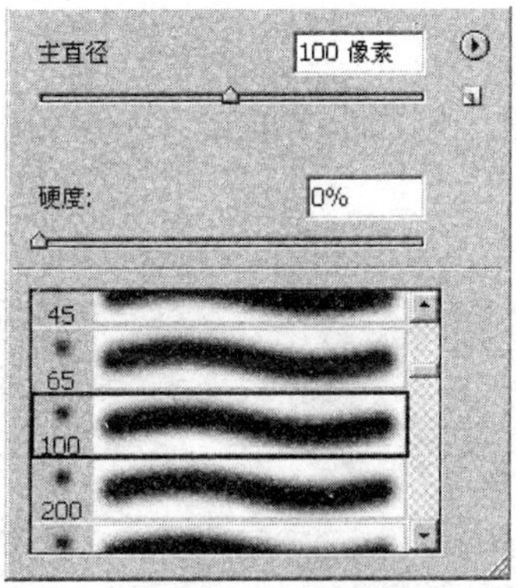

图 12-54　画笔设置

图 12-55　涂抹白云效果

（8）单击图层窗口的新建图层按钮，新建一个图层 2。

（9）选择工具箱中的画笔工具，选择小草画笔，并点击设置画笔属性，如图 12-56 所示。

（10）点击前景色背景色工具设置前景色为绿色(R=10，G=72，B=5)，然后在图层 2 下方涂抹，绘制小草；可以补充新建图层 3，重新设置前景色为草绿色(R=106，G=160，B=23)，然后在图层 3 下方涂抹，绘制不同样式小草。

（11）修改画笔样式，选择特效画笔(选择花朵样式)，如图 12-57 所示，在图层 3 上涂抹，得到图 12-58 所示效果。

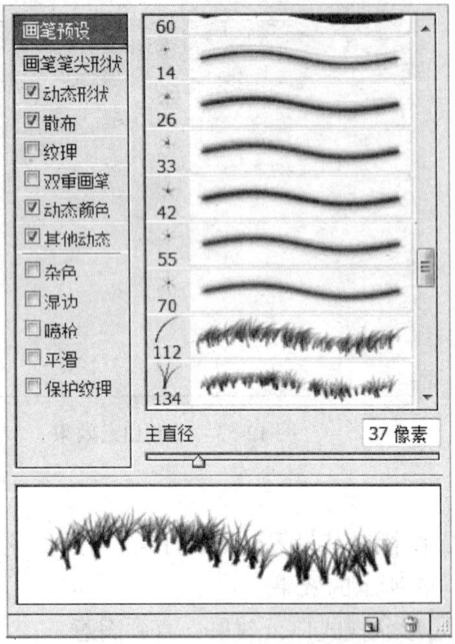

图 12-56　设置画笔属性

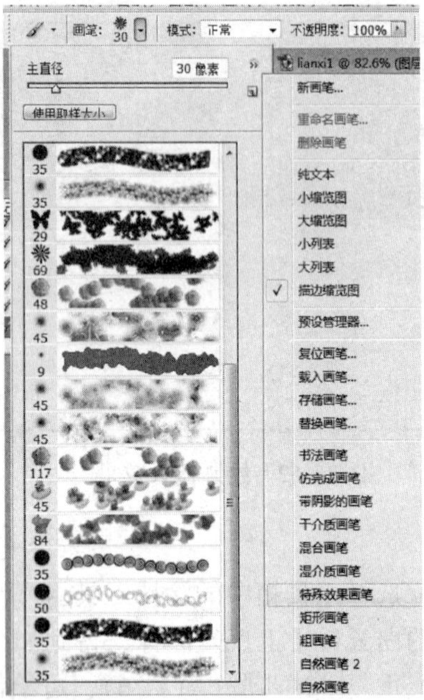

图 12-57　选择特殊效果画笔性

（12）修改画笔样式，选择蝴蝶样式，设置前景色不同颜色和直径大小，绘制不同颜色大小蝴蝶样式，如图 12-59 所示效果。

图 12-58　绘制小草和花朵

图 12-59　绘制蝴蝶

(13) 打开一幅新的图片，使用磁性套索工具，选取人物部分，如图 12-60 所示。

(14) 将选中的人物粘贴到蓝天白云背景中，调整人物大小和位置，图 12-61 所示，也可以重复此操作，选择不同的人物图片粘贴。

(15) 选择菜单“文件”→“存储为…”，将文件保存为 jpg 或者其他格式。

图 12-60　选取人物边界

图 12-61　将人物粘贴到背景中

【实验总结】

通过该练习掌握 Photoshop 中文件新建、保存、打开等基本操作，图层新建、删除等基本操作，学习画笔的使用、颜色的设置，已有图片中区域的选取、复制、调整等。

实验指导 13　Movie Make 视频制作

【实验目标】

使用 Movie Maker 制作一个简单的视频文件。

【实验目的】

(1) 熟悉 Movie Maker 中视频项目的创建、打开、保存等基本方法。

(2) 掌握 Movie Maker 中视频、图片、音乐等素材的导入、编辑方法。

(3) 掌握 Movie Maker 中视频切换效果、过渡、片头片尾等制作方法。

【实验步骤】

(1) 打开 Movie Maker，选择文件→新建，新建一个视频项目，如图 12-62 所示，点击保存图标，将项目保存为“校园樱花视频”，默认的文件扩展名为 . MSWMM。

(2) 选择左侧电影任务窗口“捕获视频”下方“导入图片”操作，在弹出的导入文件对话框中选择要导入的图片，导入后结果如图 12-63 所示。

(3) 拖动图片文件将其放置到下方的情节提要上，完成后效果如图 12-64 所示。

(4) 选择左侧电影任务窗口“编辑电影”下方“查看视频效果”操作，在显示的效果类型中选择“淡入，从白变化起”效果，将其拖动到第一个情节提要上，完成后效果如图 12-65所示。

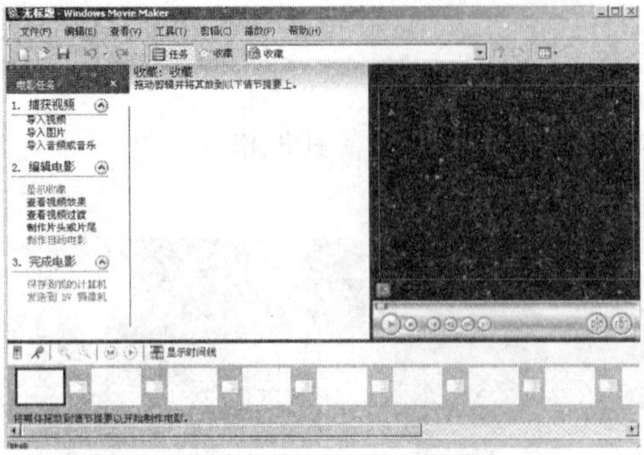

图 12-62　新建一个 Movie Maker 项目文件

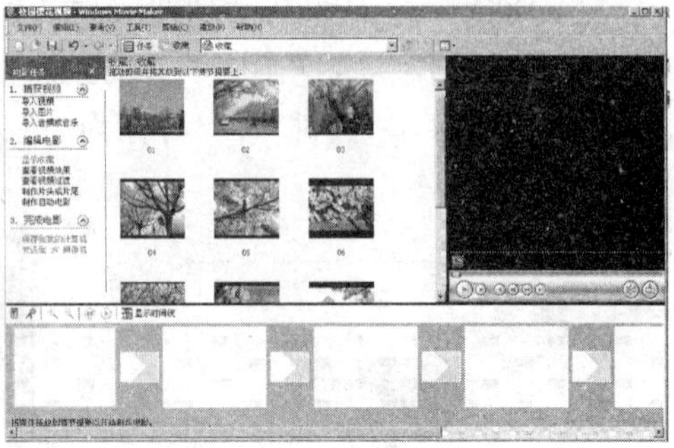

图 12-63　导入已有的图片文件

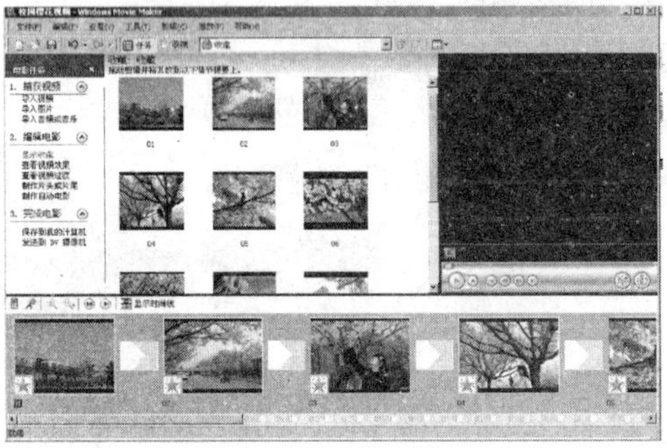

图 12-64　将图片拖放到情节提要上

图 12-65　将视频效果拖放到第一个情节提要上

(5) 选择左侧电影任务窗口“编辑电影”下方“查看视频过渡”操作，在显示的效果类型中选择“蝴蝶结，垂直”，将其拖动到第一个情节提要处，完成后效果如图 12-66 所示。

(6) 重复(4)和(5)，完成对其他情节提要的效果和过渡样式的编辑、设计，完成后效果如图 12-67 所示，可以在右侧的电影预览窗口查看效果。

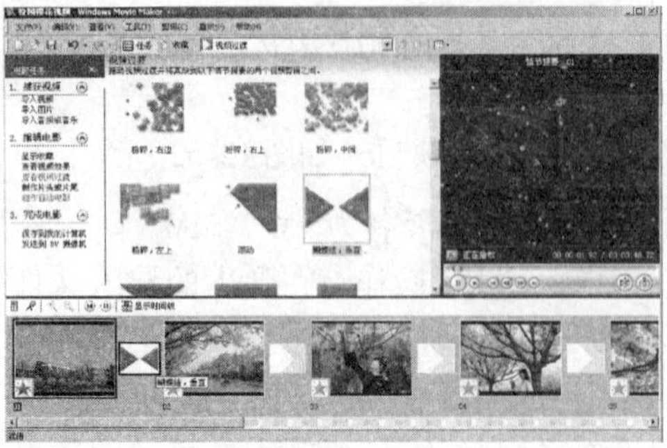

图 12-66　设置第一个视频过渡样式

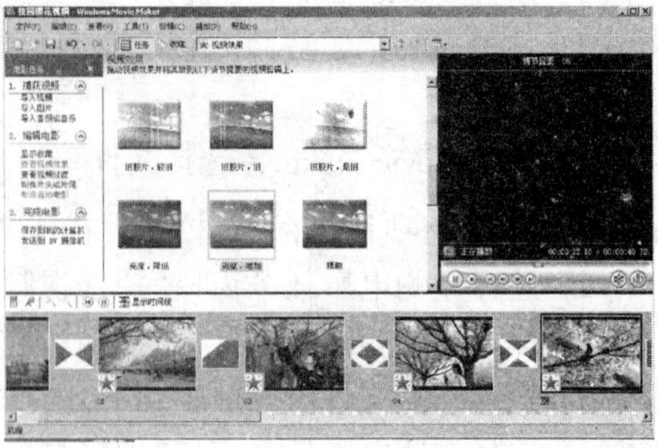

图 12-67　编辑所有视频效果和过渡样式

(7) 选择任务窗口“捕获视频”下方“导入音频或音乐”操作，选择电脑中已有的音乐文件(梅花三弄 . mp3)导入，则中间“显示收藏”窗口显示出该文件缩略图，点击下方的“显示时间线”按钮，将该音频文件拖动到下方的电影时间线中，完成后效果如图 12-68 所示。

(8) 在电影时间线上，选择“视频”，可以拉升调整每一个电影剪辑的持续时间长度，如图 12-69 所示(此步骤可以重复操作，根据音频文件长度和视频资料长度进行适当调整)。

图 12-68　在电影中插入音频文件

图 12-69　调整视频内容的持续时间

(9) 选择电影任务窗口“编辑电影”下方“制作片头或片尾”，弹出如图 12-70 所示的选项窗口，选择“在电影开头添加片头”，弹出如图 12-71 所示的窗口，输入片头文本(春涌许院之：最是樱花烂漫时)。

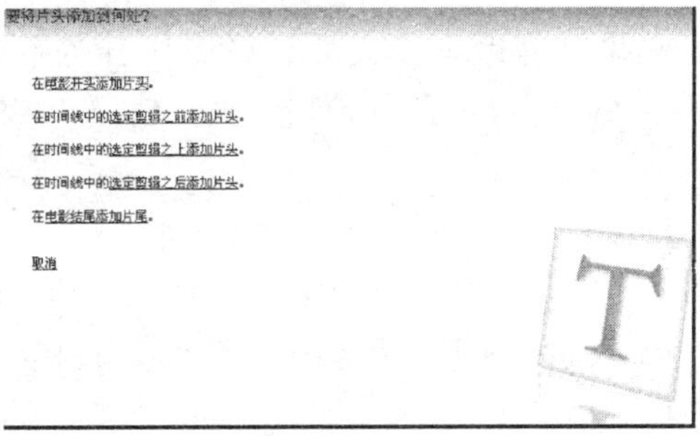

图 12-70　添加片头

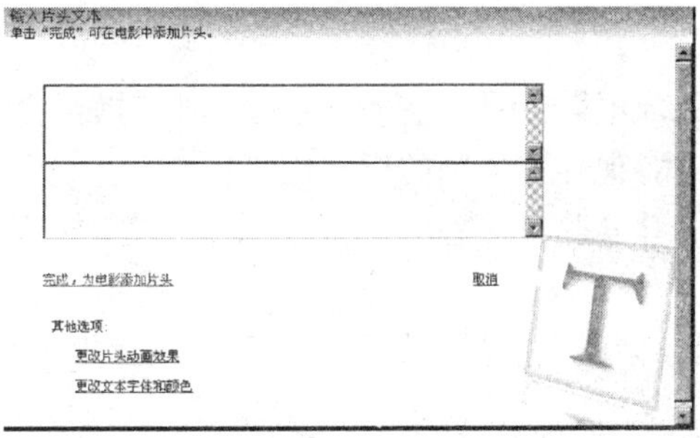

图 12-71　编辑片头文字

(10) 在其他选项中“更改文字字体和颜色”和“更改片头动画效果”，如图 12-72 和图 12-73 所示，对片头文字和动画效果进行设置，完成选择“完成，为电影添加片头”，返回电影编辑页面可以查看效果。

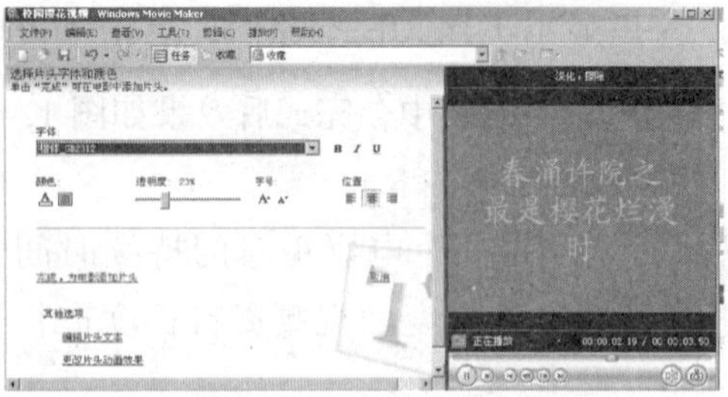

图 12-72　更改片头字体和颜色

图 12-73　更改片头动画效果

(11) 与上述方法类似添加片尾，如图 12-74 所示，完成后，返回电影编辑页面可以查看效果，如图 12-75 所示(类似的操作也可以在某一个视频剪辑中添加片头和片尾)。

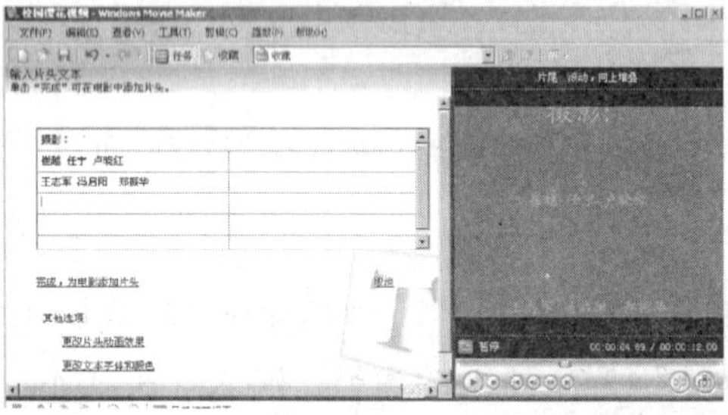

图 12-74　添加片头

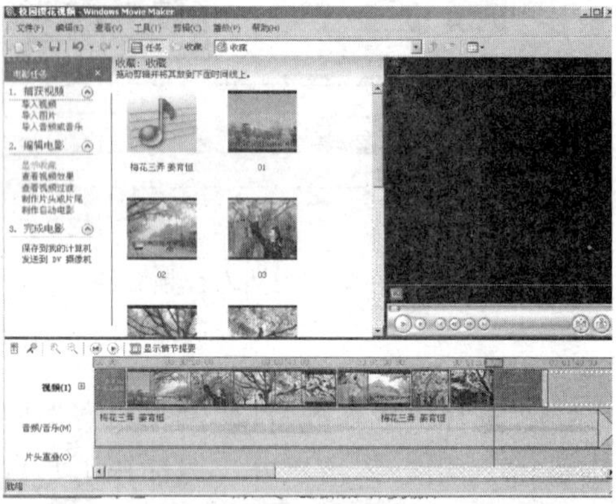

图 12-75　添加片头和片尾后效果

(12) 在电影预览窗口进行播放电影，查看效果并修改，完成后选择电影任务窗口“完成电影”下方“保存到我的电脑”操作，根据弹出的“电影保存向导”将电影文件(. WMV 格式)保存到电脑的指定位置。

【实验总结】

通过该练习掌握视频文件的创建、编辑、保存等基本操作，重点掌握图片、音频、视频、旁白等不同素材的使用和编辑，电影片头片尾的编辑制作，电影剪辑的处理等。

实验指导 14　科技文献检索

【实验目标】

检索关于“遥感影像模板化并行处理方法”方面的文献资料。

【实验目的】

(1) 掌握针对特定主题进行文献资源检索的流程和步骤。

（2）掌握使用中国知网和万方数据平台等进行文献资料的检索方法。

（3）掌握 EI、SCI 等国外信息检索数据库的基本使用方法。

（4）熟悉期刊、图书、专利等不同类型文献信息检索方法以及引文追溯法、倒查法等检索方法。

（5）熟悉科技论文或科技报告等撰写基本方法。

【实验步骤】

（1）根据主题要求，确定检索关键词。将主题拆分为几个主题词："遥感影像"、"模板"、"并行处理"，其对应的英文主题词分别为："Remote Sensing（RS）Images"，"Template"，"Parallel processing"。

（2）根据检索目标的不同，选择检索工具。可以选择中国知网、万方数据库、国家数字图书馆、中国专利数据库、EI 数据库等，检索文献类型包括中外文期刊、专著、博硕士论文、专利文献等。

（3）在检索系统中编写检索式进行检索。从学校主页进入图书馆网站，选择"点子资源"中"中文年数据库"，在列表中选择"中国知网"，打开中国知网登录后首页，在检索项中选择"主题"，检索内容中输入"遥感影像 模板 并行处理"，如图 12-76 所示，检索出来的结果页面如图 12-77 所示。

图 12-76　中国知网检索首页

（4）若只检索期刊类文献，可以选择上方的"期刊"，在弹出的结果页面选择年份，可以查看该研究相关的最新成果，如图 12-78 所示。

（5）要查看某一篇具体的文献内容，可以点击该文献标题，进入文献信息页，可以查看文献的英文标题、摘要、作者单位、引用情况等，如图 12-79 所示，点击左上方的 推荐 CAJ下载 或 PDF下载 可以下载原文。

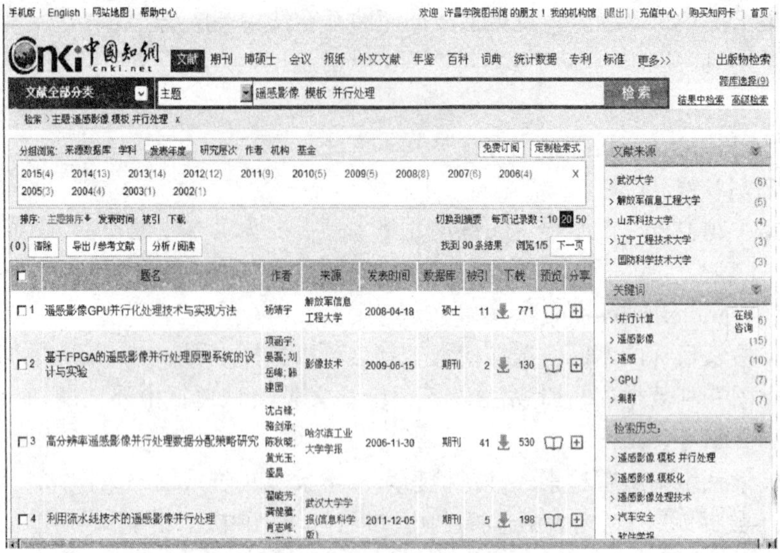

图 12-77　中国知网检索结果页面

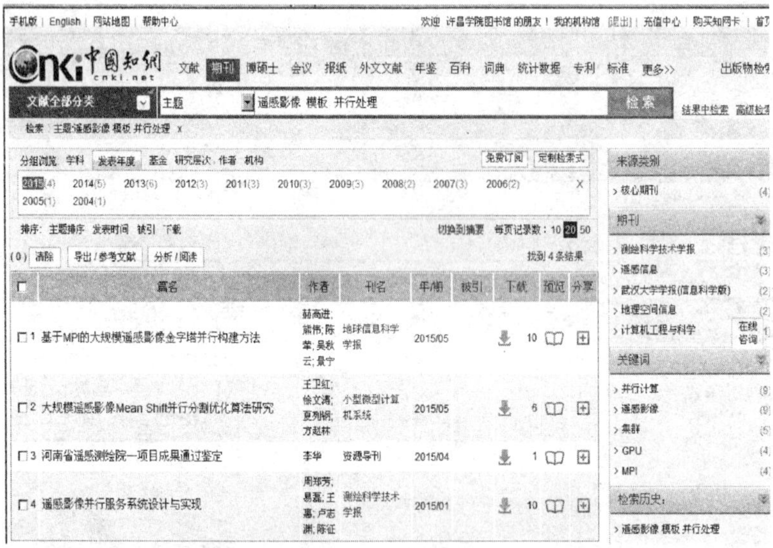

图 12-78　最新的期刊类文献检索结果

（6）若要扩大检索范围，可以在检索词中去掉若干词语，或适当修改检索主题词，重新检索，也可以选取“万方数据平台”、“维普数据库”等其他系统进行检索。

（7）如果要检索该研究相关的会议文献、博硕士论文、专利等，可以在检索前限定为指定类型文献，再次进行检索。例如，检索从事该研究的博士、硕士论文情况如图 12-80 所示。

（8）通过对所检索的多个文献进行综合分析比较，发现某个学者或某个机构科研人员

图 12-79　文献基本信息页面

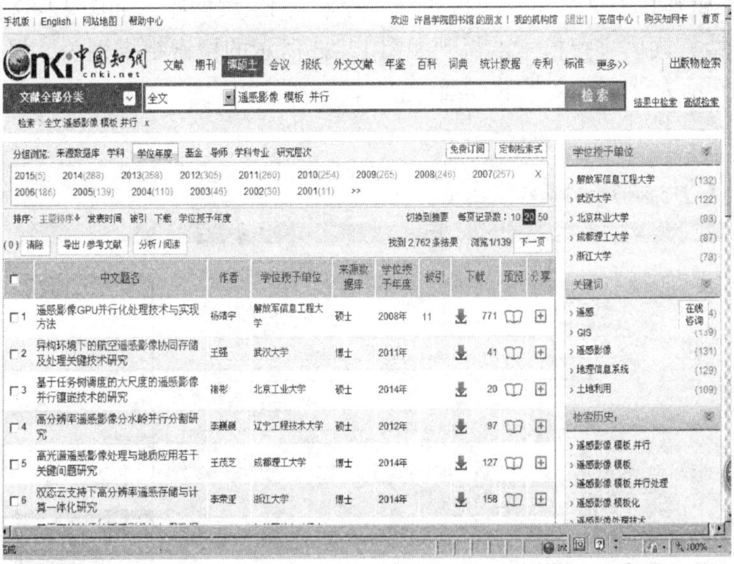

图 12-80　博士硕士论文检索结果页面

对该主题的研究较多，可以有针对性地查找指定作者或单位的研究成果，如可以检索主题中含有“遥感影像”，作者中含有“程承旗”的期刊文献，如图 12-81 所示。

（9）利用文献原文后的参考文献列表，可以追溯引文，查阅某一具体问题的详细信息，如在文献《遥感影像剖分金字塔研究》（程承旗，张恩东等，2010）中引用了文献《空间信息多级网格的划分方法及编码研究》（李德仁，肖志峰等，2006），可以在阅读前一文献时，再逐级查找并阅读其引文文献，也可以查找引用该文献的其他文献。

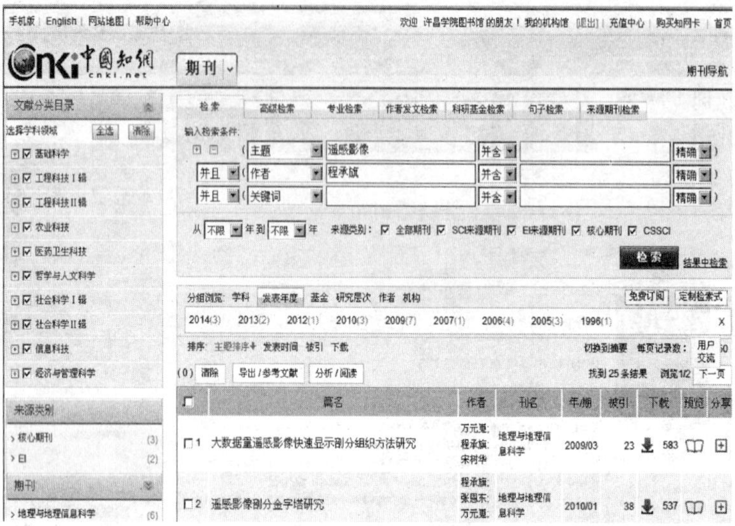

图 12-81　检索指定作者的文献

（10）如果要查找外文文献，可以选择工程索引 EI 数据库，如图 12-82 所示，在检索框中输入英文检索词语进行检索，得到如图 12-83 所示的检索结果列表，根据文献标题浏览，图 12-84 显示为某一篇文献的详细信息。

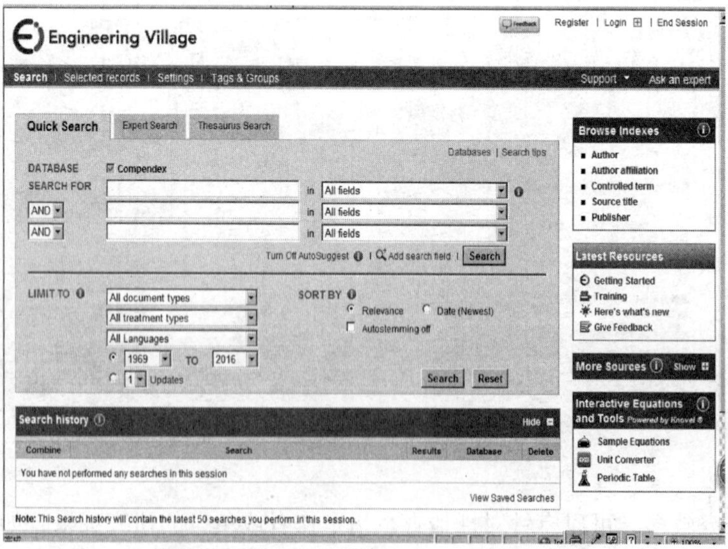

图 12-82　EI 数据库检索入口页面

（11）如果要查找该主题对应的著作，可以根据已经检索的文献后所列参考文献进行查找，也可以在超星数字图书馆或者百度图书、谷歌图书页面进行检索。

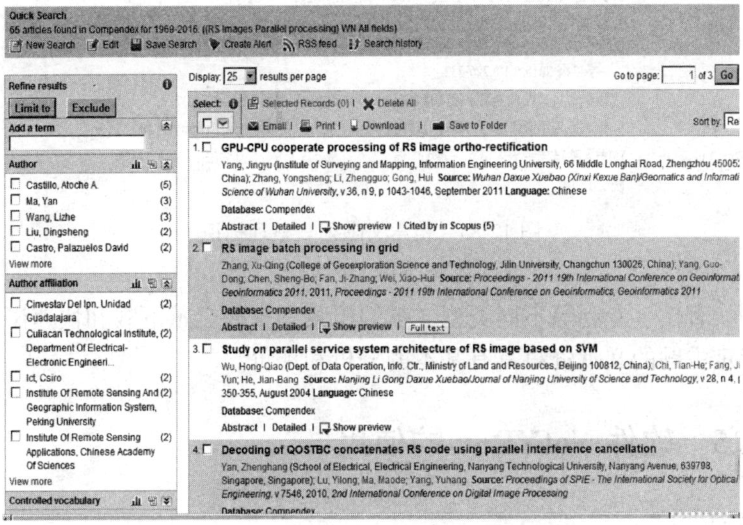

图 12-83　EI 数据库检索结果页面

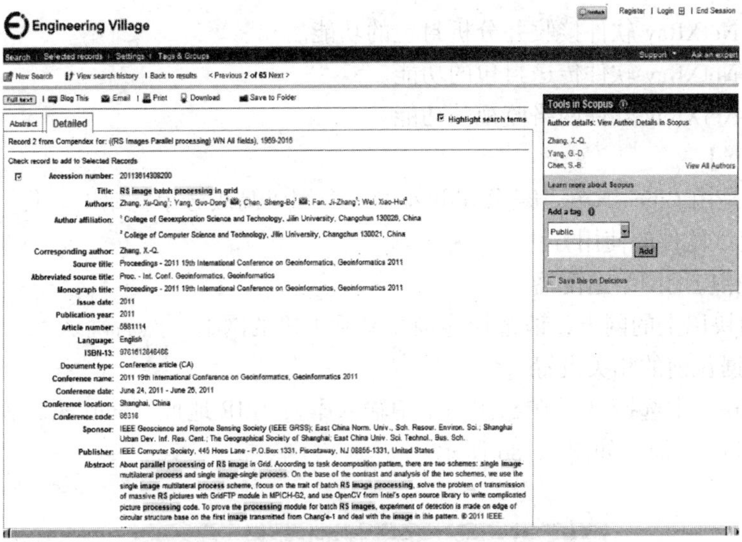

图 12-84　EI 数据库检索文献详细信息页面

(12) 检索结果的整理。对不同检索工具所得到的检索结果进行浏览查看，选取重要的文献仔细阅读，对其重点内容进行摘录、标记。

(13) 根据应用需求的不同，对检索结果进行分析综合和评价，选取符合需要的文献深入研读，并进行合理利用，在使用时注意标明文献来源。参考文献格式按照统一标准规范列出，如图 12-85 所示。

【实验总结】

通过该练习熟悉文献检索的基本流程和方法，学习通过调整主题词，选择不同的检索

[1]Zhenfeng Shao, Deren Li.Design and implementation of service-oriented spatial information sharing framework in digital city[J]. Geo-Spatial Information Science, 2009, 12(2): 104-109.
[2]赫高进,熊伟,陈荦等.基于 MPI 的大规模遥感影像金字塔并行构建方法[J].地球信息科学学报.2015,5(10):226-232
[3]程承旗,任伏虎,濮国梁等.空间信息剖分组织导论[M].北京:科学出版社.2012.
[4]杨靖宇.遥感影像 GPU 并行化处理技术与实现方法[D].解放军信息工程大学,2008.
[5]尹天鹤,陈志荣,许家清等.一种面向遥感影像邻域处理的并行优化方法[P].宁波工程学院.2013,10.

图 12-85　检索文献列表整理标识

工具进行期刊、著作、专利等不同类型文献的检索，掌握文献下载和快速浏览的技巧和方法，能够对特定主题的文献资料具有基本的分析和评价。

实验指导 15　软件 NetXRay 的使用

【实验目标】

掌握 NetXRay 软件的使用。

【实验目的】

(1)熟悉 NetXRay 软件接收并分析封包的功能。

(2)熟悉 NetXRay 软件传送封包的功能。

(3)掌握 NetXRay 软件网络监视的功能。

【实验步骤】

NetXRay 是由 Cinco Networks 公司开发的一个用于高级分组检错的软件，功能很强大。下面简要介绍该软件的使用方法。

(1)选择相应的网络适配器

如果有两块以上的网卡，请选择连接交易所主机的网卡，然后确认。

(2)抓数据包前的相关设置

先在 Address 中选择 IP，在 Station 1 中输入本机的 IP 地址，Station 2 用 Any。然后选择 Advance Filter 页面，如图 12-86 所示。

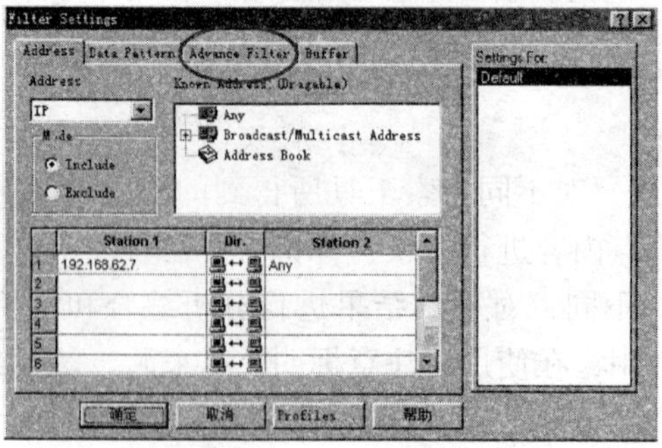

图 12-86　基本设置(1)

如图 12-87，选中 IP 复选框，再将 IP 复选框的下一级 TCP 复选框选中，然后点“确定”，如图 12-88 所示。

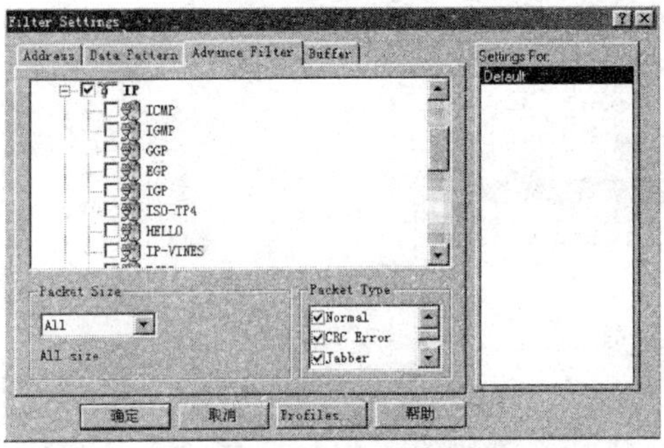

图 12-87　基本设置(2)

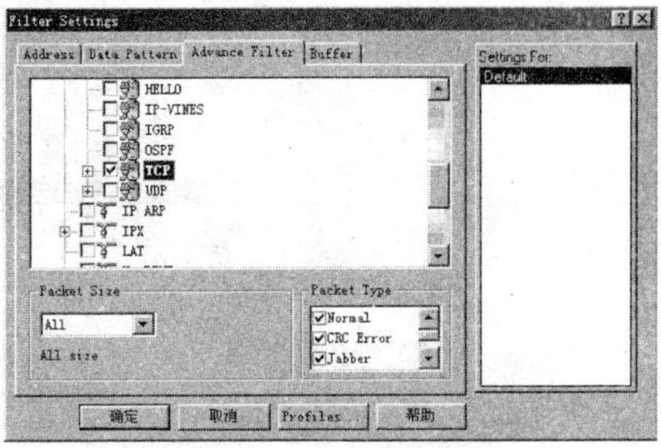

图 12-88　基本设置(3)

(3)开始抓数据包，点击开始按钮，程序将开始抓从本网卡到交易所前置的数据(见图 12-89)。

(4)查看抓到的数据

点击图 12-90 中的停止并查看按钮，即出现如图 12-91 所示界面。

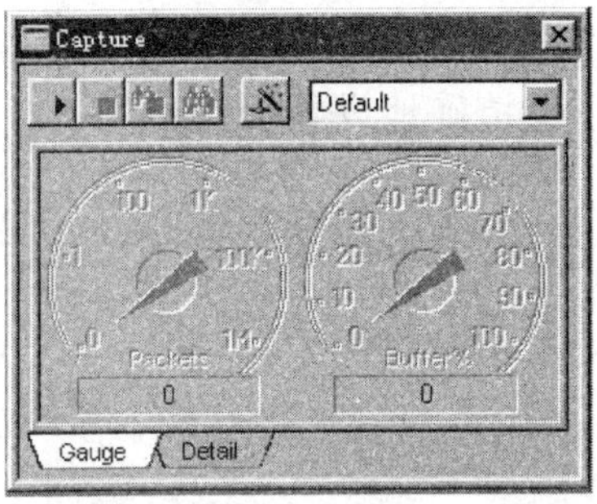

图 12-89　抓包

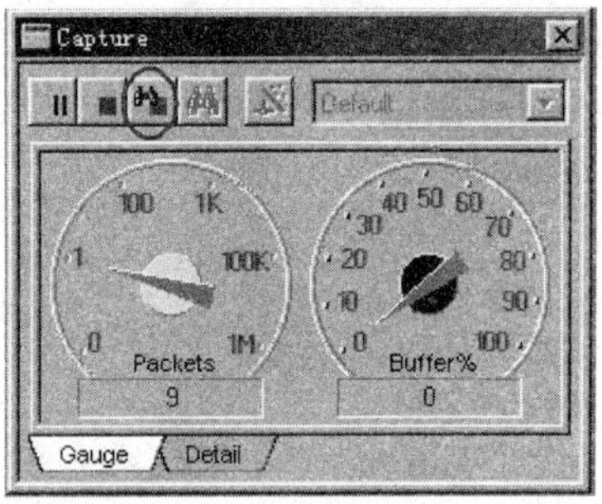

图 12-90　查看包

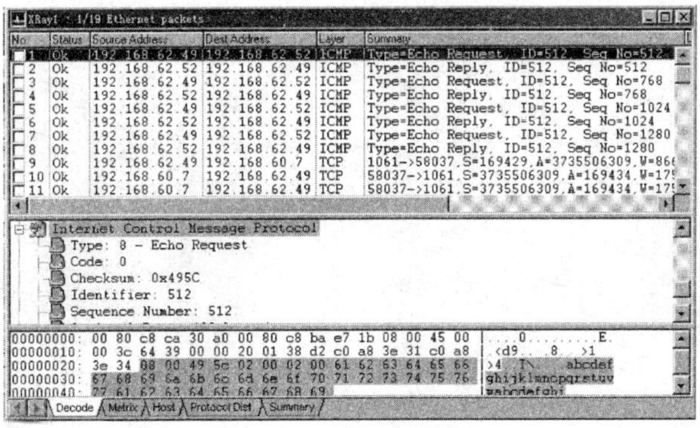

图 12-91　查看数据界面

点击图 12-92 快捷工具栏中的“保存按钮”，或者使用保存菜单，保存此文件。

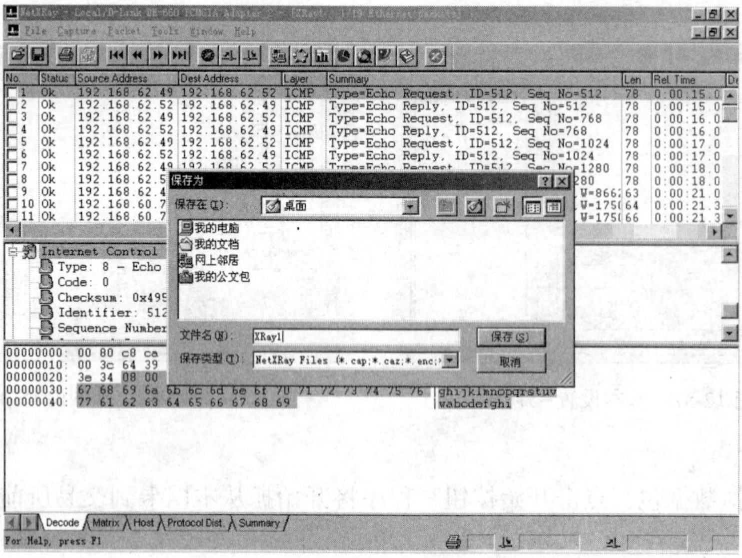

图 12-92　保存数据

【实验总结】

通过该练习，学会利用 NetXRay 软件监视网络状态，为优化网络性能提供资料：对数据包进行捕获，依据统计数值分析网络性能；尽量精确地设置捕捉规则，有利于精确分析。

参 考 文 献

[1]Donald E. Knuth. 计算机程序设计艺术-卷 1：基本算法(英文版，第 3 版)[M]. 北京：人民邮电出版社，2010.

[2]Gary B. Shelly，Thomas J. Cashman，Misty E. Vermaat. Discovery Computers 2008 (Complete) [M]. Boston：Thomson Course Technology，2008.

[3]Grady Booch. 面向对象分析与设计(第 3 版)[M]. 王海鹏等译. 北京：电子工业出版社，2012.

[4]June Jamrich Parsons，Dan Oja. 计算机文化(英文版，第 10 版)[M]. 北京：机械工业出版社，2008.

[5]K. N. King. C 语言程序设计：现代方法(第 2 版)[M]. 吕秀锋等译. 北京：人民邮电出版社，2010.

[6]Robert Sedgewick，Kevin Wayne. 谢路云译. 算法(第 4 版)[M]. 北京：人民邮电出版社，2012.

[7]William Stallings. Computer organization and architecture：designing for performance(计算机组成与结构)[M]. BeiJing：Publishing House of Electronics Industry，2012.

[8]陈氢，陈梅花. 信息检索与利用[M]. 北京：清华大学出版社，2012.

[9]董建明. 人机交互：以用户为中心的设计和评估[M]. 北京：清华大学出版社，2013.

[10]广小明. 虚拟化技术原理与实现[M]. 北京：机械工业出版社，2012.

[11]国家知识产权局专利局专利文献部. 专利文献与信息检索[M]. 北京：知识产权出版社，2013.

[12]李德毅. 云计算再认识[OL]. http：//www. cbdio. com/BigData/2015-06/04/-content_3200980. htm.

[13]李国杰. 对大数据的再认识[OL]. http：//www. bigdataforum. org. cn/uploads/soft/150608/-1_1325586451. pdf.

[14]林晓峰，项立明. 多媒体技术基础[M]. 北京：机械工业出版社，2010.

[15]刘孟强，李宏伟，袁雪霞. Photoshop 图像处理艺术与经典案例教程(下·实例篇)[M]. 西安：西北工业大学出版社，2011.

[16]骆耀祖，叶丽珠. 信息技术概论[M]. 北京：机械工业出版社，2011.

[17]倪玉华. 信息技术概论实践教程[M]. 北京：科学出版社，2011.

[18]彭国安. 多媒体应用技术[M]. 武汉：武汉大学出版社，2011.

[19]乔好勤，冯建福，张材鸿. 文献信息检索与利用(第二版)[M]. 武汉：华中科技大学出版社，2013.

[20]王爱英．计算机组成与结构(第五版)[M]．北京：清华大学出版社，2013.
[21]王育勤，程海英，彭焱等．操作系统原理与应用[M]．北京：清华大学出版社，2013.
[22]谢希仁．计算机网络(第5版)[M]．北京：电子工业出版社，2008.
[23]张明．多媒体技术及其应用[M]．北京：北京大学出版社，2013.
[24]http：//baike. baidu. com/
[25]李学龙，龚海刚．大数据系统综述[J]．中国科学：信息科学，2015，45(1)：1-44.
[26]《2015年网络诈骗犯罪数据研究报告》，http：//zt. 360. cn/1101061855. php？dtid=1101062366&did=1101264350.
[27]刘苗．当代信息技术的伦理问题[D]．广东：华南理工大学硕士学位论文.
[28]案例来源：http：//soft. chinabyte. com/331/13083831. shtml.